Andrea Fischer, Tina Gotthardt,
Kerstin Humberg und Tobias Lorenz (Hrsg.)

drahtseilakt leben

junge forscher zwischen wissenschaft und wirklichkeit

Andrea Fischer, Tina Gotthardt,
Kerstin Humberg und Tobias Lorenz (Hrsg.)

DRAHTSEILAKT LEBEN

Junge Forscher zwischen Wissenschaft und Wirklichkeit

ibidem-Verlag
Stuttgart

Bibliografische Information der Deutschen Nationalbibliothek
Die Deutsche Nationalbibliothek verzeichnet diese Publikation in der Deutschen Nationalbibliografie; detaillierte bibliografische Daten sind im Internet über http://dnb.d-nb.de abrufbar.

Bibliographic information published by the Deutsche Nationalbibliothek
Die Deutsche Nationalbibliothek lists this publication in the Deutsche Nationalbibliografie; detailed bibliographic data are available in the Internet at http://dnb.d-nb.de.

Coverbild: Purestockx

∞

Gedruckt auf alterungsbeständigem, säurefreien Papier
Printed on acid-free paper

ISBN-10: 3-89821-928-3

ISBN-13: 978-3-89821-928-0

Printed in Germany

Vorwort

Als der Deutsche Studienpreis der Körber-Stiftung im Jahr 2006 nach Beiträgen zur Vereinbarkeit von Arbeit und Leben fragte, stand diese Ausschreibung unter dem Motto *Mittelpunkt Mensch*. Der vorliegende Band, der ausgezeichnete Beiträge aus diesem Wettbewerb vereint, hat mit dem Titel *drahtseilakt leben* eine programmatische Überschrift.

Ein Drahtseilakt ist immer unsicher, ein Risiko. Zugleich aber ist es ein großartiges Gefühl, gelingt es uns, auf dem dünnen Seil aufrecht zu stehen und gar die ganze Distanz ohne Absturz zu überwinden. Der Titel dieses Buches beschreibt diese Zwiespältigkeit. Damit spricht er einerseits die große Unsicherheit heutiger Lebens- und Arbeitsentwürfe an, er drückt aber ebenso aus, dass man das Wagnis beherzt aufnimmt.

Ein schöner Titel für eine Sammlung von ausgezeichneten Forschungsarbeiten, die allesamt nach Antworten suchen – auf die gewaltigen Fragen, die die gewachsene Unsicherheit heutiger Lebensentwürfe mit sich bringt. Haben frühere Generationen noch gestaunt oder gar gejammert darüber, dass das Leben weniger denn je planbar ist und alte Sicherheiten nicht mehr gelten, drückt allein dieser Titel schon aus, dass die jungen Autoren neugierig, offen und sehr bewusst auf die Zumutungen und Freiheiten zugehen, die aus der Unsicherheit entstehen.

Damit entsprechen sie in besonderer Weise der Zielsetzung des Deutschen Studienpreises. Denn der Preis erfordert nicht nur die fachwissenschaftliche Kompetenz der Preisträger, sondern stellt explizit die Frage nach der gesellschaftlichen Relevanz ihrer Forschungsarbeit. Und wer wollte bestreiten, dass die Themen, die sich die jungen Männer und Frauen vorgenommen haben, eine Bedeutung für unser Leben haben – sowohl für uns als Individuen als auch für uns alle als Gesellschaft.

Gerade wenn unser Lebensumfeld und unser eigenes Leben unsicherer werden, stellen sich uns immer mehr Fragen. Ist es wirklich die richtige Vorbereitung auf das spätere Leben, wenn kleine Kinder schon unglaublich viele Fertigkeiten erlernen? Bleibt womöglich trotz aller Ausbildungs- und Berufserfolge die Hausarbeit unverändert an den Frauen hängen? Wie können wir älter werden in einem Beruf, der Jugend und die damit verbundenen Fähigkeiten zur Voraussetzung hat? Was für Lebensläufe verbergen sich hinter Menschen, die ihre Arbeit auf kleinen Zetteln an Bäumen und Straßenlaternen feilbieten? Und wie kann in einer flexibilisierten Welt mit steigenden Anforderungen im Beruf noch Liebe mit Arbeit in Einklang gebracht werden?

Diesen und vielen weiteren Fragen gehen die jungen Forscherinnen und Forscher nach. Dabei beschreiten sie Wege, die zeigen, dass auch in der Forschung die Instrumente nicht immer gleich bleiben, sondern dem Objekt des Interesses ebenso angepasst werden müssen wie der besonderen Arbeits- und Denkweise des Forschenden.

Noch ein Drahtseilakt – wie können die geltenden Regeln des akademischen Arbeitens zugleich erfüllt und überschritten werden? Hätten die Autoren die Regeln nicht anerkannt, wären ihre Arbeiten erst gar nicht in die engere Auswahl des Deutschen Studienpreises gekommen. Doch dass sie dabei so manches Mal von den Standards traditioneller Wissenschaft, dem Gegenstand ihres Interesses entsprechend, abgewichen sind, machte sie preiswürdig.

Im zehnten Jahr seines Bestehens hat der Deutsche Studienpreis erneut gezeigt, dass die von ihm ausgezeichneten Beiträge lesens- und diskussionswert sind. Viel mehr noch fördert er Studierende, die ein großes Engagement zeigen; junge Forscher, die sich für die Welt interessieren, in der sie arbeiten, leben und lernen. Die sich über das normale Maß hinaus engagieren. Das beweist auch dieser Sammelband.

Wie geht es weiter? Die Welt verändert sich beständig. Das deutsche Hochschulwesen ist in den vergangenen Jahren ebenfalls umfassend reformiert worden. Infolgedessen lässt das Studium in Zukunft weniger Zeit für ausführliche Studienarbeiten, so wie sie bislang ausgezeichnet worden sind. Also musste sich auch der Deutsche Studienpreis verändern. In Zukunft zeichnet er herausragende Dissertationen aus. Der vorliegende Band zeigt, dass – wie mit jeder Veränderung – damit zwar ein Gewinn verbunden ist (einen umfassenden, fächerübergreifenden Preis für Dissertationen gab es bislang nicht), aber auch ein Verlust. Denn die Forschung kann nicht umhin, auch auf kurzen Strecken neuen Fragen nachzugehen, neue Formen zu entwickeln und alternative Herangehensweisen zu erproben.

Die Autorinnen und Autoren dieses Bandes zeigen die Bandbreite dieses Forschungsansatzes auf. Mehr noch, sie machen deutlich, dass gerade eine Umwelt im ständigen Fluss auf die Sichtweise junger Studierender angewiesen ist. Sie messen die Bewegung nicht einfach am Bestehenden, sondern vermögen unvoreingenommen auf die Chancen und Risiken solcher Veränderungen einzugehen. Möge dieser Sammelband dazu beitragen, dass die Beiträge der jungen Forscher eine größere Aufmerksamkeit erfahren. Damit können sie vielleicht auch einen Beitrag zur Veränderung leisten.

Andrea Fischer

Mitglied im Kuratorium
des Deutschen Studienpreises

Inhaltsverzeichnis

Einleitung

Ziehen wir auf der Suche nach dem Traumjob wie Nomaden durch die Republik oder begnügen wir uns dem eigenen Partner zuliebe mit einer weniger attraktiven Alternative? Verschieben wir die Familiengründung der Karriere wegen oder gelingt uns der Drahtseilakt zwischen Arbeit und Leben?

Mittelpunkt Mensch – Leitbilder, Modelle und Ideen für die Vereinbarkeit von Arbeit und Leben, so lautete das Motto der siebten Ausschreibung des Deutschen Studienpreises 2006/07. Als Herausgeber des Sammelbands *drahtseilakt leben – junge forscher zwischen wissenschaft und wirklichkeit* haben wir diese Ausschreibung zum Anlass genommen, die Rolle der Arbeit im menschlichen Leben kritisch zu reflektieren. Welche Rolle *muss* – und welche Rolle *sollte* – die Arbeit im menschlichen Leben spielen?

Die Autoren, die an diesem Sammelband mitgewirkt haben, stellten sich dieser Frage. Für ihre kreativen Antworten wurden sie 2007 mit dem Deutschen Studienpreis der Körber-Stiftung ausgezeichnet. Auf der Basis empirischer Analysen kommen die jungen Forscher zu gesellschaftspolitischen Empfehlungen, die den *drahtseilakt leben* für Kinder genauso wie für Pensionäre vereinfachen könnten. Dabei nehmen die Nachwuchsforscher nicht zuletzt auch ihre eigene Lebenssituation kritisch in den Blick. Sowohl das Phänomen der Generation Praktikum ist Objekt der jungen Forschung als auch die Frage der Vereinbarkeit von Kindern und Karriere bei jungen Akademikerinnen.

Was die Autoren eint, ist die Suche nach Lösungsansätzen für konkrete Problemlagen – und das über klassische Fächergrenzen hinweg. Da untersucht beispielsweise eine Doktorandin im Fach Betriebswirtschaft gemeinsam mit einer Diplom-Psychologin die Work-Life-Balance von Vorschulkindern, während sich eine angehende Literatin mit dem Leitbild Liebe zwischen Karriere und Sehnsucht auseinandersetzt. Vermutlich wird der Leser in vielen Texten einen Teil von sich selbst wiederentdecken, denn jeder Aufsatz erlaubt eine ungewöhnliche und doch lebensnahe Perspektive auf die Arbeit und das Leben der Menschen in Deutschland.

Die Struktur des Buches orientiert sich an einer für Deutschland typischen Ausbildungs- und Erwerbsbiographie. Auf die Zeit der Ausbildung oder des Studiums folgt die Phase des Berufseinstiegs. Ist dieser erfolgreich gemeistert, tauchen wir ab in das aktive Arbeitsleben. Doch schon mit Mitte 50 müssen wir uns möglicherweise daran gewöhnen, dass unsere Arbeitskraft nicht mehr den gleichen Wert hat wie früher. Wie gehen Menschen in Deutschland mit einer derartigen Biographie um? Wo zeigen sich Spannungen, wo Brüche? Und wie können wir dazu beitragen, den *drahtseilakt leben* für uns alle zu vereinfachen?

Das Pensum ist gewaltig: Schon im Alter von fünf Jahren sehen sich manche Kinder mit den übersteigerten Erwartungen ihrer Eltern konfrontiert. Malt ein Kind keine schönen Häuser, ist Ergotherapie angesagt. Das richtige Sprechen soll der Logopäde ihm beibringen – und sollte der Nachwuchs mit fünf noch immer einnässen, eilt schließlich der Reittherapeut herbei. Inzwischen versuchen viele Eltern, ihre Kinder so früh wie möglich fit für den Wettbewerb zu machen. Das unbeschwerte Rumtollen auf dem Spielplatz kommt dabei oft zu kurz. Vor diesem Hintergrund warnen Christiane und Claudia Mück in ihrem Beitrag BURN-OUT MIT FÜNF – ÜBERLEGUNGEN ZUR WORK-LIFE-BALANCE VON VORSCHULKINDERN vor einer zunehmenden Überforderung von Kindern im Vorschulalter. Dabei sollten Kinder doch vor allem Spaß am Lernen entwickeln. Schließlich, so der Philosoph Peter Sloterdijk, ist „Lernen die Vorfreude auf sich selbst".

Tatsächlich beeinflusst unsere Bildung unser Verhalten, im Privaten genauso wie im Berufsleben. Um sozioökonomische Fehlentwicklungen zu vermeiden und die Arbeitnehmer von morgen in die Lage zu versetzen, Arbeit und Leben besser in Einklang zu bringen, bedürfen sie moralökonomischer Sensibilität. Wie sich diese bereits in der Schule vermitteln lässt, entwickeln Tobias Lorenz, Lydia Plagge und Jürgen Sackbrook in ihrem Beitrag ETHIK MACHT SCHULE – EIN UNTERRICHTSKONZEPT ZUR ENTWICKLUNG MORALÖKONOMISCHER SENSIBILITÄT AN BERUFSBILDENDEN SCHULEN.

Ob wir es wollen oder nicht: Wer wir sind, definieren wir Deutschen, ähnlich wie die Japaner, häufig über den Beruf. Umso frustrierender empfinden gerade Berufseinsteiger das Gefühl, auf dem heimischen Arbeitsmarkt offenbar nicht gebraucht zu werden. Wie Japaner und Deutsche mit dem schwierigen Berufseinstieg von Akademikern umgehen, zeigt der Beitrag FREETER UND GENERATION PRAKTIKUM – SPIEGELBILD ZWEIER KULTUREN von Carola Hommerich. Die möglichen Effekte einer Zunahme temporärer Beschäftigungsverhältnisse mit niedriger Entlohnung und geringer sozialer Sicherung seien nicht zu unterschätzen, so Hommerich. Nicht nur der Konsum, auch das reproduktive Verhalten der Gesellschaft könnte leiden.

In ihrem Beitrag VON RABENMÜTTERN, KINDERN UND KARRIERE suchen Tina Gotthardt und Kerstin Humberg nach Gründen für die zunehmende Kinderlosigkeit deutscher Akademikerinnen. Ihrer Ansicht nach liegen die Wurzeln des Problems weniger bei den jungen Frauen selbst – vielmehr in dem gesellschaftlichen Umfeld, in dem sie leben. Denn wie könne es sein, dass dieselben Politiker, die den deutschen Kindermangel beklagen, zugleich die Verlängerung der Wochenarbeitszeit fordern?

Früher standen die Frauen am Herd und die Männer gingen einer Erwerbsbeschäftigung nach. Und heute? Inwieweit sind diese Rollenmuster Vergangenheit? Die Erwerbsbeteiligung der Frauen steigt, doch welchen Beitrag leisten die deutschen Männer im Haushalt? Dass die weibliche Revolution zwischen Herd und Bügelbrett tatsächlich noch in weiter

Ferne liegt, veranschaulicht Christian Kroll in seinem Aufsatz zur ARBEIT UND FAIRNESS IN DEN VIER WÄNDEN, indem er den Zusammenhang zwischen unserem Geschlechterrollenverständnis und dem Ausmaß unbezahlter Haushaltsarbeit unter die Lupe nimmt.

Welchen Schwierigkeiten die Liebe in der Gegenwart ausgesetzt ist und welchen Einfluss Individualisierung und berufliche Selbstverwirklichung auf den Charakter von Liebesbindungen haben, untersucht Regina Dürig in ihrem Beitrag DAS LEITBILD LIEBE ZWISCHEN KARRIERE UND SEHNSUCHT. Dabei kommt Dürig zu folgendem Schluss: Es ist unmöglich, Arbeit und Leben zu vereinen; es ist aber ebenso unmöglich, Arbeit und Leben zu trennen. Daher sollten wir unsere Epoche als Spannungsfeld begreifen, in dem wir uns spielerisch und kreativ aus*leben* können – und müssen.

Das allerdings ist einfacher gesagt als getan. Immer wieder werden wir mit Veränderungen oder Herausforderungen konfrontiert, die nicht in unserer Hand liegen, uns Angst machen, vielleicht sogar überfordern. Was passiert mit uns, wenn unser Arbeitgeber plötzlich mit einem anderen Unternehmen fusioniert? Welche psychologischen Reaktionen solch einschneidende Veränderungen im eigenen Lebensumfeld hervorrufen und warum viele Fusionen scheitern, das untersucht Ilka Gleibs in ihrem Beitrag NACH DER FUSION: WER WERDEN WIR? am Beispiel einer Hochschulfusion.

Mit den möglichen Auswirkungen der Arbeit auf das Privatleben beschäftigt sich auch der Beitrag LEISTUNG GEGEN SICHERHEIT: DER NEUE ARBEITSVERTRAG? von Janine Bernhardt, Kai Loudovici und Hendrikje Riemann. Vor dem Hintergrund aktueller Arbeitsmarktentwicklungen, zunehmender Flexibilisierung und Rationalisierung nimmt ihre explorative Studie das Sicherheitserleben deutscher Arbeitnehmer unter die Lupe. Die Ergebnisse zeigen unter anderem, wie stark die individuelle Familienplanung heute von der beruflichen Situation abhängt: Solange die eigene berufliche Existenz nicht abgesichert ist, scheuen viele Menschen die Verantwortung für Familie und Kinder.

Arbeitslos = wertlos = hilflos? Rieke Matthei und Hilke Schulz konterkarieren dieses Phänomen mit Alternativen, indem sie gemeinsam mit Arbeitslosen DEN ALLTAG NEU ERPROBEN. Mit Hilfe des Theaters der Befreiung nach Augusto Boal versetzen die beiden Arbeitslose in die Lage, sich vom passiven Zuschauer unserer Gesellschaft zum aktiven Schauspieler des eigenen Lebens zu entwickeln. Spielerische Selbsterfahrung wird so zur emanzipatorischen Methode.

Isadora Tast und Inka Schmeling gehen unterdessen auf SCHNIPSELJAGD DURCH DEUTSCHLAND. Gemeinsam machen sie sich auf die Suche nach Menschen, die ihre Fertigkeiten mit Hilfe von Aushängen an Zaunmasten und Laternenpfählen feilbieten. Ob Handwerker-Notdienst, Textwagen oder Spritwichtel – ihre Porträts sind ein Spiegelbild der modernen *Ich-AG* und der Beweis für den Einfallsreichtum deutscher Lebenskünstler. Dabei zeigt sich, dass – entgegen weit verbreiteter Vorurteile – Arbeitslosigkeit nicht in Trägheit und Unselbständigkeit münden muss.

Mindestens genauso flexibel, kreativ und engagiert wie diese Lebenskünstler werden in Zukunft auch deutsche Betriebe sein müssen, um den Folgen des demographischen Wandels Herr zu werden. Was tun, wenn der Nachwuchs fehlt und die Mitarbeiter immer älter werden? Ein irisches Sprichwort sagt: Ein neuer Besen kehrt gut, aber die alte Bürste kennt die Ecken. Für Michaela Schmidt war das ein Grund mehr, sich in ihrem Beitrag DEM DEMOGRAPHISCHEN WANDEL TROTZEN: EIN ENTWICKLUNGSKONZEPT FÜR FÜHRUNGSKRÄFTE mit der möglichen Förderung älterer Arbeitnehmer auseinanderzusetzen. Auch sie liefert einen praktischen Lösungsansatz: eine Leitlinie für ältere Führungskräfte der Lufthansa.

Vielleicht müssen wir uns noch öfter bewusst von traditionellen Verhaltensmustern lösen und den *common sense* hinterfragen, um alternative Perspektiven und Entwicklungen zu ermöglichen – im Haushalt genauso wie im Job. Warum zum Beispiel sollten nur junge Menschen Innovationstreiber sein? In seinem Beitrag DIE GENERATION 55+ ALS INNOVATIONSTREIBER: SENIOR CONSULTANTS NEU DEFINIERT plädiert Sebastian Glende dafür, interdisziplinäre Gruppen von Senioren in Produktentwicklungsprozesse einzubeziehen. Denn: Wer könnte die Merkmale, Verhaltensweisen und Produktansprüche älterer Menschen besser beurteilen als die Generation 55+?

Ob in chronologischer Reihenfolge studiert oder selektiv verschlungen – bei der Lektüre der Aufsätze wird dem Leser schnell bewusst, dass wir Menschen uns trotz altersspezifischer Herausforderungen in jeder Lebensphase mit gleichartigen Fragen auseinandersetzen: Wer bin ich? Was will ich? Und: Was soll aus mir werden? Diese Fragen nach der eigenen Identität und Zukunft prägen unser Leben und liefern den roten Faden für diesen Sammelband.

Viel Vergnügen und Inspiration bei der Lektüre wünschen

Tina Gotthardt, Kerstin Humberg & Tobias Lorenz

Burn-out mit fünf?

Überlegungen zur Work-Life-Balance von Vorschulkindern

von Christiane Mück & Claudia Mück

Warum musste dieser Beitrag geschrieben werden?

Angesichts immer stärkerer Konkurrenz auf dem Arbeitsmarkt beginnen Eltern zum Teil immer früher, ihrem Nachwuchs scheinbar überlebenswichtige Fähigkeiten zu vermitteln. Neben das institutionelle Angebot während der Vorschulzeit (z.B. in Kindergärten) treten vielfältige Aktivitäten, die einzeln zwar sinnvoll erscheinen, kumuliert jedoch das Risiko von Überforderung und *burn-out* entstehen lassen.

Warum sollte dieser Beitrag gelesen werden?

In unserem Beitrag untersuchen wir interdisziplinär die Gründe, weshalb ein möglichst früher Einstieg der Kinder in den Bildungsprozess für viele Eltern heute erstrebenswert scheint. Wir beschäftigen uns sowohl mit den Angeboten, die außerhalb institutioneller Kinderbetreuung existieren, als auch mit den daraus resultierenden Ursachen und Symptomen von Überforderung. Zudem arbeiten wir Ansätze heraus, wie Kinder, Eltern und der Staat gemeinsam für eine möglichst gute und kindgerechte Bildung sorgen können.

Was muss in Deutschland für die Vereinbarkeit von Leben und Arbeit getan werden?

Aus unserer Sicht sollten in der Vorschulzeit die Bedürfnisse des Kindes im Vordergrund stehen – und nicht der Konkurrenzkampf um die beste Bildung. Dieser beginnt noch früh genug. Wenigstens im Vorschulalter sollten die Kinder das Recht auf kindliche Neigungen haben und diese ausleben dürfen. Sowohl Eltern als auch Erziehungseinrichtungen, die in diesen Jahren die Hauptverantwortung tragen, sollten dies im Auge behalten.

"Zwei Dinge sollen Kinder von ihren Eltern bekommen: Wurzeln und Flügel."
(Johann Wolfgang von Goethe)

Nicht erst seit den letzten PISA-Ergebnissen stellt sich bei der Erziehung von Kindern immer wieder die Frage nach dem Gleichgewicht zwischen ausgewiesenen Lern- und Erholungsphasen, das dem Kind die möglichst optimale Entwicklung seiner Fähigkeiten erlaubt, ohne es dabei zu überfordern. Obwohl die Wichtigkeit kindlichen Verhaltens vielfach betont wird, besteht die Gefahr, Kinder früh zu kleinen Erwachsenen zu machen.

Höhere Anforderungen an Kinder und vermehrtes Wissen über die kindlichen Lernfähigkeiten machen das Kind immer früher zum Ziel von Bildungsangeboten. Das staatliche Angebot an Lern- und Betreuungsmöglichkeiten hat sich in den letzten Jahren als Reaktion auf gestiegene gesellschaftliche Anforderungen verändert und differenziert: Die Verkürzung der schulischen Ausbildungszeit durch das G8-Gymnasium mit Ganztagsschule senkt das Durchschnittsalter deutscher Schulabgänger, der Chinesisch-Unterricht als dritte Fremdsprache macht sie wettbewerbsfähig für den globalen Arbeitsmarkt, Klassen für besonders starke und schwache Schüler berücksichtigen Begabungsunterschiede und das Recht auf einen Kindergartenplatz ermöglicht berufstätigen Eltern die Fortführung ihrer Karrieren.

Doch nicht nur das staatliche Engagement in der Bildung hat an Qualität und Quantität gewonnen. Stärker noch als der Staat haben insbesondere akademisch gebildete Eltern die Bedeutung von Bildung für die Lebenschancen ihrer Kinder erkannt. Um ihren Kindern eine gute Ausbildung zu ermöglichen, nehmen sie vielfach beträchtliche Einschränkungen ihrer persönlichen und finanziellen Freiheit hin. Sie nehmen ihre zunehmende Verantwortung für den Bildungsgang ihrer Kinder ernst. Zu ernst etwa? Besonders die bislang weniger strukturierte Phase der Vorschulzeit scheint durch zunehmende Bildungsangebote bedroht.

In unserer Arbeit gehen wir interdisziplinär der Frage nach, ob deutsche Kinder Gefahr laufen, unter den zunehmenden (vor allem elterlichen) Angeboten und Anforderungen in der Vorschulzeit zu leiden. Dafür untersuchen wir die Konfrontation der Vorschulkinder im Alter zwischen vier und sechs Jahren in Deutschland mit Bildungsangeboten und gehen dabei vor allem auf die nicht-staatlichen, nicht institutionalisierten Bildungsangebote ein. Dies sind insbesondere Angebote, die von den Eltern entweder initiiert oder selbst durchgeführt werden. Aufgrund der zentralen Rolle der Eltern bei diesen Bildungsangeboten stellt sich die Frage nach der richtigen Gewichtung von Bildungsinhalten und Freizeit sowie der Vermeidung kontinuierlicher Überforderung.

Die Beantwortung dieser Fragen kann nur im Zusammenspiel verschiedener Fachdisziplinen versucht werden, jedoch ohne Anspruch auf Vollständigkeit. Die in dieser Arbeit eingesetzten Argumente stammen vorwiegend aus der Psychologie, der Pädagogik und den Wirtschaftswissenschaften, ergänzt durch eine Einordnung in den aktuellen Forschungsstand und den Vergleich mit dem internationalen Kontext.

In den bestehenden disziplinären Ansätzen sind zur Beschreibung der (negativen) Effekte vorschulischer Bildung noch zahlreiche Forschungsfragen unbeantwortet: In der empirischen Bildungsforschung der Pädagogik und Psychologie fehlen Längsschnittuntersuchungen zu den Auswirkungen von (zu viel) vorschulischem Lernen (BMFSFJ 2003), die bildungsökonomische Forschung ignoriert bislang alle vorschulischen Lernprozesse. Angelika Diller vom Deutschen Jugendinstitut fasst zusammen, dass „systematische Untersuchung[en] über negative Wirkungen von frühkindlicher Förderung [...] noch nicht vor[liegen]" (Pany 2006).

Wir betrachten zunächst die Herausforderungen, denen die heutige Kindergeneration ausgesetzt ist, und beschreiben, warum volkswirtschaftlich und individuell gesehen eine bessere Ausbildung dafür Lösungsansätze bieten kann. Anschließend begründen wir neurologisch den Sinn frühkindlicher Förderung und beschreiben aus pädagogischer und psychologischer Sicht die Bedeutung dieses Entwicklungsabschnitts für die weitere Bildungslaufbahn des Kindes. Die institutionelle Förderung, z.B. in Kindergärten, wird in den folgenden Abschnitten abgegrenzt von den Zusatzangeboten, die Eltern ihren Kindern, je nach ihrem Verständnis von Erziehung, machen können. Zudem betrachten wir die Situation von Einzelkindern, bei der sich die gesamte Aufmerksamkeit der Eltern auf nur ein Kind konzentrieren kann.

Doch welche Formen der frühen Nachwuchsförderung sind wirklich sinnvoll aus entwicklungspsychologischer und frühpädagogischer Sicht? Angesichts der Fülle möglicher Angebote gehen wir in den letzten Abschnitten auf die Gefahren kindlicher Überforderung und Erschöpfung (*burn-out*) ein, denn wir gehen davon aus, dass das Gleichgewicht von Fordern, Fördern und Kindsein heute in einigen Fällen bedroht ist. Zudem werden Möglichkeiten beschrieben, die Interessen von Kindern, Eltern und Gesellschaft aufeinander abzustimmen, ohne kindliche Begabungen zu vernachlässigen oder Kinder zu überfordern.

Notwendigkeit, wirtschaftliche Bedeutung und Probleme höherer Bildung

Grundsätzlich spricht alles dafür, die nächsten Generationen in Deutschland gut auszubilden, denn die Bevölkerung schrumpft, weil seit den 1960er Jahren immer weniger Kinder geboren werden. Einige geburtenstarke Jahrgänge aus den 1990er Jahren können nicht darüber hinweg täuschen, dass wohl noch vor dem Jahr 2030 weniger als 600 Kinder pro 1000 Einwohner geboren werden (Baumert et al. 2003). Diese schrumpfende

Zahl an Nachkommen soll nicht nur das soziale System für eine älter werdende Gesellschaft aufrechterhalten, sondern auch gleichzeitig die deutsche Wettbewerbsfähigkeit sicherstellen. Dieser Doppelaufgabe scheinen die jungen Deutschen nur gewachsen, wenn sie zukünftig in der Breite wesentlich besser ausgebildet werden. Zwar ist die Bildungsbeteiligung in allen Qualifizierungsstufen in den letzten Jahren stetig gewachsen (allein die Quote der erfolgreich abgeschlossenen Hochschulstudiengänge ist seit 1990 um 50% gestiegen), jedoch bleibt der deutsche Anteil Hochqualifizierter deutlich hinter anderen Ländern zurück: Weniger als 20% eines Altersjahrgangs schließen in Deutschland ein Studium ab, verglichen mit 32% im OECD-Durchschnitt (OECD 2004).

Gleichzeitig hängt in Deutschland der Zugang zur Bildung stark von der sozialen Schichtzugehörigkeit ab. „Kennzeichen der Bildungsexpansion waren vor allem starke Niveaueffekte (d.h. eine höhere Beteiligung aller Sozialschichten an weiterführenden Bildungsgängen) und weniger Struktureffekte (die Stabilität der sozialen Disparitäten blieb hoch)" (Baumert et al. 2003). Die PISA-Studie zeigt unterschiedliche Kompetenzstufen beim Lesen, in Mathematik und in den Naturwissenschaften bei Kindern unterschiedlicher sozialer Herkunft innerhalb aller Schularten: Akademikerkinder werden, selbst bei gleicher Begabung, wesentlich häufiger für den Gymnasialbesuch empfohlen als Kinder aus niedrigeren Schichten; auch bei der Aufnahme des Studiums und bei der Wahl des Hochschultyps gibt es erhebliche soziale Differenzen (Baumert et al. 2003). Eine Erhöhung der durchschnittlichen Qualifikation eines Altersjahrgangs scheint daher durch die Hürden der sozialen Schichtzugehörigkeit eher schwierig.

Warum ist Bildung so wichtig für die wirtschaftliche Entwicklung eines Landes und welche Relevanz hat dies für die Bildungsentscheidung eines Individuums? Seit den Arbeiten von Adam Smith im 18. Jahrhundert ist klar, dass die Bildung der nationalen Bevölkerung wesentlich über die internationale Wettbewerbsfähigkeit und den „Wohlstand der Nation" mitentscheidet. In den 1960er Jahren entwickelte sich aus diesem Gedanken die Humankapitaltheorie, die einen Zusammenhang zwischen der Ausbildungsdauer, der individuellen Produktivität und der damit verbundenen Fähigkeit, hohe Einkommen zu erzielen, herstellt (Mincer 1997). Eine der wesentlichen Aussagen der Humankapitaltheorie ist, dass die Investition in mehr Bildung (z.B. höhere Qualität, mehr Bildungsjahre) für den Staat als Ganzen immer sinnvoll ist, da dadurch das durchschnittliche Qualifikationsniveau der Bevölkerung steigt und damit auch deren Wettbewerbsfähigkeit und Innovationskraft (Barro / Sala-i-Martin 1995).

Für den Einzelnen handelt es sich jedoch um eine Entscheidung unter Unsicherheit, da nicht klar ist, ob die erworbenen Fähigkeiten sowie die investierte Zeit und das investierte Geld tatsächlich zu einer besser qualifizierten Tätigkeit, mehr Einkommen und mehr Lebenszufriedenheit führen. Obwohl in Deutschland ein höherer Bildungsstand das Risiko von Arbeitslosigkeit verringert (Reinberg / Schreyer 2003), stellen sich die von der Ausbildung erwarteten Effekte nicht automatisch ein.

In den letzten Jahrzehnten sind, gefördert durch die Globalisierung, die Anforderungen des Arbeitsmarkts an das durchschnittliche Qualifikationsniveau erheblich gestiegen. Ein Individuum kann vor allem dann ein positives Signal an den Arbeitsmarkt senden, wenn es besser qualifiziert ist als seine Mitbewerber. Dafür müssen Fähigkeiten geübt, erneuert und ergänzt werden, um ihren ursprünglichen Wert beizubehalten. Jedoch gibt es Fähigkeiten, die für eine perfekte Beherrschung über einen sehr langen Zeitraum geübt werden müssen, z.B. Sprachen, strukturiertes Denken und soziale Umgangsformen. Gerade bei diesen Fähigkeiten stellt sich die Frage, ob nicht die Zeit vor der strukturierten schulischen Ausbildung ab der Grundschule gut genutzt werden könnte, um die Grundvoraussetzungen für ihren Erwerb zu legen.

Zu Beginn des 18. Jahrhunderts wurde „Kindheit [...] als Ressource entdeckt, von deren planmäßiger und richtiger Nutzung das Wohl der bürgerlichen Gesellschaft entscheidend abhängig ist" (Roßbach 2003); ein Verständnis, das den heutigen bildungsökonomisch motivierten Ansätzen sehr nahe kommt. Kleinkinder und auch ältere Kinder können gar nicht oder zumindest nicht voll überblicken, welche Bedeutung die Investition in Bildung für sie hat. Vor diesem Hintergrund versuchen Eltern und Pädagogen, stellvertretend für die Kinder, diese zur Auseinandersetzung mit Bildungsangeboten zu bewegen. Dabei treffen sie ökonomische Entscheidungen über die Zeitverwendung anderer Menschen (BMFSFJ 2005).

Warum aber ist gerade die frühkindliche Phase besonders geeignet für verstärkte Lernaktivitäten? Haben wir durch frühzeitiges Eingreifen und Förderung die Möglichkeit, die kognitiven Fähigkeiten unserer Kinder effizienter einzusetzen?

Neurologische Grundlagen und pädagogisch-psychologische Aspekte

Ohne bereits von Lernprozessen zu sprechen, haben prä- und postnatale Erfahrungen und Umweltveränderungen Einfluss auf die Struktur des menschlichen Nervensystems. Die Bildung von synaptischen Verbindungen zwischen Nervenzellen ist eine Phase der Hirnentwicklung, die in den ersten beiden Lebensjahren eines Kindes im Vergleich zum restlichen Leben am intensivsten ist. In dieser Zeit wird die Grundlage für die weitere Lernfähigkeit und Intelligenz des Individuums gelegt, vorausgesetzt die sensorische und motorische Stimulation aus der Umgebung findet ausreichend statt. Beispielsweise konnte ein Zusammenhang zwischen frühzeitiger und dauerhafter Beschäftigung mit klassischer Musik und anatomischen Veränderungen der Hirnstruktur hergestellt werden (Bierbaumer 1995). Hat prä- und postnatal eine intensive *Förderung* stattgefunden, so knüpft man mit einer Fortführung von Fördermaßnahmen im Vorschulalter an eine weiter vorangeschrittene neuronale Entwicklung an.

Der bisher vor allem in Tierversuchen nachgewiesene Einfluss früher Erfahrungen auf die Gehirnentwicklung (Thompson 1994) wird praktisch bereits genutzt: Das amerikanische Programm *Head Start* fördert gezielt benachteiligte Kinder, die aufgrund ihrer Familienverhältnisse geringere Bildungschancen haben werden. Durch frühzeitige Förderung verspricht man sich vorgeburtliche Gesundheit, eine bessere kindliche Entwicklung und ein funktionierendes Familienleben (Head Start 2006).

In keiner anderen Lebensphase sind Entwicklungs- und Bildungsprozesse so eng miteinander verflochten wie in der frühen Kindheit (BMFSFJ 2005). Soziologen fordern jedoch, dass sich aufgrund der rasanten gesellschaftlichen Wandlungen auch die Kindheit komprimieren lassen und die Erziehung entsprechend frühzeitig auf eine Selbstständigkeit hinarbeiten müsse. Eltern, Erzieher und Lehrer erwarten heutzutage eine eigenständige und rasche Anpassung an neue Anforderungen von ihren Kindern und Zöglingen. Sie sollen möglichst bald die vielfältigen positiven Herausforderungen und Gestaltungsmöglichkeiten der modernen Welt nutzen können – und es somit den Erwachsenen gleichtun. Selbstständigkeit muss demnach nicht mehr über lange Zeit anerzogen oder erlernt werden, sondern wird als ein grundlegender Bestandteil kindlicher Entwicklung angesehen. Das Kind wird zum „aktiven Gestalter seiner selbst", mit vielerlei Kompetenzen, die es ihm erlauben, sich souverän (und zum Teil besser als seine Eltern) in seiner Lebenswelt zurecht zu finden, eigene Lebensentwürfe zu haben und selbst Entscheidungen zu treffen (Ahrbeck 2004). Die Eltern sollen dabei keine Erwachsenen-Rolle spielen, sondern eher „Ko-Forscher" an der Seite ihrer Kinder sein.

So sehr kindliche Autonomie und Individualität durch dieses Konzept gefördert werden, so leicht setzt man Kinder heute Anforderungen aus, die zu bewältigen sie möglicherweise noch nicht bereit sind. Schutz und Leitung durch Erwachsene werden heute oft nicht mehr als notwendig angesehen, ebenso wenig wie das Bedürfnis nach Bindung und dem einfachen Kind-Sein. Generationsunterschiede werden eher als Hindernis, denn als Entwicklungsgrundlage wahrgenommen. Das arme, sich selbst überlassene Schlüsselkind der 1950er Jahre ist mittlerweile zum Helden avanciert, der früh ohne die Hilfe anderer zurechtkommt (Ahrbeck 2004).

Kommt das Kind tatsächlich als kleiner Erwachsener auf die Welt und muss nur noch körperlich in seine Rolle hineinwachsen? Eine solche Sicht ist abzulehnen, denn weder Kinder noch die Kindheit sind unbegrenzt modernisierbar (Winterhager-Schmid 2002). Zumindest eine Zeitlang benötigen sie Schutz und Fürsorge durch vertraute und emotional präsente Bezugspersonen. Sie brauchen Sicherheit und Beständigkeit, Anerkennung und Bestätigung, Freiraum und Grenzen, Vorbilder und Träume, ebenso wie die Beachtung ihrer Lernbereitschaft und ihres Lerntempos.

Kindliches Verhalten und die Entwicklung neuer Verhaltensweisen sind trotz aller Frühförderung an bestimmte *Reifungsphasen* gebunden (Oerter / Montada 2002). Erst bei biologisch vorhandener Lernbereitschaft (*readiness*), können bestimmte Verhaltensweisen (wie die Sauberkeitserziehung oder die Beschäftigung mit bestimmten Spielzeugen) erlernt werden. *Kritische Phasen* beschreiben zeit- und altersbegrenzte Sensitivitätsmaxima zum Erlernen von Reaktionen, außerhalb derer ein Erlernen von u.a. sensomotorischen und kognitiven Eigenschaften nur erschwert möglich ist. *Sensible Phasen* wiederum liefern durch bestimmte Umwelt- und Lerneinflüsse die optimale Voraussetzung zum Erwerb bestimmter Verhaltensweisen, z.B. im Zusammenhang mit der emotionalen, sprachlichen, intellektuellen und der Bindungs-Entwicklung. Diese Phasen müssen von den Eltern ebenso wie von staatlichen Bildungseinrichtungen berücksichtigt werden. Eine gute Bindung zur Betreuungsperson geht darüber hinaus mit einer erhöhten Explorationsbereitschaft einher – je enger die emotionale Bindung zwischen z.B. Mutter und Kind ist, desto eher traut sich das Kind zu, eigene Wege zu gehen und Dinge auszuprobieren. Wieder ein Hinweis darauf, erst den Goethe'schen *Wurzelaufbau* zu verstärken – die Flügel wachsen von allein.

Die Rolle institutioneller Förderung und die Rolle der Eltern

Neben der Verwurzelung in der Familie und den dort vorgenommenen ersten Lernschritten, spielt die institutionelle Förderung der Kinder schon während der Vorschulphase eine wichtige Rolle. „Vorschulische Einrichtungen haben im Wesentlichen drei Funktionen: Bildung, Sozialisation und Betreuung" (Roßbach 2003). In Deutschland überwiegt im Vergleich mit anderen europäischen Ländern der *Kindergartentyp* mit einer stärkeren Betonung der Sozialisations- und Betreuungsfunktion. Während es für Kinder unter drei Jahren je nach Land unterschiedliche Einrichtungen und Betreuungsformen und in der Regel nur eine geringe Abdeckung gibt, wird für Kinder im Vorschulalter, also zwischen vier und sechs Jahren, in fast allen europäischen Ländern eine Vollversorgung angeboten. Ebenso gibt es in fast allen deutschen Bundesländern einen elterlichen Rechtsanspruch auf einen Kindergartenplatz (Roßbach 2003).

In Deutschland gab es Ende 2002 insgesamt 3,1 Millionen verfügbare Plätze in Tageseinrichtungen. In Westdeutschland (2,5 Millionen Plätze) waren mehr als drei Viertel dieser Plätze in Kindergärten verortet, während in den neuen Bundesländern (0,6 Millionen Plätze) Kombi-Einrichtungen mit 75% der Plätze überwogen. Horte und Krippen spielten jeweils eine unbedeutendere Rolle (Statistisches Bundesamt 2004; BMFSFJ 2005). In den alten Bundesländern überwogen freie Träger (52%) gegenüber öffentlichen Trägern

(48%), während in den neuen Bundesländern eher öffentliche Angebote gemacht wurden (58% vs. 42 %). Im April 2002 nahmen 85,8% der vierjährigen Kinder, 92,5% der fünfjährigen Kinder und 90,9% der sechsjährigen Kinder einen Platz in einer Tageseinrichtung in Anspruch, mit nur geringen Differenzen zwischen den alten und neuen Bundesländern (BMFSFJ 2005). Dabei sind folgende Einflussfaktoren auf die Inanspruchnahme von Betreuungsangeboten festzustellen: Einzelkinder und Kinder Alleinerziehender werden häufiger betreut als Geschwisterkinder und Kinder aus Partnerfamilien. Kinder berufstätiger Eltern und Kinder aus Haushalten mit hohem Einkommen nehmen eher an Betreuungsangeboten teil, und auch der Bildungsstand der Eltern hat starken Einfluss auf die Beteiligungsquote (Büchel / Spieß 2002; Fuchs 2005).

Der Bereich der vorschulischen Erziehung ist durch einen vergleichsweise hohen Anteil privater Finanzierung gekennzeichnet: Von den insgesamt 22,0 Milliarden DM, die 1999 für diesen Bereich aufgewendet wurden, stammten nur 13,7 Milliarden DM aus den öffentlichen Haushalten, etwa zu gleichen Teilen für öffentliche und private Träger. „Der hohe Anteil der privaten Ausgaben – 1,7 Milliarden DM für die öffentlichen, 6,6 Milliarden DM für die privaten Angebote – erklärt sich [...] [unter anderem durch die] Gebühren, die von den Familien entrichtet werden“ (Klemm 2003).

Die institutionelle Förderung spielt demnach bislang schon eine große Rolle bei den Betreuungsangeboten. Hierzu zählen nicht nur staatliche, sondern insbesondere auch Angebote in privater Trägerschaft. Neben der Familie erscheint daher die institutionelle Einbindung der Kinder während der Vorschulzeit einen wesentlichen Einfluss auf die Entwicklung der Kinder zu haben.

Wie aber steht es mit dem Einfluss der Eltern auf die Erziehung im Vorschulalter? Das Grundgesetz verbürgt das natürliche Recht der Eltern auf Pflege und Erziehung der Kinder (Artikel 6 Abs. 2 Grundgesetz) und schafft damit (vor der Schulpflicht) ein natürliches Machtgefälle zwischen Eltern und Institutionen. Aber können die Eltern mit dieser Freiheit umgehen? Die jetzige Eltern- und Großelterngeneration besitzt oft kein ausreichendes Wissen und keine tragenden Leitideen, die für die nachkommenden Generationen Relevanz haben. Erziehungsziele und -werte gibt es kaum noch, von einer großen Unsicherheit in Erziehungsfragen ist die Rede. Angefangen mit den Protesten 1968 hat sich die Eltern-Kind-Beziehung stark verändert, da diese Generation nicht die Erziehung weiter geben wollte, die sie selbst erfahren hatte. Hierarchien zwischen den Generationen haben sich mehr und mehr nivelliert, so dass aus einstmaliger Elternautorität eine größere Stärke der Kinder entstanden ist, die nun vermehrt selbst und früher eigene Entscheidungen treffen sollen.

Diese (angestrebte) partnerschaftliche Beziehung zwischen Eltern und Kindern wurde jedoch selten erreicht. Eher fand ein Rückzug der Erwachsenen aus ihrer Erziehungsverantwortung statt, so dass heute eine Konflikt- und nicht nur *Er*ziehungs-, sondern gar eine *Be*ziehungsvermeidung entstanden ist, die im Gegensatz zu den immer besseren derungsmöglichkeiten steht. Ein Grund für diese Entwicklung ist, dass Eltern aufgrund technologischer Neuerungen, sich wandelnder Beziehungsformen und generell unsicherer Zukunftsperspektiven kaum noch wissen, was sie ihren Kindern mit auf den Weg geben könnten (Ahrbeck 2004). Die Beziehung zwischen Jung und Alt ist heute wie nie zuvor belastet durch unterschiedliche Erfahrungswelten und Lebenslagen, ein divergierendes Entwicklungstempo und daraus resultierende Unterschiede in Entwicklungs- und Bildungschancen (BMFSFJ 2005). Gerade wegen dieses schnellen Wandels in Gesellschaft, Kultur und Technik brauchen Kinder weiterhin Erziehung. Kontinuität ist ein grundlegendes menschliches Bedürfnis, das u.a. durch eine schützende und leitende Erziehung im Kontrast zu unüberschaubaren Veränderungen in der Welt adressiert werden kann (Ahrbeck, 2004). Das geforderte „Rüstzeug für ein erfülltes Leben" (Köhler 2006) ist daher zwar wünschenswert, aber unscharf definiert.

Ein *Verschwinden der Kindheit* verzeichnen seit den 1980er Jahren verschiedene Autoren. Nicht erst durch das Lesen können sich Kinder Zugang zu Informationen verschaffen. Das Fernsehen trägt entscheidend dazu bei, dass Kinder frühzeitig, ausführlich und ohne Vorbehalte, über alle Lebensbereiche informiert werden.[1] Der Wissensvorsprung der Erwachsenenwelt, vormals Grundlage für das Lernen von den Erwachsenen, existiert oft nicht mehr. Lebenslanges Lernen führt dazu, dass sich Kinder *und* Eltern ständig im Lernprozess befinden. Dieser Lernprozess soll schon so früh wie möglich beginnen, am besten bereits im Mutterleib.

„Kindheit als eigenständige und geschützte Lebensphase, wie wir sie noch bis in die 1950er Jahre hinein als selbstverständliche kulturelle Errungenschaft wahrgenommen haben, scheint im Abbau begriffen zu sein" (Hurrelmann 2003). Sie wird durch eine ewig andauernde Jugendzeit ersetzt, die spätestens mit der Einschulung beginnt und erst im dritten Lebensjahrzehnt endet oder gar lebenslänglich fortgeführt wird. Eltern- und Kinderrolle werden nach und nach vertauscht. Die ältere Generation wird immer hilfloser, beinah infantil und schutzbedürftig, die Jüngeren finden sich in der Welt besser zurecht. Ist es gar die eigene Überforderung, die moderne Eltern dazu antreibt, ihren Kindern diese Welt so schnell und intensiv wie möglich nahe zu bringen (Rotthaus 1999)?

---

1 Über 90 % der Kinder jeden Alters verbringen ihre Freizeit überwiegend vor dem Fernseher, schon drei- bis fünfjährige Kinder durchschnittlich eine Stunde täglich (Winterhoff-Spurk 2005). Für jede Altersgruppe gibt es mittlerweile spezielle Sender und Sendungen. Elterliche Kontrolle über Menge und Inhalt des Fernsehkonsums wird dabei kaum noch ausgeübt.

Moderne Eltern – moderne Kinder?

Durch schlechte PISA-Ergebnisse und gesunkenes Vertrauen in staatliche Bildungseinrichtungen aufgeschreckt, versuchen Eltern verstärkt (ihren Möglichkeiten entsprechend) in die Ausbildung ihrer Kinder zu investieren. Kritik an der in Deutschland vorherrschenden situativen Kindergartenpädagogik sowie die Wandlung von der betreuenden und sozialisierenden Funktion des Kindergartens zu einer stärkeren Bildungsorientierung, können Eltern selbständig schneller umsetzen als stattdessen auf eine Systemveränderung zu warten (Roßbach 2003).

Aufgrund des schnellen Wandels versuchen die Eltern, denen dies möglich ist, ihre Kinder so zu fördern, dass sie mithalten können – ob mit der technologischen und kulturellen Entwicklung oder mit anderen fördernden Eltern sei dahin gestellt. Gezielt und sehr früh wird nach Leistungsdefiziten beim Kind gesucht, um möglichst bald eine passende Therapie oder Förderung einzuleiten. Geduldige Eltern, die möglicherweise vorübergehende defizitäre Phasen abwarten können, gibt es kaum noch. Sofort werden Gegenmaßnahmen eingeleitet: Malt ein Kind keine schönen Häuser, ist Ergotherapie angesagt; das richtige Sprechen soll der Logopäde ihm beibringen; der Reittherapeut schafft schließlich beim Einnässen eines Fünfjährigen Abhilfe (Ott 2006).

Aufgrund des veränderten Familienmodells hat sich auch der Anspruch an Erziehungseinrichtungen, vor allem in den ersten Lebensjahren, geändert. Weitaus mehr junge Frauen streben zunächst eine Positionierung im eigenen Beruf an, bevor – wenn überhaupt – eine Familie gegründet wird. Das klassische Hausfrauen-Dasein ist überholt. Dementsprechend sollen eigene Kinder nicht einfach betreut, sondern bereits in der Kindergartenzeit von kompetenten Mitarbeitern der Erziehungseinrichtungen gefördert werden. Nicht mehr das freie Spiel ist im Kindergarten angesagt, sondern die systematische Beschäftigung mit anderen Sprachen, Naturwissenschaften und Medien (Gaschke 2006). Die bei berufstätigen Eltern verbreitete Sorge, ihre Kinder könnten nicht wettbewerbsfähig sein und auf dem Arbeitsmarkt versagen, trägt dabei ebenfalls zur Häufung von Lernangeboten bei.

Der angemessene Anteil dieser straffen Förderung an der eigentlich sorglosen Kindheit ist umstritten. Darf sich ein Dreijähriger nach dem täglichen Sprachtraining noch draußen beim Spiel die Hosen schmutzig machen? Oder passt dies nicht mehr ins Bild des modernen Kleinkindes? Heute sind Fußballspielen auf dem Bolzplatz, Lego-Spielen und Musikhören offenbar nicht mehr angesagt, denn die Freizeit will sinnvoll genutzt sein. Als ob das Heranwachsen an sich nicht schon Herausforderung genug wäre, soll die Förderung des Kindes im eigens erwählten Kindergarten durch weitere Angebote am Nachmittag ergänzt werden. Kaum wird noch vom Nutzen des Lesens und Musizierens, von Fantasie oder etwa Museumsbesuchen gesprochen. Fahrdienste von Mütter-

Vereinigungen, das deutsche Äquivalent der amerikanischen *soccer mums*, bringen den Nachwuchs zum Kinder-Taekwon-Do, Früherziehungs-Chinesisch oder zur Orff-Gruppe (Grefe 1995) – Entwicklungen, die vor allem dann kritisch gesehen werden müssen, wenn nicht der Wille, das Interesse oder der Spaß des Kindes im Vordergrund stehen, sondern die diffuse Hoffnung, möglichst früh eine größtmögliche Anzahl an Neuronen im kindlichen Gehirn zu verknüpfen.

In der äußerst geringen Freizeit, die den Kindern noch bleibt, um eigenen Impulsen zu folgen, ist ihnen dann häufig langweilig, denn es fehlt die gewohnte Reizüberflutung. Kinder werden schon früh zu *sensation seekers*, die das Bedürfnis nach abwechslungsreichen oder neuen Eindrücken haben und immer häufiger und immer stärkere Impulse von außen benötigen, um zufrieden zu sein (Häcker / Stapf 1998). Dass sich viele Eltern damit selbst keinen Gefallen tun, merken sie oft zu spät. Was kann man einem Fünfjährigen noch bieten, der mit drei Jahren in Disneyland und mit vier Jahren auf einer afrikanischen Safari gewesen ist?

Was man aus dem eigenen Kind macht, wirft ein entsprechendes Bild auf die Eltern. Ob *Frauenrollendefinitionskind* oder *geplantes Lebensvervollständigungskind* – das Kind soll sich vor allem so entwickeln, wie es wissenschaftlich erwiesen und vorhersehbar ist. Kleine individuelle Verzögerungen im Entwicklungskalender lösen teilweise panische Reaktionen bei Eltern aus, denn das Kind *funktioniert* nicht (Grefe 1995). Wessen Kind bis zum Grundschulalter nicht mindestens Lesen und Schreiben kann bzw. in zusätzliche Fördermaßnahmen eingebunden war, der zählt nicht. Doch gerade übertriebene Förderung birgt die Gefahr der „Instrumentalisierung der Kinder zur Erhöhung des eigenen Selbstwertes" (Ott 2006). Der Erwartungsdruck überträgt sich auf die Kinder und mündet langfristig möglicherweise in eine Angst, es den Eltern nicht recht machen zu können (Ott 2006).

Einzelkinder und Einzelkind-Eltern

Gerade bei Einzelkindern können sich die elterlichen Förderenergien komplett in einem Kind entladen. Profitieren oder leiden sie daher besonders durch die Angebote frühkindlicher Bildung? Betrachtet man die Geburtenrate der europäischen Industrienationen (Frankreich: 1,9 Kinder pro Frau; Deutschland: 1,4; Spanien und Italien: 1,2), so steigt der Anteil der Einkindfamilien (Statistisches Bundesamt 2003). Sozialwissenschaftlich definiert, werden Einzelkinder als „Kinder, die eine bestimmt Zeitdauer (i.d.R. 6 Jahre) in einer Familie ohne weitere Geschwister gelebt haben" (Kasten 1995). Dies bezieht sehr viel ältere oder jüngere Geschwister mit ein, die ohne vorangegangene oder später folgende geschwisterliche Einflüsse im Elternhaus gelebt haben. Trotz der so genannten *Patchwork-Familien*, die heute fast häufiger auftreten als *normale* Kernfamilien (Eltern verheiratet, leibliche(s) Kind(er) ehelich geboren) und die Definition von *Familie* und *Geschwister* erschweren, machten die klassischen Einkind-Familien 1995 noch über 50% der Familien aus (Kasten 1995).

Bei der vorschulischen Betreuung finden sich Einzelkinder häufiger in außerfamiliären Betreuungsformen wieder, da ihre Eltern häufiger beide berufstätig sind. Oder diese Kinder sind nachmittags ganz ohne Betreuung und auf die Beschäftigung mit sich selbst angewiesen. Typische Vorurteile gegenüber Einzelkindern sind seit jeher, sie seien verzogen, verwöhnt, rücksichtslos und unangepasst. Für zusätzliche Förderung stehen ihnen jedoch vielfach mehr Ressourcen und die besondere Aufmerksamkeit der Eltern zur Verfügung.

Ebenso wie Einzelkinder selbst werden ihre Eltern gerne mit Vorurteilen belegt – sie seien eher karriereorientiert und egoistisch, erdrückten ihr Kind mit Zuwendung und Anregungen. Fakt ist, dass in Einzelkindfamilien häufiger beide Elternteile berufstätig sind und dass ein hohes Einkommen eine größere Rolle spielt. Sie sind auch häufiger Akademiker und/oder beruflich selbstständig als Mehrkind-Eltern. Einkind-Eltern praktizieren weniger die konventionelle Rollenverteilung in der Familie – allein die Entscheidung für nur ein Kind gehört, neben der modernen Einteilung von Haushalts- und Erziehungspflichten, dazu (Kasten 1995).

Typische Fehltritte, die Eltern in der Erziehung von Einzelkindern machen können, sind Überbehütung, soziale Deprivation und ein zu geringer Abstand zum Kind (Kasten 1995). Besonders bei einer *zwei Erwachsene und ein Kind*-Konstellation verhindert Überbehütung eine spätere Selbstständigkeit, da die Kinder kaum Erfahrungen außerhalb des elterlichen Einflusses machen können. Übertriebene, v.a. materielle Zuwendung und Verwöhnung bereiten kaum auf das wirkliche Leben vor und erschweren den Kindern eine Ablösung vom Elternhaus und den Bindungsaufbau zu externen Personen.

Speziell bei späten Eltern kommt das Übertragen von unerfüllten Lebensplänen auf das Kind zum Tragen, die nun das Kind umsetzen soll. Gäbe es Geschwisterkinder, wäre eine gewisse Pufferzone vorhanden, so dass sich nicht all diese Anforderungen auf ein einziges Kind richten. Oft bleibt es bei einem Kind, weil die Eltern zunächst an ihren Karrieren gearbeitet und sich erst spät für ein Kind entschieden haben. Auch ist eine weitere Risikoschwangerschaft aufgrund des Alters der Mutter teils nicht empfehlenswert. Vorher nur für den Beruf gelebt zu haben, verlangt in dieser neuen Situation eine gewaltige Umstellung. Gerade weil bei diesen Eltern die finanziellen Möglichkeiten größer sind als bei jüngeren Eltern, werden evtl. die Nachteile der späten Elternschaft durch materielle Förderung ausgeglichen. Das Kind soll möglichst früh auf den richtigen Weg geleitet werden, um es in Sachen Lebensstandard und Berufserfolg seinen Eltern gleichzutun.

Übertragen diese Eltern ihre Erfahrungen aus der Arbeitswelt – Konkurrenzdenken und Qualifikationswettkampf – auf die Kindererziehung? Vielleicht machen sie dadurch ihren Nachwuchs fit für den Beruf, vielleicht ist es aber auch schlichtweg übertriebene Spät-eltern-Fürsorge, die leicht das Kind zum Lebensmittelpunkt werden lässt. Ein Einzelkind ist dem schutzlos ausgeliefert und nicht selten resultieren daraus erhöhte Belastungen und auch Entwicklungsbeeinträchtigungen (Kasten 1995).

Lernangebote außerhalb des Kindergartens

Während es über die Einflussfaktoren zur Wahl einer Schule durch die Eltern und deren Verzerrungen mittlerweile ökonomische und politikwissenschaftliche Forschungsarbeiten gibt (Levin 1995; Schneider et al. 1998; Buckley / Schneider 2003), fehlen bislang empirische Studien über das Entscheidungsverhalten von Eltern in der vorschulischen Bildung, vor allem bei nicht-institutionellen Angeboten. Gleichzeitig scheint, angesichts der vielen „hundert Millionen Euro, die jährlich für Erziehungsratgeber und Elternzeitschriften ausgegeben werden" (BMFSFJ 2005) und einer steigenden Zahl von Eltern in Beratungsstellen, die Orientierungslosigkeit der Eltern so hoch wie nie zuvor. Offenbar ist es schwer, Kindern heute noch Werte als Anhaltspunkte zu vermitteln. Gleichermaßen schwer fällt jedoch die Auswahl aus den vielfältigen Bildungsangeboten für Kinder.

Eltern überwinden einerseits hunderte von Kilometern, um ihrem Kind die ideale Hilfestellung zu bieten, andererseits werden sie durch die Födereinrichtungen auch beim gezielten Outsourcing der Kindererziehung unterstützt. Dabei ist offensichtlich, dass es sich bei der Kinderbetreuung mittlerweile eher um einen Markt als um das Spielfeld von *social entrepreneurs* handelt. Bevor die über 40 Früh-Englisch-Lernzentren von Helen Doron in Deutschland entstanden, wurden zunächst die kaufkräftigsten Landkreise ermittelt – mit Erfolg. Gerade wohlsituierte Eltern mit starkem finanziellen und akademischen Hintergrund scheinen darauf gewartet zu haben, ihren Kindern Englisch wie eine zweite Muttersprache beizubringen. Dass diese ihre eigentliche Muttersprache zunächst beherrschen, ist keine Voraussetzung, und Kursgebühren zwischen 30 und 48 Euro monatlich fallen nicht ins Gewicht.

Kumon Deutschland, eine private Lernförderungseinrichtung nach japanischem Vorbild, verspricht: „Durch das tägliche Üben wird der Transfer der einzelnen Lernschritte vom Kurzeit- ins Langzeitgedächtnis sichergestellt." Für 66,50 Euro monatlich werden Kindern ab vier Jahren die Grundlagen zur Entwicklung der Mathematik- und Lesefähigkeit vermittelt. 6.000 Kinder werden in den 150 deutschen Kumon-Lerncentern unterrichtet, nur ein kleiner Anteil an den 3,7 Millionen Kumon-Schülern weltweit. Wenn diese Einrichtungen den ehrgeizigen Eltern in naher Zukunft auch gleich Rückenfitness für die Kleinkinder anbieten, treten sie schon in Konkurrenz mit Kinder-Wellness-Zentren. Diese sollen nicht nur den Wellness-Urlaub mit der ganzen Familie möglich machen, sondern gleichzeitig Stoffwechsel und Gehirnentwicklung der Kinder gezielt fördern. Ebenfalls v.a. besser situierte Eltern schicken ihre Kinder in Vorbereitung auf ihr späteres Leben gerne zu Knigge-Kursen, die sie noch mehr zu kleinen Erwachsenen machen sollen als sie es ohnehin schon sind. Wer nicht ganz so viel Geld investieren kann, begnügt sich mit den Lern-DVDs *Baby Einstein* und Baby *Van Gogh*, die auch schon in der embryonalen Phase anwendbar sind. Der Umsatz der *Baby Einstein*-Lern-Videos und -DVDs (85 Millionen Euro im Jahr 2004) ist vielversprechend, aber wohl nur der Anfang (Pany 2006).

Gemeinsam sind diesen Angeboten vier Elemente: Sie bauen auf der immer wiederkehrenden Wiederholung von Lerninhalten auf, durch die eine Speicherung im Langzeitgedächtnis erreicht werden soll. Die Angebote konzentrieren sich in Ballungsräumen mit einer angenommen hohen Zahlungsbereitschaft und Akademikerdichte: Hamburg, München, Düsseldorf, Frankfurt und Berlin; und die Kursankündigungen spielen mit der Angst der Eltern, ihr Kind könne durch nicht akzentfreies Englisch, Rechenfehler oder Bewegungsmangel schon im Vorschulalter hinter seine *peers* zurückfallen. Interessant ist auch die scheinbare Loslösung von den Interessen und Begabungen des Kindes: Anders als bei der gezielten Förderung, z.B. von Hochbegabten (Reichle 2006; Michal 2006), lesen sich diese Angebote eher wie Trainingskurse für Bewerbungsgespräche, in denen fließendes Englisch, strukturiertes Denken und Sozialverhalten trainiert werden – im Vorschulalter.

Bei den Betreuungsangeboten hilft auch ein Blick ins Ausland. Das skurrile Wettbieten New Yorker Investmentbanker um *nannies*, die ihrem Nachwuchs fließend Kantonesisch beibringen, und das auf Elite-Universitäten ausgerichtete Tätigkeitsprofil amerikanischer Kinder ab der Grundschule lassen sich wohl noch nicht auf Deutschland übertragen. Dass Zweijährige rechnen und Dreijährige schreiben, ist in China der ganze Stolz der Eltern. Eine Einordnung in ein solches „rigoroses kognitives Funktionstraining“ (Elschenbroich 2006) würden die meisten deutschen Eltern wohl noch ablehnen. Doch der Druck für deutsche Eltern wird spätestens beim Bewerbungsgespräch für den Kindergarten spürbar. Angesichts eines Vorschul-Marktvolumens von hundert Millionen Dollar in den USA ist anzunehmen, dass verstärkt Angebote auch den Weg nach Deutschland finden werden.

Über-Förderung und Über-Forderung: Gefahr des Burn-out

Das *Burn-out*-Syndrom wurde früher vorwiegend in *Helferberufen* (Ärzte, Pflegeberufe, Lehrer, Sozialarbeiter) beschrieben, doch mittlerweile ist es zunehmend auch in anderen Berufen mit hohem Leistungsdruck zu finden (Manager) – ebenso wie bei Menschen, die extrem hohe Anforderungen an sich selbst stellen (Schüler, Studenten) (Maslach / Leiter 1997). Für das *Burn-out*-Syndrom gibt es keine anerkannte wissenschaftliche Definition, lediglich verschiedene Ansätze für eine umfassende Definition (Burisch 2006). In der Regel kommen dabei drei Symptome zusammen: Emotionale Erschöpfung, De-Personalisierung und verminderte Leistungsfähigkeit. *Burn-out* lässt sich als „ein Zustand physischer, emotionaler und mentaler Erschöpfung aufgrund lang anhaltender Einbindung in emotional belastende Situationen" beschreiben (Pines / Aronson 1988).

Burn-out bei Kindern wird zwar schon seit den 1980er Jahren beschrieben, ist jedoch noch wenig erforscht (Elkind 2001). Auslöser für *Burn-out* ist oftmals der elterliche Druck, schnell erwachsen zu werden. Kinder werden intellektuell und emotional überfordert mit der ihnen zugedachten Rolle als autonomes *Superkid* (Elkind 2001). Zudem nimmt der gefühlte Wettbewerbsdruck zwischen den Kindern und insbesondere auch zwischen deren Eltern (*peer-group parent pressure*) immer mehr zu. Bildung wird als Rennen angesehen, in dem man nicht schon früh zurückfallen sollte. Dieser Druck beginnt schon im Kindergarten. „Kindergarten is a 30-hour-a-week job. There's nightly homework; finger painting is a rare treat; and as for naps, there just isn't time" (Williamson 2006). Eine andere Mutter berichtet: "My kids were burning out. After years spent carting them to and from activities, sports and enrichment opportunities, I admit I was burning out, too" (Bradley 2006).

Die Gründe für diese wahrgenommene Überforderung sind noch weitgehend unklar, denn eigenständige wissenschaftliche Untersuchungen hierzu gibt es bislang nicht. Allerdings ist anzunehmen, dass die Gefahr der Überforderung ähnlich oder noch stärker ausgeprägt ist als bei Grundschulkindern, da institutionelle Kontrolle und eigene Schutzmechanismen des Kindes fehlen: Nur 36% von 1.000 befragten deutschen Kindern zwischen acht und vierzehn Jahren geben an, keine Einschlafschwierigkeiten wegen besorgniserregender Gedanken zu haben (Hampel / Petermann 2003). 40% der Dritt- und Viertklässler berichten darüber, schon Erschöpfungssymptome gespürt zu haben (Lohaus et al. 1996). 41% der amerikanischen Schulkinder zwischen neun und dreizehn Jahren fühlen sich meistens oder immer durch zu viel Arbeit gestresst, 75% wünschen sich mehr Freizeit (Porterfield 2006). Beanspruchungssymptome und Stresssituationen hängen zusammen, vor allem dann, wenn diese während alltäglicher Belastungen kumuliert auftreten (Banez / Compas 1990). Am häufigsten werden dabei schulische Belastungen sowie der elterliche Leistungsdruck genannt (Sears / Milburn 1990). Auch eigentlich gut gemeinte Ansätze können sich negativ für die Kinder auswirken: Williamson (2006) beschreibt die negativen Auswirkungen einer leistungsorientierten Bezahlung amerikanischer Vorschullehrer, die aufgrund einer Vergütung anhand der Testergebnisse ihrer Schüler versuchen, deren Arbeitsbelastung und -fortschritt so hoch wie möglich zu halten.

Work-Life-Balance für Kinder

Viele Erwachsene leiden unter einem Ungleichgewicht von Arbeit und Leben, können jedoch i.d.R. für sich selbst entscheiden, ob und wie sie den Ausgleich (*work-life-balance*) erreichen. Bei Kindern im Vorschulalter ist diese Entscheidungsmöglichkeit nicht gegeben. Ihre Eltern sind Hauptentscheidungsträger, (scheinen zu) wissen, was das Beste für ihr Kind ist und fördern es dahingehend. Auch wenn das kindgerechte Unterstützungsangebot altersgemäß und spielerisch durchgeführt wird, so bleibt besonders hinsichtlich des Umfangs des Lernangebots fraglich, inwieweit es zu *positivem Stress* führt – denn Stress kann auch durch die Anhäufung angenehmer Tätigkeiten entstehen. Nicht selten sind Eltern überrascht, wenn das Kind sich im Anschluss an minutiös geplante Nachmittagsaktivitäten völlig genügsam zum Lego-Bauen oder Kassettenhören in sein Zimmer zurückzieht. Das ein oder andere Mal sollte – so absurd es für manche Eltern klingen mag – doch das Kind selbst befragt werden, woran es Interesse hat und ob ihm diese Dinge Spaß machen. Denn das kann bei aller Elternkompetenz nur das Kind selbst entscheiden, sogar im Vorschulalter.

Die Erfahrung zeigt, dass ein Kind ohne Zwang große Ausdauer beim Lernen entwickeln kann, wenn es aus einem bestehenden *Work*-Angebot die Dinge aussucht, die ihm selbst anregend erscheinen. In der Abwechslung von sensiblen und Reifungsphasen werden Kinder vielleicht keinen konstanten Lernfortschritt erzielen, jedoch mit selbst entwickeltem Interesse lernen. Eine *outcome*-orientierte Beschreibung des Lernfortschritts scheint zu diesem Entwicklungszeitpunkt noch nicht angemessen. Die *Life*-Seite, Freizeit, Zeit für sich alleine und Zeit für nicht zweckgebundene Sozialkontakte, sollte sich das Kind selbst gestalten können – mit Unterstützung, aber nicht Bevormundung durch die Eltern. Kinder haben dabei eigene Regeln und brauchen nur wenige Strukturen, um selbst gesteuert die Dinge zu lernen, die sie lernen wollen. Das Gleichgewicht zwischen Arbeit und Leben scheint bei der jetzt heranwachsenden Generation stark in Richtung Arbeit verschoben zu sein. Womöglich finden genau diese Kinder später bessere Möglichkeiten des Freizeitausgleiches. Doch auch dieser will erlernt sein. Ist dies noch möglich, wenn die sensible Phase dafür schon lange vorüber ist und sie später nicht einmal wissen, was Freizeit bedeutet?

Neben der Einbeziehung der Kinder ist hier die Verantwortung der Eltern besonders stark gefordert. Zum einen müssen sie sich frühzeitig bewusst sein, dass sie dem Kind mit ihrer

Lebensgestaltung Modell sind. Können sich Eltern keine Zeit für ihre Kinder nehmen oder sich auf Tätigkeiten konzentrieren, wird das auch den Kindern schwer fallen. Beim Lernen sollten Eltern „der Neugier der Kinder Raum geben; Kinder sollten [dabei] aber auch Grenzen kennen lernen“ (Köhler 2006). Vor allem aber sollten Eltern sich nicht von Trends leiten lassen, die vermeintlich verbindliche Vorgaben darüber machen, was Kinder heute möglichst früh lernen müssen. Kein Kind wird in jeder Entwicklungsstufe dem Durchschnitt entsprechen. Phasen langsamerer und schnellerer Entwicklung sind die Normalität, nicht die Ausnahme. Sicher schadet es nicht, wenn das Kind schon bis 20 zählen und seinen Namen schreiben kann, wenn es in die Schule kommt. Ob allerdings die ersten Worte Chinesisch, das spielerische Rechentraining oder der Ballett-Unterricht als trainierbare *Hard Skills* wichtiger sind als der problemlose Umgang mit anderen Kindern und die Einordnung in eine Gruppe, darf bezweifelt werden. Weniger Strukturen und mehr unverbindliche Angebote sind also die Handlungsempfehlungen für die Eltern.

Doch auch der Staat sollte sich der Förderung während dieser Entwicklungsstufe und dem Schutz der Kinder vor Überforderung annehmen. Um den Übergang in die Grundschule zu erleichtern, Chancengleichheit zu erreichen und die Unsicherheit über das Erreichen der notwendigen Kompetenzen zu verringern, sollte zunächst besser über die Anforderungen in der Schule und über darauf bezogene Fördermöglichkeiten informiert werden. Regelmäßige, verbindliche Gespräche mit den institutionellen Betreuern (wenigstens im Jahr vor dem Schuleintritt) könnten die Unzulänglichkeitsvermutungen vieler Eltern mildern.

Zudem ist überlegenswert, das kostenfreie Angebot der Früherkennungs-Untersuchungen U1 bis U9 auszubauen. In den Untersuchungen U8 (43. bis 48. Lebensmonat) und U9 (60. bis 64. Lebensmonat) werden Kinder im Vorschulalter hinsichtlich ihres körperlichen Entwicklungsstands, jedoch auch auf ihre kognitiven und sozialen Fähigkeiten hin untersucht (BzgA 2006).[2] Eine verstärkte Berücksichtigung intellektueller und sozialer Fähigkeiten bei diesen Untersuchung würde nicht nur den Kindern mit überfordernden Eltern helfen, sondern auch jene Kinder unterstützen, die in ihren Familien zu wenige Anreize und Unterstützung erhalten. Auch eine verstärkte Qualitätsverbesserung und -kontrolle in der institutionellen Kinderbetreuung würde das Vertrauen in die Einrichtungen erhöhen und Verantwortung von den Eltern als pädagogisch unwissende Experten für ihr Kind nehmen. Eine Überprüfung der Curricula wäre ein Schritt in die richtige Richtung, ebenso wie eine Verbesserung der Betreuungsrelation.

Statt eines Plädoyers für mehr Staatseingriffe zur Kontrolle der Familien ist dies ein Fall, in dem individuelle und soziale Präferenzen für Hilfestellungen in eine ähnliche Richtung

2 Seit dem 1. Januar 2008 ist die Teilnahme an sämtlichen Früherkennungs-Untersuchungen verpflichtend (BMFSFJ 2008).

weisen. Die Eltern wünschen sich eine möglichst gute Betreuung, bei der sie zwar Mitsprache, aber auch Unterstützung haben. Und auch dem Staat hilft es weiter, wenn seine jüngsten Bürger das Lernen nicht als ständige Überforderung und Scheitern erleben, sondern sich selbst gewählten Herausforderungen aus Interesse stellen. Schließlich, so der Philosoph Peter Sloterdijk, ist „Lernen die Vorfreude auf sich selbst" – und nichts anderes sollte den Kindern vermittelt werden.

Literatur

Ahrbeck, B. (2004): Kinder brauchen Erziehung: Die vergessene pädagogische Verantwortung, Stuttgart.

Banez, G.A. / Compas, B.E. (1990): Children's and parents' daily stressful events and psychological symptoms, Journal of Abnormal Child Psychology, Nr. 18, S. 255-270.

Barro, R.J. / Sala-i-Martin, X. (1995): Economic Growth, Cambridge.

Baumert, J. / Cortina, K.S. / Leschinsky, A. (2003): Grundlegende Entwicklungen und Strukturprobleme im allgemein bildenden Schulwesen, in: Cortina, K.S., Baumert, J. Leschinksy, A. / Mayer K.U. / Trommer, L. (Hg.): Das Bildungswesen in der Bundesrepublik Deutschland: Strukturen und Entwicklungen im Überblick, Reinbek, S. 52-147.

BMFSFJ (Bundesministerium für Familie, Senioren, Frauen und Jugend) (2005): Zwölfter Kinder- und Jugendbericht: Bericht über die Lebenssituation junger Menschen und die Leistungen der Kinder- und Jugendhilfe in Deutschland. Drucksache 15/6014 des Deutschen Bundestages, Berlin.

BMFSFJ (Bundesministerium für Familie, Senioren, Frauen und Jugend) (2007): Vorläufiges Protokoll der Ministerpräsidentenkonferenz vom 19.12.07 in Berlin, Online-Dokument: http://www.bmfsfj.de/bmfsfj/generator/RedaktionBMFSFJ/Internetredaktion/Pdf-Anlagen/er-gebnisprotokoll-mpk,property=pdf,bereich=,sprache=de,rwb=true.pdf, Download am 10.01.2008.

Bierbaumer, N. / Schmidt, R.F. (1999): Biologische Psychologie, 4. Auflage, Berlin.

Bradley, N. (2006): Kiddy Burn Out, Online-Dokument: http://parenting.families.com/blog/kiddy-burn-out, Download am 30.09.2006.

Buckley, J. / Schneider, M. (2003): Shopping for Schools: How Do Marginal Consumers Gather Information about Schools? The Policy Studies Journal, Jg. 31, Nr. 2, S. 121-145.

Büchel, F. / Spieß, C.K. (2002): Form der Kinderbetreuung und Arbeitsmarktverhalten von Müttern in West- und Ostdeutschland. Schriftenreihe des Bundesministeriums für Familie, Senioren, Frauen und Jugend, Band 220, Stuttgart.

Burisch, M. (2006): Das Burnout-Syndrom: Theorie der inneren Erschöpfung, 3. Auflage, Heidelberg.

BZgA (Bundeszentrale für gesundheitliche Aufklärung) (2006): Das Baby: Informationen für Eltern über das erste Lebensjahr, Köln.

Elkind, D. (2001): The hurried child: Growing up too fast too soon, 3. Auflage, New York.

Elschenbroich, D. (2006): Fron der frühen Jahre, in: Die Zeit. Nr. 4 vom 17.01.2006, Online-Dokument: http://www.zeit.de/2006/04/B-Chinaschule, Download am 30.09.2006.

Fuchs, K. (2005): Wovon der Besuch einer Kindertageseinrichtung abhängt...! Eine Auswertung des Mikrozensus für Kinder bis zum Schuleintritt. In: Rauschenbach, Th. / Schilling, M. (Hg.): Kinder- und Jugendhilfereport 2: Analysen, Befunde und Perspektiven. Weinheim, München, S. 157–173.

Gaschke, S. (2006): Die neue Kindheit. In: Die Zeit. Online-Dokument: http://zeus.zeit.de/text/2006/27/B-Kita-1, Download am 09.07.2006.

Grefe, C. (1995): Ende der Spielzeit: Wie wir unsere Kinder verplanen, Berlin.

Häcker, H. / Stapf, K.H. (Hg.) (1998): Dorsch: Psychologisches Wörterbuch, Bern.

Hampel, P. / Petermann, F. (2003): Anti-Stress-Training für Kinder, Weinheim.

Head Start (2006): US-amerikanisches Frühförderungsprogramm. Online-Dokument: http://www.acf.hhs.gov/programs/hsb/programs/index.htm, Download am 30.09.2006.

Hurrelmann, K. (2003): Lebensphase Jugend, 7. Auflage, Weinheim, München.

Kasten, H. (1995): Einzelkinder: Aufwachsen ohne Geschwister, Berlin.

Klemm, K. (2003): Bildungsausgaben: Woher sie kommen, wohin sie fließen, in: Cortina, K.S. / Baumert, J. / Leschinksy, A. / Mayer K.U. / Trommer, L. (Hg.): Das Bildungswesen in der Bundesrepublik Deutschland: Strukturen und Entwicklungen im Überblick, Reinbek, S. 214-251.

Köhler, H. (2006): Berliner Rede von Bundespräsident Horst Köhler in der Kepler-Oberschule in Berlin-Neukölln, Online-Dokument: http://www.bundespraesident.de/,2.633054/Berliner-Rede-von-Bundespraesi.htm, Download am 26.09.2006.

Levin, H.M. (1995): School Choice: Market Mechanisms, in: Carnoy, M. (Hg.): International Encyclopaedia of economics of education, Oxford, S. 349-353.

Lohaus, A. / Fleer, B. / Freytag, P. / Klein-Heßling, J. (1996): Fragebogen zur Erhebung von Streßerleben und Streßbewältigung im Kindesalter, Göttingen.

Maslach, C. / Leiter, M.P. (1997): The truth about Burnout: How Organizations cause Personal Stress and What to Do about It, San Francisco.

Michal, W. (2006): Geist ist geil! Geo Wissen, Nr. 37, S. 38-46.

Mincer, J. (1997): The production of human capital and the life cycle of earnings: Variations on a theme, Journal of Labor Economics, Jg. 15, Nr. 1, S. 26-47.

OECD (2004): Bildung auf einen Blick – OECD-Indikatoren 2004, Deutsche Übersetzung durch das Bundesministerium für Bildung und Forschung, Paris.

Oerter, R. / Montada, L. (Hg.) (2002): Entwicklungspsychologie - Ein Lehrbuch, 5. Auflage, Weinheim.

Ott, U. (2006): Geist ist geil! Geo Wissen, Nr. 37, S. 76-83.

Pany, T. (2006): Burnout mit Fünf: Vollständig überfordert und vollständig unterfordert, Online-Dokument: http://www.telepolis.de/r4/artikel/22/22263/1.html, Download am 07.09.06.

Pines, A. / Aronson, E. (1988): Career Burnout: Causes and Cures. New York.

Porterfield, L. (2006): Despite their energy, kids still at risk of burnout, Online-Dokument: http://www.cnn.com/2006/EDUCATION/08/30/overscheduled.kids/, Download am 30.09.2006.

Reichle, B. (2004): Hochbegabte Kinder: Erkennen, fördern, problematische Entwicklungen verhindern, Weinheim.

Reinberg, A. / Schreyer, F. (2003): Studieren lohnt sich auch in Zukunft, Kurzinformation 20/2003, Nürnberg.

Roßbach, H.-G. (2003): Vorschulische Erziehung, in: Cortina, K.S. / Baumert, J. / Leschinksy, A. / Mayer K.U. und Trommer, L. (2003): Das Bildungswesen in der Bundesrepublik Deutschland: Strukturen und Entwicklungen im Überblick, Reinbek, S. 252-284.

Rotthaus, W. (1999): Wozu erziehen? Entwurf einer systemischen Erziehung, 2. Auflage, Heidelberg.

Schneider, M. / Teske, P. / Marschall, M. / Roch, C. (1998): Shopping for Schools? In the Land of the Blind, The One-Eyed Parent May Be Enough, American Journal of Political Science, Jg. 42, Nr. 3, S. 769-793.

Sears, S.J. / Milburn, J. (1990): School-age stress, in: Arnold, L.E. (.): Childhood stress, New York, S. 224-246.

Statistisches Bundesamt (2003): Bevölkerung Deutschlands bis 2050, 10. koordinierte Bevölkerungsvorausberechnung, Wiesbaden.

Statistisches Bundesamt (2004): Statistiken der Kinder- und Jugendhilfe III.1, Einrichtungen und tätige Personen, Tageseinrichtungen für Kinder (2002), Arbeitsunterlagen, Wiesbaden.

Thompson, R. F. (1994): Das Gehirn – Von der Nervenzelle zur Verhaltenssteuerung, 2. Auflage, Heidelberg.

Williamson, L. J. (2006): My kid, a burnout at 5. Los Angeles Times, 27. Februar 2006. Online-Dokument: http://www.latimes.com/news/opinion/commentary/la-oe-williamson27feb27,-0,1551395.story?coll=la-news-comment-opinions, Download am 26.09.2006.

Winterhager-Schmid, L. (2002): Die Beschleunigung der Kindheit, in: Datler, W. u.a.: Das selbständige Kind, Gießen, S. 15-31.

Winterhoff-Spurk, P. (2005): Kalte Herzen: Wie das Fernsehen unseren Charakter formt, Stuttgart.

Ethik macht Schule

Ein Unterrichtskonzept zur Entwicklung moralökonomischer Sensibilität an Berufsbildenden Schulen

von Tobias Lorenz, Lydia Plagge & Jürgen Sackbrook

Warum musste dieser Beitrag geschrieben werden?

In Wissensgesellschaften ist moralökonomische Sensibilität eine zentrale Fähigkeit. Deshalb sollte in diesem Beitrag entwickelt werden, wie diese Sensibilität an Berufsbildenden Schulen vermittelt werden könnte.

Warum sollte dieser Beitrag gelesen werden?

Weil der Beitrag versucht, das Thema *Wirtschaftsethik* auch für Berufsbildende Schulen aufzugreifen. Derartige Themen werden dort normalerweise nicht diskutiert und sind auch nicht Teil von Rahmenlehrplänen oder anderen Lehrvorgaben. Vor diesem Hintergrund erarbeiten wir ein Konzept zur Vermittlung moralökonomischer Sensibilität in Berufsbildenden Schulen, welches auch für die breite Öffentlichkeit von Interesse sein könnte.

Was muss in Deutschland für die Vereinbarkeit von Leben und Arbeit getan werden?

Aktuelle gesellschaftspolitische Themen müssen in allen Teilen der Bevölkerung stärker reflektiert werden – sowohl unter ethischen als auch ökonomischen Aspekten. Nur so lässt sich auf Dauer eine bessere politische Willensbildung in unserem Land ermöglichen. Um die Arbeitnehmer von morgen darauf vorzubereiten, Arbeit und Leben besser in Einklang zu bringen, sollten sie auch moralökonomische Sensibilität entwickeln.

„Heute ist man damit beschäftigt, das Ideal der Marktwirtschaft auf den Kaminsims der Nation zu stellen, dorthin, wo bisher im Osten die Götzen Marx und Lenin standen. Alle – der Osten, der Westen und die Dritte Welt – huldigen diesem neuen Gott. Alle verehren die Marktwirtschaft, die vorläufig in der Tat eine unübertroffene wirtschaftliche Methode ist, aber eben nur eine Methode, ein System. Doch schon gibt es Adoranten, die sie zum Inhalt und Sinn des Lebens schlechthin machen. Auch hier wird eines Tages ein Umkehrprozess einsetzen – sei es aus Überdruss, den die Menschen empfinden, oder wegen einer Fehlentwicklung, die die Wirtschaft nimmt." (Dönhoff 1999, S. 43)

Aufbrüche

Mit deutlicher Mehrheit wurde im Dezember 2007 im Bundestag die Einführung eines Mindestlohns für die Postbranche beschlossen. Die Befürworter argumentieren, dass damit dem Lohndumping für Briefträger Einhalt geboten werde und letzteren eine würdevolle Entlohnung garantiert sei. Die Gegner eines Mindestlohns geben auf der anderen Seite zu bedenken, dass mit einem Mindestlohn der Arbeitsmarkt weiter verriegelt würde und geringproduktive Tätigkeiten nicht rentabel wären, was Arbeitslosigkeit verfestigen würde oder – wie von Herrn Thiel, CEO der PIN Group AG, beschworen – dass durch die Einführung eines Mindestlohns sogar Arbeitsplätze vernichtet würden: „Mit dem überhöhten Mindestlohn wurde bewusst in Kauf genommen, dass Investments in Milliardenhöhe am Standort Deutschland zunichte gemacht werden und zigtausende von Arbeitsplätzen bei den privaten Briefdienstleistern verloren gehen. Besonders bedauerlich ist, dass dies vor allem Geringqualifizierte und ehemalige Langzeitarbeitslose trifft, die nun zulasten der Staatskassen wieder in die Arbeitslosigkeit und eine ungewisse Zukunft geschickt werden. Und das aus unserer Sicht nur, damit die Deutsche Post, als einer der größten deutschen Konzerne mit staatlicher Beteiligung, auch künftig wettbewerbslos bleibt." (PIN Group AG 2007)

Besonders brisant wird die Debatte um den Mindestlohn in der Postbranche vor dem Hintergrund, dass am 1.1.2008 das Monopol der ehemaligen Deutschen Bundespost für Briefe unter 50 Gramm weggefallen ist – mit dem Ziel, verstärkt Wettbewerb in diesem Markt zu ermöglichen. Die Bestrebungen der Wettbewerber, sich für diesen Markt zu stärken, scheinen mit dem Mindestlohn zumindest in Teilen unterwandert. So zeigt sich, dass die politischen Ziele *Wettbewerb* und *Arbeitnehmerschutz* miteinander konkurrieren: Die Deutsche Post AG zahlt zwar Löhne, die über dem Mindestlohn liegen, doch gebärt sie sich wie ein Monopolist (Monopolkommission 2007). Die neue Konkurrenz wie die PIN Group AG fordert die Deutsche Post AG zum Wettbewerb heraus und bietet ihre Dienstleistungen günstiger als das ehemalige Staatsunternehmen an. Doch laut SPD trägt sie den Wettbewerb auf den Rücken der Mitarbeiter aus (Reuters 2007), die weit weniger als ihre Kollegen bei der Deutschen Post AG verdienen. Hier zeigt sich eine klassische Dilemma-Situation: Beide Ziele scheinen moralisch wertvoll, doch nicht gleichzeitig erreichbar zu sein. Vor die Wahl gestellt, fällt es uns schwer, ein ausgewogenes Votum zugunsten eines der beiden Unternehmen auszusprechen.

Doch an dieser Stelle geht es nicht um ein Votum, um Gut und Böse oder um richtig und falsch. Es wird auf dieses tagespolitische Beispiel verwiesen, um zu zeigen, wie schwierig sich die moralökonomische Selbstorientierung in derartigen Konfliktfällen erweist. All diese Zielkonflikte bedürfen moralökonomischer Sensibilität, um eine angemessene Urteilsbildung zu ermöglichen. Unter moralökonomischer Sensibilität wird hier die Fähigkeit verstanden, dass Subjekte die moralische Aufladung derartiger Gemengelagen erkennen und zu einer eigenständigen und reflektierten Urteilsbildung fähig sind, welche die Abwägung sozioökonomischer und normativer Aspekte verlangt.

Diese Kompetenz erscheint den Autoren am Standort Deutschland zu wenig ausgeprägt. Die Wahrnehmung dieses Defizits, beispielsweise in der akademischen Ausbildung, hat im Herbst 2003 Studenten verschiedener Fachrichtungen dazu bewogen sich zu einem wirtschafts- und unternehmensethischen Netzwerk namens *sneep – student network for ethics in economics and practice*[1] zusammen zu schließen. Seine zentrale Aufgabe sieht das Netzwerk in der Auseinandersatzung mit wirtschaftsethischen Fragestellungen – insbesondere über den Dialog im universitären Umfeld.

Es zeigte sich jedoch, dass eine Beschränkung auf den universitären Raum nicht ausreichend ist. Dies führte zu dem Bestreben, Wirtschaftsethik auch im schulischen Bereich stärker präsent zu machen. Vor diesem Hintergrund ist das Projekt *SuE* (Schule und Ethik) ins Leben gerufen worden, in welchem die hier vorgestellten Konzepte entstanden sind. Das Vorgehen gestaltete sich dabei iterativ. Die Arbeit mit den Schülern, die Weiterentwicklung des Konzepts sowie die Diskussion theoretischer Fragen gingen Hand in Hand. Der Diskussionsprozess und die damit einhergehende Reflexion waren für die Entwicklung des Konzepts fundamental. Sie werden deswegen in diesem Aufsatz im Theorieteil abgebildet, obwohl sie sich nicht eindeutig auf die einzelnen Unterrichtskonzepte herunter projizieren lassen. Vielmehr begründen sie die Notwendigkeit moralökonomischer Sensibilität in der schulischen Ausbildung.

Dieser Aufsatz präsentiert die Früchte dieses Prozesses: ein Konzept, welches moralökonomische Sensibilität in Berufsbildenden Schulen vermitteln soll. Dazu werden in einem ersten Schritt die Grundlagen durch verschiedene Positionen aus der Philosophie und den Wirtschaftswissenschaften gelegt. Im Anschluss daran wird das ursprüngliche Unterrichtskonzept *Mittelpunkt Wirtschaftsordnung* dargestellt. Auf der Basis der Erfahrungen, welche in der praktischen Umsetzung dieses Konzepts in der Schule gemacht wurden und einer theoretischen Reflektion, deren Inhalte sich auch im

1 www.sneep.info

Theorieteil dieses Aufsatzes wieder finden, wurde ein weiteres Unterrichtskonzept unter dem Motto *Mittelpunkt Mensch* entwickelt. Dieses hat sich ebenso wie das ursprüngliche Konzept zum Ziel gesetzt, moralökonomische Sensibilität in Berufsbildenden Schulen zu vermitteln, berücksichtigt aber stärker, dass dieses Thema deutlich lebensnäher als im ersten Konzept ausgestaltet sein muss, um bei den Schülern Verständnis zu finden.

Sich im Denken orientieren[2]

In einem ersten Schritt sollen die theoretischen Grundlagen des entwickelten Konzepts zur Vermittlung moralökonomischer Sensibilität in der Schule dargestellt werden. Dabei erweist sich der Dialog von Philosophie und Wirtschaftswissenschaften als äußerst fruchtbar. Ausgangspunkt sollen Überlegungen von Michel Foucault zum Begriff des Dispositivs sein:

> *„Was ich unter diesem Titel [Anm. d. A.: Dispositiv] festzuhalten versuche, ist erstens ein entschieden heterogenes Ensemble, das Diskurse, Institutionen, architektonische Einrichtungen, Gesetze, administrative Maßnahmen, wissenschaftliche Aussagen, philosophische, moralische oder philanthropische Lehrsätze, kurz: Gesagtes ebenso wohl wie Ungesagtes umfasst. Soweit die Elemente des Dispositivs. Das Dispositiv selbst ist das Netz, das zwischen diesen Elementen geknüpft werden kann. [...]Drittens verstehe ich unter Dispositiv eine Art von – sagen wir – Formation, deren Hauptfunktion zu einem gegebenen historischen Zeitpunkt darin bestanden hat, auf einen Notstand (urgence) zu antworten. Das Dispositiv hat also eine vorwiegend strategische Funktion. Das hat zum Beispiel die Resorption einer freigesetzten Volksmasse sein können, die einer Gesellschaft mit einer Ökonomie wesentlich merkantilen Typs lästig erscheinen musste: es hat da einen strategischen Imperativ gegeben, der die Matrix für ein Dispositiv abgab, das sich nach und nach zum Dispositiv der Unterwerfung/Kontrolle des Wahnsinns, dann der Geisteskrankheit, schließlich der Neurose entwickelt hat." (Foucault 1978, S. 119f)*

Das Konzept des Dispositivs beschreibt eine Struktur, welche sowohl Diskurse als auch Handlungen vorstrukturiert, die der bewussten Veränderung durch Individuen jedoch entzogen sind. Foucault versteht darunter eine eher heterogene Sammlung an Elementen, welche diese Struktur konstituieren können. Dies können zum einen architektonische Strukturen sein, welche eine bestimmte Art und Weise der sozialen Interaktion ermöglichen und andere verhindern. Zum anderen können dies legale Strukturen sein, welche bestimmte Arten und Weisen sich zu verhalten als illegal bestimmen. Nicht zuletzt können dies aber auch epistemische Strukturen sein, welche die Aufteilung theoretischer Sätze in sinnvoll und sinnlos vorstrukturieren.

---

2 Eine ausführlichere Version dieses Gedankenganges findet sich in (Lorenz 2005).

Inwiefern unser aktuelles Wirtschaftssystem durch derartige Strukturen präformiert ist, schließt sich als Anschlussfrage an, um sich mit Kant im Denken zu orientieren (Kant 1786). Adam Smith ist der Autor, der dabei die entscheidenden Grundlagen gelegt hat. In dessen Konzeption wird die Präferenzstruktur des Einzelnen für das *Gemeinwohl* instrumentalisiert. Durch eine Situation, welche sich mittels des Gefangenendilemmas modellieren lässt, wird eine Struktur geschaffen, in welcher mittels Eigeninteresse Wohlstand für alle geschaffen wird. Hierfür steht exemplarisch das inflationär gebrauchte Zitat, dass man nicht an das Wohlwollen Anderer appellieren dürfe, um etwas von ihnen zu erlangen, sondern ihr Eigeninteresse wecken solle (Smith 1978, S.17). Eine subtil normative Wendung wird jedoch spürbar, wenn Adam Smith im nächsten Schritt davon spricht, dass das bewusste Verfolgen uneigennütziger Ziele sogar kontraproduktiv sei:

> *„Und er [Anm. d. A.: der Marktteilnehmer] wird in diesem wie auch in anderen Fällen von einer unsichtbaren Hand geleitet, um einen Zweck zu fördern, den zu erfüllen er in keiner Weise beabsichtigt hat. Auch für das Land selbst ist es keineswegs immer das schlechteste, dass der einzelne ein solches Ziel nicht bewusst anstrebt, ja, gerade dadurch, dass er das eigene Interesse verfolgt, fördert er häufig das der Gesellschaft nachhaltiger, als wenn er wirklich beabsichtigt, es zu tun." (Smith 1978, S. 371)*

Diese Prämisse ignoriert, dass Wirtschaftsprozesse auf einer Metaebene der Gestaltung bedürfen, um ein reibungsloses Marktgeschehen zu ermöglichen. Homann unterscheidet hier zwischen Spielzügen und Rahmenordnung. Auf beiden Ebenen soll nach Homann Eigennutz-basiert agiert werden (Homann / Blome-Drees 1992). Während dies auf der ersten Ebene mit Smith schlüssig ist, ist auf der Ebene der Rahmenordnung unklar, wodurch sich eine Eigennutz-Basierung gegenüber alternativen motivationalen Grundlagen auszeichnet. Es muss demgegenüber betont werden, dass das Wirtschaftssystem als soziales System historisch gewachsen und politisch gestaltet ist (Wieland 1992).

Ziel sollte es deswegen sein, Reflexionsmöglichkeiten zu erhalten und ein Bewusstsein dafür zu schaffen, dass die Wirtschaft kein vollkommen in sich geschlossenes System ist, sondern ihrer Verankerung im Politischen bedarf. Zentral für ein funktionierendes Wirtschaftssystem ist deswegen ein politisch aufgeklärtes Gemeinwesen, um nicht mythisch im Sinne Roland Barthes (Barthes 1964) zu werden. Mythisch in seinem Sinne ist alles, was eine falsche Evidenz präsentiert, alles, was als selbstverständlich ausgegeben wird und so die Erinnerung an die eigene Gemachtheit unterschlägt, was Geschichte (Gewachsenes) als Natur (Gegebenes) ausgibt und von der historisch-kulturellen Kontingenz der Dinge absieht. Der Mythos wirkt dadurch konservativ und trägt zur Verfestigung des Bestehenden bei.

Gerade in der betriebswirtschaftlichen Theorie ist Reflexion von Nöten, um nicht in diesem Sinne *mythische* Theorie zu werden. Während in der Volkswirtschaftslehre die Produktionsfaktoren Arbeit, Boden und Kapital behandelt werden, gibt es mit der menschlichen Arbeit, Werkstoffen und Betriebsmitteln ein betriebswirtschaftliches Pendant. In der neueren ökonomischen Theorie hat sich dabei eine Verschiebung hin zur Betonung kreativer Wissensarbeit ergeben. Diese Verschiebung genauer zu betrachten, nimmt sich der folgende Absatz vor.

Schöne neue Arbeitswelt

Der Verdi-Vorsitzende Frank Bsirske propagiert, „dass Wissen zu einer erstrangigen ökonomischen Ressource geworden ist: Es ist geradezu ein Kennzeichen entwickelter Volkswirtschaften, dass Wertschöpfung zunehmend weniger auf manuellen Tätigkeiten gründet, [...] sondern verstärkt auf Wissen und geistiger Arbeit. OECD-Schätzungen zufolge war bereits Mitte der 1990er Jahre mehr als die Hälfte des Bruttosozialprodukts in den OECD-Ländern *wissensbasiert*. Vor allem die wissensintensiven Dienstleistungen weisen deutlich überproportionale Zuwachsraten auf." (Bsirske 2003) Diese Entwicklung wird im Konzept der Informations- oder auch Wissensgesellschaft theoretisch verarbeitet (Klumpp et al. 2003). Zentrale Merkmale sind die höhere Wissensintensität von Arbeitsplätzen (Bell 1976), sowie die Flexibilisierung und Prekarisierung des Arbeitsmarktes (Beck 1999). Möglicherweise geht damit auch ein Wandel in der Motivationsstruktur der Arbeitnehmer einher, welchem mit veränderten Sozialsystemen Rechnung getragen werden könnte (Lorenz 2007). Dies führt zu veränderten Anforderungen – sowohl an die betriebswirtschaftliche Praxis als auch an deren wissenschaftliche Theoriebildung. *Outsourcing* und *Networking* sind Hinweise darauf, dass neue Organisationsformen den gewandelten Umweltbedingungen eher gerecht werden als klassische Unternehmensorganisationen (Picot / Neuburger 2003).

Mit den neuen Organisationsformen und einer zunehmenden Informations- und Wissensabhängigkeit der Unternehmen stellt sich auch die Frage, inwieweit der klassische Resourcenbegriff Veränderungen unterworfen ist. In der so genannten *Resource based View* sind die Produktionsfaktoren eines Unternehmens der wissenschaftliche Betrachtungsgegenstand. Edith Penrose beschreibt die Firma „[...] as a collection of Productive Resources" (Penrose 1995, S. 24). Neben den physischen Ressourcen wie Maschinen, Gebäuden und Rohstoffen legt sie den Fokus auf den Produktionsfaktor Mensch: „There are also human resources available in a firm – unskilled and skilled labour, clerical, administrative, financial, legal, technical, and managerial staff." (Penrose 1995, S. 24)

Es wird hervorgehoben, dass nicht die Ressourcen selbst Bestandteil des Wertschöpfungsprozesses sind, sondern vielmehr nur die Dienste *(services)* der Ressource als Input in das Produkt einfließen. Die Nutzungsmöglichkeiten von Ressourcen und die daraus resultierenden Leistungen werden durch das Wissen bestimmt. Der Wissensstand im Unternehmen determiniert den Erkenntnis- und Nutzungsrahmen in Bezug auf die unternehmenseigenen Ressourcen. Zusätzlich weist Penrose darauf hin, dass die Nutzung der physischen Ressourcen durch die Humanressourcen beeinflusst werden kann, beispielsweise durch unterschiedliches *Know-how*. Das durch zusätzliches Wissen erweiterte Dienstpotential einer Ressource erhöht wiederum die Nutzungsmöglichkeiten der Unternehmensressourcen und verändert damit indirekt auch die Einzigartigkeit des Unternehmens. Es besteht also eine enge Verbindung zwischen dem Wissen in einem Unternehmen und den Nutzungsmöglichkeiten der Ressourcen. Wissen in Bezug auf die Veränderung der Umwelt ist die Voraussetzung zur Erkennung und Veränderung von Verwendungs- und Kombinationsmöglichkeiten der Ressourcen. Zudem bestimmt das Wissen, was als Umwelt angesehen wird: „I have placed the emphasis on the significance of the resources with which a firm works and on the development of the experience and knowledge of a firm`s personnel because these are the factors that will to a large extent determine the response of the firm to changes in the external world and also determine what it 'sees' in the external world. This is particularly evident when we recognize that changes in the knowledge possessed by the managerial personnel of a firm will not only change the productive services of other resources, but will also change 'demand conditions' as seen by the firm." (Penrose 1995, S. 79 ff.)

Penrose sieht in dem Wissen der Mitarbeiter die Quelle der Einzigartigkeit von Unternehmen. Diese Position wird im so genannten *Knowledgebased View* der Stategieforschung ausgebaut. Deren These besteht darin, dass die primäre Aufgabe von Unternehmen darin bestehe, „specialist knowledge resident in individuals into goods and services" (Grant 1996, S. 120) zu integrieren. Damit wird es zu einer wesentlichen Aufgabe des Managements, die Bedingungen bereit zu stellen, unter denen Wissensintegration geschehen kann.

Mit dem Wissen rücken konsequenterweise die Träger des Wissens stärker in den Mittelpunkt der Unternehmensführung. Grant (1996) geht sogar soweit, die Fundamente des *Shareholder-Value*-Ansatzes in Frage zu stellen: „If the primary resource of the firm is knowledge, if knowledge is owned by employees, if most of this knowledge can only be exercised by the individuals who possess it – then the theoretical foundations of the shareholder value approach are challenged." (Grant 1996, S. 120)

Durch die Emanzipation der Mitarbeiter zu Wissensträgern werden sie zugleich zu Verantwortungsträgern, die sich aktiv an der Unternehmensgestaltung beteiligen können und sollen. Eine Ent-Hierarchisierung in den Unternehmen kommt zwar einer Ent-Autokratisierung, nicht aber einer Demokratisierung gleich. Stattdessen erscheinen partizipative Lösungen fruchtbar. Mitarbeiter-Kapitalbeteiligungsmodelle sind in dieser Hinsicht auch strategisch sinnvoll (Wagner 2002).

Jedoch nicht nur als Mitarbeiter, auch als Unternehmensgründer nimmt der Mensch aufgrund seiner Kreativität einen zentraleren Status ein. Die Schumpeter'schen Analysen zum Unternehmer skizzieren diesbezüglich ein Leitbild und verdeutlichen den zentralen Charakter von Wissen und schöpferischer Kraft. Schumpeter (1997) erachtet es als zentrale Aufgabe des Unternehmers, durch Innovation wirtschaftliche Entwicklung zu generieren. Dabei sieht er drei Schwierigkeiten: „Erstens fehlen dem Wirtschaftssubjekt außerhalb der gewohnten Bahnen, die ihm innerhalb derselben meist sehr genau bekannten Daten für seine Entschlüsse und Regeln für sein Handeln. [...] Wie dieser Punkt in der Aufgabe, so liegt der zweite im Verhalten des Wirtschaftssubjektes selbst. Es ist nicht nur sachlich schwieriger und etwas Anderes, Neues zu tun, als das Gewohnte und Erprobte, sondern das Wirtschaftssubjekt widerstrebt ihm auch, würde ihm auch widerstreben, wenn die sachlichen Schwierigkeiten nicht vorhanden wären. [...] Der dritte Punkt besteht in dem Gegendruck, mit dem die soziale Umwelt jedem begegnet, der überhaupt oder speziell wirtschaftlich etwas Neues tun will." (Schumpeter 1997, S. 124 ff.)

Schumpeter (1997) sieht zentrale Anforderungen also nicht nur an das Verfügungswissen des Unternehmers gestellt, auch charakterliche Stärke ist von Nöten, damit er fähig ist, seine Idee durchzusetzen. Es lässt sich damit schlussfolgern, dass der Mensch in dreierlei Hinsicht in den Mittelpunkt rückt. Zum einen als politischer Gestalter wirtschaftlicher Rahmenbedingungen, nachdem Wirtschaftspolitik ihren naturgesetzlichen Charakter verloren hat; zum anderen im konkreten Wirtschaftsgeschehen, wo der Mensch sowohl als Arbeitnehmer aufgrund vermehrter Wissensarbeit in den Fokus rückt (Bsirske et al. 2003), als auch als Unternehmer, wenn Kreativität und Durchsetzungsvermögen die zentralen Anforderungen für Markterfolg werden. In allen drei Bereichen bedarf er vermehrt moralökonomischer Sensibilität und der Fähigkeit, autonom zu handeln.

Bezüglich des Wissens lassen sich zwei Arten unterscheiden: Verfügungs- und Orientierungswissen. Während Verfügungswissen Zusammenhänge vermittelt, bezieht sich Orientierungswissen auf die Strukturierung und Bewertung von Zusammenhängen. Verfügungswissen lässt sich ohne Orientierungswissen nicht sinnvoll anwenden. Ulrich (2001) versucht im Rahmen seiner Integrativen Wirtschaftsethik den Ökonomismus als nur scheinbar technisches Verfügungswissen heraus zu stellen, um die selbstständige Orientierung wieder zu ermöglichen. Dazu arbeitet er das politische und normative Element dieser Abläufe heraus. Er stellt der ökonomistischen Moralfreiheit der Marktteilnahme das normative Ideal der republikanischen Bürgertugend[3] gegenüber und zielt darauf ab, „das unverzichtbare republikanisch-staatsbürgerliche Ethos im Selbstver-

3 Diese umfasst: Reflexionsbereitschaft der Subjekte in Bezug auf ihre Präferenzen; Verständigungsbereitschaft bezüglich fairer Verfahrensregeln für deliberative Prozesse; Kompromissbereitschaft; Legitimationsbereitschaft des Privaten.

ständnis der Wirtschaftssubjekte zu reflektieren und zur Geltung zu bringen" (Ulrich 2001, S. 317).

Dafür ist es jedoch notwendig, im Rahmen der politischen Bildung, die Wirtschaftssubjekte mit dem nötigen Orientierungswissen auszustatten. Ulrich selbst sieht vier mögliche „institutionelle ‚Rückenstützen'", um sein Konzept durchzusetzen (Ulrich 2001, S. 319). Neben der „Neutralisierung wirtschaftlicher Macht im öffentlichen Deliberationsprozess", „Wirtschaftsbürgerrechten" und „rechtsstaatlicher[r] Verantwortungszurechnung" nennt er unter anderem „die allgemeine staatsbürgerliche Bildung auf allen Schulstufen [...] über Brennpunkte der lebenspraktisch bedeutsamen wirtschafts- und gesellschaftspolitischen Diskussion". Zu dieser staatsbürgerlichen Bildung versucht das vorliegende Konzept einen Beitrag zu leisten.

Vier Thesen von Noll (2002) untermauern die Notwendigkeit eines derartigen Konzepts:

1. Die Lebensbedingungen der Menschen und damit ihre Handlungsoptionen haben sich aufgrund des wissenschaftlich-technischen und ökonomischen Fortschritts verändert. Parallel zu den erweiterten Handlungsmöglichkeiten wächst auch die Zahl existenzieller moralischer Fragen. Der Bedarf an Orientierungswissen nimmt zu.

2. In westlichen Gesellschaften kommt es im Zuge der Individualisierung zu einer Pluralisierung kollektiver und individueller Wertesysteme. Traditionelle Institutionen wie Familie, Kirchen und Vereine verlieren an Bedeutung. Der verbindliche Normenkatalog nimmt ab.

3. Diese mannigfaltigen Wertesysteme führen zu einer zunehmenden Verunsicherung. Nur durch gesteigertes Vertrauen können unsichere Erwartungen über das Verhalten Anderer stabilisiert und die Komplexität der Welt reduziert werden.

4. Unternehmen können zunehmend weniger darauf vertrauen, dass ihre Mitarbeiter als Wissensträger in ausreichendem Maße Orientierungswissen mitbringen. Hier offenbaren sich in den gesellschaftlichen Sozialisationsprozessen Defizite.

Die moralökonomische Sensibilität und Fähigkeit zu autonomem Handeln zu vermitteln, ist Aufgabe der Schulen. Mit dem Programm für lebenslanges Lernen[4] wird auch auf EU-Ebene Humankapital als Ressource herausgestellt. Im Folgenden soll ein Baustein vorgestellt werden, der den obigen Diskurs bez. der Grundlagen sozio-ökonomischer Zu-

4 Vgl. http://europa.eu/scadplus/leg/de/cha/c11082.htm abgerufen am 21.12.2007.

sammenhänge, für den schulischen Alltag fruchtbar macht. In einem mehrstufigen Prozess haben die Autoren ein Konzept erarbeitet, das zeigt wie sich moralökonomische Sensibilität an Berufsbildenden Schulen vermitteln lässt. Damit soll nicht zuletzt illustriert werden, wie das Verständnis bestehender sozio-ökonomischer Dilemmata über eine veränderte Ausbildung gestärkt werden könnte.

Im Diskurs ist deutlich geworden, dass zwei Aspekte Eckpunkte sein sollten. Zum einen sind Marktgesetze nicht von Natur aus gegeben, sondern ein Produkt der politischen Gestaltung. Zum anderen ist der Mensch in der Informations- und Wissensgesellschaft kein nachrangiger, austauschbarer Produktionsfaktor mehr, sondern er rückt in das Zentrum des Unternehmensgeschehens. Vor dem Hintergrund dieser Erkenntnis wurden nacheinander zwei Unterrichtskonzepte entwickelt, die auf verschiedene Unternehmensebenen ausgerichtet sind. Ihr gemeinsames ursprüngliches Ziel ist die moralökonomische Sensibilisierung der Schüler an Berufsbildenden Schulen.

Kontrapunkt

Als eine besondere Zielgruppe wird hier auf Schülerinnen und Schüler von Berufsbildenden Schulen fokussiert, für die von 2004 bis 2006 sukzessiv das Unterrichtskonzept *Mittelpunkt Wirtschaftsordnung* entwickelt und in der Schulpraxis mehrfach erprobt wurde. Dieses wird zunächst dargestellt. Ausgehend von den praktischen Erfahrungen mit diesem ersten Konzept (z.B. dass die Schüler lebensnahe Inhalte bevorzugen), wurde ein verbessertes Konzept *Mittelpunkt Mensch* erarbeitet, welches im Anschluss dargestellt werden soll.

Die Inhalte des Unterrichtskonzeptes lassen sich keinem speziellen Unterrichtsfach zuordnen, da sie verschiedene Fächer tangieren. Entsprechend ist der Entwurf in den Fächern Wirtschaft, Werte und Normen, Politik, Sozial- und Gemeinschaftskunde eingesetzt worden. Es ist jedoch notwendig, dass die Schüler über ökonomisches Vorwissen verfügen, damit sie den Inhalten folgen können. Diese Vorbildung ist an Allgemeinbildenden Gymnasien weniger stark ausgeprägt als an Berufsbildenden Schulen. Abbildung 1 gibt einen Überblick über die Stundeneinteilung des Unterrichtskonzepts, über dessen Inhalte und über die eingesetzten Methoden:[5]

5 In Anhang 1 findet sich eine ausführliche Beschreibung des gesamten Entwurfes in tabellarischer Form.

Std.	Zentrale Elemente der Bearbeitungsphasen	Methode / Sozialform
1. / 2.	• Gemeinsames Erarbeiten des Stakeholder-Modells mit Hilfe des Dokumentarfilms „Die Story – und du bist raus“ • Jede Gruppe soll eine Anspruchsgruppe bearbeiten (Ziele und Interessen)	• L-S-Gespräch • Gruppenarbeit • Betreuung durch L
3. / 4.	• Einführung einer neuen Dilemmasituation (SchülerInnen lesen in verschiedenen Rollen das Arbeitsblatt vor) • Einteilung in Gruppen für die Bearbeitung der verschiedenen Interessen Gruppe 1: Fremd- und Eigenkapitalgeber (Banken, Aktionäre) Gruppe 2: Kunden und Stadtrat (Öffentlichkeit) Gruppe 3: Arbeitnehmer Gruppe 4: Arbeitgeber und Unternehmensleitung	• Postkartenpuzzle • L-S-Gespräch • Gruppenarbeit • Betreuung durch L
5. / 6.	• Durchführung einer Pro-Contra-Debatte zur These: „Die soziale Verantwortung der Unternehmen liegt in der Steigerung ihrer Gewinne“	• S-Gespräch • Pro-Contra-Diskussion (Lehrer bleibt völlig im Hintergrund)

Abbildung 1: Das Unterrichtskonzept Mittelpunkt Wirtschaftsordnung

Das Konzept in seiner ursprünglichen Form umfasst dreimal zwei, also insgesamt sechs Unterrichtsstunden à 45 Minuten. Der Schwerpunkt der ersten Doppelstunde liegt in der inhaltlichen Erarbeitung und Problematisierung eines Fallbeispiels anhand des Dokumentarfilmes *Die Story – und du bist raus*[6]. In diesem Film wird ein global operierendes deutsches Unternehmen des Mittelstands betrachtet. Das ehemalige Familienunternehmen wurde an *Private Equity* Firmen verkauft, welche in einem Optimierungsprogramm einige Produktionsstandorte von Deutschland nach Thailand verlagerten. Im Film kommen viele Beteiligte zu Wort und erläutern ihre Interessen an dem Unternehmen

6 WDR 2006, Erstausstrahlung am 11.01.2006, 23.30 Uhr.

bzw. die Motive der getroffenen Entscheidungen. Die Schülerinnen und Schüler sollen im Anschluss an die Filmvorführung die Anspruchs- und Interessensgruppen eines Unternehmens herausarbeiten. Wichtig ist in diesem Zusammenhang, dass sie die Vernetzung der einzelnen *Stakeholder* im Ganzen erkennen und diskutieren.

Mit einem solchen Film zum Einstieg wird das Verständnis der Schüler erhöht, da sie anschließend einen konkreten Fall aus dem aktuellen Wirtschaftsgeschehen bearbeiten können. Insbesondere das Thema Auslandsverlagerung ist gut geeignet, da hier verschiedene moralische Dilemmasituationen zwischen den in- und ausländischen Arbeitnehmern und zwischen Arbeitnehmern und Arbeitgebern entstehen.

Der Schwerpunkt der zweiten Doppelstunde liegt in der eigentlichen Sensibilisierung für moralisches Handeln in Unternehmen. Anhand einer fiktiven Dilemmasituation, die an den Filmbeitrag aus der ersten Unterrichtseinheit angelehnt ist, sollen die Schülerinnen und Schüler in den einzelnen Rollen der zuvor erarbeiteten *Stakeholder* das Für und Wider einer unternehmerischen Entscheidung in einem Multistakeholderforum diskutieren. Die Schülerinnen und Schüler sollen erkennen, welchen Einfluss eine Unternehmenshandlung auf alle *Stakeholder* hat und mit welchen Problemen und Widersprüchen die Unternehmensführung fast täglich umgehen muss.

In der dritten Doppelstunde wird eine Grundsatzdiskussion zum Thema *Wirtschafts- und Unternehmensethik* geführt. Im Jahr 1970 überschrieb der Nobelpreisträger für Wirtschaftswissenschaften Friedman (1970) einen Beitrag für die New York Times mit der provozierenden These: *Die soziale Verantwortung der Unternehmen liegt in der Steigerung ihrer Gewinne.* Mittels einer Pro- und Contra-Debatte soll diese These kritisch durchleuchtet werden. Die Schülerinnen und Schüler sollen sich Gedanken machen, welche Auswirkungen (un-)ethisches Handeln für Unternehmen hat. Zum Abschluss der Einheit steht die Frage im Vordergrund, was wirtschaftsethisches Handeln für die einzelne Schülerin oder den einzelnen Schüler bedeutet. Zu den folgenden Fragestellungen sollen Eindrücke, Wünsche und Gedanken geschildert werden: Ist Wirtschafts- und Unternehmensethik wichtig für mich? Wie kann ich ethisch verantwortungsvoll handeln? Gibt es Negativbeispiele für Wirtschafts- und Unternehmensethik? Wie können Unternehmen ethisch verantwortungsvoll handeln?

In der praktischen Durchführung der Unterrichtseinheit fiel den Autoren auf, dass oftmals eine opportunistische Bejahung des Erwerbsprinzips mit Bestürzung über mangelnde Solidarität einherging. Der Zusammenhang beider Aspekte wurde jedoch zumeist verkannt. Weiterhin wurde beobachtet, dass stets die Unternehmensführung als moralischer Akteur gesehen wurde und nicht die eigene Person. Das eigene Verhalten wurde eher aus materieller, denn aus moralischer Sicht bewertet. Hinzu kam, dass die Schülerinnen und

Schüler gerne mehr Zeit für dieses aus ihrer Sicht sehr interessante Thema verwenden wollten.

Vor diesem Hintergrund setzte eine erneute Reflexion des Marktgeschehens und der Rolle von Arbeitnehmern ein; mit dem Ziel, die ursprüngliche Unterrichtseinheit den gemachten Erfahrungen anzupassen. Eine zentrale Einsicht war dabei, dass den Schülerinnen und Schülern möglichst lebensnahe Inhalte dargeboten werden müssen, um nachhaltig moralökonomische Kompetenz bei ihnen herauszubilden. Diese Einsicht drückt sich in einem überarbeiteten Unterrichtskonzept aus, welches nunmehr auf zehn Unterrichtsstunden ausgelegt ist und den Fokus auf innerbetriebliche Abläufe legt, anstatt ordnungspolitische Fragen zu diskutieren. Weiterhin wird die Diskussion auf Verantwortungsbeziehungen zwischen einzelnen Positionen im Unternehmen konkretisiert, während im ersten Unterrichtskonzept Verantwortung lediglich auf abstraktem Niveau diskutiert wurde. Abbildung 2 stellt das überarbeitete Unterrichtskonzept *Mittelpunkt Mensch* dar.[7]

Std.	**Zentrale Elemente der Bearbeitungsphasen**	**Methode / Sozialform**
1. / 2.	• Auseinandersetzung mit der Fragestellung nach dem eigenen *Ich* der Schüler: Wer bin ich und in welchen Rollen kann ich auftreten? • Übertragung der Rollen auf die Beziehungen eines Unternehmens mit der Umwelt: Gemeinsames Erarbeiten des Stakeholder-Modells • Jede Gruppe soll eine Anspruchsgruppe bearbeiten (Ziele und Interessen)	• L-S-Gespräch • Gruppenarbeit • Betreuung durch L
3. / 4.	• Bau einer Seilbahn	• Postkartenpuzzle • Gruppenarbeit • Betreuung durch L
5. / 6.	• Einführung in die Grundbegriffe der Wirtschaftsethik • Lesen und Erarbeiten von Auszügen aus Penrose's „The theory of the growth of the firm" (1995)	• Zettelreferat / Leittextmethode / Expertenrunde

7 In Anhang 2 befindet sich eine ausführliche Beschreibung des gesamten Entwurfes in tabellarischer Form.

	• (Englisches Original oder deutsche Übersetzung je nach Leistungsstärke der Klasse)	• Lehrervortrag • S-L-Gespräch
7. / 8.	• Gemeinsames Erarbeiten von Dilemmasituationen (Mitarbeiter-Mitarbeiter, Mitarbeiter-Vorgesetzter, Unternehmen-Unternehmen, Unternehmen-Gesellschaft) • Jeweils zunächst Bearbeitung in Partnerarbeit; im Anschluss gemeinsames Besprechen der vorliegenden Situation	• S-L-Gespräch • Partnerarbeit • Betreuung durch L
9. / 10.	• Gemeinsames Lesen eines Textes unter der Leitfrage „Auf welche Art und Weise wirtschaftet das Unternehmen?" (evtl. Negativbeispiel auswählen) • Diskussion über die gesamte Unterrichtseinheit (Stichworte): Mensch im Mittelpunkt, Stellenwert des Einzelnen, Zielkonflikte im Unternehmen, Möglichkeiten von Gewinnerzielung, Ebenen des moralischen Handelns, Moralisches Handeln nur mit Gewinn? • Meinungslinie: „Die soziale Verantwortung der Unternehmen liegt in der Steigerung ihrer Gewinne"	• S-L-Gespräch • Diskussion • Meinungslinie

Abbildung 2: Das Unterrichtskonzept Mittelpunkt Mensch

Zunächst werden die Schülerinnen und Schüler mit dem Anspruchsgruppen-Konzept konfrontiert. Die Leitfrage lautet: *Welche Personen(-gruppen) haben Interesse an einem erfolgreich arbeitenden Unternehmen?* Innerhalb eines Unterrichtsgesprächs sollen die Kenntnisse der Schülerinnen und Schüler eruiert und ein gemeinsamer Wissensstand erarbeitet werden. Abbildung 3 gibt einen Überblick über mögliche Anspruchsgruppen.

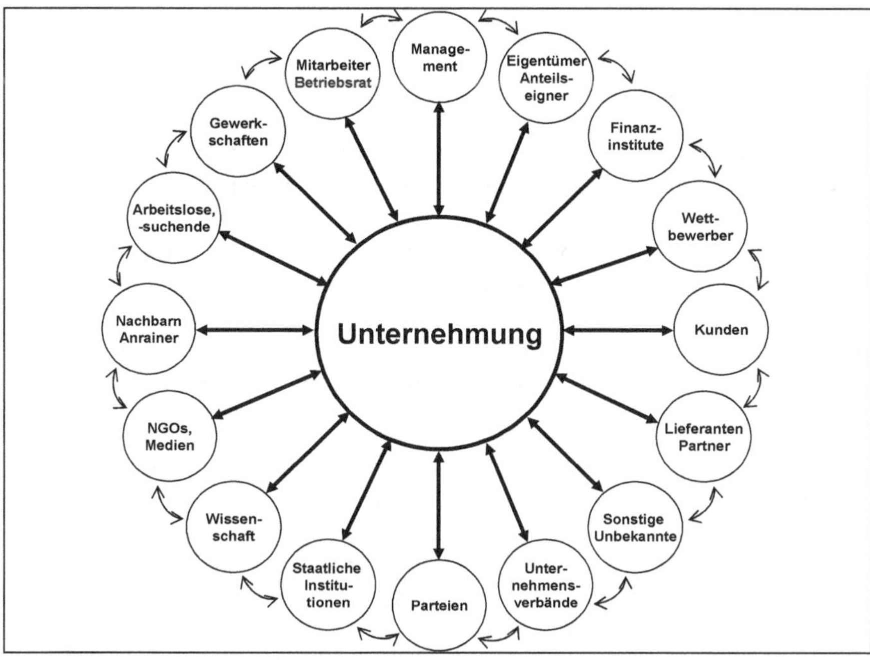

Abbildung 3: Das Anspruchsgruppen- bzw. Stakeholder-Konzept (Pfriem 2004)

Es ist nicht das alleinige Lernziel, dass die Schülerinnen und Schüler die verschiedenen Gruppen nennen können, sie sollen darüber hinaus auch die Interessen der einzelnen Anspruchsgruppen benennen können. Diese mannigfaltigen Interessen spiegeln sich in den Unternehmensstrategien als Ergebnis des Zielfindungsprozesses wider. Innerhalb dieses Prozesses werden eben nicht nur die Interessen der Unternehmensführung und der Eigentümer berücksichtigt, sondern ebenso oft haben die anderen Anspruchsgruppen Einfluss auf die Zielgestaltung. Im weiteren Verlauf des Unterrichts wird immer wieder auf die verschiedenen *Stakeholder* zurückgegriffen, um Konflikt- und Dilemmasituationen zwischen ihnen zu beschreiben.

Die bisherige Erfahrung zeigt, dass Schülerinnen und Schüler sich in ihrer Rolle als Arbeitnehmer grundsätzlich eher als ausführendes Objekt wahrnehmen und sich daher nicht als Verantwortungsträger sehen. Hier gilt es den Schülerinnen und Schülern zu verdeutlichen, wie bedeutend ihre Position im Unternehmen ist, da sie als Mensch und Arbeitskraft in ihrer Gesamtheit einzigartig sind. Als Arbeitnehmer sind sie immer Teil des unternehmerischen (Miss-)Erfolgs. Gerade diese Einzigartigkeit sollte den Schülerinnen und Schülern vor Augen geführt werden.

Hierzu wird das *Seilbahn*-Experiment herangezogen. Die Klasse wird in Kleingruppen à fünf bis sieben Personen eingeteilt. Jede Gruppe erhält die Aufgabe, eine Seilbahn mit zwei Kabinen zu bauen, die eine Distanz von zwei Metern überbrücken soll. Für diese Bauaufgabe stehen den Gruppen nur wenige Utensilien zur Verfügung: ein Seil mit unbekannter Länge, zwei DIN A 4 Bögen weißes Papier, vier DIN A 4 Bögen farbiges Kartonpapier und eine Schere. Die weißen Bögen dienen dem Testlauf, die endgültige Seilbahn darf nur aus dem farbigen Karton bestehen. Wichtig ist, dass die Schülerinnen und Schüler keine weiteren Hilfsmaterialien wie Kleber, Büroklammer o. ä. benutzen dürfen. Die fertige Seilbahn muss beweglich sein, d. h. die Fahrkabinen müssen sich von einem zum anderen Ende bewegen lassen. Des Weiteren benötigen die Kabinen eine Tür und ein Panoramafenster, damit die Gäste die Kabine betreten und den Ausblick genießen können. Für die Bearbeitung der Aufgabe haben die Schülerinnen und Schüler 30 bis 40 Minuten Zeit.

Die konkreten Arbeitsergebnisse werden variieren, da jede Gruppe als Summe ihrer Individuen über einen einzigartigen Wissens- und Kompetenzpool verfügt. Dadurch sollen die Schülerinnen und Schüler sich ihrer Kreativität bewusst werden und erfahren, dass individuelle Fähig- und Fertigkeiten von zentraler Bedeutung für den Gruppenerfolg sind. Im Anschluss werden die Schülerinnen und Schüler mit den bereits oben zitierten Penrose-Textstellen konfrontiert; evtl. in der deutschen Übersetzung, um mögliche Sprachbarrieren zu überwinden. Auf diese Weise sollen die praktischen Erfahrungen auf die (spätere) Berufswelt übertragen werden. Die Penrose'schen Aussagen sollen die Schülerinnen und Schüler in ihrer emanzipierten Wahrnehmung stärken. In der Konsequenz sollen die Schülerinnen und Schüler aus ihrer Objekt-Rolle in eine Subjekt-Rolle versetzt werden.

Bevor sich die Schülerinnen und Schüler im nächsten Schritt mit Konflikt- und Dilemmasituationen auseinandersetzen, ist eine kurze theoretische Einführung von Nöten, damit sie die Begriffe Ethik, Moral und Verantwortung bei der Bewertung der vorgestellten Fälle später angemessen verwenden können.

Im Folgenden gibt es zwei Möglichkeiten, den Schülerinnen und Schülern praktische Situationen darzubieten: Zum einen können Artikel aus dem großen Fundus von Tages- und Fachzeitungen Fälle beinhalten, die sich mit moralisch aufgeladenen Konfliktsituationen im Unternehmenskontext beschäftigen; zum anderen besteht die Möglichkeit im Vorfeld des Unterrichts eigene Situationen zu kreieren. Während sich Presseartikel meist auf die oberen Chargen in einem Unternehmen (das Management) beziehen, knüpft die zweite Variante gezielter an die Lebenswelt der Schüler an. Das hat den Vorteil, dass die Schüler mit ihrer Rolle als moralische Akteure konfrontiert werden, die sie erfahrungsgemäß fälschlicherweise bei ihren Vorgesetzten verorten. Die konstruierten Situationen sollten folglich auch direkt dem Arbeitsumfeld der Schüler entsprechen, um einen nachhaltigen Lerneffekt zu erzielen.

Während der Unterrichtsdurchführung wurden die Autoren immer wieder mit Aussagen, Anmerkungen und Fragen konfrontiert, die darauf hinweisen, dass es doch ökonomische Sachzwänge gäbe. Das Gewinnprinzip wird dabei zur obersten Unternehmensmaxime erhoben und nicht in Frage gestellt. Allenfalls wird die Höhe des Gewinns aus moralischer Sicht hinterfragt: „Moral, schön und gut. Was aber, wenn ich vor der Pleite stehe?"; „Moralisches Verhalten wie Trikot-Sponsoring kostet doch immer Geld!"; „Wie hoch darf der Gewinn denn sein? Vier Prozent, fünf Prozent oder zehn Prozent? Ab wann wird der Gewinn unmoralisch?"

Die bisher gemachten Erfahrungen in den Schulen zeigen, dass trotz anfänglicher Schwierigkeiten, die Schülerinnen und Schüler im Verlauf des Unterrichtsversuchs regelrecht auftauen und wachsendes Interesse zeigen. Die bisherigen Bemühungen können als Pilotprojekte, als Machbarkeitsstudien verstanden werden und machen deutlich, dass wirtschaftsethische Elemente erfolgreich in die Schulbildung integriert werden können. Die Thematik ist in der Praxis durchaus umsetzbar und wird in den verschiedenen Niedersächsischen Rahmenlehrplänen bereits berücksichtigt.

Ausblick

Die Unternehmensethik hat einen schweren Stand in der Unternehmenspraxis, da sich die Bemühungen in diesem Bereich finanziell klar abzeichnen, während sich der Nutzen derartiger Bemühungen nur sehr schwer messen oder sogar auf einzelne Maßnahmen zurückführen lässt. Es lässt sich jedoch annehmen, dass Unternehmen, deren Mitarbeiter moralökonomisch sensibilisiert sind, sich durch ein besseres Unternehmensklima auszeichnen.

Unternehmensethik muss in die Unternehmenskultur übergehen (vgl. Ulrich 2001). Moralökonomische Sensibilität ist dabei von zentraler Bedeutung, da sie den Einzelnen zur eigenständigen Urteilsbildung in ökonomischen Kontexten befähigt. Diese Sensibilität darf nicht auf den akademischen Kontext beschränkt bleiben, sondern muss auch denjenigen vermittelt werden, die sich im außeruniversitären Umfeld bewegen. Die Berufsbildenden Schulen erweisen sich dabei als ein geeigneter Ansatzpunkt.

Nach der mehrfachen Erprobung von Unterrichtskonzepten, die auf genau diese Sensibilität abzielen, wäre deren Evaluation der nächste notwendige Schritt, bevor diese Konzepte weiter standardisiert und in die Lehrerausbildung integriert werden können.

Literatur

Albert, H. (1972): Ökonomische Ideologie und politische Theorie, Göttingen.

Barthes, R. (1964): Mythen des Alltags, Frankfurt am Main.

Beck, U. (1999): Schöne neue Arbeitswelt, Frankfurt / New York.

Bell, D. (1976): Die nachindustrielle Gesellschaft, Frankfurt am Main.

Bsirske, F. (2003): Vom Wissen und seinem Wert, in: Bsirske, F. / Endl, H.-L. / Schröder, L. / Schwemmle, M. (Hg.) (2003): Wissen ist was wert, Hamburg.

Bsirske, F. / Endl, H.-L. / Schröder, L. / Schwemmle, M. (Hg.) (2003): Wissen ist was wert, Hamburg.

Deutscher Studienpreis (2007): Ausweg Wachstum?, Wiesbaden.

Dönhoff, M. (1999): Zivilisiert den Kapitalismus, München.

Freeman, R.E. (1984): Strategic Management: A stakeholder approach, Boston.

Fromm, E. (1993): Die Kunst des Liebens, Zürich.

Friedman, M. (1970): The social responsibility of business is to increase its profits, The New York Times Magazine, September 13, 1970.

Friedman, M. (2004): Kapitalismus und Freiheit, München.

Foucault, M. (1978): Dispositive der Macht, Berlin.

Grant, R. (1996): Toward a Knowledge-Based Theory of the Firm, Strategic Management Journal, Vol. 17, 1996.

Homann, K. / Blome-Drees, F. (1992): Wirtschafts- und Unternehmensethik, Göttingen.

Kant, I. (1786): Was heisst: Sich im Denken orientieren?, Berlinische Monatszeitschrift, Berlin.

Klumpp, D. / Kubicek, H. / Roßnagel, A. (2003): Next generation information society?, Mössingen- Talheim.

Krohn, W. / Küppers, G. (1992): Emergenz: Die Entstehung von Ordnung, Organisation und Bedeutung, Frankfurt am Main.

Lorenz, T. (2005): Mythos Markt, abgerufen von http://www.koerber-stiftung.de/wettbewerbe/studienpreis/archiv/mythos_markt/archiv/beitraege/2004-0217-Lorenz.pdf am 18.01.2008.

Lorenz, T. (2007) Bedingungsloses Grundeinkommen und Agent-based Computational Economics – Eine Synthese, in: Deutscher Studienpreis (2007) Ausweg Wachstum?, Wiesbaden.

Monopolkommission (2007): Wettbewerbsentwicklung bei der Post 2007: Monopolkampf mit allen Mitteln, abgerufen von http://www.monopolkommission.de/sg_51/text_s51.pdf am 11.01.2008.

Noll, B. (2002): Wirtschafts- und Unternehmensethik in der Marktwirtschaft, Stuttgart / Berlin / Köln.

Penrose, E.T. (1995): The Theory of the Growth of the Firm, New York.

Pfriem, R. (2004): Heranführung an die Betriebswirtschaftslehre, Marburg.

Picot, A. / Neuburger, R. (2003): Neuartige Organisationsformen durch IuK. Grenzenlose Unternehmen, in: Klumpp, D. / Kubicek, H. / Roßnagel, A. (2003): Next generation information society?, Mössingen-Talheim.

PIN Group AG (2007): PIN Group zu Massenentlassungen gezwungen, abgerufen von http://www.pin-group.net/web/pressemitteilungen/071204_presseW3Dnavid W2614.php am 2.1.2008.

Reuters Medien (2007): Springer vor Schließung von Post-Konkurrent PIN abgerufen von http://de.today.reuters.com/news/newsArticle.aspx?type=topnews&storyID=2007-12-09T101159Z_01_KOE936697_RTRDEOC_0_DEUTSCHLAND-MINDESTLOHN-ZF.xml am 11.1.2008.

Schumpeter, J. (1997): Theorie der wirtschaftlichen Entwicklung, Berlin.

Smith, A. (1978): Der Wohlstand der Nationen, München.

Taylor, F. W. (1977): Die Grundsätze wissenschaftlicher Betriebsführung, Weinheim.

Ulrich, P. (2001): Integrative Wirtschaftsethik, Bern / Stuttgart / Wien.

Wagner, K.-R. (Hg.) (2002): Mitarbeiterbeteiligung, Wiesbaden.

Wieland, J. (1992): Adam Smith' System der Politischen Ökonomie. Die Emergenz des ökonomischen Systems der Moderne, in: Krohn, W. / Küppers, G. (1992) Emergenz: Die Entstehung von Ordnung, Organisation und Bedeutung, Frankfurt am Main.

Wieland, J. (1999): Die Ethik der Governance, Marburg.

Anhang I: Verlaufsplanung Mittelpunkt Wirtschaftsordnung

Dauer (in min.)	**Unterrichtsphase / Unterrichtsinhalt**	**Medien**	**Methode / Sozialform**
1. / 2. Stunde (90 min.)			
10	**1. Einstiegsphase** • Begrüßung • Einstieg in das Thema: Bildung einer Meinungslinie mit dem Zitat „Die soziale Verantwortung der Unternehmen liegt in der Steigerung ihrer Gewinne.“ (Milton Friedman)	• Tafel • OHP • Folie	• L = Infogeber • Meinungslinie
15	**2. Erarbeitungsphase I** • Dokumentarfilm „Die Story – und du bist raus“ (bis 5:40 min) • Leitfragen: o Welche Problematik wird dargestellt? o Welche Personen sind daran beteiligt?	• TV • DVD	• L-S-Gespräch
20	**3. Erarbeitungsphase II** • Film ansehen (5:40 – 23:35 min) • Arbeitsauftrag weiterführen • Erarbeitung des Tafelbildes	• TV • DVD • Tafel	• L-S-Gespräch
20	**4. Ergebnissicherungsphase I** • Parallel zu 3. wird das Tafelbild von den SchülerInnen in ihre Unterlagen übertragen	• Tafel	• Einzelarbeit
10	**5. Erarbeitungsphase III** • Arbeitsauftrag mitteilen	• Arbeitsblatt	• Partnerarbeit / Gruppenarbeit

	• Einteilung der Klassen in Gruppen (je Gruppe eine Interessengruppe bearbeiten) • Verteilung der Arbeitsblätter und Einteilung der Gruppenaufgaben		
15	**6. Ergebnissicherungsphase II** • Gemeinsames Ausfüllen des Arbeitsblatts	• Arbeitsblatt • OHP • Folie vom Arbeitsblatt	• L-S-Gespräch
3. / 4. Stunde (90 min.)			
5	**1. Einstiegsphase** • Kurze Wiederholung der letzten Stunde durch die SchülerInnen		• L-S-Gespräch
45	**2. Erarbeitungsphase I** • Einführung einer neuen Dilemmasituation • Einteilung in Gruppen für die Bearbeitung verschiedener Interessen (Fremd- und Eigenkapitalgeber, Kunden, Arbeitnehmer, Unternehmensleitung, Öffentlichkeit) • Arbeitsblatt „Schwabbeldabbel GmbH“, Aufgabe 1	• Arbeitsblätter • Flipchart / Medienkoffer	• Postkartenpuzzle • L-S-Gespräch • Gruppenarbeit
30	**3. Präsentationsphase I** • Die Gruppen stellen ihre Ergebnisse vor	• Flipchart	• Plenum • L-S-Gespräch
10	**4. Reflexionsphase/ Diskussionsphase** • Offene Diskussionsrunde, die vom Lehrer geleitet wird. • Leitfrage „Wie sollen wir uns entscheiden?“	• Arbeitsblatt • Tafel	• L-S-Gespräch

<table>
<tr><td></td><td>5. Ergebnissicherungsphase
• Die Handouts der einzelnen Gruppen werden für die übrigen SchülerInnen kopiert und in der nächsten Stunde verteilt.</td><td>• Kopien der Arbeitsblätter</td><td></td></tr>
<tr><td colspan="4">5. / 6. Stunde (90 min.)</td></tr>
<tr><td>10</td><td>1. Einstiegsphase I
• Kurze Wiederholung der letzten Stunde (Verweis auf Flipcharts)
• These von Friedman wird erneut aufgelegt</td><td>• OHP
• Folie</td><td>• L-Vortrag</td></tr>
<tr><td>20</td><td>2. Einstiegsphase II
• Einteilung der Klasse in 2 Anwälte, 5 Sachverständige, Moderator, Publikum
• Erklärung des Ablaufs</td><td>• Folie
• Ablaufraster
• Arbeitsblatt</td><td>• L-Vortrag</td></tr>
<tr><td>35</td><td>3. Präsentationsphase
• Ausgestaltung siehe Ablaufraster (Folie)
• Aufgaben der Sachverständigen
• Beobachtercheckliste (Arbeitsblatt)</td><td>• Folie
• Arbeitsblatt</td><td>• S-Gespräch
• Pro-Contra-Diskussion</td></tr>
<tr><td>15</td><td>4. Reflexionsphase
• Beobachtungsfragen im Plenum aufgreifen
• Pro-Contra-Setting auflösen
• Reflexionsfragen</td><td>• Arbeitsblatt</td><td>• L-S-Gespräch</td></tr>
<tr><td>10</td><td>5. Abschluss der Unterrichtseinheit
• These von Friedman wird erneut aufgelegt
• Meinungslinie
• „Die Pro-Contra-Debatte hat mir gezeigt, dass…“ (Blitzlicht)</td><td>• Folie
• Karteikarte mit Aufschrift</td><td>• Meinungslinie
• Blitzlicht</td></tr>
</table>

Anhang II: Verlaufsplanung Mittelpunkt Mensch

Dauer (in min.)	Unterrichtsphase / Unterrichtsinhalt	Medien	Methode / Sozialform
1. / 2. Stunde (90 min.)			
10	**1. Einstiegsphase** • Begrüßung • Einstieg in das Thema (Allgemeiner Erfahrungsaustausch, Sammeln von Stichworten bez. bisheriger Kenntnisse zum Themenbereich Wirtschaftsethik – Beispiele?) • Übersicht über die folgenden Stunden geben	• Tafel	• L = Infogeber • L-S-Gespräch
15	**2. Erarbeitungsphase I** • Auseinandersetzung mit der Fragestellung nach dem eigenen *Ich* der Schüler: Wer bin ich und in welchen Rollen kann ich auftreten? • Festhalten des Ergebnis der Leitfrage an der Tafel	• Tafel	• L-S-Gespräch
10	**3. Ergebnissicherungsphase I** • Die Schüler übertragen das Tafelbild in ihre Unterlagen	• Tafel • Schülerhefte	• Einzelarbeit
10	**4. Erarbeitungsphase II** • Übertragung der Rollen (vgl. 2.) auf die Beziehungen eines Unternehmens mit der Umwelt: Gemeinsames Erarbeiten des Stakeholder-Modells	• Tafel	• L-S-Gespräch

15	**5. Erarbeitungsphase III** • Einteilung der Klasse in Gruppen à 4 bis 5 Schüler • Arbeitsauftrag: Jede Gruppe soll eine Anspruchsgruppe bearbeiten (Ziele und Interessen) • Verteilung der Arbeitsblätter und Einteilung der Gruppenaufgaben	• Arbeitsblatt	• Gruppenarbeit • Betreuung durch L
30	**6. Ergebnissicherungsphase II** • Präsentation der Gruppenergebnisse • Gemeinsames Ausfüllen des Arbeitsblattes	• Arbeitsblatt • OHP • Folie vom Arbeitsblatt	• Gruppenpräsentation • L-S-Gespräch
3. / 4. Stunde (90 min.)			
10	**1. Einstiegsphase** • Kurze Wiederholung der letzten Stunde durch die SchülerInnen		• L-S-Gespräch
30	**2. Erarbeitungsphase** • Einteilung der Klasse in Gruppen à 4 bis 5 Schüler • Arbeitsauftrag: Baut eine Seilbahn mit den vorgegebenen Materialien und unter den vorgegebenen Bedingungen	• Arbeitsblatt • Medienkoffer • 2 Blatt DIN A4 Papier weiß • 4 Blatt DIN A4 Karton farbig • Band • Schere	• Postkartenpuzzle • L-S-Gespräch • Gruppenarbeit
20	**3. Präsentationsphase I** • Die Gruppen stellen ihre Ergebnisse vor		• Plenum • L-S-Gespräch

20	**4. Reflexionsphase/ Diskussionsphase** • Auswertung der Gruppenergebnisse • Notieren von Stichworten an der Tafel	• Tafel	• Diskussion • Plenum
10	**5. Ergebnissicherungsphase** • Die Schüler übertragen das Tafelbild in ihre Unterlagen	• Tafel • Schülerhefte	• Einzelarbeit
5. / 6. Stunde (90 min.)			
10	**1. Einstiegsphase I** • Kurze Wiederholung der letzten Stunde		• S-L-Gespräch
20	**2. Einstiegsphase II** • Einführung in die Grundbegriffe der Wirtschaftsethik	• Vorbereitete Stichwörter	• Zettelreferat/ Leittext-methode / Experten-runde • Lehrervortrag
10	**3. Ergebnissicherungsphase I** • Die Schüler übertragen das Tafelbild in ihre Unterlagen	• Tafel	• Einzelarbeit
40	**4. Erarbeitungsphase** • Verteilen von Auszügen aus Penrose' „The theory of the growth of the firm" (1995) (Englisches Original oder deutsche Übersetzung je nach Leistungsstärke der Klasse) • Absatzweises Lesen und Erarbeiten der Textvorlage durch die Schüler • Gemeinsames Bearbeiten der Textvorlage • Festhalten der wichtigsten Inhalte an der Tafel	• Arbeitsblatt • Tafel	• Partnerarbeit • S-L-Gespräch

10	**5. Ergebnissicherungsphase II** • Die Schüler übertragen das Tafelbild	• Tafel • Schülerhefte	• Einzelarbeit
7. / 8. Stunde (90 min.)			
10	**1. Einstiegsphase** • Kurze Wiederholung der letzten Stunde		• S-L-Gespräch
10	**2. Vertiefungsphase I** • Austeilen von Arbeitsblatt 4 • Gemeinsames Lesen einer Dilemma-situation: Mitarbeiter-Mitarbeiter • Bearbeitung in Partnerarbeit	• Arbeitsblatt	• Partnerar-beit
10	**3. Ergebnissicherungsphase I** • Gemeinsames Besprechen der vorliegen-den Situation. Notizen an der Tafel • Schüler übernehmen parallel das Tafelbild in ihre Unterlagen	• Tafel • Schülerhefte	• S-L-Gespräch • Einzelarbeit
10	**4. Vertiefungsphase II** • Bearbeitung der zweiten Dilemma-situation: Mitarbeiter-Vorgesetzter	• Arbeitsblatt • Tafel	• Partnerar-beit • S-L-Gespräch
10	**5. Ergebnissicherungsphase II** • Gemeinsames Besprechen der vorliegen-den Situation. Notizen an der Tafel • Schüler übernehmen parallel das Tafelbild in ihre Unterlagen	• Tafel • Schülerhefte	• S-L-Gespräch • Einzelarbeit
10	**6. Vertiefungsphase III** • Bearbeitung der dritten Dilemmasituati-on: Unternehmen-Unternehmen	• Arbeitsblatt • Tafel	• Partnerar-beit • S-L-Gespräch
10	**7. Ergebnissicherungsphase III** • Gemeinsames Besprechen der vorliegen-den Situation. Notizen an der Tafel	• Tafel • Schülerhefte	• S-L-Gespräch • Einzelarbeit

	• Schüler übernehmen parallel das Tafelbild in ihre Unterlagen		
10	**8. Vertiefungsphase IV** • Bearbeitung der vierten Dilemma-situation: Unternehmen-Gesellschaft	• Arbeitsblatt • Tafel	• Partnerar-beit • S-L-Gespräch
10	**9. Ergebnissicherungsphase IV** • Gemeinsames Besprechen der vor-liegenden Situation. Notizen an der Tafel • Schüler übernehmen parallel das Tafelbild in ihre Unterlagen	• Tafel • Schülerhefte	• S-L-Gespräch • Einzelarbeit
9. / 10. Stunde (90 min.)			
10	**1. Einstiegsphase** • Kurze Vorstellung des heutigen Themas durch den Lehrer. Einordnen in den Ge-samtzusammenhang		• L-Vortrag
40	**2. Erarbeitungsphase** • Gemeinsames Lesen eines Textes / von Textauszügen. Leitfrage: Auf welche Art und Weise wirtschaftet das vorgestellte Unternehmen? (evtl. Negativbeispiel wäh-len) • Notieren von Stichworten an der Tafel	• Arbeitsblatt • Tafel	• S-L-Gespräch
10	**3. Ergebnissicherungsphase** • Die Schüler übertragen das Tafelbild in ihre Unterlagen	• Tafel • Schülerhefte	• Einzelarbeit
25	**4. Vertiefungsphase** • Diskussion über die gesamte Unterrichts-einheit (Stichworte): Mensch im Mittel-punkt, Stellenwert des Einzelnen, Zielkonflikte im Unternehmen, Möglich-keiten von Gewinnerzielung, Ebenen des moralischen Handelns, Moralisches Han-		• S-L-Gespräch

	deln nur mit Gewinn?		
5	**5. Abschluss der Unterrichtseinheit** • Folie: „Die soziale Verantwortung der Unternehmen liegt in der Steigerung ihrer Gewinne" • Meinungslinie	• OHP • Folie	• Meinungslinie

Freeter und Generation Praktikum

Spiegelbild zweier Kulturen

von Carola Hommerich

Warum musste dieser Beitrag geschrieben werden?

Der Vergleich mit Japan zeigt, dass es sich bei der Veränderung der Arbeitswelt und dem damit verbundenen Wandel von Arbeitseinstellungen nicht allein um ein deutsches Phänomen handelt. Berufsbiographien wie die der japanischen *Freeter* sind hierzulande allerdings wenig bekannt. Die Auseinandersetzung mit der Frage, inwiefern sich Strategien im Umgang mit der *neuen* Arbeitswelt unter ökonomisch ähnlichen Bedingungen aufgrund kultureller Eigenheiten unterscheiden, hilft uns nachzuvollziehen, welche Faktoren besonders starken Einfluss auf Arbeitseinstellungen haben.

Warum sollte dieser Beitrag gelesen werden?

Die Arbeitswelt moderner Industrienationen ist zunehmend geprägt von Deregulierung und Entsicherung. Insbesondere Berufsanfänger werden zunehmend mit unsicheren, *prekären* Beschäftigungsverhältnissen konfrontiert, in die sie nicht unbedingt freiwillig, sondern häufig notgedrungen, eintreten. Verändern sich die Erwartungen an eine Berufstätigkeit durch die wahrgenommenen individuellen Chancen auf dem Arbeitsmarkt? Zeigen sich ähnliche Entwicklungsmuster in den beiden Ländern, oder unterscheiden sich die Erwartungen in Deutschland und Japan zu stark, um vergleichbar zu sein? Antworten auf diese und andere Fragen liefert der Beitrag über japanische *Freeter* und die deutsche *Generation Praktikum*.

Was muss in Deutschland für die Vereinbarkeit von Leben und Arbeit getan werden?

Eine gesetzlich geregelte Mindestvergütung von postgraduellen Praktika könnte verhindern, dass Unternehmen die schwache Position von Berufseinsteigern ausnutzen, um so sehr billig auf hochqualifizierte Arbeitskräfte zurückgreifen zu können.

Einleitung

Japan und Deutschland durchliefen nach dem Zweiten Weltkrieg einen wirtschaftlichen Boom, auf den in den späten 1980er Jahren eine starke Rezession folgte. Seitdem steigt in beiden Ländern die Zahl der Arbeitslosen. Gleichzeitig geht in den letzten Jahren die Zahl regulär Festangestellter zurück, während prekäre Beschäftigungsformen zunehmen. Unternehmen sparen auf diesem Weg Personalkosten und bewahren sich durch befristete Verträge und lockere Kündigungsbedingungen eine größere Flexibilität im Personalmanagement. Dies führt zu einem Anstieg nichtregulär Beschäftigter, die auf Basis befristeter Honorarverträge, als Praktikanten, über Zeitarbeitsfirmen vermittelt oder auf Stundenbasis arbeiten – und meist kaum über soziale Absicherung verfügen.[1] In Japan entstand im Zuge dieser Entwicklung in den letzten 15 Jahren mit den *Freeter*[2] eine neue Bevölkerungsgruppe (*Kōseirōdōshō Daijinkanbō Tōkeijōhōbu* 2003, S 86f). Für Deutschland sind ebenfalls steigende Zahlen Beschäftigter in nichtregulären Arbeitsverhältnissen zu verzeichnen. Darunter fällt unter anderem die so genannte *Generation Praktikum*[3].

Beide Länder gelten als Arbeitsgesellschaften, in denen sich die Mehrheit der Bevölkerung vorrangig über ihren Beruf definiert. Die Position des Einzelnen im Erwerbsleben wird damit zum Indikator für seinen gesellschaftlichen Status und ist wichtiger Aspekt individueller Identitätsbildung. Was geschieht, wenn einem Großteil der jungen Berufseinsteiger der Zugang zu solchen identitätsstiftenden Ressourcen und die Teilhabe an sozialen und wirtschaftlichen Lebenschancen verwehrt wird? Kommt es innerhalb dieser Gruppe zu einer Umbewertung der bezahlten Arbeit, um so – wenn schon nicht den ökonomischen Mängeln – zumindest den psychosozialen Auswirkungen beizukommen? Welche Auswirkung hätte eine veränderte Bewertung der Arbeit auf die soziale Integration einer Arbeitsgesellschaft? Nach Beck (1986, S. 222ff) wären die Auswirkungen weitreichend, da sich Vorgaben und Probleme des Berufs auf die Wertigkeiten des gesamten Lebensalltags auswirken, beispielsweise auf die Definition von Leistung und Erfolg.

1 Aus Gründen der Lesbarkeit wird auf die jeweils weibliche und männliche bzw. die verlängerte geschlechtsneutrale Schreibweise verzichtet. Wenn nicht ausdrücklich auf das Geschlecht hingewiesen wird, sind unter der maskulinen Schreibweise sowohl männliche als auch weibliche Personen zusammengefasst.

2 Das Wort setzt sich zusammen aus dem englischen *free* und dem deutschen *Arbeiter*. Ein *Freeter* arbeitet in Übergangsjobs und ist meist nicht sozial abgesichert. Ein Teil der *Freeter* tut dies aus freien Stücken, um mehr Freizeit und die Möglichkeit zu haben, längere Zeit *Urlaub* zu machen, indem eine Stelle einfach gekündigt wird. Für einen zunehmenden Teil der *Freeter* ist diese Lebensform jedoch nicht selbst gewählt. Letzterer will in einer regulären Festanstellung arbeiten, findet aber keine. Für eine detaillierte Darstellung vgl. Kosugi 2004; Kosugi 2002 und *Nihon Rōdō Kenkyūkikō* 2000.

3 Stolz (2004) bezeichnet mit diesem Begriff Hochschulabsolventen, die auf der Suche nach einer Festanstellung, ein oder mehrere – meist niedrig oder unbezahlte – Praktika absolvieren. Vgl. auch Böhning et al. 2006; Kerst und Minks 2004. Ein neuerer Begriff in der Diskussion ist die in Frankreich geprägte *generation précaire* (Amend 2006).

Mit einer vergleichbaren wirtschaftlichen Entwicklung und unterschiedlichem kulturellen Hintergrund sind Deutschland und Japan Beispiele entwickelter Industrienationen, in denen untersucht werden kann, inwiefern die veränderte Situation auf dem Arbeitsmarkt zu veränderten Erwartungen an das Arbeitsleben führt, und ob ein solcher Einstellungswandel interkulturell ähnlich verläuft oder sich unterschiedliche Bewältigungsstrategien erkennen lassen. Im Folgenden wird dieser Frage anhand der Ergebnisse von 60 qualitativen Interviews nachgegangen, die von der Autorin in Japan und Deutschland mit Berufseinsteigern in prekären Beschäftigungsverhältnissen durchgeführt wurden. Zunächst soll jedoch der theoretische Ausgangspunkt der Analyse spezifiziert werden.

Theorie des Wertewandels nach Inglehart

Bevor über veränderte Einstellungen zu bezahlter Arbeit nachgedacht werden kann, muss geklärt werden, welche Erwartungen bislang in Erwerbsarbeitsgesellschaften mit Lohnarbeit verknüpft waren. Dafür sollen hier Ergebnisse der Wertewandelforschung[4], dabei insbesondere die Theorie Ronald Ingleharts, herangezogen werden. Vorangestellt werden muss eine begriffliche Präzision der Begriffe *Wert* und *Einstellung*, so wie sie im vorliegenden Text verwendet werden.

Werte dienen generell als Selektionsstandards, die zum Tragen kommen, wenn der Einzelne zwischen mehreren Handlungsalternativen auswählt. Nach Parsons handelt es sich bei Werten um vom einzelnen Akteur internalisierte und mit anderen Mitgliedern seiner Gruppe oder Gesellschaft geteilte Maßstäbe, die in den verschiedenen Handlungssituationen die Auswahl von Handlungszielen, Handlungsmitteln und affektiven Bedürfnissen lenken. (Parsons / Shils / Olds 1962, S. 159-189; Friedrichs 1968, S. 36ff). Hier soll ein etwas weiter gefasstes Verständnis von Werten – der Wert als eine bewusste oder unbewusste Vorstellung des Gewünschten – zugrunde gelegt werden, wie sie von Kluckhohn et al. (1951) postuliert wird: “A value is a conception, explicit or implicit, distinctive of an individual or characteristic of a group, of the desirable which influences the selection from available modes, means, and ends of action” (ebd., S. 395). Die Begriffe Wert, Wertorientierung und Werthaltung werden synonym verwendet.

Als abstrakte Konstrukte des Wünschenswerten sind Werte nicht direkt messbar. Sie können niemals selbst, sondern immer nur über ihre Manifestation, etwa in Form von

4 Vgl. Inglehart 1989; Beck 1986; Ölschleger et al. 1994; Hillmann 2003; Sakamoto 2000; *Seimei Hoken Bunka Sentā* 1997; Trommsdorff 1996; Oyama 1990; Eades et al. 2000; Woronoff 1997; Sasaki / Suzuki 2000; Friedrichs 1998; Schulze 1993; Spellerberg 1996; *Tōkei Sūri Kenkyūjo Kokuminsei Chōsa Iinkai* 1998.

Einstellungen gegenüber bestimmten Handlungsoptionen, gemessen und so fassbar gemacht werden (ebd., S. 405). Sie sind zentrale „Determinanten für die Einstellungen und das Verhalten von Individuen" (Maag 1991, S. 17). Allgemeinen gesellschaftlichen Werten kommt die Funktion zu, den „einzelnen in die Gesellschaft zu integrieren." (ebd.)

In der soziologischen Wertewandelforschung der 1970er und 1980er Jahre wurde sowohl für Deutschland als auch für Japan eine Verschiebung gesellschaftlicher Werte von materialistischen zu postmaterialistischen Orientierungen diagnostiziert. Wertewandel wird dabei nicht notwendigerweise als Austausch von Werten, sondern vielmehr als Neugewichtung bestehender Werte bei gleichzeitiger Pluralisierung der Werthaltungen definiert (vgl. etwa Möhwald 2000, S. 103f; Ölschleger et al. 1994, S. 58f). Modern-individuellen Wertorientierungen kam im Zuge dieses Wandels ein höheres Gewicht zu. Traditionell-kollektive Werte nahmen in ihrer Bedeutung für den Einzelnen ab.

Wie es zu einem solchen Wertewandel kommen kann, erklärt Inglehart (1989, S. 92ff) anhand zweier Hypothesen. Zum einen anhand der *Mangelhypothese*, der die Annahme zugrunde liegt, die Prioritäten eines Menschen reflektierten seine Lebensbedingungen. Den größten subjektiven Wert misst der Einzelne demnach denjenigen Dingen bei, die für ihn persönlich relativ knapp sind. So würde etwa der Wohlstand einer Gesellschaft die Verbreitung postmaterialistischer Werte wie Selbstverwirklichung und Lebensqualität begünstigen, während in einer finanziell armen Gesellschaft zunächst die Befriedigung materieller Bedürfnisse im Vordergrund stünde.

Die zweite Hypothese, die *Sozialisationshypothese*, geht davon aus, dass Wertprioritäten des Einzelnen nicht unmittelbar aus seinen Lebensbedingungen entstehen und sich jederzeit im Lebensverlauf verändern. Vielmehr spiegeln die grundlegenden Wertvorstellungen eines Menschen die Bedingungen wider, die in seiner Jugendzeit vorherrschten und durch ihn (im Rahmen seiner primären Sozialisation) internalisiert wurden. Veränderte Lebensbedingungen führen demnach erst in einer nachfolgenden Generation, die unter veränderten Bedingungen aufwächst, zu veränderten Wertprioritäten. So kommt es zu einer zeitlich versetzten Verschiebung von Wertmustern.

Wertewandel in entwickelten Industrienationen

Inglehart erklärt anhand der beiden oben dargestellten Hypothesen eine in allen entwickelten Industrienationen zu beobachtende Wertverschiebung von materialistischen zu postmaterialistischen Werten: „Während frühere Generationen mehr oder weniger bereitwillig ihre individuelle Autonomie für mehr ökonomische und physische Stabilität opferten, sehen die Menschen in den entwickelten Industriegesellschaften diese Art der

Sicherheit als selbstverständlich an. Sie messen der Selbstverwirklichung im Berufsleben und in der Politik einen höheren Stellenwert zu" (Inglehart 1989, S. 19).

Demzufolge ist anzunehmen, dass die heute 20- bis 30-jährigen Deutschen und Japaner postmaterialistisch orientiert sind, da sie in einer Phase finanziellen Wohlstands aufgewachsen sind und mehrheitlich durch eine Elterngeneration mit postmaterialistischen Werthaltungen sozialisiert wurden. Tatsächlich werden ökonomische und gesundheitliche Risiken in den meisten entwickelten Industrienationen noch immer größtenteils durch wohlfahrtsstaatliche Einrichtungen aufgefangen. Diskussionen über *Sozialabbau* und erste Reformen in der öffentlichen Wohlfahrt lassen die Gewissheit der, bis dato als selbstverständlich angesehenen, materiellen Sicherheit jedoch ins Wanken geraten. Hinzu kommt eine sich verschlechternde Arbeitsmarktlage, die es für Berufseinsteiger immer schwerer werden lässt, einen langfristig gesicherten Arbeitsplatz zu finden; oder eine Berufstätigkeit, die dem Einzelnen genug Freiraum lässt, um persönliche Ideen und Ziele zu verfolgen. Da das Gut *Arbeit* in der heutigen Zeit relativ knapp ist, ist davon auszugehen, dass ihm ein hoher subjektiver Wert zugemessen wird.[5]

Auf diese Überlegungen aufbauend, wird hier als Forschungshypothese die Annahme formuliert, dass die Wahrnehmung einer schwierigen Arbeitsmarktsituation – auch ohne persönliche Erfahrung von Arbeitslosigkeit – zu einer veränderten Einschätzung der eigenen Chancen auf dem Arbeitsmarkt sowie zu einer Anpassung der Werteinstellungen und des Verhaltens an die wahrgenommene Situation führt.

Unter den jungen Berufseinsteigern entsteht so möglicherweise ein neuer Wertetyp, für den ein materialistischer Wert wie wirtschaftliche Sicherheit, angesichts schlechterer Arbeitsmarktchancen und schwindender sozialer Sicherung, wieder einen höheren Stellenwert erhält. Zu dieser erneuten Höherbewertung kommt es in den meisten Fällen nicht unbedingt durch die Erfahrung tatsächlicher Armut.[6] Auch subjektiv wahrgenommene Armut – etwa durch den Vergleich mit dem eigenen Lebensstandard zu einem früheren Zeitpunkt oder mit der materiellen Situation von Personen aus der Peer-Group[7] – kann zu einer veränderten Bewertung wirtschaftlicher Aspekte einer Berufstätigkeit führen. Es wird angenommen, dass dadurch grundlegende Bedürfnisse nach materieller Sicherheit und Geborgenheit stärker werden. Gleichzeitig bleiben postmaterialistische Werte wie Selbstentfaltung und Sinnstiftung wichtig, da die Altersgruppe

5 Die Ergebnisse der 15. Shell Jugendstudie aus dem Jahr 2006 stärken diese Annahme: 69% der befragten Jugendlichen waren besorgt, ihren Arbeitsplatz zu verlieren bzw. keine adäquate Beschäftigung zu finden. 2002 lag dieser Anteil um 14% niedriger. Vgl. www.shell-jugendstudie.de.

6 Die offiziell definierte Armutsschwelle liegt in der EU bei 60% des nationalen verfügbaren Median-Äquivalenzeinkommens (nach Sozialtransfers). Die OECD legt den Grenzwert mit 50% etwas niedriger.

7 Zum Konzept der relativen Deprivation, vgl. Gurr (1970, S. 46).

von einer Elterngeneration sozialisiert wurde, für die diese Werte auf hohem Niveau bedeutsam sind.[8]

Der von Ingelhart postulierte *Postmaterialist* reicht zur Erfassung dieses neuen Wertetyps (der hier als *prekarisierter Postmaterialist*[9] bezeichnet wird) nicht aus. Ob sich ein solcher Mischtyp tatsächlich empirisch verorten lässt, soll anhand der Ergebnisse der qualitativen Interviews überprüft werden.

Ergebnisse qualitativer Befragungen in Japan und Deutschland

Um herauszufinden, welche Auswirkungen die veränderte Situation auf dem Arbeitsmarkt auf die Erwartung an und die Bewertung von Arbeit hat, wurden – basierend auf der Aufarbeitung aktueller Diskussionen in Japan und Deutschland – Bevölkerungsgruppen für qualitative Interviews ausgewählt, die als *neue Werttypen* gelten können. Von November 2005 bis März 2006 befragte die Autorin in Tokyo 30 *Freeter* zu ihrer Einstellung zum Arbeitsleben.[10] Anschließend wurden von April bis Juli 2006 in Deutschland 30 Mitglieder der *Generation Praktikum* interviewt. Bei der Bewertung der Ergebnisse muss beachtet werden, dass die Gruppen in Japan und Deutschland aufgrund unterschiedlicher soziodemographischer Zusammensetzung nicht direkt vergleichbar sind. Beiden Gruppen gemeinsam ist jedoch, dass es sich um Berufseinsteiger in prekären Beschäftigungsverhältnissen handelt.

Anhand von 60 Interviews kann kein Anspruch auf Repräsentativität erhoben werden. Bei einem Problembereich wie der Werteforschung, der sich nur begrenzt über standardisierte Indikatoren abbilden lässt, können qualitative Interviews jedoch einen Einblick in Motivationen und Einstellungen der betrachteten Personengruppen geben. Statt den Befragten ausschließlich vorformulierte Aussagen zur Bewertung vorzulegen, wurden im offenen Gespräch verschiedene Themenbereiche abgefragt. Die Interviewpartner hatten so die Möglichkeit, ihre persönlichen Meinungen und Vorlieben ebenso wie Ängste und

---

8 Nach der Maslowschen Bedürfnishierarchie (1970) können sich Bedürfnisse auf höheren Ebenen (etwa das Bedürfnis nach Selbstverwirklichung) erst entfalten, wenn grundlegende Bedürfnisse nach Nahrung oder Sicherung befriedigt sind. In modernen Industrienationen kann davon ausgegangen werden, dass grundlegende Bedürfnisse für die Mehrheit der Bevölkerung weitgehend befriedigt sind. Hier wird jedoch unterstellt, dass allein die Sorge um die Befriedigung dieser grundlegenden Bedürfnisse zu einer Höherbewertung materieller Sicherheit führen kann.

9 Das Attribut „prekarisiert" wurde in Anlehnung an die öffentliche Diskussion über „Prekarisierung", „prekäre Beschäftigungsverhältnisse", „generation précaire" gewählt.

10 Die Interviews wurden von der Autorin auf Japanisch geführt, um den Interviewpartnern größtmögliche Ausdrucksfreiheit zu ermöglichen. Die Interviewpartner wurden per Schneeballprinzip gefunden. Der 5-monatige Forschungsaufenthalt in Japan wurde von der Japan Foundation finanziert.

Sorgen, selbst zu formulieren. Diese Form der qualitativen Erhebung kann ein erster Schritt sein, mögliche neue Entwicklungen des Wertewandels aufzuspüren und die Personengruppen, in denen neue Wertemuster entstehen, genauer abzugrenzen. Beide Gruppen werden hier anhand der Ergebnisse der qualitativen Befragung sowie offizieller Daten – soweit diese vorhanden sind – dargestellt.

Japanische Freeter

Gegen Ende der 1980er Jahre tauchten in Japan die ersten *Freeter* auf. Seither steigt in Japan die Zahl der Schulabgänger und Hochschulabsolventen, die keine Festanstellung finden und stattdessen ihren Lebensunterhalt mit Nebenjobs, *arubaito*[11] genannt, mit befristeten Arbeitsverhältnissen oder über Zeitarbeit bestreiten, stetig an. Die ersten *Freeter* nutzten den Überfluss an Arbeit in den letzten Jahren der japanischen „Bubble-Economy", um verschiedene Jobs auszuprobieren und sich nicht durch das Beschäftigungssystem einschränken zu lassen (Honda 2005, S. 9ff; Kosugi 2005, S. 2-7). Der Begriff des *Freeter* wurde zunächst nicht im Rahmen der wissenschaftlichen Diskussion entwickelt, sondern 1987 von den Medien geprägt. Während die *Freeter* zunächst als Vertreter eines neuen, freien und individuellen Arbeitsstils präsentiert worden waren, veränderte sich die Darstellung in den japanischen Medien gegen Ende der 1990er Jahre im Zuge der von Yamada (1999) ausgelösten Diskussion um junge Menschen, die bei den Eltern wohnen und ihr Einkommen ausschließlich für Luxusgüter und ihr persönliches Vergnügen ausgeben, anstatt sich um finanzielle Unabhängigkeit zu bemühen, eine eigene Familie zu gründen und vollwertige Mitglieder der Gesellschaft zu werden. Diese so genannten „parasitären Singles" (ebd.) wurden als Grund für die wirtschaftlich schlechte Lage, gar als „Untergang Japans" gesehen (Maruyama 2004). Dieses negative Bild beeinflusst bis heute stark die Wahrnehmung der *Freeter* durch die Gesellschaft.[12] Die jungen Leute werden als *wagamama,* als „egoistisch" und „faul", angesehen. Mittlerweile hat allerdings etwa die Hälfte der *Freeter* ihre Beschäftigungsform nicht mehr selbst gewählt, sondern würde lieber regulär beschäftigt arbeiten, findet aber keine entsprechende Stelle (Genda 2005).[13]

11 Abgeleitet vom deutschen Wort Arbeit. Die verkürzte Form von *arubaito* – *baito* – wird synonym verwendet.

12 Obwohl *Freeter* meist nicht aus Bequemlichkeit bei den Eltern wohnen bleiben, sondern weil sie sich von ihrem Einkommen häufig keine eigene Wohnung leisten können.

13 Der Anteil nicht-regulär Beschäftigter an allen Erwerbstätigen stieg von 15% im Jahr 1984 auf 33% im Jahr 2006 (Special Survey on the Labour Force 1984; Labour Force Survey 2006; beiden Erhebungen liegen dieselben Definitionen zugrunde).

Eine erste Definition der Merkmale der *Freeter* formulierte 1991 das Ministerium für Gesundheit, Arbeit und Wohlfahrt (*Kōsei Rōdō Shō* 1992). Demnach werden Personen als *Freeter* bezeichnet, die:

- zwischen 15 und 34 Jahren alt sind,
- einer Aushilfs- oder Teilzeitbeschäftigung (*arubaito, pāto*) nachgehen, oder
- gegenwärtig arbeitslos sind, aber eine solche Aushilfs- oder Teilzeitbeschäftigung suchen, und
- sich nicht in der Ausbildung befinden oder einen Haushalt führen.

Weiter fallen nur Männer, die höchstens fünf Jahre als *Freeter* erwerbstätig sind[14], und unverheiratete Frauen unter diese Definition.[15]

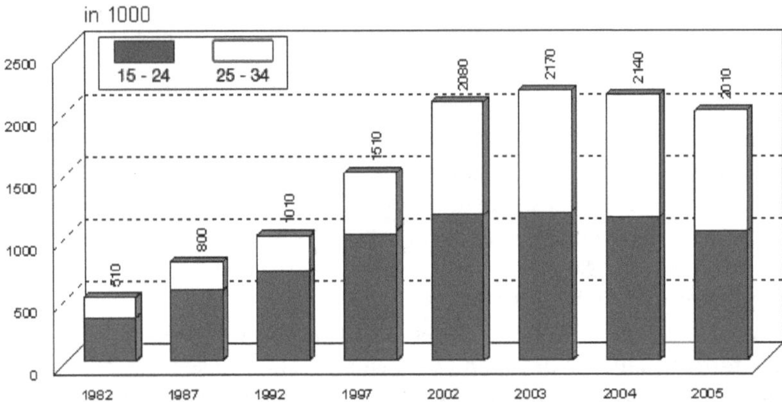

Abbildung 1: Zahlenmäßige Entwicklung der *Freeter* von 1982 bis 2005 (*Kōsei Rōdō Shō*, 2006)

Nach dieser Definition ist die Zahl der *Freeter* von 500.000 Personen im Jahr 1982 auf 2,01 Millionen im Jahr 2004 angewachsen (Abbildung 1). Nach dem *Special Survey on the Labour Force* (*Sōmuchō Tōkei Kyoku* 2001) fielen im Jahr 2001 21% der 15- bis 34-jährigen Erwerbstätigen[16] in die Gruppe der *Freeter*. 1990 lag dieser Anteil erst bei 10%.

14 Diese Einschränkung wurde im Jahr 2002 aufgehoben, da viele *Freeter* mittlerweile länger als fünf Jahre nichtregulär beschäftigt arbeiten. Dadurch sind die Zahlen vor und nach 2002 nicht direkt vergleichbar.

15 Japanische Ehefrauen verdienen häufig mit Teilzeitarbeit zum Einkommen des Gatten dazu. Sie werden nicht als *Freeter* mitgezählt, da sie sich nicht allein von ihrem Einkommen finanzieren.

16 Herausgerechnet sind Schüler und Studenten sowie Personen, die einen Haushalt führen.

Nach Angaben des Kabinettbüros (*Naikakufu* 2003, S. 78), das eine weiter gefasste Definition verwendet, stieg die Zahl der *Freeter* von 1,8 Millionen im Jahr 1991 auf 4,2 Millionen im Jahr 2002.[17]

Entsprechend der ersten, engeren Definition wurden die Interviewpartner für die qualitativen Interviews ausgewählt. Ähnlich wie in einer qualitativen Studie des JILPT (2000) ließen sich drei Typen von *Freeter* unterscheiden[18]: der *Moratoriumstyp* (*moratoriamu gata*), der *Träumer* (*yume tsuikyū gata*) und der *Alternativlose* (*yamu o ezu gata*). Die größte Gruppe bildete mit 13 Personen der Moratoriumstyp. 11 Personen waren alternativlos und sechs Personen konnten als Träumer eingestuft werden. Im Folgenden werden die drei Typen mit ihren Merkmalen kurz beschrieben.

Der Moratoriumstyp

Unter diesen Typ fallen Personen, die ihre Ausbildung abgebrochen oder ihren Beruf aufgegeben haben, und sich eine Auszeit nehmen, um herauszufinden, was sie beruflich machen wollen. Hierzu gehören auch Personen, die die Aufnahmeprüfung in die Universität nicht bestanden haben und die Zeit bis zur nächsten Prüfungsmöglichkeit als *Freeter* überbrücken.

„Wenn ich wüsste, was ich anderes machen will, dann würde ich aufhören als Freeter zu arbeiten. Aber ich weiß nicht, was ich machen will."

Midori, 31 Jahre, arbeitete nach dem Abschluss an einer Fachschule für Englisch in verschiedenen Jobs, etwa als Babysitter oder in einer Bücherei. Dann nahm sie eine Festanstellung als Verkäuferin an, die sie einige Jahre später kündigte, um für ein paar Monate in die USA zu gehen. Jetzt jobbt sie als Promoterin von Lebensmitteln oder anderen Produkten in größeren Kaufhäusern. Sie wohnt bei ihrer Familie und spart, um wieder in die USA zu ihrem Freund zu reisen.

17 Hierbei wurden auch verheiratete Frauen zwischen 15 und 34 Jahren in nichtregulären Arbeitsverhältnissen einbezogen. Von arbeitssuchenden Personen wurden auch jene gezählt, die eine reguläre Beschäftigung suchen.

18 Es liegt noch keine repräsentative Studie über die Motivationen und Einstellungen der *Freeter* vor. Die Ergebnisse des JILPT beruhen auf die Befragung von 97 Personen. Die Zuordnung der Befragten zu den Typen des JILPT erfolgte erst im Nachhinein, als sich herausstellte, dass die zufällig ausgewählten Freeter tatsächlich den Typen des JILPT entsprachen.

Der Träumer

Der *Träumer* hat meist künstlerische oder handwerkliche Ambitionen. Dieser Typ will als Musiker, Schauspieler oder Künstler berühmt werden – oder sich als Konditor, Kunsthandwerker oder Designer selbständig machen. Um diesen Traum zu verwirklichen, arbeitet er parallel als *Freeter*, bis er mit seinem Traum genug Geld verdienen kann. Viele *Träumer* verlieren sich allerdings in ihrer Wunschvorstellung und merken nicht, dass kaum eine reelle Chance auf die Verwirklichung ihres Traums besteht.

„Ich lebe nicht gerne als Freeter, aber für den Moment kann ich es nicht ändern. Ich muss so leben, um meinen Traum zu verwirklichen, aber es ist schon sehr anstrengend. Ich darf nicht krank werden oder so, denn dann bekommt man ja kein Geld."

Ryôko, 24 Jahre, kam nach Tokyo, um an einer Fachschule Mode-Design zu studieren. Seit ihrem Abschluss vor vier Jahren lebt sie als *Freeter*. Sie jobbte bereits als Bedienung in verschiedenen Restaurants, in einem Call-Center, in einer Spielhalle und bei einem Versandunternehmen. Parallel versucht sie, sich als Kostümbildnerin durchzusetzen. Von den wenigen Aufträgen allein kann sie allerdings nicht leben.

Der Alternativlose

Dieser Typ wäre *lieber* regulär beschäftigt, findet aber aufgrund der Arbeitsmarktlage keine entsprechende Stelle. In diesem Fall ist das Leben als *Freeter* nicht selbst gewählt, sondern durch äußere Umstände erzeugt. Laut einer Studie des NHK (2004) ersetzen japanische Unternehmen zunehmend Festanstellungen durch *Freeter*-Jobs. Unter den *Alternativlosen* finden sich *Freeter*, die hoffen, aus ihrer befristeten Anstellung in eine Festanstellung im selben Unternehmen wechseln zu können. Dieser Typ wird am stärksten mit dem negativen Bild des *Freeter* in der Gesellschaft konfrontiert. Unternehmen stellen meist lieber frische Absolventen oder Personen mit Erfahrung in einer Festanstellung ein, als Personen, die bislang nur Berufserfahrung als *Freeter* haben und als unzuverlässig und faul gelten (vgl. *Naikakufu* 2003).

„An meinen jetzigen Job habe ich keine Erwartungen. Ich hatte welche, als ich angefangen habe. Da habe ich gehofft, dass ich dort fest angestellt werde. Mittlerweile habe ich diese Hoffnung aufgegeben. Die wenigsten werden fest angestellt. Einer, der zur gleichen Zeit mit mir angefangen hat, ist mittlerweile auf Vertragsbasis beschäftigt. Das ist zwar nicht fest angestellt, aber immerhin eine Stufe über mir. Das frustriert mich. Warum haben sie nicht mich genommen?"

Taeko, 26 Jahre, hat zunächst an einer Fachschule Multimedia-Management studiert, und anschließend zwei Jahre lang fest angestellt gearbeitet. Da der Druck in der Festanstellung zu hoch und die Arbeitszeiten zu lang waren, kündigte sie und machte eine Weiterbildung im Bereich Computergrafik. Über die Weiterbildung wurde ihr ein Job auf Stundenbasis in einem großen Unternehmen vermittelt. Dort macht sie seit drei Jahren ausschließlich Routinekontrollen im Grafikbereich.

Einkommen und soziale Sicherung der Freeter

Problematisch gestaltet sich langfristig die finanzielle Situation der *Freeter*. Ein Vergleich der durchschnittlichen Jahresbruttoeinkommen[19] von Festangestellten und *Freetern* zeigt mit zunehmendem Alter eine steigende Diskrepanz. Zum Zeitpunkt des Berufseinstiegs, in einem Alter von 20 bis 24 Jahren, besteht bereits ein deutlicher Unterschied in der Höhe des Einkommens zwischen *Freeter* und regulär Beschäftigten (vgl. Abbildung 2). Die Spitze der Einkommensverteilung liegt bei männlichen regulär Beschäftigten zu diesem Zeitpunkt mit 29,5% bei einem Jahreseinkommen von 3,0 bis 4,0 Millionen Yen.[20] In der Gruppe männlicher *Freeter* verdienen 26% in derselben Altersgruppe und bei gleicher Anzahl von Arbeitstagen ein jährliches Einkommen von 1,0 bis 1,4 Millionen Yen – und damit nur ein Drittel des Einkommens männlicher Festangestellter.

19 Die Berechnungen beziehen sich auf das durchschnittliche Jahresbruttoeinkommen bei 200 bis 249 Arbeitstagen pro Jahr. Mittelwerte ließen sich aus den zugänglichen Daten leider nicht errechnen.

20 Dies entspricht 13.400 Euro.

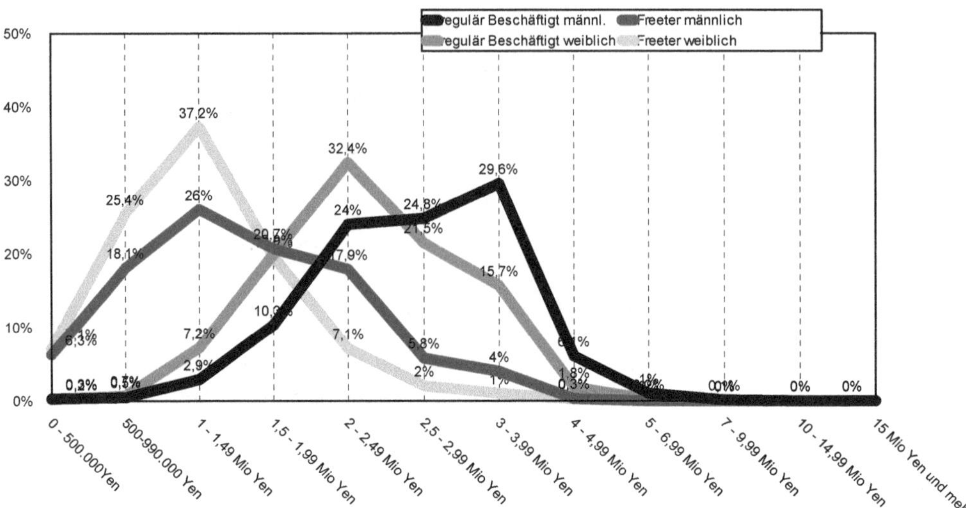

Abbildung 2: Jahreseinkommensverteilung 1997, 20 bis 24-Jährige (JILPT 2002)

Mit zunehmendem Alter klafft die Einkommensverteilung weiter auseinander (vgl. Abbildung 3 mit Abbildung 2). Während das Jahreseinkommen sowohl für weibliche als auch für männliche Festangestellte weitaus höher liegt als zum Zeitpunkt des Berufseinstiegs, hat sich das Einkommen der *Freeter* kaum verändert. Vor allem für weibliche *Freeter* bleibt das Einkommensniveau durchgängig auf dem niedrigsten Niveau.

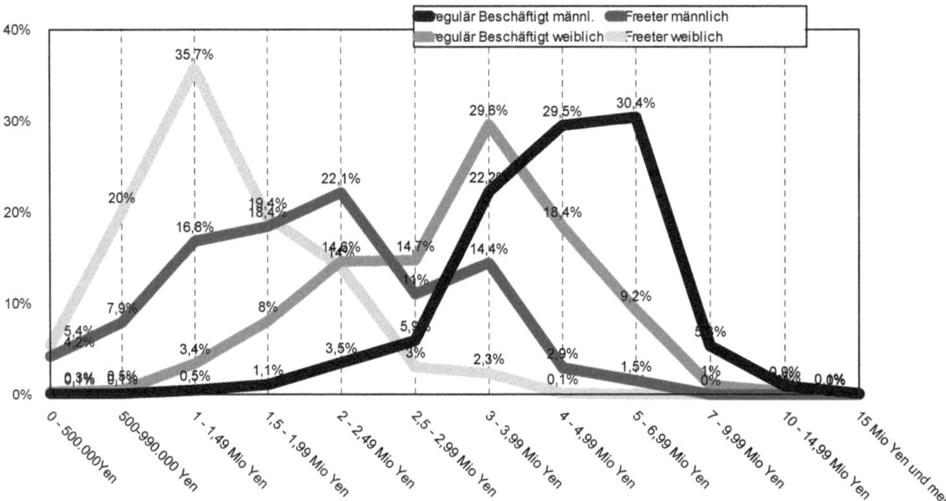

Abbildung 3: Jahreseinkommensverteilung 1997, 30 bis 34-Jährige (JILPT 2002)

Es kann davon ausgegangen werden, dass die meisten *Freeter* keine Gelegenheit haben, Vermögen zu bilden. Das geringe Gehalt wird meist vollständig für die unmittelbaren Lebenshaltungskosten verwendet. Die Mehrheit der *Freeter* ist finanziell von den Eltern abhängig. Die Gründung einer eigenen Familie ist für die Mehrzahl der Befragten, auch wenn ein geeigneter Partner gefunden zu sein scheint, noch nicht vorstellbar. Oft reicht das monatliche Gehalt nicht für eine eigene Wohnung, geschweige denn für den Lebensunterhalt eines eigenen Kindes. In die staatliche Rentenversicherung zahlte die Hälfte der Befragten nicht ein. Eine finanzielle Vorsorge war nicht möglich.

Erwartungen an bezahlte Arbeit unter Freetern

Für eine Analyse von Arbeitswerten sind vor allem die letzten beiden Typen von *Freeter* interessant: Während der *Träumer* sich bewusst gegen eine traditionell als *normal* bezeichnete Erwerbsbiographie entscheidet, sieht sich der *Alternativlose* in ein prekäres Beschäftigungsverhältnis gedrängt, dass ihm weder Raum zur persönlichen Entfaltung noch die Gewissheit materieller Sicherheit gibt. Die Ergebnisse der qualitativen Interviews zeigen, dass befristete Jobs auf Stundenbasis für den *Träumer* rein materiellen Wert haben. Es geht diesem Typ beim Jobben allein darum, den Lebensunterhalt zu sichern. Sinnstiftende Funktion hat für ihn grundsätzlich der persönliche Traum jenseits des Jobs.

„Ich arbeite nur, um Geld zu verdienen. Ich halte mein Gefühl da raus. Mich interessiert nur der Stundenlohn, und wie lange man braucht, um hinzufahren."

Haruna, 24 Jahre, will als Zeichnerin von Mangas den Durchbruch schaffen. Sie arbeitet in Tagesjobs, z.B. als Promoterin von Lebensmitteln im Supermarkt oder verteilt Taschentücher mit Werbebotschaften an Passanten. Hauptsächlich lebt sie vom Gehalt ihres Freundes, der ebenfalls *Freeter* ist.

Der *Alternativlose* dagegen sieht die bezahlte Arbeit als Quelle für Selbstverwirklichung. Da er aber nicht in der Lage ist eine entsprechende Arbeit zu finden, ist der Frustrationsgrad in dieser Gruppe sehr hoch. Alle Befragten dieses Typs betonten, dass sie ihren Leistungen entsprechend bezahlt werden wollen und auch Aufgaben mit größerer Verantwortung übernehmen möchten. Dieser Typ denkt stärker über seine finanzielle Situation in der Zukunft nach und ist sich seiner ökonomisch prekären Lage bewusst.

„Ich habe das Gefühl, dass ich qualifizierter bin als viele der regulären Mitarbeiter. Aber es wird einem nicht zugetraut. Als Baito-Arbeiter kriegt man nur kleine Sachen, stupide Arbeiten zugeteilt. Ich würde gerne zeigen, dass ich mehr kann als das."

Hideomi, 23 Jahre, hat an einer Fachschule Design und Gestaltung studiert. Er arbeitet auf Stundenbasis (*„baito")* als Grafiker in einem großen Unternehmen, das Videospiele produziert. Lieber würde er eigene Spiele entwerfen, als die Ideen anderer umzusetzen.

Der *Träumer* scheint langfristige Überlegungen über die Zukunft und seine finanzielle Absicherung eher auszublenden. Mit zunehmendem Alter wird aber auch für diesen Typ die Sorge um die finanzielle Absicherung stärker. Der Ausstieg aus dem *Freeter* -Dasein, das gleichzeitig die Aufgabe des eigenen Traums bedeuten würde, fällt allerdings schwer.

„Seit ich 33 Jahre alt bin, merke ich, dass ich unsicher bin und dass es so nicht weitergehen kann. Aber ich verändere nichts. Ich kann nicht aufhören so zu leben. Ich will eigentlich nicht von mir selbst als Freeter denken, obwohl ich wahrscheinlich einer bin. Ich denke, dass ich Musiker bin."

Hideki, 36 Jahre, war nach dem Schulabschluss für ein paar Jahre als Schlagzeuger mit seiner Band erfolgreich. Er jobbt ab und zu als Aushilfe bei der Post oder hilft als Schlagzeuger bei Bandaufnahmen aus. Er hofft noch immer darauf, dass der Erfolg zurückkehrt. Er verdient kaum etwas und hat mittlerweile Schulden bei seiner Freundin, die ebenfalls als *Freeter* lebt.

Deutsche Generation Praktikum

Mit dem *Alternativlosen*, dem unfreiwilligen *Freeter*, ist die deutsche *Generation Praktikum* vergleichbar.[21] Hinter diesem Begriff, der von Stolz (2005) in einem Artikel in der Wochenzeitung *Die Zeit* geprägt wurde, verbergen sich Hochschulabsolventen, deren Übergang vom Studium in den Beruf nicht mehr ohne Schwierigkeiten verläuft.[22] Oft schließt sich an den Abschluss des Studiums eine zunehmend länger werdende Bewerbungsphase oder so genannte Sucharbeitslosigkeit an (Böhning et al. 2006, S. 3). Um dieser zu entfliehen und in der Hoffnung auf eine Festanstellung, absolvieren viele Absolventen meist nicht nur ein, sondern gleich mehrere niedrig oder gar nicht bezahlte

21 Vgl. u.a. Briedis und Minks 2007; Grühn und Hecht 2007; Böhning et al. 2006; Stolz 2005; Schultheis / Schulz 2005; Briedis / Minks 2004; Glißmann / Peters 2001.

22 Vgl. zum Thema Übergangsarbeitsmärkte Schmid 2004 und 2002. Es sollte in diesem Zusammenhang beachtet werden, dass die Chancen auf dem Arbeitmarkt für Hochschulabsolventen immer noch besser sind als für junge Menschen mit niedrigerem oder gar keinem Bildungsabschluss.

Praktika, in denen sie wie volle Arbeitskräfte eingesetzt werden und größtenteils reguläre Tätigkeiten übernehmen.[23] Besonders betroffen sind davon Hochschulabsolventen, die in ihrem Studium keine klare Berufsperspektive erwerben. Darunter fallen Absolventen der Bereiche Sozial-, Politik-, Kommunikations- und Geisteswissenschaften. Auch bei Architekten und Wirtschaftswissenschaftlern lässt sich eine steigende Tendenz von Praktika nach dem Abschluss erkennen.[24]

Bislang gibt es keine amtlichen Statistiken zur Größenordnung der *Generation Praktikum*. Erste Anhaltspunkte geben die Ergebnisse einer bundesweit repräsentativen Befragung des Hochschulabsolventenjahrgangs 2005 durch die HIS GmbH (Briedis / Minks 2007).[25] Von den darin befragten Absolventen hatten 15% der Universitäts- und 12% der FH-Absolventen in den ersten 12 bis 18 Monaten nach dem Abschluss mindestens ein Praktikum absolviert.[26] Ein Rückschluss auf die zahlenmäßige Größe der *Generation Praktikum* oder ihr mögliches Anwachsen über die Zeit lässt die Untersuchung des HIS GmbH nicht zu, da sie sich nur auf einen Absolventenjahrgang bezieht. Ergebnisse einer Studie des DGB-Jugend (Grühn / Hecht 2007), die im Februar 2007 für ein großes Presse-Echo sorgten, weisen auf weitaus höhere Anteile hin.

Die DGB-Jugend hatte Absolventen, die im WS 02/03 an der Universität zu Köln oder der FU Berlin ihren Abschluss gemacht hatten, befragt. Danach hatten 41% der Absolventen innerhalb der ersten 3,5 Jahre nach dem Abschluss mindestens ein Praktikum absolviert.[27] Da die Befragung hier, anders als bei der Studie der HIS GmbH, thematisch ausschließlich auf Praktika nach dem Hochschulabschluss ausgerichtet war, ist zu vermuten, dass besonders für Betroffene der Anreiz bestand, an der Befragung teilzunehmen. Diese Vermutung wird durch die leichte Überrepräsentation einzelner Fachrichtungen und weiblicher Befragter (Grühn / Hecht 2007, S. 32), die nach den Ergebnissen der HIS-Studie eher ein Praktikum nach dem Abschluss absolvieren als Männer (Briedis / Minks 2007, S. 4), gestützt. Anders als in der HIS-Studie konnten die Befragten allerdings über einen län-

23 Laut §138 II Bürgerliches Gesetzbuch hat ein Praktikant Anspruch auf vollen Lohn, wenn seine Arbeitsleistung gegenüber dem Erwerb beruflicher Erkenntnisse überwiegt. Ein Praktikum grenzt sich von einem regulären Arbeitsverhältnis dadurch ab, dass der Praktikant nicht in die tägliche Verrichtung der Arbeit fest eingeplant ist, sondern ein Unternehmen kennen lernt, indem er zusätzlich anwesend ist (6 AZR 564/01 BAG, 13.3.2003).

24 Vgl. Briedis / Minks 2007, S.3; Grühn / Hecht 2007, S.14; Heine 2002.

25 Es wurden rund 12.000 Absolventen, die im WS 04/05 oder im SS 05 ihren Abschluss gemacht hatten, befragt. Für den bis dato veröffentlichen Vorab-Bericht wurden Absolventen mit Bachelor-Abschluss ausgespart, so dass sich die hier präsentierten Zahlen auf 10.162 Befragte beziehen.

26 Bei der Bewertung dieser Ergebnisse muss beachtet werden, dass die Untersuchung im Sommer 2006 stattfand, so dass nur Aussagen über die ersten 12 bis 18 Monate nach dem Abschluss möglich sind.

27 Dieses Ergebnis basiert nicht auf einer repräsentativen Zufallsstichprobe. Von den 1.800 zugestellten Fragebögen kamen 532 Fragbögen ausgefüllt zurück.

geren Zeitraum nach dem Abschluss Auskunft geben, was ebenfalls die Höhe des Anteils der Praktikanten beeinflusst haben könnte.

Auch ein Bezug auf die Zahlen des IAB-Betriebspanels aus dem Jahr 2004 erlaubt nur eine Vermutung hinsichtlich der Größe der *Generation Praktikum* (Bellmann et al. 2005, S. 15). Demnach waren im Juni 2004 in Westdeutschland 688.000, in Ostdeutschland 167.000 Personen als Praktikanten und Aushilfen beschäftigt. Dass die Gruppe schnell wächst, zeigt die Steigerungsrate von 20 Prozent (West) und 10 Prozent (Ost) seit 2002. Diese Zahlen beziehen sich allerdings nicht ausschließlich auf Hochschulabsolventen, da weder zwischen Aushilfen und Praktikanten, noch nach Bildungslevel differenziert werden kann. Darüber hinaus ist davon auszugehen, dass eine Vielzahl von Praktikantenstellen nicht statistisch erfasst wird, da Praktikanten oft auf Basis einer geringfügigen Beschäftigung oder auf Honorarbasis eingestellt werden. Die wahre Größe dieser Gruppe bleibt damit im Dunkeln.

„Die Bewerbungsphase war wirklich hart. Ich habe mir schon gedacht, dass es nicht leicht wird, aber ich war mir sicher, dass das mit ein bisschen Durchbeißen schon werden würde. Aber ich habe gemerkt, dass es nichts wird. Nach etwas mehr als einem halben Jahr brauchte ich einfach irgendeine Arbeit, sonst wäre ich wahnsinnig geworden. Dann habe ich mich also für ein Praktikum beworben. Da bin ich als Bewerberin nicht eine unter Tausend, sondern eine unter Hundert, dachte ich."

Claudia, 30, arbeitet mittlerweile fest angestellt. Während ihres BWL-Studiums absolvierte sie sechs, unter anderem auch internationale Praktika. Ihr sechsmonatiges Praktikum nach dem Abschluss war mit 350 Euro monatlich insgesamt das am schlechtesten bezahlte Praktikum, das sie je gemacht hat. Um es annehmen zu können, gab sie ihre Wohnung auf und zog bei Verwandten ein. Auf eine Stelle wurde sie nicht übernommen.

Während Unternehmen auf diese Weise billige und gleichzeitig hoch qualifizierte Arbeitskräfte nutzen, bedeuten solche Praktika für die Betroffenen nicht nur eine Verschiebung des Berufseinstiegs und der hiermit verbundenen finanziellen Unabhängigkeit, sondern auch andauernde Frustration und Zweifel an den eigenen Fähigkeiten, wenn sich nach jedem Praktikum erneut die Hoffnung auf eine Übernahme in das Unternehmen nicht erfüllt.

Frustration und psychische Belastung

Ergebnisse einer Online-Studie der DGB-Jugend aus dem Jahr 2006 (Böhning et al. 2006) deuten darauf hin, dass die prekäre Situation des Berufseinstiegs für die Betroffenen nicht ohne Folgen bleibt. Die psychische Belastung durch die unsichere Situation zieht Selbstzweifel, Minderwertigkeitskomplexe bis hin zu Depressionen nach sich (ebd., S. 13). Erste Auswertungen der qualitativen Interviews in Deutschland bestätigen diese Ergebnisse und zeigen, dass sich die Erwartungen an das Arbeitsleben durch eine lange Bewerbungsphase und Erfahrungen in Praktika stark verändern. Die Befragten mussten durchdurchweg Kompromisse eingehen, die Vorstellung von ihrem Traumjob aufgeben und ihre Ansprüche an eine Arbeitsstelle nach und nach senken.

„Zuerst habe ich mich für Volontariate im Medienbereich beworben. Dann hatte ich auch noch ganz andere Bewerbungen dabei, z.B. beim BND als Agentin, die wollten mich aber nicht (lacht). Ich habe auch überlegt, vielleicht Lehrerin zu werden. Ich hab einfach irgendwann Angst bekommen und angefangen mich auf alles zu bewerben, auf das meine Ausbildung passt. Als ich dann gemerkt habe, dass das auch nicht fruchtet, bin ich auf Praktika übergegangen."

Kathrin, 27 Jahre alt, hat nach ihrem Magisterabschluss inklusive Auslandsjahr ein Jahr lang Bewerbungen geschrieben. Jetzt macht sie ein sechsmonatiges PR-Praktikum in einem kleinen Medienunternehmen. Dort ist sie selbst die *PR-Abteilung*. Anleitung gab es zu Anfang keine. Sie lebt von Arbeitslosengeld II, darauf werden die 250 Euro, die ihr Praktikumsgeber monatlich zahlt, angerechnet. Sie hofft darauf, von dem Unternehmen, in dem sie Praktikum macht, übernommen zu werden.

Die Hoffnung, eines Tages einen Job zu finden, der Selbstverwirklichung erlaubt, hatten die meisten Befragten jedoch nicht aufgegeben. Die überwiegende Mehrheit gab an, eher eine schlecht bezahlte Stelle anzunehmen, die Spaß macht und bei der man „etwas bewegen" kann, als viel Geld mit einer eintönigen Beschäftigung zu verdienen. Gleichzeitig war es jedoch wichtig, zumindest genügend zu verdienen, um für den eigenen Lebensunterhalt aufkommen zu können. 21 der 30 Befragten gaben an, von ihrem Praktikumsgehalt allein nicht leben zu können[28], sieben Personen griffen auf staatliche Unterstützung in Form von Arbeitslosengeld II oder eines Zuschusses zum Praktikumsentgelt durch die Arbeitsagentur zurück. 20 Befragte wurden durch ihre Eltern oder andere Familienmitglieder mitfinanziert. Ähnliche Ergebnisse ergaben sich in einer Nachfolge-Studie der DGB-Jugend aus dem Jahr 2007 (Grühn / Hecht 2007, S. 9). Es zeigt sich, ähnlich wie bei den *Freeter*, eine starke finanzielle Abhängigkeit. In vielen Fällen be-

28 Fast die Hälfte der Befragten, die nach dem Abschluss ein Praktikum absolviert hatten, hatte mindestens ein unbezahltes Praktikum gemacht. Die durchschnittliche Praktikumsvergütung bei bezahlten Praktika betrug brutto 600 Euro. Männer wurden mit durchschnittlich 740 Euro besser vergütet als Frauen (540 Euro). Zwei Drittel der Befragten wurden während des Praktikums von den Eltern finanziell unterstützt. 40% jobbten neben dem Praktikum (Grühn / Hecht 2007, S.15ff).

richteten Befragte, dass sie – sofern es die Arbeitszeiten erlaubten – zusätzlich zum Vollzeit-Praktikum jobben würden.

Höherbewertung materieller Sicherheit

Obwohl der Inhalt der Arbeit für die *Generation Praktikum* im Vordergrund steht, beobachtet die Mehrzahl der Befragten an sich selbst, dass für sie Einkommen und finanzielle Sicherheit zu immer wichtigeren Themen werden, je länger der Übergang in den Arbeitsmarkt dauert. Die extrem niedrige oder überhaupt nicht vorhandene Bezahlung der Praktika war für die meisten eine Zumutung und Ausdruck der Geringschätzung ihrer persönlichen Leistung. Mit Bezahlung wurde hier nicht ausschließlich eine materielle Entlohnung, sondern auch eine Anerkennung der eigenen Arbeitsleistung assoziiert. Dass die Befragten der *Generation Praktikum*, trotz der starken Frustration, das Bedürfnis nach Selbstverwirklichung nicht aufgeben, sondern solche Verwirklichung weiterhin in der Berufstätigkeit suchen, geht vermutlich auf die hohe zeitliche Investition in die Ausbildung zurück. Der Wunsch, das jahrelang studierte Wissen endlich praktisch anzuwenden, wurde von zwei Dritteln der Befragten explizit formuliert.

„Ich leiste gute Arbeit. Wenn ich den Job einer Sekretärin mache, dann sollte ich doch wenigstens auch so bezahlt werden wie eine Sekretärin. Ich erwarte nicht einmal das Gehalt eines Diplom-BWLers zu bekommen, aber wenigstens will ich das bezahlt bekommen, was ich leiste."

Christian, 30 Jahre, macht ein Praktikum im Bereich Marktforschung. Nach seinem Diplom in Wirtschaftswissenschaften hat er sich zunächst beworben und parallel selbständig als Webdesigner gearbeitet. Eigentlich würden er und seine Freundin, die auch gerade auf Jobsuche ist, gerne eine Familie gründen. Die finanzielle Situation lässt dies jedoch nicht zu.

Berufserfahrung im Praktikum

Die Befragten sehen ihre Situation jedoch nicht ausschließlich negativ. Durchaus positiv bewertet wurde die Möglichkeit, erst einmal in einen Bereich *hineinzuschnuppern* und sich noch nicht festlegen zu müssen.

„Unverbindlichkeit, das ist für mich ein positiver Aspekt eines Praktikums. Dass man in Bereiche hineingucken kann, in die man sonst nicht hineinkommt."

Nina, 24 Jahre, hat an einer Fachhochschule Journalismus studiert und direkt nach dem Abschluss ein PR-Praktikum begonnen. Sie nutzt eine Auszeit von einem Jahr, um verschiedene Facetten des Journalismus auszuprobieren, bevor sie einen Master-Studiengang im Ausland beginnt.

Ungebunden zu sein und die Möglichkeit zu haben, durch ein Praktikum für ein paar Monate in einer anderen Stadt leben zu können, fanden einige der Befragten sehr spannend. Für andere stellte die Notwendigkeit eines Ortswechsels eher eine Zumutung dar.

„Nach dem Praktikum hier könnte ich 8 Wochen Praktikum in einer Online-Redaktion machen. Eigentlich habe ich aber keine Lust mehr, schon wieder für ein PR-Praktikum umzuziehen, das mich eigentlich nicht weiter bringt. Ich habe schon überlegt, ob ich nicht noch mal ein paar Monate Zeitarbeit mache. Einfach, um Geld zu verdienen. Als Sekretärin in Zeitarbeit verdiene ich viel mehr als jetzt."

Julia, 30 Jahre, hat nach einer Ausbildung zur Fremdsprachenassistentin ein geisteswissenschaftliches Studium absolviert. Seit dem Abschluss macht sie ihr drittes Praktikum im Bereich Journalismus. Momentan verdient sie 360 Euro pro Monat. Eingearbeitet wurde sie von der Praktikantin vor ihr. Sie selbst wird ihren Nachfolger einarbeiten.

In Deutschland ließen sich sehr klar zwei Gruppen unterscheiden: Die ungebundenen Flexiblen waren eher in der Altersgruppe bis 27 Jahre zu finden. Die meisten Befragten, die älter als 27 Jahre waren, wären für eine Festanstellung jederzeit umgezogen, für ein Praktikum allerdings nicht unbedingt. Diese ältere Gruppe sehnt sich mehrheitlich nach Kontinuität und Planungssicherheit.

„Einen konkreten Plan habe ich nicht. Weiter bewerben, gucken wie es läuft... Irgendwo eine Festanstellung zu bekommen, wenigstens aber eine sichere Einkommensquelle zu finden. Eine Wohnung mieten, Familie gründen, Planungssicherheit. Es ist alles so unsicher momentan."

Christoph, 28 Jahre, hat einen deutschen Hochschulabschluss und einen britischen Master. Er hat sich in Deutschland und in Großbritannien auf Festanstellungen beworben – erfolglos. Um einen Einstieg zu finden macht er ein PR-Praktikum und schreibt nebenher frei für eine englischsprachige Zeitung.

Generell wurde die Möglichkeit positiv bewertet, über ein Praktikum Berufserfahrung sammeln zu können. Allerdings nur vor dem Hintergrund, dass ein Berufseinstieg ohne Berufserfahrung fast unmöglich ist. Ein Blick in Internetportale für Arbeitssuchende zeigt, dass kaum Stellen für Berufseinsteiger ausgeschrieben werden. Mehrheitlich wird nach Bewerbern mit ein- bis dreijähriger Berufserfahrung gesucht. Eine Möglichkeit, sich diese anzueignen, sahen viele der Befragten darin, ein mehrmonatiges Praktikum zu absolvieren. Die Mehrheit der Befragten befand, ein Praktikum nach dem Abschluss solle eigentlich nicht die Regel sein, in der heutigen Zeit sei es aber fast unumgänglich und schon längst zur Normalität geworden.

Zusammenfassender Vergleich: Freeter und Generation Praktikum

Zusammenfassend lässt sich sagen, dass für die befragten Mitglieder der *Generation Praktikum* der wichtigste Aspekt bezahlter Arbeit war, sich verwirklichen zu können. Gleichzeitig hatten alle deutschen Befragten den finanziellen Mindestanspruch, den eigenen Lebensunterhalt finanzieren zu können. Weiterhin erklärte die Mehrheit der deutschen Befragten, sich nach Stabilität, Kontinuität und Planungssicherheit zu sehnen.

Die japanischen *Freeter* ließen sich grob in zwei Gruppen einteilen: Die eine hatte das Leben als *Freeter* selbst gewählt, die andere war unfreiwillig zu diesem Lebensstil gekommen. Die Mehrheit der freiwilligen *Freeter* sah ihre Beschäftigungsform als notwendige Zwischenstation auf dem Weg hin zu einem Traumberuf, der zum Befragungszeitpunkt noch nicht gefunden war oder noch nicht zur Finanzierung des Lebensunterhaltes ausreichte. Andere entschieden sich freiwillig als *Freeter* zu leben, um ihre Zeit frei einteilen zu können und sich nicht in eine vorgegebene Verhaltensstruktur einpassen zu müssen. Die zweite Gruppe – die unfreiwilligen *Freeter*, die lieber fest angestellt arbeiten würden – fühlte sich stark frustriert. Diese Befragten wünschten sich mehr Verantwortung und Gestaltungsmöglichkeiten in ihrer Arbeit, möglichst verbunden mit besserer materieller Entlohnung und sozialer Absicherung.

Diese zweite Gruppe ist am ehesten mit der deutschen *Generation Praktikum* vergleichbar. Bei beiden Gruppen handelt es sich um den zu Anfang postulierten *prekären Postmaterialisten*, für den Selbstverwirklichung zwar im Vordergrund steht, materielle Sicherheit aber ebenfalls einen hohen Stellenwert hat. Beide Gruppen wollen Teil der Erwerbsarbeitsgesellschaft sein und sind bereit dafür große Opfer zu bringen, etwa in Form von starkem Arbeitseinsatz und – zumindest übergangsweise – Akzeptanz von sehr niedriger Bezahlung und hohen geografischen Mobilitätsanforderungen. Ihre zunächst hohe Motivation weicht jedoch nach und nach dem Gefühl starker Frustration, wenn sich trotz der hohen zeitlichen und sozialen Investitionen in die Arbeitssuche keine Chance auf eine Festanstellung im angestrebten Bereich ergibt.

Vom Kleinen ins Große: Quantitative Sekundäranalyse

Eine – zumindest grobe – Antwort auf die Frage, ob sich ähnliche Ergebnisse wie in den qualitativen Interviews auch gesamtgesellschaftlich für die Gruppe der 20 bis 30-

Jährigen[29] in Deutschland und Japan zeigen, und ob sich diese Einstellungen über die Zeit verändert haben, soll an dieser Stelle ein Blick auf Daten des World Values Survey[30] geben. Darin werden unter anderem Einstellungen zu bezahlter Arbeit abgefragt. Ein Set von Variablen bezieht sich dabei auf die Frage: „Was ist für Sie wichtig an einem Job?" Den Befragten wurden Antwortmöglichkeiten zur Auswahl vorgegeben.[31] Für die folgende Darstellung wurden fünf der insgesamt elf *Items* ausgewählt.

Für Westdeutschland[32] zeigen die Ergebnisse, dass die Ansprüche an die Arbeitsbedingungen sinken (Abbildung 4). So werden sowohl das großzügige Angebot an Urlaubstagen als auch der Wunsch nicht unter Druck arbeiten zu müssen, seltener als wichtige Aspekte genannt. *Items*, die den inhaltlichen Anspruch eines Jobs auf mögliche Selbstverwirklichung abfragen, werden seltener genannt, bleiben aber weiterhin auf hohem Niveau. So ist es im Jahr 2000 immer noch für 57% der 20 bis 30-Jährigen wichtig, dass sie in ihrem Beruf etwas erreichen können. 55% wollen ihren Fähigkeiten entsprechend eingesetzt werden. Dieser Anteil lag 1990 allerdings noch fast 20% höher.

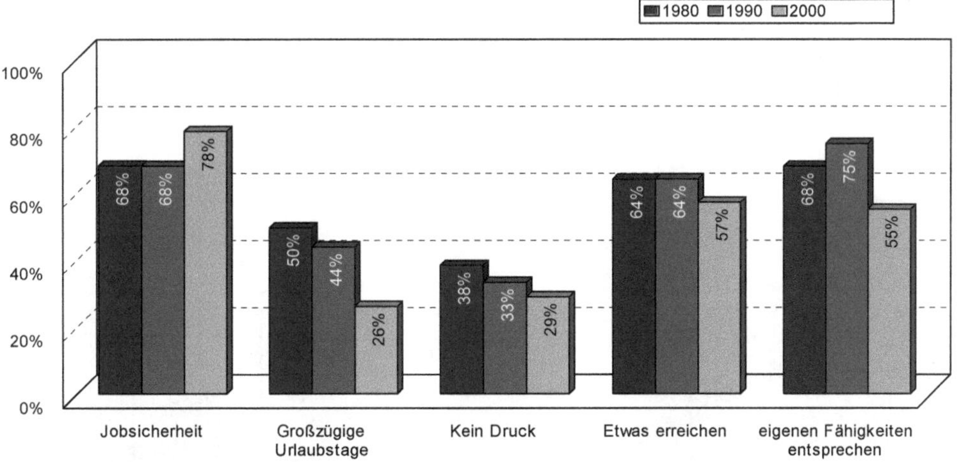

Abbildung 4: Was ist Ihnen an einem Job wichtig? 20 bis 30-jährige Westdeutsche (World Values Survey, eigene Berechnungen)

---

29 Die Altersspanne zwischen 20 und 30 Jahren wurde hier grob als Zeitraum des Berufseinstiegs zugrunde gelegt.

30 Vier Erhebungswellen dieser von Ronald Inglehart initiierten, international vergleichenden Wertestudie wurden seit 1980 abgeschlossen. Die Feldphase der fünften Welle läuft momentan in mehr als 80 Ländern. Für mehr Informationen über Methodik und Ergebnisse, vgl. www.worldvaluessurvey.org.

31 Dabei waren Mehrfachnennungen möglich. Es wurde keine Rangfolge gebildet.

32 Um die Vergleichbarkeit vor und nach 1989 zu gewährleisten, wird nur mit den Zahlen für Westdeutschland gerechnet.

Einziger Aspekt, der im Jahr 2000 von Westdeutschen häufiger genannt wird als 1980, ist die Jobsicherheit. 78% ist es wichtig, einen sicheren Job zu haben. Dieser Anteil stieg seit 1980 um 10%. Gleichzeitig nimmt der Anteil derjenigen, denen das großzügige Angebot an Urlaubstagen oder *kein Druck* bei der Arbeit wichtig sind, stark ab. Auf vergleichsweise hohem Niveau wichtig verbleiben die Aspekte *im Beruf etwas zu erreichen* oder im Beruf den eigenen Fähigkeiten entsprechend gefordert zu werden. Es lässt sich folgern, dass die Westdeutschen zwischen 20 und 30 im Jahr 2000 eher bereit sind, mehr und unter größerem Druck zu arbeiten, als einen inhaltlichen Anspruch an ihre Berufstätigkeit aufzugeben. Gleichzeitig scheint die Sorge keinen sicheren Job zu finden oder die eigene Stelle zu verlieren, zu wachsen.

In Japan zeigt sich eine andere Entwicklung (Abbildung 5). Während sich der Einzelne in der japanischen Arbeitsgesellschaft traditionell in seinen Bedürfnissen stets der Gruppe unterordnete, wurden in den letzten zwei Jahrzehnten individuelle Aspekte bezahlter Arbeit wichtiger. Die 20 bis 30-jährigen Japaner nennen bei der Frage „Was ist Ihnen an einem Job wichtig?" seit 1980 vermehrt Aspekte, die auf eigenständiges, verantwortungsvolles Arbeiten abzielen, ebenso wie *gute Arbeitszeiten* und das großzügige Angebot an Urlaubstagen. Insgesamt werden alle fünf *Items* von weitaus höheren Anteilen der Befragten genannt als in Deutschland.

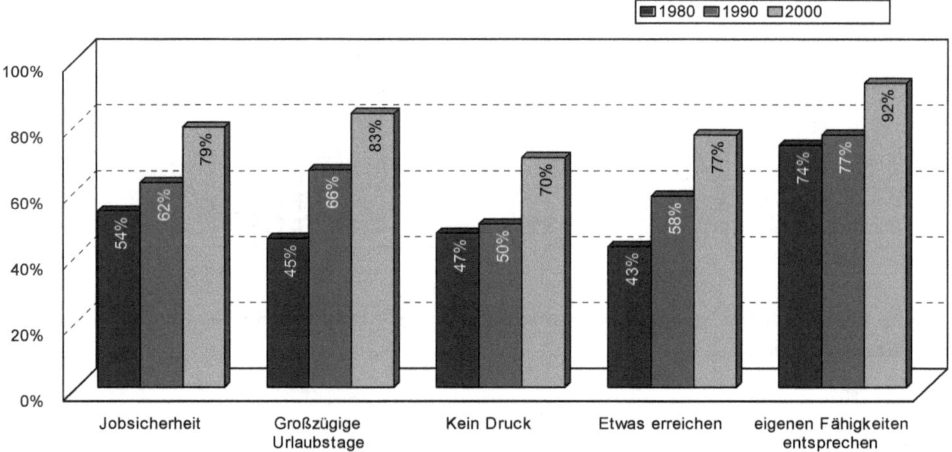

Abbildung 5: Was ist Ihnen an einem Job wichtig? 20 bis 30-jährige Japaner (World Values Survey, eigene Berechnungen)

Hierbei ist aufschlussreich, dass besonders jene Ansprüche an eine Berufstätigkeit als besonders wichtig erachtet werden, die im japanischen Arbeitsalltag meist nicht erfüllt werden: So empfinden es im Jahr 2000 83% der Befragten als wichtig, eine großzügige

Anzahl von Urlaubstagen zur Verfügung zu haben. Statistiken zeigen jedoch, dass in Japan auch weiterhin nur etwa die Hälfte des gesetzlich vorgeschriebenen Urlaubs auch tatsächlich genommen wird. Im Bezug auf Arbeitszeiten und Überstunden liegt Japan beim Vergleich mit anderen Industrienationen nach wie vor an der Spitze.[33]

Mit 79% ist im Jahr 2000 für fast denselben Anteil der Befragten wie in Westdeutschland Jobsicherheit ein wichtiger Aspekt. 1980 spielte dies noch für 26% weniger eine Rolle. Die Angst, möglicherweise keine feste Stelle zu finden, oder aufgrund von Personalkürzungen entlassen zu werden, hat auch Japan längst erreicht. Eine erneute Höherbewertung traditioneller, auf Sicherheit bezogener Arbeitswerte, zeigt sich deutlich in Ergebnissen der jährlich vom JPCSED[34] durchgeführten Befragung von Berufsanfängern in Festanstellungen. So geben 2007 46% der Berufsanfänger an, am liebsten ihr Leben lang bei ihrem jetzigen Arbeitgeber zu arbeiten. Im Jahr 2000 waren nur 21% dieser Ansicht gewesen. Ebenso zeigt sich eine starke Zunahme der Bereitschaft, private Verabredungen zugunsten der Arbeit zurückzustellen und Überstunden zu machen. Eine vorübergehende Beschäftigung als *Freeter* hatten im Jahr 1990 noch 54% der Berufsanfänger als durchaus positiv gesehen. 2007 waren nur noch 26% dieser Ansicht. Diese Ergebnisse zeigen, dass auch in Japan eine Bereitschaft besteht, persönliche Freiheit zugunsten von Jobsicherheit aufzugeben.

Konjunkturphänomen oder langfristiger Wandel? Generation Praktikum, Freeter und die Folgen

Eine Analyse der Auswirkungen der veränderten Situation auf dem Arbeitsmarkt auf die Einstellungen zu bezahlter Arbeit ist unter mehreren Gesichtspunkten sinnvoll und notwendig: Eine Zunahme temporärer Beschäftigungsverhältnisse mit niedriger Entlohnung und geringer sozialer Sicherung wird sich langfristig auf Konsumentscheidungen sowie auf die Reproduktion der Gesellschaft auswirken. Darüber hinaus ist davon auszugehen, dass eine resignierende, demotivierte Generation von Berufseinsteigern negative Auswirkungen auf die soziale Integration einer Gesellschaft hat. Erst durch die genaue Analyse eines solchen Wandlungsprozesses, der bestimmte Verhaltensweisen auslösen könnte, ist die Möglichkeit gegeben, darauf bewusst zu reagieren. Eine wichtige Funktion der sozialwissenschaftlichen Forschung ist es, die Kenntnis der Gesellschaft über sich selbst zu erweitern und zuverlässig zu machen (vgl. Zapf 1999). Dazu gehört, sie auf en-

---

33 Vgl. Ogura 2006 sowie die aktuelle Diskussion um Arbeitszeiten und Urlaubsansprüche in Japan: http://www.jil.go.jp/english/documents/JLR11_all.pdf.

34 Das *Japan Productivity Center for Socio-Economic Development* befragt seit 1990 jährlich Berufsanfänger, die in diesem Jahr eine Festanstellung angetreten haben (JPCSED 2007).

dogene und exogene Wandlungsprozesse aufmerksam zu machen. Nur so ist es möglich, informiert auf politische, wirtschaftliche und soziale Implikationen eines diagnostizierten Wandels zu reagieren. Im Fall der *Freeter* und der *Generation Praktikum* gilt es insbesondere genauer zu erforschen, inwiefern es sich bei den beiden Phänomenen um einen langfristigen Wandel von Lebens- und Arbeitsstilen oder vielmehr um konjunkturelle und eher kurzfristige Erscheinungen handelt.

Literatur

Adachi, T. (2006): The Career Consciousness among Youth and Career Development Support: A Study Focusing on University Students, S. 28-42, in: Japan Labor Review, Jg.3:2.

Amend, C. (2006): Die prekäre Generation. In: Die Zeit 14/2006.

Beck, U. (1986): Risikogesellschaft. Auf dem Weg in eine andere Moderne, Frankfurt am Main.

Bellmann, L. / Dahms, V. / Wahse, J. (2005): IAB-Betriebspanel Ost, Ergebnisse der neunten Welle 2004. IAB-Forschungsbericht Nr. 20.

Böhning, B. / Helbig, S. /Heyer, J. (2006): Praktika von Hochschulabsolventen, Eine Studie der DGB-Jugend. http://www.studentsatwork.org/UNIQ114347222716403/-doc160030A.html.

Briedis, K. / Minks, K.-H. (2007): Generation Praktikum - Mythos oder Massenphänomen? HIS: Projektbericht, Berlin.

Briedis, K. / Minks, K.-H. (2004): Zwischen Hochschule und Arbeitsmarkt. Eine Befragung der Hochschulabsolventinnen und Hochschulabsolventen des Prüfungsjahrgangs 2001, Hannover.

Coulmas, F. (2003): Die Kultur Japans. Tradition und Moderne, München.

Eades, JS. / Gill, T. / Befu, H. (Hg.) (2000): Globalization and Social Change in Contemporary Japan, Melbourn.

Friedrichs, J. (1968): Werte und soziales Handeln. Ein Beitrag zur soziologischen Theorie, Tübingen.

Genda, Y. (2005): A Nagging Sense of Job Insecurity. The New Reality Facing Japanese Youth, Tokyo.

Gließmann, W. / Peters, K. (2001): Mehr Druck durch Freiheit. Die neue Autonomie der Arbeit und ihre paradoxen Folgen, Hamburg.

Gurr, T. (1970): Why Men Rebel, Princeton, NJ.

Grühn, D. / Hecht, H. (2007): Generation Praktikum? Prekäre Beschäftigungsformen von Hochschulabsolventinnen und -absolventen. Eine Studie des Arbeitsbereiches Absolventenforschung der FU Berlin im Auftrag der DGB-Jugend und der Hans-Böckler-Stiftung, Berlin.

Heine, C. (Hg.) (2002): HIS Ergebnisspiegel 2002, Hannover.

Hillmann, K.-H. (2003): Wertwandel. Ursachen, Tendenzen, Folgen, Würzburg.

Honda, Y. (2005): *Wakamono to shigoto: „gakkô keiyu no shûshoku" wo koete* (Young people and employment in Japan: beyond the 'school-mediated job search'), Tokyo.

Inglehart, R. (1989): Kultureller Umbruch. Wertwandel in der westlichen Welt, Frankfurt, New York.

Japan Institute for Labour Policy and Training (JIL) (2000): *Furîtâ no Ishiki to Jittai* (Selbstwahrnehmung von *Freeter* und ihre tatsächliche Situation), Research Report No. 136.

Japan Institute for Labour Policy and Training (JIL) (2002): *Shûgyô kôzô kihon chôsa no saibunseki yori (*Neuberechnung der Studie zur Struktur des Beschäftigungssystems).

Japan Productivity Center for Socio-Economic Development (2007): *Shinnyû shain hakusho 07/08* (Weißbuch Berufsanfänger 07/08), Tokyo.

Kerst, C. / Minks, K.-H. (2004): Fünf Jahre nach dem Studienabschluss – Berufsverlauf und aktuelle Situation von Hochschulabsolventinnen und Hochschulabsolventen des Prüfungsjahrgangs 1997. Hochschulinformationssystem (HIS): http://www.bmbf.de/pub/-his_projektbericht_10_04.pdf.

Kluckhohn, C. (1951): Values and values-orientation in the theory of action: An exploration in definition and classification, S. 388-433, in: Parsons, T. and E. A. Shills (Hg.): Toward a theory of action, Cambridge, Mass.

Kōsei Rōdō Shō (2006): *Rōdōhakusho Heisei 18* (Arbeitsweißbuch 2006). http://www.mhlw.go.jp/wp/hakusyo/kousei/06/index.html.

Kosugi, R. (2005): *Furītā to iu Ikikata* (Der Lebensstil der *Freeter*), Tokyo.

Kosugi, R. (2004): The Transition from School to Work in Japan: Understanding the Increase in *Freeter* and Jobless Youth. In: Japan Labour Review, Vol. 1, No.1, Tokyo: The Japan Institute for Labour Policy and Training, S. 52-67.

Kosugi, R. (2002): *Jiyū no daishou. Furītā - gendaiwakamono no shūgyō ishiki to kyōdō* (Kompensation der Freiheit. Furiita - Einstellungen und Verhalten Jugendlicher beim Berufseinstieg), Tokyo.

Maag, G. (1991): Gesellschaftliche Werte. Strukturen, Stabilität und Funktion, Opladen.

Manabe, K. (2001): Facet Theory and Studies of Japanese Society, From a Comparative Perspective, Bonn.

Maruyama, S. (2004): *Furîtâ bôkoku ron* (Freeter, Untergang Japans), Tokyo.

Maslow, A.H. (1970): Motivation and Personality, 2. Aufl., New York.

Möhwald, U. (2000): Wertetypen und Einstellungen zur Arbeit. In: Manthey, M.; Kleinen, P.; Distelrath, G.; Horres, R., Lützeler, R. und H. D. Ölschleger (Hg.): JapanWelten: Aspekte der deutschsprachigen Japanforschung – Festschrift für Josef Kreiner zu seinem sechzigsten Geburtstag von seinen Schülern und Mitarbeitern, Bonn, S. 103-136.

Naikakufu Seisaku Tōkatsukan (2004): *Sekai seinen ishiki chōsa, dai 7-han* (7th World Youth Survey), www8.cao.go.jp/youth/kenkyu/worldyouth7/pdf/top.html.

Naikakufu (2003): *Heisei 15-nen han kokumin seikatsu hakusho* (Weißbuch zum nationalen Leben 2003), Tokyo.

Nihon Rōdō Kenkyūkikō (2000): *Furītā no ishiki to jittai: 97nin hiaringu kekka yori* (Furiita: Bewusstsein und Fakten: Ergebnisse der Gespräche mit 97 Personen), Tokyo.

NHK Hōsō Bunka Kenkyûjo (Hg.) (2004): *Gendai nihonjin no ishiki kōzō, dai 6-han* (Die Mentalitätsstruktur der Japaner der Gegenwart, 6. Aufl.), Tokyo.

Ogura, K. (2006): Contemporary Working Time in Japan - Legal System and Reality, S. 5-22, in: Japan Labor Review, Vol.3, No.3.

Ölschleger, H.-D. et al. (1994): Individualität und Egalität im gegenwärtigen Japan, München.

Oyama, N. (1990): Some Recent Trends in Japanese Values: Beyond the Individual-Collective Dimension. In: International Sociology, Vol. 5, No. 4, S. 445-459.

Parsons, T. / Shils, EA. / Olds, J. (1962) [1951]: Values, Motives and Systems of Action.In: Parsons, T. und E. A. Shils (Hg.): Toward a General Theory of Action: Theoretical Foundations for the Social Sciences, New York, S. 45-243.

Sakamoto, Y. (2000): *Nihonjin no kangae wa dō kawatta. "Nihonjin no kokuminsei chōsa" no hanseiki.* (Wie hat sich die Denkweise der Japaner verändert? Ein halbes Jahrhundert der Studie zum japanischen Nationalcharakter). In: Tōkei Sūri Kenkyūjo Kokuminsei Chōsa Iinkai (Hg.): *Tōkeiteki nihonjin kenkyū no hanseiki* (Ein halbes Jahrhundert empirischer Forschung über Japaner). Tōkei Sūri, Vol. 48, No.1, Supplement, Tokyo, S. 3-32.

Sasaki, M. / Suzuki, T. (2000): Social Attitudes in Japan. Trends and Cross-National Perspectives, Leiden, Boston, Köln.

Schmid, G. (2004): Soziales Risikomanagement durch Übergangsarbeitsmärkte. http://skylla.wz-berlin.de/pdf/2004/i04-110.pdf.

Schmid, G. (2002): Wege in eine neue Vollbeschäftigung, Frankfurt am Main.

Schultheis, F. / Schulz, K. (Hg.) (2005): Gesellschaft mit begrenzter Haftung, Konstanz.

Schulze, G. (1993): Die Erlebnisgesellschaft: Kultursoziologie der Gegenwart, Frankfurt am Main.

Seimei Hoken Bunka Sentā (Hg.) (2002): *Seikatsusha no kachikan ni kansuru chōsa* (Umfrage zu den Werten der Japaner), Tokyo.

Spellerberg, A. (1996): Soziale Differenzierung durch Lebensstile: eine empirische Untersuchung zur Lebensqualität in West- und Ostdeutschland, Berlin.

Sōmuchō Tōkei Kyoku (Statistische Abteilung des japanischen Ministeriums für öffentliche Verwaltung, Inneres, Post und Telekommunikation) (Hg.) (1972-2001): *Rōdōryokuchōsa Tokubetsu Chōsa* (Special Survey on the Labour Force), Tokyo.

Stolz, M. (2005): Generation Praktikum. In: Die Zeit, 14/2005.

Tōkei Sūri Kenkyūjo Kokuminsei Chōsa Iinkai (1998): *Kokuminsei no kenkyū dai 10ji zenkoku chōsa. 1998nen zenkoku chōsa* (A study of the Japanese national character. The tenth nationwide survey), Tokyo.

Trommsdorff, G. / Kornadt, H.-J. (Hg.) (1996): Gesellschaftliche und individuelle Entwicklung in Japan und Deutschland, Konstanz.

Woronoff, J. (1997): The Japanese Social Crisis, London.

Yamada, M. (1999): *Parasaito shinguru no jidai* (Das Zeitalter der parasitären Singles), Tokyo.

Zapf, W. (1999): Gesellschaftliche Wohlfahrt und Sozialberichterstattung. Erfahrungen und Möglichkeiten. In: Gerhards, J. und R. Hitzler (Hg.): Eigenwilligkeit und Rationalität sozialer Prozesse. Festschrift zum 65. Geburtstag von Friedhelm Neidhardt. Opladen, S. 46-60.

Von Rabenmüttern, Kindern und Karriere

Was deutsche Akademikerinnen bei der Realisierung ihres Kinderwunsches beflügeln könnte

von Tina Gotthardt & Kerstin Humberg

Warum musste dieser Beitrag geschrieben werden?

Dieser Beitrag musste geschrieben werden, weil wir uns nicht zwischen Kindern und Karriere entscheiden wollen. Wir wollen beides.

Warum sollte dieser Beitrag gelesen werden?

Weil er den Ursachen für die überdurchschnittlich hohe Kinderlosigkeit deutscher Akademikerinnen auf den Grund geht, die gesamtgesellschaftlichen Folgen dieses typisch deutschen Phänomens beschreibt und ganzheitliche Lösungsansätze in Form von *Beflügelungsmaßnahmen* liefert. Dieser Aufsatz zeigt: Nicht der fehlende Kinderwunsch ist die Ursache für die zunehmende Kinderlosigkeit der Akademikerinnen, sondern die mangelnde Realisierung ihrer Kinderwünsche. Die Wurzeln des Problems liegen dabei überwiegend in dem gesellschaftlichen Umfeld, in dem sie leben. Doch selbst ihre Flucht ins Ausland wäre keine Lösung: Deutschland kann es sich nicht leisten, auf Akademikerinnen zu verzichten – weder als Mütter noch als Arbeitskräfte.

Was muss in Deutschland für die Vereinbarkeit von Leben und Arbeit getan werden?

Um die Vereinbarkeit von Arbeit und Leben in Deutschland zu verbessern, müssten Männer und Frauen hierzulande in wirklich allen Lebensbereichen Gleichberechtigung erfahren – dem Berufsleben inklusive.

Prolog: Wie zwei junge Akademikerinnen in Deutschland über Kinder und Karriere denken

Zwei junge Akademikerinnen in Deutschland. Nennen wir sie Tina und Kerstin. Die beiden kennen sich aus dem Studium. Beide sind in einer Lehrerfamilie aufgewachsen, haben Geschwister, hatten eine tolle Kindheit. Beide träumen von einer eigenen Familie.

Mindestens drei Kinder möchte Kerstin einmal haben. Das erste bis spätestens 30. Zumindest hat sie das immer gesagt. Inzwischen ist sie 30 und Kinder kommen in ihrem Leben faktisch nicht vor. Seit knapp zwei Jahren arbeitet die Diplom-Geografin bei einer internationalen Unternehmensberatung. Ein Leben aus dem Koffer. Unterwegs in Flugzeugen, Taxen und Hotels. Die Arbeit macht ihr Spaß und schon bald wird ihre Firma sie bei der Promotion unterstützen.

Das wäre sicher ein prima Zeitpunkt, um Kinder zu bekommen, denkt Kerstin. Doch lassen sich Kinder überhaupt planen? Und was, wenn bei der Familiengründung der berufliche Erfolg auf der Strecke bleibt? Ein Leben als promovierte Hausfrau und Mutter? Ein Vollzeit-Beraterjob käme für sie mit Kindern vermutlich nicht in Frage, glaubt Kerstin. Was dann?

Wäre, hätte, könnte, wollte – schon im Kopf gleicht das Kinderkriegen in Deutschland einem Risiko. Tina sorgt sich derweil um ihren Berufseinstieg. Mit Schaudern denkt sie an Freundinnen, die seit Monaten wie Nomaden von Praktikumsstelle zu Praktikumsstelle ziehen. Einkommen? Fehlanzeige! Sicher kein guter Zeitpunkt, um an Nachwuchs zu denken, meint die 26-Jährige, die sich ebenfalls Kinder bis zu ihrem 30. Geburtstag wünscht. Doch ehe sie beruflich nicht auf sicheren Füßen steht, wird auch sie nichts riskieren: „Wer stellt schon eine studierte Mutter ohne Berufserfahrung ein?"

Werden auch Tina und Kerstin später zur Gruppe der dauerhaft kinderlosen Akademikerinnen in Deutschland gehören? Alles, nur das nicht, denken die beiden. Und am Ende einer ihrer Diskussionen steht die Frage: Was tun, um deutsche Akademikerinnen vor ungewollter Kinderlosigkeit zu bewahren? Wie könnte eine spezielle Förderpolitik für Akademikerinnen aussehen, die den Gegensatz von „Kind *oder* Karriere" auflöst? In einem Punkt sind sich die beiden Freundinnen einig: Am Kinderwunsch der Akademikerinnen mangelt es nicht. Eher an der Gewissheit und dem Vertrauen, dass in Deutschland Kinder *und* Karriere für Akademikerinnen tatsächlich miteinander zu vereinbaren sind.

Einleitung: Warum für Akademikerinnen beides möglich sein sollte

„Wir setzen Kinder nicht mehr einfach in die Welt. Wir setzen sie uns in den Kopf – oder wollen keine. Nie war das so wörtlich zu verstehen wie heute, da wir immer weniger mit realen Kindern als vielmehr mit der Idee von einem Kind schwanger gehen. Wir erleben ein Kind tatsächlich von Anfang an als Kopfgeburt." (Clausnitzer 2005, S. 60)

In Deutschland haben junge Akademikerinnen einen schweren Stand. Die Anforderungen, die an sie gestellt werden, sind enorm: Mit ihrem Wissen und ihrer Qualifikation sollen sie den deutschen Wirtschaftsstandort stärken. Gleichzeitig sollen sie nicht nur Kinder in die Welt setzen, sondern auch perfekte Hausfrauen und Mütter sein. Während kinderlose Akademikerinnen gerne das Etikett der *karrieregeilen Emanze* angeheftet bekommen, droht berufstätigen Müttern in Führungspositionen der Vorwurf, *Rabenmütter* zu sein.

Inzwischen ist der *stille Gebärstreik* der deutschen Akademikerinnen zum geflügelten Wort geworden. Tatsächlich bleibt in Deutschland fast jede dritte Frau mit Hochschulabschluss dauerhaft kinderlos. Haben in der Gruppe der 40- bis 45-Jährigen 20% der Frauen ohne Hochschulabschluss keine Kinder, sind es bei den Akademikerinnen 30%. So das Ergebnis der jüngsten Perspektive-Deutschland-Umfrage 2005/06 von McKinsey & Company (2006, S. 83)[1]. In Westdeutschland liegt der Anteil der 40- bis 45-jährigen Akademikerinnen ohne Nachwuchs sogar bei 34%[2]. Damit weist Deutschland unter allen EU-Ländern die höchste Kinderlosenquote auf – insbesondere bei den gut bis hoch qualifizierten Frauen (vgl. BMFSFJ 2003). Unterdessen prognostizieren Demografen, dass deutsche Akademikerinnen der jüngeren Jahrgänge möglicherweise zur Hälfte dauerhaft kinderlos bleiben werden (Meier-Gräwe 2006).

Die gesellschaftlichen Folgen dieser Entwicklung sind fatal. Nicht nur, weil die zunehmende Kinderlosigkeit von Akademikerinnen die demografischen Probleme Deutschlands verschärft; auch aus sozialen und ökonomischen Gründen ist dieser Trend verheerend.

1 Perspektive-Deutschland ist die größte gesellschaftspolitische Online-Umfrage der Welt. An der fünften Befragungswelle haben sich von Oktober 2005 bis Januar 2006 mehr als 620.000 Deutsche beteiligt. Auf Grund einer innovativen Methodik, die gemeinsam mit dem amerikanischen Nobelpreisträger Daniel McFadden entwickelt wurde, sind die Ergebnisse für die Altersgruppe der 16- bis 69-Jährigen repräsentativ. Zur Methodik siehe McKinsey & Company 2006, S. 127-131.

2 Eigene Auswertung der Daten von Perspektive-Deutschland 2005/06.

Ein *gespaltenes Fertilitätsverhalten* beeinflusst das Bildungsniveau

Die Geburtenkonzentration nimmt zu: Immer weniger Frauen bringen einen immer größeren Anteil der Kinder zur Welt. Dabei zeichnet sich folgender Trend ab: „Je höher die Ausbildung, desto klarer die Entscheidung zwischen Beruf und Familie", so die Forscher des Max-Planck-Instituts für demografische Forschung in Rostock (Spielauer et al. 2005, S. 3). Die Familienforscherin Uta Meier-Gräwe (2003) spricht in diesem Zusammenhang schon heute vom „gespaltenen Fertilitätsverhalten" in Deutschland und warnt vor den gesellschaftlichen Folgen. „Nicht nur der Generationenvertrag läuft uns aus dem Ruder. Auch das geistige Know-how einer Gesellschaft muss durch genügend Nachwuchs gesichert werden – und bitte schön nicht nur aus den ärmeren Bevölkerungsschichten."

Schließlich habe nicht zuletzt die PISA-Studie von 2003 gezeigt, wie eindeutig gerade in Deutschland der Zusammenhang zwischen sozialer Herkunft, Bildungschancen und dem Schulerfolg von Kindern sei (vgl. dazu Prenzel et al. 2005)[3]. Eine Gesellschaft, die im internationalen Wettbewerb keine anderen Ressourcen einbringen könne als ihr Humanvermögen, ihr kulturelles und soziales Kapital, sollte ihren Akademikerinnen besser „den roten Teppich ausrollen", so Meier-Gräwe (2003). So provokant diese Aussage klingt, für die Familienforscherin steht fest: Deutschland kann es sich nicht leisten, auf die reproduktive Funktion der Akademikerinnen als Mütter zu verzichten. Nicht zuletzt auch deshalb, weil die Gruppe der potenziell kinderlosen Akademikerinnen wächst.

Akademikerinnen sind ein wachsender Bestandteil der Ressource Wissen

Seit 1970 hat sich die Zahl der Studienanfänger in Deutschland verdreifacht. Gleichzeitig ist der Frauenanteil unter den Studienanfängern um fast 20% gestiegen. Heute machen Frauen etwa die Hälfte aller Hochschulabsolventen in Deutschland aus. Inzwischen nimmt jedes dritte Mädchen eines Jahrgangs ein Hochschulstudium auf. Nach Angaben des Statistischen Bundesamts (2005a) wird die Zahl der weiblichen Studienanfänger und Hochschulabsolventen in Deutschland sogar weiter zunehmen. Aus Sicht des Bundesforschungsministeriums geschieht das mit gutem Grund: „Der Bedarf des Arbeitsmarkts an Hochschulabsolventen wächst", erklärt das Bundesministerium für Bildung und Forschung. „Die Leistungsfähigkeit und die hohe Qualifikation der Beschäftigten sind Schlüsselfaktoren für die gesellschaftliche und wirtschaftliche Entwicklung eines Landes. (...) Eine hoch entwickelte Dienstleistungsgesellschaft, deren Wachstum zunehmend von der

3 Die Hauptursache dafür sehen Experten vor allem darin, dass die öffentlichen Aufwendungen für Erziehung, Bildung und Betreuung in Deutschland im internationalen Vergleich zu den niedrigsten zählen (vgl. BMFSFJ 2003). Bildung, gerade die von Kleinkindern, geschieht in erster Linie in der Familie.

Ressource Wissen abhängt, ist auf einen wachsenden Anteil hoch qualifizierter Fachleute angewiesen“ (BMBF 2006, S. 4 und 7). Doch woher ausreichend Arbeitskräfte nehmen, wenn der Nachwuchsmangel in Deutschland gleichzeitig den Fachkräftemangel forciert? Tatsächlich kann auch der deutsche Arbeitsmarkt nicht auf das große Potenzial hoch qualifizierter und motivierter Akademikerinnen verzichten.

Dass darüber hinaus nicht nur gut ausgebildete Akademikerinnen an sich, sondern gerade Frauen mit Nachwuchs einen Gewinn für Firmen bedeuten können, belegt die Studie „Karrierek(n)ick Kinder. Mütter in Führungspositionen - ein Gewinn für Unternehmen“ des Bundesfamilienministeriums und der Bertelsmann-Stiftung (2006). Demnach verfügen Mütter mit Führungsverantwortung über wichtige Kompetenzen, die die Produktivität von Unternehmen steigern können. Die Studie belegt: Familienbezogene Kompetenzen und Führungskompetenzen wie Gelassenheit, Organisationsfähigkeit und Pragmatismus greifen ineinander und verstärken sich gegenseitig – zum Beispiel beim Prioritäten- und Zeitmanagement. Darüber hinaus habe die Beschäftigung von Müttern in Führungspositionen nicht nur positive Effekte auf die Innovationskraft von Unternehmen. Sie könne vor allem auch ein Wettbewerbsvorteil bei der Gewinnung von Kunden und qualifiziertem Personal sein. Voraussetzung für die Ausschöpfung der weiblichen Potenziale sei allerdings eine flexible Arbeitsorganisation und ein familienfreundliches Klima in den Unternehmen.

Schließlich hat die Gesellschaft auch ein finanzielles Interesse an der Berufstätigkeit hoch qualifizierter (und damit in der Regel studierter) Frauen – hat das Land doch viel Geld in ihre Ausbildung investiert. Laut einer Studie der Robert-Bosch-Stiftung (2005) rechnet sich diese Investition nur bei später Gutverdienenden: Der Staat verliert bei Bürgern mit unterdurchschnittlichem Einkommen rechnerisch 167.600 €[4]. Bei Bürgern mit überdurchschnittlich hohem Einkommen gewinnt der Staat fiskalisch 299.000 €, obwohl seine Investitionskosten, etwa auf Grund der Finanzierung der Hochschulausbildung, wesentlich höher ausfallen (Robert-Bosch-Stiftung 2005, S. 88-113).

Die Ursachen verstehen, um Lösungen zu finden

Vor diesem Hintergrund soll es in diesem Aufsatz nicht um den viel diskutierten deutschen Nachwuchsmangel und die sozioökonomischen Folgen des demografischen Wan-

4 Die Robert-Bosch-Stiftung stellt dabei die Aufwendungen, die der Staat für die Bildung eines Kindes ausgibt, den späteren Steuereinnahmen gegenüber. Verdient eine Person auf Grund geringer Bildung im späteren Leben wenig oder gar kein Geld, resultiere daraus für den Staat ein *Minus-Geschäft*.

dels allgemein gehen. Der Fokus liegt vielmehr auf den Ursachen und Konsequenzen der Kinderlosigkeit[5] von Akademikerinnen.

Dabei stehen zwei Fragen im Mittelpunkt:

1. Was sind die Ursachen für die zunehmende Kinderlosigkeit deutscher Akademikerinnen? Warum bleiben vorhandene Kinderwünsche unerfüllt?

2. Welche *Beflügelungsmaßnahmen* lassen sich aus diesen Ursachen ableiten? Welche Fördermaßnahmen (in Ergänzung zur klassischen Familienpolitik) könnten helfen, deutschen Akademikerinnen die Kombination von Kindern und Karriere[6] zu ermöglichen?

In den folgenden beiden Kapiteln wollen wir Antworten auf diese beiden Fragen finden. Die Erkenntnisse werden schließlich im Fazit zusammengefasst.

Dabei ist uns beiden selbstverständlich klar, dass nicht alle deutschen Akademikerinnen von einer Karriere träumen. Frauen, die sich bewusst gegen eine berufliche Tätigkeit oder Führungsposition entscheiden, um beispielsweise mehr Zeit für ihren Nachwuchs zu haben, gebührt aller Respekt. Vielmehr soll es in dieser Arbeit um Hochschulabsolventinnen wie Tina und Kerstin gehen. Um junge Frauen mit beruflichen Ambitionen, die sich eine Kombination von Kindern *und* Karriere wünschen, und doch befürchten, dass sich in Deutschland bislang beides nicht vereinbaren lässt.

Die Inhalte dieser Arbeit speisen sich im Wesentlichen aus vier Quellen: den im Literaturverzeichnis angegebenen Texten, eigenen Sonderauswertungen des Datensatzes von Perspektive-Deutschland 2005/06 (McKinsey & Company 2006), Interviews mit der Familienforscherin Uta Meier-Gräwe und mit Dagmar Reim, der Intendantin des Rundfunks Berlin-Brandenburg (RBB), sowie aus Diskussionen mit (kinderlosen) Akademikerinnen im Freundes- und Kollegenkreis.

---

5 Der Begriff Kinderlosigkeit beschreibt sowohl den freiwilligen als auch unfreiwilligen Verzicht auf Kinder. Der unfreiwillige Verzicht wird auch als unerfüllter Kinderwunsch bezeichnet.

6 Die Karriere (franz. carrière) ist definiert als die persönliche Laufbahn eines Menschen in seinem Berufsleben. Dabei ist die Karriere, von der in dieser Arbeit die Rede ist, verbunden mit einem Ausbau der persönlichen Qualifikationen und der Übernahme zunehmender (Führungs-)Verantwortung. Eine berufliche Tätigkeit, die den eigenen Qualifikationen und Ambitionen nicht entspricht, birgt das Risiko eines *Karriereknicks* (vgl. Bertelsmann-Stiftung 2006).

Ursachenforschung: Akademikerinnen sind anders – Deutschland ist es auch

Es gibt eine ganze Reihe von Erklärungen dafür, dass junge deutsche Akademikerinnen nach dem Studium zunächst auf Nachwuchs verzichten:

1. Weil sie ihre Chancen auf dem Arbeitsmarkt mit Kind und ohne Berufserfahrung als äußerst gering einschätzen. Wo sind die studierten Mütter in Führungspositionen, die ihnen als Vorbilder dienen können?

2. Weil ihnen angesichts befristeter (*prekärer*) Beschäftigungsverhältnisse die finanzielle Sicherheit und Zuversicht fehlt, ein Kind miternähren zu können.

3. Weil sie nach einer oft über 20-jährigen Ausbildungszeit endlich die Früchte ihrer Qualifikationen ernten möchten.

4. Weil sie ehrgeizig sind und ihre Ziele und Erfolgsvorstellungen in die Tat umsetzen wollen.

5. Weil sie nicht wissen, wie sie ihre Ansprüche an eine qualitativ hochwertige Betreuung ihrer Kinder befriedigen sollen.

So zutreffend all diese Erklärungen auch sein mögen, bleiben sie doch zu sehr an der praktisch-materiellen Oberfläche. In diesem Kapitel möchten wir zeigen, wie tiefer liegende Werte und Einstellungen in Bezug auf Familie und Beruf das Reproduktionsverhalten deutscher Akademikerinnen beeinflussen. Dabei wird nicht zuletzt die soziokulturelle Sondersituation beleuchtet, in der sich deutsche Akademikerinnen wiederfinden.

Akademikerinnen wünschen sich fast ebenso viele Kinder wie Frauen ohne Hochschulabschluss

In der politischen Debatte über die Ursachen des deutschen Nachwuchsmangels richtet sich das Hauptaugenmerk zumeist auf die Frauen. Auf Grund beruflicher Ambitionen bleibe gerade der Kinderwunsch von Akademikerinnen häufig auf der Strecke, heißt es. Die Ergebnisse von Perspektive-Deutschland 2005/06 zeigen jedoch, dass sich deutsche Akademikerinnen fast genauso viele Kinder wünschen wie Nicht-Akademikerinnen. Allein die Diskrepanz zwischen Wunsch und Wirklichkeit ist bei ihnen größer als bei Frauen ohne Hochschulabschluss.

Zum Vergleich: In der Altersgruppe der 20- bis 39-jährigen Frauen liegt der durchschnittliche Kinderwunsch bei 1,9 Kindern pro Frau – und damit nur knapp unter der für den Generationenerhalt erforderlichen Ziffer von 2,1. Frauen mit Hochschulabschluss wünschen sich im Schnitt immerhin 1,8 Kinder (McKinsey & Company 2006, S. 82). Vergleicht man nun allerdings die realisierte Kinderzahl der 40- bis 45-jährigen Befragten, kommen die Frauen ohne Hochschulabschluss auf 1,7 Kinder, während Akademikerinnen dieser Altersgruppe im Schnitt nur 1,3 Kinder zur Welt gebracht haben. Nicht zuletzt deshalb, weil deutsche Akademikerinnen häufiger dauerhaft kinderlos bleiben (30%) als Nicht-Akademikerinnen (20%).

Lange Ausbildungszeiten führen zur *Rush Hour of Life*[7]

Wo liegen die Ursachen für dieses Phänomen? Welche Bedingungen blockieren die Familienplanung? Zu den zentralen Ursachen zählen aus Sicht der Sachverständigenkommission des Siebten Familienberichts der Bundesregierung 2006 extrem lange Ausbildungszeiten in Deutschland. Während das Durchschnittsalter beim Erreichen des ersten Studienabschlusses hierzulande bei 28 Jahren liegt, haben ausländische Hochschulabsolventen in diesem Alter bereits mehrere Jahre Berufserfahrung gesammelt (vgl. Burkhardt 2004).

Gerade Hochschulabsolventinnen stehen angesichts der biologisch begrenzten Gebärfähigkeit in den wenigen Jahren zwischen Ende 20 und Mitte 30 vor der Herausforderung, in einer zeitlich begrenzten „Rush Hour of Life" gleichzeitig den Berufseinstieg, das Sammeln von Berufserfahrung und die Familiengründung zu bewältigen. Da sich Familien- und Erwerbstätigkeit in Deutschland allerdings nur „mit großem Kraftaufwand und unter erheblichem Verzicht" vereinbaren lassen, stehen Frauen nach Ansicht des Wirtschaftssachverständigen Prof. Dr. Bert Rürup insbesondere beim ersten Kind vor der „Entscheidung zwischen Kind und Karriere" (vgl. BMFSFJ 2003). Nach Rürups Berechnungen haben Akademikerinnen in Deutschland nach Ausbildungsabschluss und Berufseinstieg in der Regel nur etwa fünf Jahre Zeit, um sich bewusst für Nachwuchs zu entscheiden. Das wiederholte Aufschieben des Kinderkriegens aus beruflichen Gründen führe dabei allzu häufig zu ungewollter Kinderlosigkeit (vgl. BMFSFJ 2005). Anders formuliert: Vor die Wahl des *entweder* Kinder *oder* Karriere gestellt, tendieren junge Hochschulabsolventinnen oft dazu, sich erst einmal für Letzteres zu entscheiden (*Hauptsache Arbeit!*).

Da jedoch die Gebärfähigkeit ab dem 35. Lebensjahr rapide abnimmt, folgt aus dem wiederholten Aufschub der Familiengründung entweder der schleichende Abschied vom

7 Mit dem Begriff *Rush Hour of Life* bezeichnen die Autoren des Siebten Familienberichts der Bundesregierung (2006) eine Lebensphase, in der innerhalb eines kurzen Zeitfensters gleichzeitig der Übergang ins Berufsleben, das Sammeln von Berufserfahrung sowie die Familiengründung bewältigt werden müssen.

Kinderwunsch oder der unfreiwillige Verzicht auf Kinder aus biologischen Gründen (vgl. BMFSFJ 2005). Perspektive-Deutschland 2005/06 bestätigt dieses Bild: Sind in der Gruppe der aktuell 20- bis 29-Jährigen noch 92 von 100 Akademikerinnen kinderlos, sind es bei den gleichaltrigen Frauen ohne Hochschulabschluss nur 71. Während also fast jede dritte Frau ohne Hochschulabschluss bis zu ihrem 29. Lebensjahr mindestens ein Kind zur Welt gebracht hat, hinken die Akademikerinnen zeitlich hinterher.[8]

Die Mehrheit holt die Geburt des ersten Kindes zwischen Mitte und Ende 30 nach. Tatsächlich wünschen sich in der Altersgruppe der 30- bis 39-jährigen kinderlosen Akademikerinnen immerhin noch 72% Kinder: 46% wollen „auf jeden Fall" ein Kind, 26% „eher ja" als nein. Nur jede vierte Frau in dieser Gruppe schließt den Kinderwunsch für sich (eher) aus (8% wollen „auf keinen Fall" Kinder und 17% „eher nicht"). Die drei wichtigsten Gründe für Frauen sich gegen Kinder zu entscheiden, sind hier: Zufriedenheit ohne Kinder, berufliche Nachteile und das Fehlen eines geeigneten Partners.[9]

Akademikerinnen wollen sich beruflich selbst verwirklichen

Welche Rolle spielen die beruflichen Ambitionen junger Hochschulabsolventinnen bei der Entscheidung für oder gegen Nachwuchs? Unsere Sonderauswertung der Perspektive-Deutschland Daten 2005/06 zeigt (siehe Abbildung 1): Zwei Drittel der deutschen Frauen zwischen 25 und 45 Jahren ist es nach eigenen Angaben grundsätzlich (sehr) wichtig, fleißig und ehrgeizig zu sein. Dabei legen die Frauen mit Hochschulabschluss deutlich höheren Wert darauf, eigene Ziele und Erfolgsvorstellungen auch in die Tat umzusetzen. Während in der Gruppe der Akademikerinnen 60% der Aussage „Ich setze meine Ziele und Erfolgsvorstellungen in die Tat um" zustimmen, sind es in der Gruppe der Frauen ohne Hochschulabschluss nur 43%. Akademikerinnen sind „ein hoher Lebensstandard" sowie „Macht und Einfluss" tendenziell wichtiger als Frauen ohne Hochschulabschluss.[10]

8 Eigene Auswertung der Daten von Perspektive-Deutschland 2005/06.

9 Eigene Auswertung der Daten von Perspektive-Deutschland 2005/06. Tatsächlich zählt das Fehlen geeigneter Partner zu den zentralen Ursachen für die Kinderlosigkeit von Akademikerinnen. Auf die spezielle Rolle von Männern im Themenkomplex Kinderlosigkeit kann an dieser Stelle jedoch nicht weiter eingegangen werden (vgl. hierzu Gaschke 2005).

10 So ist ein „hoher Lebensstandard" 80% der Akademikerinnen (eher) wichtig – versus 68% bei den Nicht-Akademikerinnen. „Macht und Einfluss" zu haben, ist 34% der Akademikerinnen und 28% der Nicht-Akademikerinnen (eher) wichtig.

Gleichzeitig zeigen die Ergebnisse unserer Auswertung, dass bei der Entscheidung für oder gegen Kinder die (berufliche) Selbstverwirklichung für Akademikerinnen offenbar eine größere Rolle spielt als für Frauen ohne Hochschulabschluss. Während doppelt so viele kinderlose Nicht-Akademikerinnen vor allem auf Grund der „hohen Kosten" vor Nachwuchs zurückschrecken (40% vs. 19%)[11], befürchten Akademikerinnen häufiger berufliche Nachteile. Tatsächlich ist die Erwartung „beruflicher Nachteile" laut Perspektive-Deutschland 2005/06 für 38% aller kinderlosen Akademikerinnen einer der Hauptgründe für ihre Entscheidung gegen Kinder. In der Gruppe der kinderlosen Frauen ohne Hochschulabschluss liegt dieser Anteil bei 31%.

Gründe für Verzicht auf Nachwuchs
in Prozent*

„Warum wollen Sie im Moment kein Kind bekommen?"

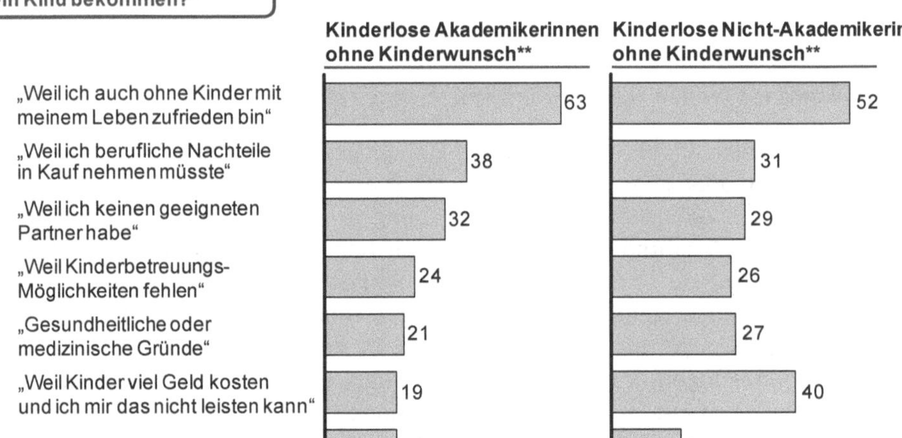

* Anteil der Befragten, die bei 13 verschiedenen Optionen, die entsprechende Antwort gegeben haben; Bis zu 5 Nennungen waren möglich

** Kinderlose Teilnehmerinnen, die zuvor auf die Frage „Können Sie sich vorstellen Kinder zu bekommen?" mit „Eher nicht" oder „Auf keinen Fall" geantwortet haben; In der Gruppe der kinderlosen Akademikerinnen zwischen 25 und 45 Jahren trifft das auf 25% der befragten Frauen zu

Quelle: Eigene Auswertung; Perspektive- Deutschland 2005/06, gewichtete Online-Daten, 25 bis 45-jährige kinderlose Frauen ohne Kinderwunsch

Abbildung 1: Gründe für Verzicht auf Nachwuchs

11 Verglichen wurde hier das Antwortverhalten der 25- bis 45-jährigen kinderlosen Frauen ohne Kinderwunsch auf die Frage „Warum wollen Sie im Moment kein Kind bekommen?". Dabei standen den Teilnehmerinnen aus einer Liste von 13 Gründen bis zu fünf Antwortmöglichkeiten zur Auswahl.

Offenbar schöpfen Akademikerinnen eine große Portion Zufriedenheit aus ihrem Beruf. So gibt beispielsweise ein vergleichsweise größerer Anteil der Akademikerinnen an, „auch ohne Kinder" mit ihrem Leben zufrieden zu sein (63 vs. 52%). Fehlende Betreuungsmöglichkeiten sind dagegen nur für jeweils ein Viertel der kinderlosen Frauen ohne Kinderwunsch ein zentraler Grund für ihre Entscheidung gegen Kinder.[12]

Eine für Deutschland typische Erscheinung?

> *„Mehr als unter fehlender Kinderbetreuung leiden die deutschen Frauen an einem romantisch verklärten Familienbild, das arbeitende Mütter mit glücklichen Kindern nicht vorsieht." (Kegel 2005)*

Die zunehmende Kinderlosigkeit – insbesondere von Akademikerinnen – ist nach Ansicht des Wirtschaftssachverständigen Rürup (2003) eine „für Deutschland typische Erscheinung". Warum? Auch im Ausland sind Kinder mit Kosten verbunden. Auch dort müssen Mütter, die arbeiten wollen, die Doppelbelastung von Beruf und Familie bewältigen. Warum ist der Anteil kinderloser Akademikerinnen gerade in Deutschland so hoch? Die Betrachtung der gesamtgesellschaftlichen Bedingungen für Frauen, Familien und Kinder in Deutschland zeigt, dass sich deutsche Akademikerinnen im europäischen Vergleich in einer Sondersituation befinden, die sich aus einem speziellen Geflecht soziokultureller Faktoren heraus entwickelt hat.

In Frankreich ebenso wie in den skandinavischen Ländern, wo Betreuungsplätze für Kinder unter drei Jahren fast flächendeckend angeboten werden, gilt es als selbstverständlich, dass Mütter kurz nach der Geburt in ihren Beruf zurückkehren. In Deutschland bilden Vollzeit arbeitende Mütter dagegen bis heute eine Minderheit. Im Bundesdurchschnitt waren 2004 nur 65% aller Mütter (im Alter von 15 bis 64 Jahren, mit mindestens einem Kind im Haushalt) erwerbstätig, davon nur 25,3% in Vollzeit und 39,9% in Teilzeit (Statistisches Bundesamt 2003). Dies nach Einschätzung von Meier-Gräwe (2006) nicht zuletzt deshalb, weil gerade in Westdeutschland ganztägige Kinderbetreuungs-Einrichtungen fehlen und Mütter, die trotz Nachwuchs beruflich Karriere machen, sich bis heute dem *Rabenmutter*-Vorwurf ausgesetzt sehen.

---

12 Aus dieser Aussage sollte man allerdings nicht ableiten, dass der Ausbau der Betreuungsinfrastruktur von nachrangiger Bedeutung ist. Im Gegenteil: Laut Perspektive-Deutschland 2005/06 sind fehlende Betreuungseinrichtungen der zentrale Grund für den Verzicht von Müttern mit einem Kind auf weitere Kinder.

Während der Begriff der *Rabenmutter* in der französischen Sprache überhaupt nicht existiert, kämpfen viele junge Akademikerinnen in Deutschland schon bei der *Kopfgeburt*, der bloßen Vorstellung vom Nachwuchs, mit dem schlechten Gewissen einer berufstätigen Mutter, die ihre Kinder angeblich vernachlässigt. Ein Gefühl, das verbunden mit dem Wunsch nach beruflicher Selbstverwirklichung nicht zur Realisierung von Kinderwünschen beiträgt.

Mit einem Kind ändert sich für berufstätige Frauen hierzulande fast alles

> *„Wenn Frauen sich freiwillig und nach gründlicher Überlegung entscheiden, Familienarbeit den Vorzug zu geben, ist das aller Ehren wert. Aber man wird es bemerkenswert finden dürfen, dass nur eine von fünf Frauen, wenn sie Mutter wird, in unserem Beruf weitermacht, aber fünf von fünf Männern".*[13] *(Reim 2006)*

Dabei wird in Deutschland laut Meier-Gräwe (2006) im Gegensatz zu profunden Erkenntnissen der internationalen Forschung bis heute hartnäckig an der These festgehalten, dass sich Kinder nur dann optimal entwickeln, wenn die eigene Mutter eine Rundum-Betreuung übernimmt. Zumindest in den ersten drei Jahren gehören Kinder zur Mutter, so die landläufige Ansicht der Deutschen. Daher ändere sich in Deutschland für die meisten berufstätigen Frauen mit der Geburt eines Kindes fast alles, für die meisten Männer laut Kegel (2005) dagegen wenig. Der Anteil der Väter, die sich für die Erziehung eine Auszeit nehmen, ist bis heute verschwindend gering. Bis 2005 nahmen nur etwa 5% der deutschen Väter die gesetzlich mögliche Elternzeit wahr (BMFSFJ 2005).

Im europäischen Ausland unterscheiden sich die Geschlechterbeziehungen deutlich von jenen in Deutschland. Während Länder wie Dänemark und Schweden schon lange eine konsequente Gleichstellungspolitik betreiben, ist nach Einschätzung des Bundesfamilienministeriums hierzulande das tradierte Familienbild vom männlichen Alleinverdiener in der „Hausfrauenehe" noch immer die Norm (vgl. BMFSFJ 2006). Mütter aber, die sich mit der Arbeit am heimischen Herd nicht begnügen wollen oder können, haben es schwer. Das Vorurteil, dass berufstätige Mütter schlechte Mütter sind, hält sich hartnäckig. Auch deshalb, weil positive Vorbilder fehlen. Überspitzt formuliert: In Deutschland ist man entweder Bundeskanzlerin oder Mutti, Unternehmensberaterin oder Expertin in Sachen Babybrei. Schillernde Ausnahmen wie die Bundesfamilienministerin und siebenfache Mutter Ursula von der Leyen erfahren dagegen noch immer Skepsis und Ablehnung.

---

13 Dagmar Reim, Intendantin des Rundfunks Berlin-Brandenburg (RBB), über die Karrierewege weiblicher Volontäre / Journalistinnen.

Deutsche Unternehmen zeigen sich bislang wenig familienfreundlich

Gleichzeitig fehlt vielen deutschen Arbeitgebern – anders als beispielsweise ihren Kollegen in Amerika – die Akzeptanz von Müttern im Beruf. In Deutschland werden Kinder selten als positiver Bestandteil der Persönlichkeit der Mitarbeiterin wahrgenommen, eher als Handicap. Dabei sind die mangelnde Akzeptanz von Müttern in Unternehmen und wenig familienfreundliche Arbeitszeiten sowohl Ursache als auch Konsequenz der fehlenden Praxis. Untersuchungen des Instituts der deutschen Wirtschaft in Köln haben ergeben, dass 70% der Unternehmen die eigene Familienfreundlichkeit als unbedeutend einstufen (Institut der deutschen Wirtschaft 2003, S. 16).

Hinzu kommt schließlich, dass finanzielle Belastungen durch Kinder in Deutschland in erster Linie von den Familien selbst getragen werden müssen, so dass Kinder weithin als Privatvergnügen betrachtet werden. Für Akademikerinnen entscheidend sind dabei allerdings nicht die direkten Kosten, die mit Kindern verbunden sind (Kleidung, Nahrung, Ausbildung etc.). Gravierender sind nach Ansicht des Bundesfamilienministeriums die indirekten Kosten, die ihnen beim Rückzug aus dem Erwerbsleben in Form von Einkommensverlusten entstehen. Der Wirtschaftssachverständige Rürup (2003) spricht in diesem Zusammenhang von so genannten Opportunitätskosten: „Wer Kinder bekommt, kann andere Tätigkeiten und den damit verbundenen Nutzen nicht wahrnehmen und hat langfristig beträchtliche Einkommensverluste". Und je schwieriger sich der Wiedereinstieg in den Beruf nach der Geburt des ersten Kindes gestalte, desto höher fielen diese Opportunitätskosten aus. In Deutschland sind sie seiner Ansicht nach dramatisch hoch.

Lösungsansätze: Beflügelungsmaßnahmen für deutsche Hochschulabsolventinnen

Vor dem Hintergrund der beschriebenen gesellschaftspolitischen Ursachen und Konsequenzen der zunehmenden Kinderlosigkeit von Akademikerinnen möchten wir in diesem Kapitel ein Bündel von Maßnahmen entwickeln, um dem beschriebenen Trend entgegenzuwirken. Zuvor wollen wir einen kurzen Überblick über die bisherigen Handlungsansätze der Politik geben.

Aus historischen Gründen, insbesondere der Geburtensteigerungspolitik während der Zeit des Nationalsozialismus, hat Deutschland anders als mancher europäische Nachbar bis in die jüngste Vergangenheit jegliche Form einer aktiven Bevölkerungspolitik vermieden. Erst die rot-grüne Regierung mit ihrer Familienministerin Renate Schmidt hat die gravierenden Auswirkungen des Nachwuchsmangels und demografischen Wandels erkannt und mit einer nachhaltigen Familienpolitik im Sinne einer aktiven Bevölkerungsentwicklung reagiert (BMFSFJ 2003).

Statt wie früher Familien in erster Linie finanziell zu unterstützen (z.B. durch Kindergeld, Erziehungsgeld und BAFÖG), um auch einkommensschwachen Familien Kinder zu ermöglichen, treibt die deutsche Bundesregierung nun auch den Ausbau der Betreuungsinfrastruktur engagierter voran. So trat 2005 das so genannte Tagesbetreuungs-Ausbaugesetz in Kraft, das bis 2010 insgesamt 230.000 zusätzliche Betreuungsplätze für Kinder schaffen soll.[14] Gleichzeitig bezieht die Bundesregierung verstärkt auch Wirtschaftsunternehmen und Kommunen in Initiativen ein, die die Vereinbarkeit von Familien- und Berufsleben verbessern sollen („Allianz für Familie“, „Lokale Bündnisse für Familie“, „Mittelstand und Familie“ etc.).

Ursachen für die überdurchschnittlich hohe Kinderlosigkeit bei Akademikerinnen und mögliche Gegenmaßnahmen (1/2)

Allgemeine Ursachen*	Maßnahmen	
• **Rationale Ursachen** – Fehlende Kinder-Betreuungsangebote – Hohe Kosten	• Ausbau der Betreuungsinfrastruktur	✓
	• Finanzielle Unterstützung von Familien (Kindergeld, BAFÖG etc.)	✓
	• Förderung familienfreundlicher Initiativen auf betrieblicher und kommunaler Ebene	✓
• **Emotionale Ursachen** – Zukunftsangst (z.B. Angst vor Arbeitslosigkeit, Armut, Umweltzerstörung etc.) – Zufriedenheit ohne Kinder		
• **Soziokulturelle Rahmenbedingungen** – Kinderunfreundliches Gesellschaftsklima – Traditionelles Rollenbild (Hausfrauenehe) / Rabenmütter-Syndrom	• Förderung der Präsenz von Kindern im Alltag (z.B. durch Ansagen von Kindern in öffentlichen Verkehrsmitteln, kinderfreundliche Gastronomiekonzepte etc.)	(✓)
	• Schaffung einer kinderfreundlichen Verkehrs-Infrastruktur	(✓)
	• Kommunikation und Präsentation alternativer Lebensmodelle von Frauen	

Allgemeine (nachhaltige) Familienpolitik

* Ursachen, die alle Frauen betreffen

Quelle: Eigene Darstellung

Abbildung 2: Ursachen und Gegenmaßnahmen (1/2)

14 In Westdeutschland gibt es bislang nur für 3% der Kinder unter drei Jahren einen Platz, im Osten immerhin für 37% (BMFSFJ 2006, S. 323).

Wie unterstützt die nachhaltige Familienpolitik Akademikerinnen?

Mit Ausnahme des für 2007 geplanten Elterngelds[15] kennt die aktuelle Familienpolitik bislang keinen inhaltlichen Unterschied zwischen einer ungelernten Verkäuferin und einer promovierten Managerin. Die für Akademikerinnen typischen Ursachen der Kinderlosigkeit – die *Rush-Hour*-Problematik etwa oder die Angst vor dem *Karriereknick* – spielen in der Familienpolitik bis dato keine Rolle.

Dabei wären spezielle Fördermaßnahmen unserer Einschätzung nach durchaus Erfolg versprechend: Welchen Effekt maßgeschneiderte Ansätze wie das Elterngeld, das beispielsweise den höheren Opportunitätskosten von Akademikerinnen Rechnung trägt, haben können, zeigt die Umfrage Perspektive-Deutschland 2005/06. So fühlt sich jede zweite Hochschulabsolventin, die sich zumindest „eher" Nachwuchs wünscht, durch das Elterngeld in ihrem Kinderwunsch bestärkt (McKinsey & Company 2006, S. 93).

Gibt es im europäischen Ausland über das originär schwedische Elterngeld hinaus Sondermaßnahmen für Akademikerinnen, die sich auf Deutschland übertragen ließen? Nur bedingt. Zwar bekommen auch in anderen europäischen Ländern Akademikerinnen insgesamt weniger Kinder als Nicht-Akademikerinnen, doch bleiben sie dort seltener kinderlos.[16] Vor diesem Hintergrund ist es wenig verwunderlich, dass in diesen Ländern spezielle Förderprogramme für Akademikerinnen zu vernachlässigen sind. Tatsächlich hat gerade in den skandinavischen Ländern eine frühzeitig propagierte Familienpolitik mit egalitärem Anspruch in der Vergangenheit dafür gesorgt, traditionelle Rollenbilder aufzubrechen und Frauen wie Männern eine gleichberechtigte Teilhabe am Familien- und Arbeitsleben zu ermöglichen.

Anstatt den Beitrag der Väter an der Erziehung als *Pflicht* darzustellen, geht es in Schweden vielmehr um ihr *Recht* auf Zeit mit der Familie. Ausdruck findet dieser Anspruch beispielsweise in einem speziellen Vaterurlaub und dem unbürokratischen Wechsel zwischen Mann und Frau in der Erziehungszeit. Und statt wie in Deutschland davon zu reden, dass Mütter das Recht haben sollten, zu arbeiten, handhaben die Schweden es umgekehrt: Dort sollen berufstätige Frauen das Recht haben, auch Kinder zu bekommen (vgl. Hoem 2005). Tatsächlich liegt die Geburtenrate der schwedischen Akademikerinnen

15 Anders als das bisherige Erziehungsgeld soll das Elterngeld etwa zwei Drittel des letzten Nettolohns (maximal 1.800 € monatlich) betragen und dem Elternteil zugute kommen, das für die Kinderbetreuung die Berufstätigkeit unterbricht. Es soll ein Jahr gezahlt werden, wenn ein Elternteil die Auszeit nimmt, und insgesamt 14 Monate, wenn beide dies tun.

16 Anders als in Deutschland sind wissenschaftliche Studien zum Thema „Kinderlosigkeit der Akademikerinnen" im europäischen Ausland die Ausnahme. Möglicherweise ein Indiz dafür, dass dieses Phänomen weniger relevant ist, solange die nationale Geburtenrate auf einem passablen Niveau ist und die Bildung von Kindern weniger stark von der Mutter abhängt.

nur minimal unter der der Nicht-Akademikerinnen. Vor diesem Hintergrund scheint ein egalitärer Anspruch in der Politik grundsätzlich richtungweisend (Hoem 2005).

Die Probleme bei der Wurzel packen

Die deutsche Familienpolitik hat die speziellen Ursachen für die höhere Kinderlosigkeit von Akademikerinnen bislang weitgehend ignoriert. Zwar profitieren auch Hochschulabsolventinnen von allgemeinen familienpolitischen Maßnahmen wie dem Ausbau der Betreuungsinfrastruktur oder der Erweiterung finanzieller Unterstützung in Form des Elterngelds, doch bleibt ein Großteil ihrer speziellen Sorgen und Bedürfnisse unberücksichtigt. Insbesondere ist es nicht gelungen, den deutschen Gegensatz von „Kind *oder* Karriere" aufzulösen. Was deutsche Akademikerinnen unserer Ansicht nach brauchen, sind spezielle *Beflügelungsmaßnahmen* in Ergänzung zur klassischen Familienpolitik. Diese lassen sich in drei Kategorien einteilen.

1. **Maßnahmen, die auf rationale Ursachen der Kinderlosigkeit abzielen** (berufliche Nachteile, Vermeidung eines Karriereknicks, hohe Opportunitätskosten)

    - Eine Grundvoraussetzung zur Reduzierung beruflicher Nachteile für Mütter ist die Möglichkeit einer schnellen Rückkehr in den Beruf. Dazu ist der *Aufbau einer verlässlichen und flexiblen Betreuungsinfrastruktur* insbesondere für Kinder unter drei Jahren unerlässlich.

    - Flankiert werden könnte und sollte dieser Ausbau durch die *staatliche Förderung von unternehmenseigenen Kinderbetreuungseinrichtungen.* Die räumliche Nähe von Arbeits- und Betreuungsstätte erspart der berufstätigen Mutter nicht nur Zeit, sie vermittelt ihr auch das positive Gefühl, in greifbarer Nähe ihres Nachwuchses zu sein.

    - Um Unternehmen zu motivieren, (studierte) Mütter einzustellen und Aufstiegsmöglichkeiten innerhalb des Unternehmens zu ermöglichen, bieten sich zwei Maßnahmen an: *finanzielle Begünstigungen von Unternehmen*, die Mütter in gehobener Position beschäftigen, und *Quotierungen* nach dem Vorbild der Bundespolitik.

    - Auch die Förderung einer familienfreundlicheren Firmenpolitik lohnt sich. Dazu gehört u.a. die *Flexibilisierung der Arbeit in Führungspositionen*, beispielsweise durch Heimarbeit oder Jobsharing-Modelle. Zwar ist die Beschäftigung zweier Mütter, die sich eine Führungsposition teilen, kostenintensiver (evtl. könnte hier staatliche Förderung greifen), doch prinzipiell auch produktiver, weil zwei qualifizierte Arbeitskräfte einen Job erledigen.[17]

- Angelehnt an schon existierende innerbetriebliche Mentoring-Programme empfiehlt sich ein *bundesweites Patenschaftsprogramm führender Unternehmensvertreter(innen) für studierte Berufseinsteigerinnen mit Kind* (Vermittlung von Kontakten und Einsatzmöglichkeiten, Networking etc.).
- Zudem sollten Medien und Politik *offensive Überzeugungsarbeit* leisten. Wissenschaftliche Erkenntnisse wie die der Bertelsmann-Stiftung (2006) (Nachweis positiver Unternehmenseffekte durch Zusatzqualifikationen von Müttern in Führungspositionen) können Personalchefs ebenso wie studierte Mütter positiv beeinflussen (z.B. Stärkung des Selbstvertrauens der Mütter in ihre Führungsqualitäten).
- Was die Reduktion der für Akademikerinnen besonders hohen Opportunitätskosten betrifft, ist die Bundesregierung mit dem jüngst beschlossenen *Elterngeld* nach schwedischem Vorbild bereits aktiv geworden.

2. Maßnahmen, die auf lebenslaufbezogene Ursachen abzielen

- Zwei Maßnahmen könnten dazu beitragen, die zuvor beschriebene *Rush Hour of Life* zu entzerren: zum einen spezielle Universitätsprogramme, die bewusst das „Studieren mit Kind" fördern, damit Hochschulabsolventinnen früher Nachwuchs bekommen und ihre berufliche Karriere ohne Schwangerschaftsunterbrechung umsetzen können. Ein entsprechendes Modellprojekt betreibt die „Hessenstiftung – Familie hat Zukunft“ gemeinsam mit der Universität Gießen.
- Da dieser Ansatz jedoch nicht das Problem löst, dass Frauen mit Kindern bei der Jobvergabe heute tendenziell benachteiligt sind, sollte zum anderen alles dafür getan werden, das Studium für Studentinnen nicht unnötig in die Länge zu ziehen. Hier könnten Unternehmensstipendien für besonders begabte Studentinnen greifen. In Kombination mit einem speziellen

17 Ein positives Beispiel ist die „Allianz Leben“ der Allianz Versicherung, bei der eine „Beauftragte für Chancengleichheit“ Mütter bei der Suche nach individuellen Lösungen zur Vereinbarkeit von Familie und Beruf unterstützt. Außerdem bietet die „Allianz Leben“ ein Eltern-Kind-Zentrum, eine Notfallbetreuung und einen Elterntreff an. Die Konsequenz: Während vor zehn Jahren nur 10% der Frauen aus der Elternzeit zurückgekommen sind, sind es dank der familienfreundlichen Maßnahmen mittlerweile 90% (Postel 2006).

Mentoring-Programm ergäbe sich ein positiver Nebeneffekt: Die frühzeitige Bindung der Studentin an ein Unternehmen könnte ihren Berufseinstieg (auch mit Kind) erleichtern.

- Auch das Optionszeiten-Modell, das die Sachverständigenkommission des Siebten Familienberichts (BMFSFJ 2006) propagiert, könnte dazu beitragen, verkrustete Strukturen aufzubrechen und die deutsche Erwerbsbiografie flexibler zu gestalten. Wenn Beschäftigungspausen (z.B. für Pflegezeiten, Weiterbildungen oder zivilgesellschaftliches Engagement) generell gefördert werden, dürfte eine mögliche Schwangerschaftspause oder Elternzeit künftig kein Argument mehr gegen die Neueinstellung einer Frau sein.

3. Maßnahmen, die auf wertebezogene Ursachen abzielen

- Begriffe wie *Rabenmutter* und *Fremdbetreuung*, Synonyme für die Skepsis der Deutschen gegenüber berufstätigen Müttern und professioneller (nicht familiärer) Kinderbetreuung, sollten schleunigst aus dem Vokabular gestrichen werden.
- In diesem Zusammenhang unverzichtbar ist auch die medienwirksame Kommunikation von Forschungsergebnissen, die sowohl der Gesellschaft allgemein als auch den Akademikerinnen im Besonderen vor Augen führt, dass die Qualität der Mutter-Kind-Beziehung nicht zwangsläufig von der Zeit abhängig ist, die Mutter und Kind gemeinsam verbringen, sondern ebenso sehr von der Lebenszufriedenheit der Mutter.[18] Einsichten wie diese könnten helfen, das deutsche *Rabenmütter*-Syndrom abzubauen.
- Schon auf Grund ihrer eigenen Bildungsbiografie legen Akademikerinnen gesteigerten Wert darauf, dass ihr Nachwuchs nicht nur verwahrt, sondern gefördert und gefordert wird. Um dies sicherzustellen, ist eine Professionalisierung der Erzieherausbildung dringend erforderlich. Eine kostenlose Bildungsinstitution für Kinder ab drei Jahren nach dem Vorbild der französischen *école maternelle* hätte darüber hinaus den Vorteil, dass auch die für Deutschland typischen Bildungsungleichheiten frühzeitig aufgefangen werden könnten.

18 Interview mit der Familienforscherin Uta Meier-Gräwe am 8. September 2006, unter Verweis auf US-amerikanische Untersuchungen.

- Um Akademikerinnen die Sorge zu nehmen, dass Kinder möglicherweise das Karriere-Aus bedeuten könnten, sollten studierte Mütter in Führungspositionen ihre Erfahrungen offensiver an Studentinnen und Absolventinnen weitergeben. Denkbar wären beispielsweise spezielle Veranstaltungen an Unis oder eine aktive Rolle dieser Frauen in Mentoring-Programmen.

- Sinnvoll wären ferner Beratungsangebote für Studentinnen, die ihnen bei einer Doppelkarriere-Planung helfen. Die Erfahrung beruflich erfolgreicher Akademikerinnen mit Kindern zeigt, dass eine frühzeitige Absprache mit dem Partner über eigene Karrierevorstellungen und die Organisation des zukünftigen Familienlebens die notwendige Voraussetzung für die Vereinbarkeit von beidem ist.

- Um darüber hinaus den emotionalen Bezug von Studentinnen zu Kindern (und damit ihren Kinderwunsch) aufrechtzuerhalten, dürfen Universitäten keine kinderfreien Räume bleiben. Auch an Hochschulen sollte die Vereinbarkeit von Kind und Karriere Chefsache sein. Der *Ausbau von Kinderbetreuungs-Einrichtungen an Universitäten* sollte daher schleunigst vorangetrieben werden.

Ursachen für die überdurchschnittlich hohe Kinderlosigkeit bei Akademikerinnen und mögliche Gegenmaßnahmen (2/2)

Für Akademikerinnen spezifische Ursachen	Maßnahmen	
• **Rationale Ursachen** – Hohe Opportunitätskosten – Berufliche Nachteile / Vermeidung Karriereknick	• Lohnersatzleistungen (Elterngeld)	✓
	• Ausbau der verlässlichen und flexiblen Betreuungsinfrastruktur für unter 3-Jährige / staatliche Förderung von Unternehmens-Kitas	✓
	• Finanzielle Begünstigung von Unternehmen mit Frauen in Führungspositionen	
	• Flexible Arbeitseinsätze (*Job Sharing* etc.)	(✓)
	• Mentorenprogramme	
	• Kommunikation wissenschaftlicher Forschungsergebnisse, die z.B. Zusatzqualifikationen und positive Unternehmenseffekte von Müttern belegen	
• **Lebenslaufbezogene Ursachen** (Rush Hour) – Extrem lange Studien- und Ausbildungszeiten – Biologisch begrenzte Gebärfähigkeit	• Entzerrung der Lebensläufe (Studieren mit Kind, Optionszeiten-Modell)	(✓)
	• Spezielle Unternehmensstipendien	
• **Wertebezogene Ursachen** – Berufliche Ambitionen – Beeinflussung durch *Rabenmütter*-Syndrom – Besonderer Anspruch an qualitativ hochwertige / frühkindliche Betreuung	• Vermittlung erfolgreicher weiblicher Mentoren	
	• Beratungsangebote für Frauen, die eine *Doppel-Karriere* planen	
	• Streichung von Begriffen wie *Rabenmutter* und *Fremdbetreuung* aus dem Vokabular	
	• Professionalisierung der Erzieher(innen)ausbildung	

! Spezielle Förderpolitik für eine bessere Vereinbarkeit von „Kindern und Karriere" für Akademikerinnen

Quelle: Eigene Darstellung

Abbildung 3: Ursachen und Gegenmaßnahmen (2/2)

Fazit: Vier Thesen zum Thema

Aus Angst vor den Folgen des demografischen Wandels und dem Kollaps der sozialen Sicherungssysteme steht die „Steigerung der deutschen Geburtenrate" im Zentrum des aktuellen politischen Interesses. Dabei sollte eine höhere Geburtenrate eigentlich nicht das Ziel, sondern idealer Weise der positive Nebeneffekt zeitgemäßer Politik sein.

Müsste die zentrale Frage in der Debatte um den deutschen Nachwuchsmangel nicht lauten: Was brauchen junge Frauen zwischen 20 und 35 Jahren, um Familie und Beruf optimal zu vereinbaren? Oder speziell für die Gruppe der Akademikerinnen: Wie kann bei der Frage nach „Kinder *oder* Karriere" das *oder* durch ein *und* ersetzt werden? Mit den Worten der Familienforscherin Meier-Gräwe gesprochen: Wo bleiben die roten Teppiche? Während die zunehmende Kinderlosigkeit von Akademikerinnen den deutschen Bevölkerungsschwund verschärft, verzichten Unternehmen, die Akademikerinnen mit Kindern keine Karrierechancen eröffnen, auf ein großes Potenzial hoch qualifizierter und motivierter Führungskräfte.

Als Beitrag zur Diskussion möchten wir die Erkenntnisse dieser Arbeit in vier Thesen zusammenfassen:

1. Nicht der fehlende Kinderwunsch ist die Ursache für die zunehmende Kinderlosigkeit deutscher Akademikerinnen, sondern die mangelnde Realisierung ihrer Kinderwünsche. Solange adäquate Berufsaussichten / Karrierechancen für studierte Mütter fehlen, tendieren junge Hochschulabsolventinnen dazu, sich im Zweifelsfall *erstmal* gegen Kinder zu entscheiden.

2. Die hohe und zunehmende Kinderlosigkeit – insbesondere von Akademikerinnen – ist ein genuin deutsches Phänomen. Trotz grundsätzlicher Fortschritte in der Familienpolitik (allgemeine Maßnahmen zur Verbesserung der Vereinbarkeit von Familie und Beruf) hat Deutschland den speziellen Bedürfnissen und Lebensmodellen von Akademikerinnen bislang nicht genügend Rechnung getragen.

3. Deutschland kann es sich jedoch nicht leisten, auf Akademikerinnen zu verzichten – weder als Mütter noch als Arbeitskräfte. Was Deutschland braucht, sind spezielle Fördermaßnahmen, um einer wachsenden Zahl von Akademikerinnen die Kombination von Karriere *und* Kind zu ermöglichen. Dabei geht es nicht um den Ersatz, sondern um die intelligente Ergänzung der aktuellen Familien- und Bevölkerungspolitik (*Beflügelungsmaßnahmen*).

4. Anders als im Fall der allgemeinen familienpolitischen Maßnahmen fehlen in Deutschland bei dieser Herausforderung die Vorbilder. Ob Frankreich, Schweden oder Dänemark – keines dieser Länder weist einen ähnlich hohen Anteil kinder-

loser Akademikerinnen auf wie Deutschland. Die Notwendigkeit für besondere Fördermaßnahmen besteht dort nicht. Was nicht zuletzt damit zu erklären ist, dass diese Länder einen enormen Vorsprung in der Gleichstellungspolitik aufweisen. Das Ergebnis: Mehr Gleichberechtigung sowohl in Fragen der Erziehung als auch der Karriereplanung von Mann und Frau.

Natürlich wollen nicht alle deutschen Akademikerinnen Karriere machen. Wer sich bewusst gegen eine berufliche Tätigkeit oder Führungsposition entscheidet, um sich auf die Erziehung der eigenen Kinder zu konzentrieren, dem gebührt aller Respekt. Wer allerdings ernsthaft erreichen will, dass weniger deutsche Akademikerinnen dauerhaft kinderlos bleiben, muss allen anderen Akademikerinnen die Befürchtung nehmen, dass Kinder ein Risiko für die berufliche Selbstverwirklichung sind und dass die Kombination von Kindern und Karriere in Deutschland unmöglich ist. Die Haltung „Wenn du Kinder willst, ist das dein Problem", sollte so schnell wie möglich der Vergangenheit angehören.

Warum gehen die jungen Akademikerinnen eigentlich nicht auf die Barrikaden? Warum fordern sie nicht vehementer Unterstützung und Gleichberechtigung ein? Vielleicht, weil sie denken, sie seien emanzipiert, und könnten mit einer großen Portion Ehrgeiz alles erreichen. Zumindest bekommen sie diese Einschätzung in der Schule und in der Universität vermittelt. Die bittere Erkenntnis, dass die eigene Gleichberechtigung mit der Geburt des ersten Kindes völlig neu verhandelt werden muss, wird dabei oft als persönliches Schicksal betrachtet. Auch diese Erkenntnis haben die beiden im Prolog erwähnten Hochschulabsolventinnen Tina und Kerstin bei der Recherche zu dieser Arbeit gewonnen.

Sicher sollen die in dieser Arbeit vorgestellten Maßnahmen keine Dauerlösung sein. Vielmehr verstehen sie sich als Teil eines gesellschaftspolitischen Sofortprogramms, das die spezifischen Bedürfnisse und Lebensmodelle der deutschen Akademikerinnen akzeptiert und in Veränderungen münden lässt. Idealerweise sollten sich die *Beflügelungsmaßnahmen* mit der Zeit selbst überflüssig machen.

Auf dem Weg dorthin ist allerdings ein fundamentaler Mentalitätswandel in Deutschland nötig. Denn: Wie kann es sein, dass dieselben Politiker, die den deutschen Kindermangel beklagen, zugleich die Verlängerung der Wochenarbeitszeit fordern? Laut Familienforscherin Meier-Gräwe das wirkungsvollste Verhütungsmittel überhaupt. Wie kann es sein, dass Personalchefs einerseits den Fachkräftemangel in Deutschland bejammern und andererseits hoch qualifizierte Hochschulabsolventinnen ablehnen, weil diese ja schwanger werden könnten? Und wie kann es sein, dass vier von fünf jungen Journalistinnen mit Hochschulabschluss, die während ihrer Ausbildung beschwören, dass Emanzipation für sie selbstverständlich sei, nach einer Schwangerschaft nicht mehr in den Beruf zurückkehren? (Reim 2006)

Literatur

Bertelsmann-Stiftung (2006) (Hg.): Karrierek(n)ick Kinder. Mütter in Führungspositionen – ein Gewinn für Unternehmen, Gütersloh.

Bundesministerium für Familie, Senioren, Frauen und Jugend (BMFSFJ) (Hg.) (2006): Siebter Familienbericht der Bundesregierung. Siehe: http://www.bmfsfj.de/RedaktionBMFSFJ/Abteilung2/Pdf-Anlagen/siebter-familienbericht,property=pdf,bereich=,rwb=true.pdf

Bundesministerium für Familie, Senioren, Frauen und Jugend (BMFSFJ) (Hg.) (2006): Familien und Familienpolitik im europäischen Vergleich, Berlin.

Bundesministerium für Familie, Senioren, Frauen und Jugend (BMFSFJ) (2005): Lasst die Väter ran!, Siehe: http://www.bmfsfj.de/politikbereiche/famlie,did=45930.html

Bundesministerium für Familie, Senioren, Frauen und Jugend (BMFSFJ) (2003): Zukunft mit mehr Kindern, Siehe: http://www.bmfsfj.de/Kategorien/Presse/pressemitteilungen,did=12216.html

Bundesministerium für Bildung und Forschung (BMBF) (2006): OECD-Veröffentlichung „Bildung auf einen Blick". Wesentliche Aussagen in der Ausgabe 2006, Berlin.

Bundeszentrale für gesundheitliche Aufklärung (BzgA) (Hg.) (2005): Kinderwunsch und Familiengründung bei Männern und Frauen mit Hochschulabschluss. Ergebnisse einer Repräsentativbefragung, Köln.

Burkhardt, A. (2004): Selektion nach Geschlecht im Bildungswesen – Bildungsbiographien im Spiegel der Statistik, Gewerkschaft Erziehung und Wissenschaft.

Institut der deutschen Wirtschaft (2003): Wie familienfreundlich ist die deutsche Wirtschaft?, Köln.

Gaschke, S. (2005): Die Emanzipationsfalle. Erfolgreich, einsam, kinderlos, München.

Hoem, J. (2005): Warum bekommen Schweden mehr Kinder als Deutsche?, Demographic Research 2005, Volume 13, Article 22.

Kegel, S. (2005): Wir Rabenmütter. In: FAZ.net Feuilleton. Siehe: http://www.faz.net/s/Rub117C535CDF414415BB243B181B8B60AE/Doc~E66D1344A2148444DAB492B5C00CFF706~ATpl~Ecommon~Sspezial.html

Meier-Gräwe, U. (2006): Familienpolitik in Europa – wie familienfreundlich sind die Lebens- und Berufswelten unserer Nachbarn? In: Hummel, N. und Schack, A. (2006),

Kinderlärm ist Zukunftsmusik. Was Unternehmen und Politik für eine familienfreundlichere Arbeitswelt leisten können, Wiesbaden.

Meier-Gräwe, U. (2003): Wo bleiben die Männer?, Interview im Rheinischen Merkur aus Anlass des Hessischen Familientags in Fulda, Bonn.

McKinsey & Company (Hg.) (2006): Projektbericht Perspektive-Deutschland 2005/06. Die größte gesellschaftspolitische Online-Umfrage, Düsseldorf.

Postel, T. (2006): Ein Kind kriegt man immer groß. In: Spiegel Online am 22. September 2006. Siehe: http://www.spiegel.de/unispiegel/jobundberuf/0,1518,438516,00.html

Prenzel, M. et al. (2005): PISA 2003. Der zweite Vergleich der Länder in Deutschland – Was wissen und können Jugendliche?, Münster.

Reim, D. (2006): Falsche Rollenbilder behindern beruflichen Aufstieg von Frauen. Das Igitt-Wort *Macht*. In: Kölner Stadtanzeiger am 19.09.2006.

Robert-Bosch-Stiftung (Hg.): Starke Familie. Bericht der Kommission Familie und demographischer Wandel, Stuttgart 2005.

Rürup, B. (2003): Statement auf der Pressekonferenz am 13. November 2003. Siehe: http://www.bmfsfj.de/Kategorien/Presse/pressemitteilungen,did=12216.html

Spielauer, M. et al. (2005): Steigende Ungleichheit der Familiengrößen in Europa: Deutschland und Österreich bei der Geburtenkonzentration im Spitzenfeld, Demographische Forschung aus erster Hand, 2:4, 3-3.

Statistisches Bundesamt Deutschland (2005a): Frauenanteile in verschiedenen Stadien der akademischen Laufbahn, Wiesbaden. Siehe: http://destatis.de/basis/d/biwiku/hochtab8.php

Statistisches Bundesamt Deutschland (2005b): Fachserie 11, R 4.2, Wiesbaden.

Statistisches Bundesamt Deutschland (2003): Mikrozensus 2003, Wiesbaden.

Statistisches Bundesamt Deutschland (2000): Fachserie 11, R 4.3.1, Wiesbaden.

Arbeit und Fairness in den vier Wänden

Sind deutsche Frauen freiwillige Hausmütterchen und deutsche Männer Pragmatiker?

von Christian Kroll

Warum musste dieser Beitrag geschrieben werden?

Die Struktur der Arbeitsgesellschaft in Industrienationen unterliegt einem stetigen, rapiden Wandel. Gerade in Bezug auf die Arbeitsteilung zwischen den Geschlechtern ist eine kontinuierliche Erforschung notwendig. Und letztlich geht es um ein Thema, das jeden von uns betrifft.

Warum sollte dieser Beitrag gelesen werden?

Früher standen die Frauen am Herd und die Männer gingen einer Erwerbsbeschäftigung nach. Heute, so meint man, seien diese Rollenmuster weitgehend Vergangenheit und jeder hat die Wahl seinen Lebensentwurf frei zu gestalten. Aber ist das wirklich so? Und wie gehen deutsche Männer und Frauen dabei vor – was beeinflusst ihr Handeln? Der folgende Text liefert neue Antworten im Rahmen einer empirischen Untersuchung von über 550 Befragten.

Was muss in Deutschland für die Vereinbarkeit von Leben und Arbeit getan werden?

Jeder sollte die Wahl haben seinen primären Arbeitsort frei nach den eigenen Präferenzen auszuwählen; sei dieser im Büro oder im Haushalt. Allerdings müssen die Voraussetzungen für diese Wahlfreiheit geschaffen werden, insbesondere durch ausgeglichene ökonomische Ausstattung und Berufschancen.

Einleitung: Frei nach unseren Überzeugungen handeln?

„Das bisschen Haushalt macht sich von allein
Sagt mein Mann
Das bisschen Haushalt kann so schlimm nicht sein
Sagt mein Mann
Wie eine Frau sich überhaupt beklagen kann
Ist unbegreiflich, sagt mein Mann
Das bisschen Kochen ist doch halb so wild
Sagt mein Mann
Was für den Abwasch ganz genauso gilt
Sagt mein Mann
Wie eine Frau von heut' darüber stöhnen kann
Ist ihm ein Rätsel, sagt mein Mann

Und was mein Mann sagt stimmt haargenau
Ich muss das wissen, ich bin ja seine Frau“

Aus: „Das bisschen Haushalt... sagt mein Mann“; Musik / Text: Hans Bradtke, Henry Mayer;
Interpretin: Johanna von Koczian
7" Single (Philips/6003 328) 1977; © Phillips 1977

Der Schlager von 1977 *Das bisschen Haushalt* beschreibt eindrucksvoll, wie die Aufteilung von bezahlter und unbezahlter Arbeit lange Zeit klar geregelt war: Der Mann geht einer (bezahlten) Erwerbstätigkeit nach, während die Frau die (unbezahlte) Arbeit im Haushalt verrichtet. Mit der Entwicklung in den Industrieländern von traditionellen Familienmodellen (*male breadwinner*) hin zu *dual earner families* setzte über die letzten 40 Jahre jedoch eine Veränderung ein (Blossfeld / Drobnic 2001). Die steigende Erwerbsbeteiligung von Frauen führte zu Umbrüchen in der vermeintlich unpolitischsten Sphäre von allen: unseren eigenen „vier Wänden“.

Möglicherweise haben wir es heute mit einer nie gekannten Chancengleichheit zu tun, nach der Frauen vermehrt die Wahl haben, ob sie in ihrem Leben lieber bezahlter Erwerbstätigkeit nachgehen oder unbezahlter Haushaltsarbeit. Oder nicht? Es kann eine empirische Feststellung oder eine Arbeitshypothese für die Forschung sein, zumindest ist es zweifelsohne ein neues und spannendes Themengebiet in der Soziologie, dem ich mich in dieser Arbeit widmen möchte. De facto ist *domestic labor* vom kaum beachteten Randphänomen mittlerweile im Spannungsdreieck zwischen bezahlter Arbeit, unbezahlter Arbeit und sozialer Gerechtigkeit zu einem wichtigen Forschungsbereich geworden, mit einer international rasch wachsenden Zahl an wissenschaftlichen Beiträgen.

An dieses vermeintlich bescheidene Forschungsfeld fügen sich in der Tat Fragen von essentiellerer Bedeutung an. Zum Beispiel entdeckten Singelmann et al. in ihrer internationalen Untersuchung von 1996, dass das Geschlechterrollenverständnis von Männern, also ihre Einstellungen bezüglich dessen, was Männer und was Frauen tun sollten, sich direkt auf das Ausmaß ihrer Haushaltsarbeit auswirkt. Frauen hingegen waren nach der Studie *unable to act on the basis of their beliefs* (Singelmann et al. 1996, S. 175). Diesem spannenden Phänomen soll die folgende Untersuchung für ein Land nachgehen, dass in der o.g. Studie noch nicht betrachtet wurde: Deutschland. Haben wir in Deutschland in Bezug auf die Wahl zwischen Erwerbs- und Haushaltsarbeit im 21. Jahrhundert alle die Freiheit, in Übereinstimmung mit unseren ureigensten Überzeugungen und Einstellungen zu handeln? In anderen Worten: Wie gestaltet sich der Zusammenhang zwischen unserem Geschlechterrollenverständnis und dem Ausmaß unserer Haushaltsarbeit im 21. Jahrhundert?

Theoretischer Hintergrund

In den letzten Jahrzehnten wurden verschiedene theoretische Konzepte entwickelt, um die ungleiche Verteilung von Haushaltsarbeit zwischen Männern und Frauen zu erklären: Namentlich sind es *human capital/economic theory of the family, resource bargaining, economic dependency* und *time availability*. Sie sollen eingangs kurz vorgestellt werden, damit die vorliegende Arbeit in den Gesamtrahmen der Forschung eingeordnet werden kann.

Nach der *Human capital theory* arbeiten Paare altruistisch zusammen, um den gemeinsamen Haushaltsnutzen zu maximieren. Der Logik des komparativen Vorteils folgend, spezialisiert sich der Partner mit jeweils mehr Humankapital in einem Bereich (Haushalt oder Erwerbstätigkeit) auf diesen und wird dort in der Folge immer noch produktiver und besser. Auf diese Weise entsteht der größte Gesamtnutzen für die Haushaltseinheit, aber auch eine gegenseitige Abhängigkeit der beiden Partner (Becker 1981). Demgegenüber stehen Theorien, die die Partner stärker als Individuen betrachten: Für den *resource bargaining* Ansatz treten die Eheleute in einen Verhandlungsprozess darüber, wer die von beiden ungeliebte Haushaltsarbeit leisten muss. Derjenige mit den größeren individuellen Ressourcen geht dabei als Sieger hervor und muss sich weniger im Haushalt betätigen (Hiller 1984, Hochschild / Machung 1989). Das Konzept der *Economic dependency* folgt einer ähnlichen Logik: Nach einer Art *Vertrag* gewinnt hier der ressourcenärmere Partner

Zugang zum Geld des Anderen, während dieser sich so von Haushaltsarbeit *freikauft* (Delphy 1984, Walby 1986). Der *time availability* Ansatz besagt schließlich, dass ein Partner immer soviel Zeit in den Haushalt investiert, wie es ihm sein Beruf erlaubt. Demnach arbeitet derjenige Partner mit einem anspruchsvolleren Job weniger zu Hause (Shelton 1992, South / Spitze 1994).

Doing Gender

All diese Theorien sind *geschlechtsblind*, d.h. die Gesetzmäßigkeiten gelten für Männer und Frauen in beide Richtungen gleichermaßen. Es ist also nicht determiniert, dass der Mann immer über mehr Ressourcen verfügt. Bei empirischen Messungen hat sich jedoch ein anderes Bild gezeigt: Selbst Frauen, die mehr verdienen als ihre Männer und somit evtl. auch einen anspruchsvolleren Job haben, leisten der australischen Studie von Bittmann et al. (2003) zufolge erheblich mehr Arbeit im Haushalt als ihre Männer. Und amerikanische Ehemänner, die weniger verdienen als ihre Frauen reduzieren ihre Haushaltsarbeit ebenfalls auf ein Minimum (Brines 1994). Der Logik der *geschlechtsblinden* Ökonomie wird hier also durch das empirische Handeln der Paare widersprochen. Angesichts der Belege müssen wir eingestehen, dass Paare offensichtlich *gender machen* (vgl. der *Doing gender* Ansatz bei Breen / Cooke 2005, siehe auch Blossfeld / Drobnic 2001, West / Zimmerman 1987). Damit ist gemeint, dass entgegen der Logik der o.g. Theorien Frauen trotz ihres Einkommensvorteils die traditionell *weibliche Rolle* einnehmen, während Männer, die mehr Freizeit zur Verfügung haben als ihre Ehepartner diese nicht mit dem Ableisten *weiblicher* Haushaltsarbeit verbringen. Nach der Theorie des *Doing gender* reproduzieren die Frauen somit ihre weibliche Rollenidentität, welche kulturell immer noch eng an Arbeit zu Hause gebunden ist. Männer reduzierten ihre Haushaltstätigkeit, wenn sie aufgrund mangelnder Ressourcen nicht der klassische *Ernährer* sind. Brines nimmt folglich eine anthropologische Perspektive ein, nach der *Männlichkeit* erworben wird durch die Ablehnung *weiblicher* Haushaltsarbeit (Brines 1994, S. 683).

Obwohl sich also die Stundenzahl an Haushaltsarbeit der Männer in den USA seit den sechziger Jahren fast verdoppelt, und die der Frauen sich fast halbiert hat, bleibt in vielen industrialisierten Ländern der Beitrag von Männern an der Haushaltsarbeit bei unter einem Drittel dessen, was Frauen dort leisten (Breen / Cooke 2005, Gershuny 2000). Trotz einer steigenden Erwerbsbeteiligung von Frauen bleibt Haushaltsarbeit zumeist *Frauenarbeit.*

Gender Ideology

Als Konsequenz der obigen Ausführungen unterstreichen Breen und Cooke (2005) die Bedeutung von *gender ideology*, also die Einstellungen zu Geschlechterrollen oder das Geschlechterrollenverständnis einer Person, für die Arbeitsteilung im Haushalt. Sie muss der Hauptgrund für die bleibenden Unterschiede im Arbeitsaufkommen zu Hause zwischen Männern und Frauen sein, denn angesichts wachsender Erwerbsbeteiligung von Frauen verbessert sich stetig deren Ressourcenlage, wie es für die o.g. Theorien zentral war. Wie wir gesehen haben, kann Geschlecht das *Geld übertrumpfen* wenn die Frau trotz mehr Ressourcen immer noch die meiste Arbeit im Haushalt verrichtet. In anderen Worten: Materielle Egalität zwischen Männern und Frauen wird nicht ausreichen, um auch Gleichheit in der Verteilung nichtbezahlter Arbeit zu Hause herzustellen, denn: „without an evolution in men's gender ideology, the gendered division of domestic labor will persist" (Breen / Cooke 2005, S.43).

In einem international angelegten Vergleich untersuchten Singelmann et al. diesen Sachverhalt und stießen bei ihrer Studie 1996 auf das interessante Phänomen, dass nur die *gender ideology* von Männern einen signifikanten Einfluss auf das Ausmaß ihrer Haushaltsarbeit in 4 von 5 industrialisierten Ländern hatte[1] (Singelmann et al. 1996). Das Geschlechterrollenverständnis von Frauen hatte keinen signifikanten Effekt auf das Maß ihrer Haushaltsarbeit. Die Autoren schlussfolgerten, dass solange ein Mann nicht ein ähnliches Rollenbild wie seine Partnerin hatte, "women must convince their partners to contribute a greater share of housework" (ebd., S. 171). "Remaining power differences allow males to act on the basis of their beliefs [i.e. their gender ideology]", während Frauen "may be unable to act on the basis of their beliefs when these beliefs call for their husbands to do more housework" (ebd. S. 175).

Diese provozierenden Hypothesen sollen an einem Datensatz für (West-)Deutschland[2] überprüft werden. Im Einzelnen werden zwei Hypothesen formuliert für Männer und Frauen, die in Ehe oder eheähnlichen Beziehungen leben. Ziel ist es herauszufinden, inwiefern die Einstellungen zu Geschlechtern, also das Geschlechterrollenverständnis, einen Einfluss auf die Menge der Haushaltsarbeit der Befragten haben. Um zu prüfen, ob

---

1 Die Ergebnisse gelten für Kanada, Norwegen, Schweden und Dänemark. Die USA waren das fünfte Land.

2 Aufgrund der ursprünglich unterschiedlichen Wohlfahrtsregime und deren Auswirkungen auf die *gender ideology* der Befragten muss hier die im Datensatz International Social Survey Programme (ISSP) vorgenommene Unterscheidung zwischen Ost- und Westdeutschland aufrechterhalten werden. Dies ist vor allem den unterschiedlichen historischen Entwicklungen geschuldet. Diese Entwicklungen haben bis heute signifikant differierende Ergebnisse, gerade im Untersuchungsfeld der Sozialwissenschaften, zur Folge.

die *gender ideology* von Frauen und Männern einen signifikanten Einfluss auf ihre Arbeitszeit im Haushalt hat, werden die folgenden Annahmen getestet.

Hypothesen

Hypothese 1: Je egalitärer (d.h. je weniger traditionell) das Geschlechterrollenverständnis einer Frau ist, desto *weniger* Stunden pro Woche arbeitet sie im Haushalt.

Hypothese 2: Je egalitärer das Geschlechterrollenverständnis eines Mannes ist, desto *mehr* Stunden pro Woche arbeitet er im Haushalt.

Wie im Theorieteil *Doing gender* beschrieben, war der Mann traditionell der „Ernährer" mit Verantwortung für das Haushaltseinkommen, während die Frau traditionell zuständig für den Haushalt war. Dies gilt besonders für (West-)Deutschland, wo das konservative Wohlfahrtsregime diese Art des Familienarrangements unterstützt (Blossfeld / Drobnic 2001, Esping-Andersen 1990); folglich können wir annehmen, dass die Ergebnisse diese klare familiäre Rollentrennung widerspiegeln werden. Der hier verwendete Datensatz (International Social Survey Programme - ISSP) besteht nicht aus Paaren. Daher wird die Analyse separat für Männer und Frauen ausgewertet werden. Außerdem werden Kontrollvariablen miteinbezogen, da Einkommen und der Zeitaufwand der Erwerbstätigkeit signifikant nach Geschlecht variieren können; sowie Faktoren wie die Anzahl der Kinder, die das Maß der zu erledigenden Haushaltsarbeit zusätzlich beeinflussen.

Operationalisierung

Abhängige Variable: Haushaltsarbeit in Stunden pro Woche

Die abhängige Variable *Haushaltsarbeit in Stunden pro Woche* besteht aus den subjektiven Antworten der im Datensatz befragten Personen zu der Frage: „Wie viele Stunden pro Woche verbringen Sie persönlich im Durchschnitt mit Haushaltsarbeit, nicht eingeschlossen auf Kinder aufpassen und Freizeitaktivitäten?" Die Antworten werden einen numerischen Wert ergeben.

Unabhängige Variable: Einstellungen zu Geschlechterrollen

Wie beschrieben geht es in der vorliegenden Analyse um den Zusammenhang zwischen Einstellungen (Geschlechterrollenverständnis) und tatsächlichem Verhalten. Um einen validen Indikator für gender-bezogene Einstellungen zu bekommen, wird aus ausgewählten Antworten zu Fragen nach dem Geschlechterrollenverständnis der Befragten eine Indexvariable *gender ideology* erzeugt. Die Antworten werden auf einer Likert-Skala operationalisiert, d.h. bekommen jeweils numerische Werte passend zu den Antworten: „Ich stimme sehr zu", „ich stimme zu", „ich stimme weder zu noch lehne ich ab", „ich lehne ab", „ich lehne sehr ab". Aus den möglichen Items, die sich mit Einstellungen zu Geschlechterrollen befassen, wurden ausgewählt:

V6: „Alles in allem leidet das Familienleben, wenn die Frau voll berufstätig ist."

V7: „Ein Beruf ist in Ordnung, aber was Frauen wirklich wollen sind ein Zuhause und Kinder."

V8: „Eine Hausfrau zu sein ist genauso erfüllend wie erwerbstätig zu sein."

V11: „Aufgabe eines Mannes ist es Geld zu verdienen, die Aufgabe einer Frau ist es das Zuhause zu pflegen und auf die Kinder aufzupassen."

Geschlecht des / der Befragten	**V6: Familienleben leidet bei berufstätiger Frau**	**V7: Frauen wollen Zuhause und Kinder**	**V8: Hausfrau erfüllend wie erwerbstätig sein**	**V11: Männer Geld, Frauen, Heim & Kind**
Frauen	2.78	3.56	3.13	3.61
Männer	2.61	3.38	2.79	3.17
Gesamt	2.70	3.48	2.97	3.40

Abbildung 1: Vergleich der individuellen Items der Indexvariable (Mittelwerte)

Werte: 1 = stimme sehr zu / traditionelles Rollenverständnis; 5 = lehne sehr ab / egalitäres Rollenverständnis. Variablen wurden alle in die gleiche Richtung recodiert.

Diese vier Items bilden nicht nur die Einstellung zu Geschlechterrollen einer Person gut ab. Sie korrelieren darüber hinaus auch noch in hohem Maße mit der Indexvariable, eine Voraussetzung für methodisch sauberes Arbeiten. Die Qualität des Index steigt demnach mit der Höhe des Korrelationskoeffizienten.

	Variable 6	Variable 7	Variable 8	Variable 11
r-Wert:	0.722	0.802	0.748	0.799

Abbildung 2: Korrelation zwischen Indexvariable und den Items, aus denen sie besteht

Andere Variablen, wie etwa „Männer sollten mehr im Haushalt arbeiten", mussten aufgrund eines zu niedrigen r-Wertes hier ausgeschlossen werden. Mit dieser Indexvariable wird somit die höchstmögliche empirische Konsistenz erreicht, d.h. sie ist von allen möglichen Variablen am ehesten in der Lage, das Konstrukt eines Geschlechterrollenverständnisses zu messen. Bei der Indexvariable deutet ein niedriger Wert von minimal 1 auf sog. traditionelle Einstellungen hin, während ein hoher Wert von maximal 5 auf ein egalitäres Rollenbild schließen lässt.

Kontrollvariablen

Neben der hier im Zentrum der Untersuchung stehenden Indexvariable *gender ideology* gibt es, wie bereits im Theorieteil angedeutet wurde, noch andere Einflussfaktoren auf die abhängige Variable *Haushaltsarbeit*. Diese sog. Kontrollvariablen müssen in die Analyse miteinbezogen werden, um anschließend klar die Auswirkungen der unabhängigen Variable auf die abhängige Variable quantifizieren zu können. Diese Kontrollvariablen sollen mit einer Hypothese zu ihrer vermuteten Ausprägung kurz vorgestellt werden, basierend auf dem oben dargestellten theoretischen Hintergrund.

Einkommen: Den eingangs dargelegten Ausführungen folgend kann vermutet werden, dass je mehr die befragte Person verdient, desto weniger wird er/sie im Haushalt tätig sein. Diese Annahme leitet sich theoretisch aus der privilegierten Situation einer Person im Verhandlungsprozess um Haushaltsarbeit ab. Die Daten im ISSP beziehen sich hierzu auf die Aussagen der Befragten zu ihrem persönlichen monatlichen Einkommen. Für die Regressionsanalyse wurden die Werte zudem in Schritten von 1000 Euro gruppiert, so dass die Intervallvariable einen Range von „0" bis „8.000 und mehr" umfasst.

Es kann nicht nur vermutet werden, dass *Bildung* einen Einfluss auf das Rollenverständnis einer Person hat (in der Form, dass Befragte mit mehr Bildung sensibler gegenüber der Thematik der Gleichstellung sind), sondern auch, dass es eine direkte Auswirkung auf die abhängige Variable der Haushaltsarbeit gibt. Ausgehend von den zu Beginn beschriebenen Theorien zu relativen Ressourcen liegt es nahe, dass mehr Bildung bei Frauen einen negativen Effekt auf die Zahl ihrer Arbeitsstunden im Haushalt haben dürfte. Bei Männern hingegen steigt demnach die Bereitschaft zu Haushaltsarbeit und die Offenheit für Gleichstellungsfragen mit zunehmender Bildung. In dieser Studie werden die Aussagen der Befragten zur Anzahl ihrer Schul- und Bildungsjahre in Form einer Intervallvariable als Indikator genommen, die von null bis 17 Jahren reicht.

Alter: Die theoretische Überlegung, dass ältere Menschen eher zu traditionellen Lebensstilen tendieren, führt zu der Annahme, dass bei ihnen eher größere Unterschiede in der Haushaltsarbeit, traditionell zu Lasten der Frauen, vorherrschen. Zusätzlich besagt der *Human capital* Ansatz, dass Ältere über viele Jahre bereits stärker in ihrem Tätigkeitsfeld bezahlter, bzw. unbezahlter Arbeit spezialisiert sein müssten, was einen zusätzlich starken Effekt auf das geschlechtsspezifisch unterschiedliche Ausmaß ihrer Tätigkeit im Haushalt haben dürfte. Die Hypothese lautet daher: Je älter ein Mann, desto weniger wird er im Haushalt arbeiten. Und je älter eine Frau, desto mehr. Deshalb wird eine Intervallvariable in die Analyse eingefügt, die die Aussagen der Befragten zu ihrem Alter von „16" bis „96 oder älter" beinhaltet.

Eine größere Anzahl *Kinder* bedeutet in der Regel gleichzeitig mehr Arbeit im Haushalt. Da das ISSP zwei Variablen zu diesem Thema bietet, werden sie beide verwendet, um keinen Datenverlust in Kauf zu nehmen. Neben der Variable mit den Aussagen der Befragten zur Anzahl ihrer Kinder unter sechs Jahren wurde in einem zweiten Schritt gefragt, wie viele Kinder zwischen sechs und 17 Jahren im Haushalt leben. Die Hypothese ist folglich, je mehr Kinder im Haushalt wohnen, desto mehr Arbeitsstunden verbringt die befragte Person dort.

Stunden, die in Erwerbstätigkeit verbracht werden: Der *time availability* Ansatz besagt, je mehr Zeit ein Arbeitnehmer in seinem Beruf verbringt, desto weniger Zeit verwendet er auf Haushaltsarbeit. Aus diesem Grund wird die Kontrollvariable *wöchentliche Stunden im Beruf* berücksichtigt, in der die Befragten einen numerischen Wert zwischen null und *96 oder mehr* angaben.

Datensatz und Methode

Der Datensatz stammt aus dem *International Social Survey Program* von 2002, in welchem für Deutschland die Daten aus dem 2002 ALLBUS (Allgemeine Bevölkerungsumfrage der Sozialwissenschaften) zu Grunde liegen. Er beinhaltet 963 Fälle für Westdeutschland in einem repräsentativen Sample der erwachsenen Bevölkerung. Daraus leben 556 Personen mit ihrem Partner in Ehe oder eheähnlicher Gemeinschaft; die übrigen Fälle wurden aus der Untersuchung herausgefiltert. Es wird das Verfahren der Regressionsanalyse verwendet. Da es sich bei allen beschriebenen Variablen um quantitative handelt (Ordinalvariablen die als Intervallvariablen behandelt werden, Intervallvariablen und numerische Variablen), bietet sich eine *Ordinary least square regression* an.

Deskriptive Statistik: Klare Ungleichheit

Variable	Mittelwert	Standard-abw.
Frauen (N=289)		
Abhängige Variable: Haushaltsarbeit in Stunden pro Woche	22,81	13,943
Unabängige Variable: Index *Gender Ideology*	3,2955	0,99705
Männer (N = 267)		
Abhängige Variable: Haushaltsarbeit in Stunden pro Woche	7,01	6,275
Unabängige Variable: Index *Gender Ideology*	2,9882	0,92336
Gesamt (N = 556)		
Abhängige Variable: Haushaltsarbeit in Stunden pro Woche	15,62	13,626
Unabängige Variable: Index *Gender Ideology*	3,1460	0,97313

Gender ideology ist so codiert, dass 1 = traditionelle Einstellung und 5 = egalitäre Einstellung.

Abbildung 3: Deskriptive Statistik

Wie die Tabelle verdeutlicht, haben Männer eine leicht traditionellere Einstellung zu Geschlechterrollen, d.h. eine weniger egalitäre als Frauen. Bei Betrachtung der Arbeitsstunden im Haushalt fällt auf, dass wie prognostiziert Frauen erheblich mehr dieser Tätigkeit zu Hause übernehmen. Männer kommen auf weniger als ein Drittel dessen, was

Frauen dort leisten (ca. 7 vs. 23 Stunden). Die übrigen Angaben zur deskriptiven Statistik, einschließlich der Kontrollvariablen, befinden sich im Anhang.

Multivariate Analyse und Ergebnisse

Frauen

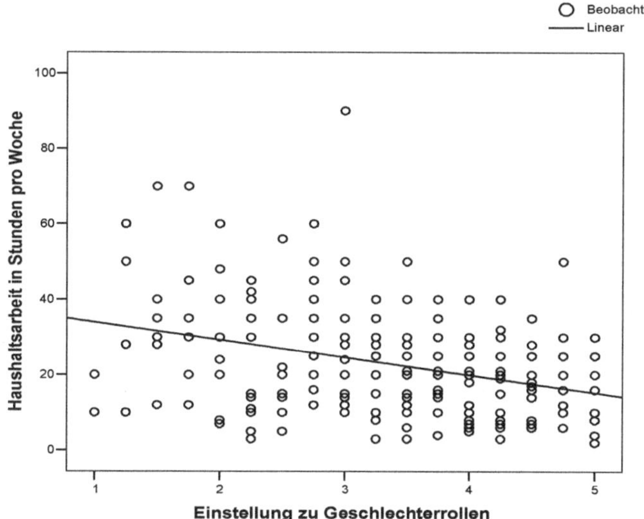

Abbildung 4: Geschlechterrollenverständnis der weiblichen Befragten und die Anzahl ihrer Arbeitsstunden im Haushalt

Abbildung 4 zeigt einen negativen, linearen Zusammenhang zwischen dem Geschlechterrollenverständnis von Frauen und ihrer wöchentlich geleisteten Arbeitszeit im Haushalt. Je egalitärer ihre Einstellung, desto weniger Haushaltsarbeit verrichtet sie. Dies entspricht der Annahme, wie sie in Hypothese 1 dargelegt wurde. Es ist jedoch zur abschließenden Prüfung eine multivariate Analyse nötig.

	1	2
Konstante	37,670***	35,005***
Gender Ideology	-4,373***	-2,890**
Einkommen		-0,519
Arbeitsstunden im Beruf		-0,173*
Bildung		-0.233
Alter		0,048
Kinder bis 6 Jahre		0,884
Kinder 6 - 17 Jahre		-0,493
Korrigiertes R^2	0,106	0,141

*** = $p \leq 0.001$, ** = $p \leq 0.01$, * = $p \leq 0.05$ und + = $p \leq 0.1$.

Abbildung 5: Regressionsanalyse für die weiblichen Befragten, nicht-standardisierte Koeffizienten (OLS)

Die Resultate der Regressionsanalyse bescheinigen der Indexvariable *gender ideology* tatsächliche eine hohe Erklärungskraft für die Arbeitsstunden der Frauen im Haushalt. Für einen Punkt Zunahme auf der Skala der Indexvariable hin zu einem egalitäreren Rollenverständnis, reduziert sich die wöchentliche Haushaltsarbeitszeit einer Frau um 2 Stunden 54 Minuten, unter Berücksichtigung sämtlicher Kontrollvariablen. Ohne die Kontrollvariablen läge die Reduktion sogar bei 4 Stunden 22 Minuten. Die erste Hypothese konnte somit bestätigt werden. Darüber hinaus fällt auf, dass die Anzahl der Stunden, die eine Frau in der Erwerbstätigkeit verbringt, ebenfalls einen signifikanten Einfluss auf die abhängige Variable haben. Nach dem nicht-standardisierten Koeffizienten reduziert sich die wöchentliche Haushaltsarbeit einer Frau pro Stunde im Job um 10 Minuten pro Woche. Diese Beobachtung stützt den *time availability* Ansatz. Die Werte für die standardisierten Koeffizienten (nicht abgebildet) deuten ebenfalls an, dass die Indexvariable zum Rollenverständnis und die Stunden in der Erwerbsarbeit den größten Einfluss auf die Arbeitsstunden im Haushalt haben.

Die Werte für die übrigen Kontrollvariablen sind nicht signifikant und damit die Ergebnisse nicht über die Stichprobe hinaus gültig. Bis auf „Kinder zwischen 6 und 17" gehen alle

Korrelationen in die vorhergesagte Richtung. Hier kann vermutet werden, dass eine Reduzierung der Haushaltsarbeit für die befragte Frau entsteht, wenn die Kinder dieser Altersgruppe bereits dort mithelfen und somit den Mehraufwand, den sie verursachen mehr als kompensieren. Da dies das Alter ist, in dem Frauen häufig nach einer Unterbrechung wieder ins Erwerbsleben einsteigen, erklärt sich auch die wachsende Anforderung an diese Kinder, zu Hause mitanzupacken. Abschließend kann man zumindest innerhalb der Stichprobe feststellen, dass - wie vorhergesagt - je weniger eine Frau verdient, je weniger Bildung sie genossen hat, je älter sie ist und je mehr Kinder unter sechs sie hat, desto *mehr* Haushaltsarbeit leistet sie. Die Hypothese 1 wurde also empirisch gestützt durch ein statistisch hochsignifikantes Ergebnis.

Männer

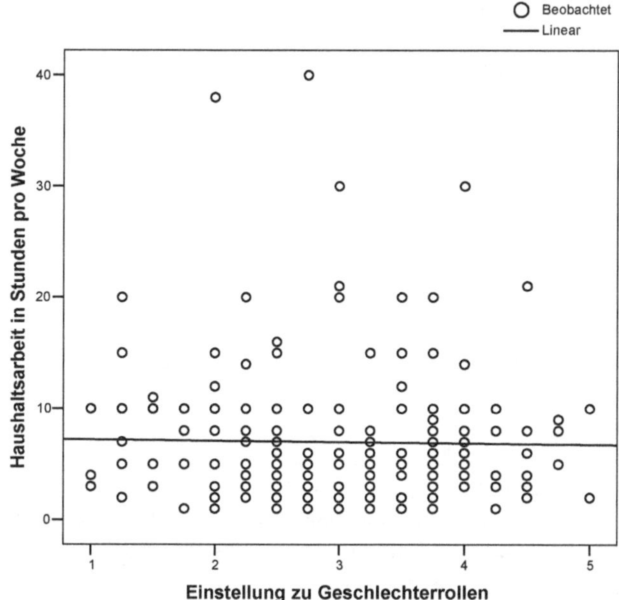

Abbildung 6: Geschlechterrollenverständnis der männlichen Befragten und die Anzahl ihrer Arbeitsstunden im Haushalt

Entgegen der Erwartung zeigt das Diagramm keinen Zusammenhang zwischen den Geschlechterrollenverständnissen der Männer und dem Ausmaß ihrer wöchentlichen Haushaltsarbeit. Stattdessen legt sich die Regressionsgerade wie ein arithmetisches Mittel durch die Fälle und bleibt nahezu konstant für alle Ausprägungen auf der Indexvariable *gender ideology*.

	1	2
Konstante	6,799***	-0,833
Gender Ideology	0,066	0,869
Einkommen		-0,298
Arbeitsstunden im Beruf		-0,037
Bildung		-0,076
Alter		0,133*
Kinder bis 6 Jahre		1,060*
Kinder 6 - 17 Jahre		1,956*
Korrigiertes R^2	0,006	0,069

*** = p ≤ 0.001, ** = p ≤ 0.01, * = p ≤ 0.05 und + = p ≤ 0.1.

Abbildung 7: Regressionsanalyse für die männlichen Befragten, nicht-standardisierte Koeffizienten (OLS)

Wie in Abbildung 2 dargestellt, zeigen auch die Resultate der Regression im Einzelnen keinen statistisch signifikanten Zusammenhang zwischen dem Rollenverständnis der Männer und ihrer Aktivität im Haushalt. Der Wert des Signifikanztestes liegt bei 0,106, d.h. nur mit einer Fehlerwahrscheinlichkeit von 10,6% kann man die Ergebnisse der Stichprobe auf die Allgemeinheit übertragen. Dies liegt über der üblichen Toleranzgrenze von 5%. Lediglich in unserer Stichprobe ist also ein Einfluss festzustellen. Demnach erhöht sich die wöchentliche Arbeit im Haushalt bei Männern um 52 Minuten pro Punkt Zunahme auf der Skala der Indexvariable *gender ideology*; ein bescheidener Anstieg.

Drei Kontrollvariablen hingegen zeigen einen statistisch signifikanten Effekt, der sich auf die Gesamtbevölkerung übertragen lässt: Das Alter der Befragten, die Zahl der kleinen, sowie der größeren Kinder. Entgegen der Erwartungen konnte eine positive Korrelation zwischen Alter und Haushaltsarbeit bei Männern festgestellt werden. Für jedes Lebensjahr erhöht sich demnach die durchschnittliche Arbeitszeit im Haushalt um acht Minuten. Zurückzuführen ist dies vermutlich darauf, dass Rentner eher Zuhause aktiv sind. Pro Kind zwischen sechs und 17 erhöht sich die Haushaltsarbeitszeit der Männer zudem um zwei Stunden, bei kleineren Kindern bis sechs Jahre um immerhin eine Stunde. Dies deutet, wie oben angesprochen, darauf hin, dass Mütter älterer Kinder öfter wieder berufstätig sind und damit der Bedarf für Väter geschaffen ist, stärker Zuhause auszuhelfen. Zweitens könnte man auch vermuten, dass die Väter bei älteren Kindern diesen schon eher ein gutes Vorbild sein wollen, wenn es um Arbeit im Haushalt geht, und sich deshalb ihr Beitrag stärker erhöht. Dieses Phänomen wäre sicherlich noch weiterer Forschung würdig.

Die übrigen Kontrollvariablen zeigen keine statistisch signifikanten Werte. Außer bei der Bildung, welche auch den niedrigsten Beta-Wert hat und daher ohnehin den geringsten relativen Einfluss auf die abhängige Variable, gehen alle Korrelationen in die vorhergesagte Richtung. Je mehr ein männlicher Befragter in der Stichprobe verdient und je mehr Stunden er im Erwerbsleben verbringt, desto *weniger* arbeitet er im Haushalt.

Schlussfolgerung: Freiwillige Hausmütterchen vs. Pragmatiker?

Eine der beiden Hypothesen konnte durch die Analyse bestätigt werden. Je egalitärer (d.h. je weniger traditionell) das Geschlechterrollenverständnis einer Frau ist, desto *weniger* Stunden pro Woche arbeitet sie im Haushalt, genauer gesagt 2 Stunden 54 Minuten weniger pro Punkt Zunahme auf der Skala der Indexvariable *gender ideology* (hin zu einem egalitäreren Rollenverständnis).

Zieht man Rückschlüsse von diesem Ergebnis auf die theoretischen Ausführungen vom Beginn, wird deutlich, dass es bei (west-)deutschen Frauen demnach kein Problem der Inkonsistenz gibt zwischen ihren Einstellungen bezüglich Geschlechterrollen einerseits und ihrem Verhalten in der Haushaltsarbeit andererseits. Anders als in der Studie von Singelmann et al. von 1996 können die Frauen in der hier zu Grunde liegenden Stichprobe in Übereinstimmung mit ihren Überzeugungen handeln. Die eigentliche Forschungsfrage ist hiermit bezüglich der weiblichen Befragten zwar beantwortet. Daraus ergeben sich allerdings wichtige weiterführende Fragen. Angesichts der bemerkenswerten Diskrepanz zwischen den sieben Stunden, die Männer pro Wochen im Haushalt arbeiten und den 23 Stunden Einsatz der Frauen, könnte man in der Tat schlussfolgern, dass Frauen ihre Werteinstellungen schlicht an das Dilemma, dreimal soviel Haushaltsarbeit leisten zu müssen wie Männer, angepasst haben.

Eine Folgefrage des empirischen Ergebnisses muss also lauten: Geben Frauen der ungleichen Aufteilung von Haushaltsarbeit von 7 versus 23 Stunden zwischen Männern und

Frauen durch ihr Geschlechterrollenverständnis nachträglich eine Art *Rechtfertigung*, wenn es wie nachgewiesen eine Konsistenz zwischen ihren Einstellungen und dem Maß ihrer Haushaltsarbeit gibt?

Letztlich bleibt die Frage, warum die vorliegenden Ergebnisse von denen von Singelmann et al. abweichen. Zunächst haben die genannten Autoren natürlich andere Länder und einen anderen Datensatz untersucht. Darüber hinaus sollte aber bei der Betrachtung des Phänomens, warum gerade die (west-)deutschen Frauen im Unterschied zu den anderen Industrieländern in Übereinstimmung mit ihren Überzeugungen in Bezug auf Geschlechterrollen mehr im Haushalt arbeiten, (West-)Deutschlands ausgeprägte Tradition des Familienmodells mit männlichem Ernährer und Hausfrau in die Erklärung miteinbezogen werden (Drobnic/Blossfeld 2001, Esping-Andersen 1990). In Kombination mit dem o.g. konservativen Wohlfahrtsregime beeinflusst dieses traditionelle Familienbild die Sozialisation (west-)deutscher Frauen in einer solchen Weise, dass sie im Ergebnis ein Geschlechterrollenverständnis annehmen, dass mit der ungleichen Verteilung von Haushaltsarbeit zwischen Männern und Frauen korrespondiert. Abschließend sei erwähnt, dass die Ergebnisse für Frauen den *time availability* Ansatz unterstützten, wonach eine Person umso weniger im Haushalt arbeitet, je mehr Zeit sie in ihre Erwerbstätigkeit investiert.

Für die männlichen Befragten hingegen konnte kein statistisch signifikanter Zusammenhang zwischen ihrem Geschlechterrollenverständnis und dem Ausmaß ihrer Haushaltsarbeit festgestellt werden. Selbst innerhalb der Stichprobe waren die Auswirkungen mit 52 Minuten weniger pro Punkt Zunahme auf der Skala der Indexvariable minimal. Daraus kann geschlossen werden, dass für Männer der Faktor *gender ideology* keine zentrale Rolle spielt bei der Frage, *ob* sie sich oder ob sie sich *nicht* stärker im Haushalt betätigen. Vielmehr können sie als *pragmatische* Wesen enttarnt werden, für die hierbei nicht so sehr ihre Prinzipien (bezüglich Geschlechterrollen) zählen, sondern denen es hierbei wichtiger ist, z.B. wie viele Kinder im Haushalt leben und einen höheren Bedarf schaffen „mitanzupacken". Die Vorbildfunktion für Kinder zwischen 6 und 17 wurde dabei bereits erwähnt. Diese Tatsachen laufen konträr zu den theoretischen Überlegungen. Der hier demonstrierte Pragmatismus der Männer könnte bedeuten, dass die steigende Erwerbsbeteiligung von Frauen sie dazu anhält, potenziell traditionalistische Rollenbilder hinten anzustellen und aus den Erfordernissen der Situation heraus mehr im Haushalt zu tun. Alles in allem ist aber angesichts einer Arbeitsstundenzahl im Haushalt von sieben bei Männern versus 23 bei Frauen eine Revolution in den vier Wänden noch in weiter Ferne.

Anhang

Deskriptive Statistik der Kontrollvariablen

Variable	Mittelwert	Standardabw.
Frauen (N = 289)		
Einkommen	694,08	1041,809
Bildung in Jahren	10,75	3,185
Alter	48,82	14,163
Anzahl Kinder bis 6	0,23	0,532
Anzahl Kinder 6-17	0,47	0,829
Stunden in Beruf	12,15	17,287
Männer (N = 267)		
Einkommen	2372,79	1868,56
Bildung in Jahren	11,18	3,826
Alter	52,55	13,440
Anzahl Kinder bis 6	0,21	0,507
Anzahl Kinder 6-17	0,54	0,926
Stunden in Beruf	30,65	24,042
Gesamt (N = 556)		

Einkommen	1507,37	1718,006
Bildung in Jahren	10,96	3,511
Alter	50,61	13,933
Anzahl Kinder bis 6	0,22	0,520
Anzahl Kinder 6-17	0,51	0,877
Stunden in Beruf	21,03	22,752

Abbildung 8: Deskriptive Statistik der Kontrollvariablen

Literatur

Becker, G. S. (1981): A Treatise on the family, Cambridge.

Bianchi, S.M. / Milkie, M.A. / Sayer, L.C. / Robinson, J.P. (2000): Is Anyone doing the housework? Trends in the Gender Division of Household Labor. Social Forces, 79, S. 191-228.

Bittman, M., England, P., Sayer, L.C., Folbre, N. and Matheson, G. (2003): When Does Gender Trump Money? Bargaining and Time in Household Work. American Journal of Sociology, 109, S. 186-214.

Blood, R.O. and Wolfe, D.M. (1960): Husbands and Wives, Illinois.

Blossfeld, H.-P. / Drobnič, S. (Eds.) (2001): Careers of Couples in Contemporary Society, Oxford.

Breen, R. / Cooke, L. P. (2005): The Persistance of the Gendered Division of Domestic Labour. European Sociological Review, S. 21: 43-57.

Brines, J. (1993): The Exchange Value of Housework. Rationality and Society, 5, S. 302-340.

Brines, J. (1994): Economic Dependency, Gender and the Division of Labor at Home. American Journal of Sociology, 100, S. 652-688.

Coltrane, S. (2000): Research on Household Labor: Modelling and Measuring the Social Embeddedness of Routine Family Work. Journal of MarriAlter and the Family, 62, S. 1208-1233.

Coverman, S. (1985): Explaining Husbands' Participation in Domestic Labor. Sociological Quarterly, 26, S. 81-97.

England, P. / Farkas, G. (1986): Households, Employment and Gender: A Social, Economic and Demographic View, Aldine.

Esping-Andersen, G. (1990): The Three Worlds of Welfare Capitalism, Cambridge.

Gershuny, J. (2000): Changing Times: Work and Leisure in Postindustrial Society, Oxford.

Hiller, Dana (1984): Power Dependence and Division of Family Work. Sex Roles, 10, S. 1003-19.

Shelton, B. A. / John, Daphne (1996): The Division of Household Labor. Annual Review of Sociology 22, S. 229-322.

Singelmann, J. / Kamo, Y. / Acock, A. / Grimes, M. (1996): Dual-Earner Families and the Division of Household Labor: A Comparative Analysis of Six Industrial Societies, in: Galler, H. / Steinmann, G. / Wagner, G. (Hg.) (1996): Acta Demographica 1994-1996, Heidelberg.

West, C. / Zimmerman, D.H. (1987): Doing Gender. Gender and Society, 1, S. 125-151.

Das Leitbild Liebe zwischen Karriere und Sehnsucht

Ein soziologischer Versuch über den Einfluss der beruflichen Selbstverwirklichungstendenz auf den Charakter der Liebes-Bindungen in der Gegenwart

von Regina Dürig

Warum sollte dieser Beitrag gelesen werden?

Der Beitrag „Das Leitbild Liebe zwischen Karriere und Sehnsucht" transferiert die Frage nach der Vereinbarkeit von Leben und Arbeit auf die Mikroebene der Liebesutopie. Es wird die These aufgestellt, dass heute nicht mehr das Leitbild der Romantischen Liebe gültig ist, sondern dass sich ein neues Leitbild in Entwicklung befindet. Obwohl dieser Gedanke in der Tradition des soziologischen Diskurses über die Liebesleitbilder steht, weist er in seiner Konsequenz weit über die bisherigen Erkenntnisse hinaus.

Warum musste dieser Beitrag geschrieben werden?

Ein genaues Verständnis der Konzeption der Liebe auf der individuellen Ebene kann Veränderungen auf der gesellschaftlichen Ebene sichtbar und erklärbar machen. Der Beitrag versucht, die Erkenntnisse, die für die historischen Leitbilder gefunden wurden, konsequent auf die heutige Zeit anzuwenden, um der Debatte über die Erosion der Romantischen Liebe ein positives Deutungsmodell zur Verfügung zu stellen.

Was muss in Deutschland für die Vereinbarkeit von Leben und Arbeit getan werden?

Für die Vereinbarkeit von Leben und Arbeit kann auf der Mikroebene der Liebesutopie nur eines getan werden: oszillieren! Das Spannungsfeld zwischen den Forderungen der Außenwelt (Arbeit) und denen der Innenwelt (Leben) muss von jedem einzelnen immer wieder neu hinterfragt werden, sodass die eigene Position die temporär ideale Vermittlung zwischen Leben und Arbeit darstellt.

Sozialstruktureller Wandel und freigesetzte Individuen: Überlegungen zum gegenwärtigen Kontext der Liebe

Leben und Arbeit gehören zusammen, stehlen sich gegenseitig Zeit, bestimmen das Selbstbild der Individuen unserer Epoche. Die gewichtige Frage, wie Leben und Arbeit zu vereinen sind, verdichtet sich im grundlegenden Konflikt der Gegenwart: Im Kampf zwischen den Ansprüchen der Innenwelt an das Individuum und den Ansprüchen der Außenwelt an das Individuum. Das „Leben" steht hier konkret in Gebilden wie Freizeit, Familienzeit und Ich-Zeit für die abstrakten Ansprüche der Innenwelt – das Sehnen nach Ruhe, nach Geborgenheit und Liebe, das jedem Einzelnen innewohnt. Die „Arbeit" repräsentiert die Erwartungen, welche die Außenwelt an ein Individuum stellt, um ein erfolgreiches, synchronisiertes bzw. funktionierendes Mitglied der Gesellschaft zu sein.

Dieses Spannungsfeld, in dem sich heute große Teile der Gesellschaft befinden, hat vor allem in den letzten Jahrzehnten deutlich an Kraft gewonnen, da der Einfluss der Außenwelt stetig zugenommen hat. Das Individuum wird auf der einen Seite von allen Bindungen befreit, auf der anderen Seite in den Möglichkeiten der Konstruktion seines Selbst stärker eingeschränkt als jemals zuvor. Der Individualisierungsprozess hat nach Beck drei Dimensionen: Die Freisetzungsdimension (Herauslösung aus historisch vorgegebenen Sozialformen und -bindungen im Sinne traditionaler Herrschafts- und Versorgungszusammenhänge), die Entzauberungsdimension (Verlust von traditionalen Sicherheiten im Hinblick auf Handlungswissen, Glauben und leitende Normen) und die Kontroll- bzw. Reintegrationsfunktion (neue Art der sozialen Einbindung) (Beck 1994, S. 206). Für Deutschland kann man sagen, dass im Sinne dieser Dimensionen Klassenunterschiede und Familienverhältnisse aufgelöst werden. Der einzelne „tauscht dafür aber die Zwänge des Arbeitsmarkts und der Konsumexistenz und der in ihnen enthaltenen Standardisierungen und Kontrollen ein. An die Stelle traditionaler Bindungen und Sozialformen treten sekundäre Instanzen und Institutionen, die den Lebenslauf des einzelnen prägen" (ebd., S. 211). Damit wird die private Existenz immer stärker von Bedingungen abhängig, die sich ihrem Zugriff vollständig entziehen: „Individualisierung bedeutet Marktabhängigkeit in allen Dimensionen der Lebensführung" (ebd., S. 212). Das heißt, dass der individuelle Lebenslauf nur aus den Möglichkeiten auswählen kann, die der Markt zur Verfügung stellt.

In diesem Spannungsfeld zwischen Freisetzung einerseits und Erwartbarkeit andererseits besteht für jeden einzelnen „mithin ein Anspruch und ein Zwang zugleich zu einem (mehr oder weniger) ‚eigenen' Leben. ‚Die Existenzform des Alleinstehenden' stellt hierfür die sozusagen proto-typische (nicht notwendig etwa die am häufigsten auftretende) biographische Variante dar." (Hitzler / Honer 1994, S. 308). Heißt Individualität in der Moderne also Einsamkeit?

Individualisierung in der Moderne heißt vor allem: Zurechtfinden in einer Ambivalenz, die sich aufspannt zwischen Freiheit und Schutzlosigkeit. „Die biographischen Freisetzungen zeigen sowohl einen Gewinn an – den Gewinn an Entscheidungschancen, an individuell wählbaren (Stilisierungs-) Optionen – als auch einen Verlust – den Verlust eines schützenden, das Dasein überwölbenden, kollektiv und individuell verbindlichen Sinn-Daches." (ebd., S. 307). Diese Situation ist nach Keupp (Keupp 1994) für viele Menschen eine Überforderung, da die Inhalte „in einer überbordenden Fülle von den Medien und Erlebnisindustrien angeboten werden". Eine Methode, wie mit den neuen Bedingungen umgegangen werden kann, beschreiben Honer und Hitzler als Existenz-„Basteln". In immer neuen kleinen und großen Entscheidungen wird der Lebenssinn zusammengestellt.

Der Mensch steht also vor dem Dilemma, dass er sich individualisieren will und muss, dass der Spielraum dazu aber relativ gering ist. In dieser Art der Lebenskonzeption ist die Gefahr, eine Chance zu verpassen, elementar. So schwebt über jeder Lebensentscheidung die Möglichkeit der Fehlleitung der Karriere im Luhmann'schen Sinne. Die Folge ist, dass das Existenzbasteln sich nicht mehr auf gegenwärtigen Sinn bezieht, sondern dass Entscheidungen getroffen werden, die sich gegen aktuelle Zufriedenheit richten, mit der Erwartung, eventuell zukünftiges Glück zu gewährleisten. Ein Mechanismus, der den Zustand der Erfüllung immer in die unerreichbare Zukunft verlegen muss. Es kristallisiert sich am modernen Individuum also ein fast hoffnungsloses Paradox durch den Druck von Freisetzung einerseits und Überwindung der Freisetzung andererseits: Es wurden die alten traditionalen Bindungen aufgehoben und durch Karrieren ersetzt. Um aber in der Gesellschaft eine positive Karriere zu machen, muss man prototypisch allein sein, denn andernfalls kann man sich nicht dem Markt anpassen bzw. unterordnen. Das moderne Individuum bleibt also allein oder bindet sich nur so lange, wie die Karriere nicht droht, daran gegenwärtigen oder zukünftigen Schaden zu nehmen (vgl. Bauman 2003). Der moderne Mensch „ist nicht mehr ‚zu Hause' in einem stimmigen Sinn-Kosmos, er ähnelt eher einem Vagabunden (oder allenfalls einem Nomaden) auf der Suche nach geistiger und gefühlsmäßiger Heimat." (Hitzler / Honer 1994, S. 311)

Hier zeigt sich deutlich, wie sehr die Anforderungen der Außenwelt in die Innenwelt der Individuen eingreifen. Doch wie wirkt sich dieses bipolare Spannungsfeld auf die zeitgenössische Utopie der Liebe aus? Die Ausprägung der Liebessemantik steht nachweislich seit dem Mittelalter in direkter Wechselwirkung mit der Form der Gesellschaft, aber auch der gesellschaftlichen Konzeption des Individuums. Diese Interdependenz ermöglicht einen vielversprechenden Erkenntnisgewinn: Mit der Identifikation des herrschenden Liebesleitbilds ist es möglich, aus einem neuen Blickwinkel Aufschlüsse zu erhalten über die Konsequenzen des treibenden Konflikts der Gegenwart zwischen „Sehnsucht und Karriere". An dieser Stelle muss aus Platzgründen darauf verzichtet werden, eine detaillierte soziologische Darstellung der Evolution des Liebescodes (Höfische Liebe / Minne ab 12. Jh., Passionierte Liebe ab 17. Jh., Romantische Liebe ab 18. Jh.) zu geben.

Grundlegend für die weiteren Betrachtungen sind die folgenden Erkenntnisse, welche aus der Analyse der wichtigsten soziologischen Schriften (Luhmann 1982; Lenz 1998; Swidler 1980) zu den historischen Phasen des Liebescodes resultieren:

1. Die komplexer werdende Stellung des Individuums innerhalb der Gesellschaft spiegelt sich in jeder Evolutionsstufe des Liebescodes in einer zunehmend detaillierten Struktur desselben wieder.
2. In den jeweiligen Epochen übernehmen künstlerische Medieninhalte eine Orientierungsfunktion für die Liebenden ihrer Zeit insofern, dass sie auf einer übergeordneten Ebene gewisse Werte und Ideale bereitstellen.
3. Der Romantischen Liebe, die in den Romanen des 18. Jahrhunderts konzipiert wurde, wird bis heute Gültigkeit eingeräumt, auch wenn zahlreiche moderne Verschiebungen des Ideals diagnostiziert werden, darunter beispielsweise die Dominanz des Selbstverwirklichungs-Prinzips (Lenz 1998).

Auf Grundlage dieser Kern-Erkenntnisse wird es im Folgenden möglich sein, eine umfassende Analyse des gegenwärtigen Leitbildes vorzunehmen. Es soll ein Modell gefunden werden, welches die Liebe und damit das Verhältnis des Subjekts zu sich und zum Anderen im sozialstrukturellen Wandel der Gegenwart kartographiert.

Soziologische Positionen: Das zeitgenössische Ich und die (Un-)Möglichkeit der Liebe

Wie bereits erwähnt, ist das Leitbild der Liebe ein in hohem Maße medial vermitteltes. Um eine klare Differenzierung zwischen der Konzeption und der Umsetzung vornehmen zu können, schlägt Lenz (Lenz 1998) die Unterteilung von *Diskursebene des Leitbilds* und *Ebene der Beziehungsnormen* vor. Indem in diese beiden Ebenen unterschieden wird, ist es möglich, die Utopie der Liebe und die gelebte Liebe voneinander zu trennen, um ein reines Destillat des Leitbilds in der Gegenwart zu erhalten, das nicht durch den alltäglichen Blick auf die Liebesrealität getrübt ist. Im Rahmen dieser Untersuchung werden zunächst die Erkenntnisse aus der Analyse der soziologischen Schriften (Beck 1990; Giddens 1993; Bauman 2003; Sennett 1983; Burkart 1997) thesenhaft zusammen gefasst. Hierbei sticht besonders die Tatsache hervor, dass der wissenschaftliche Fokus auf die gelebte Liebe (Ebene der Beziehungsnormen) gelegt wird.

Im nächsten Kapitel werden dann die Resultate der Untersuchung der künstlerischen Positionen zur Liebesutopie (Diskursebene des Leitbilds) vorgestellt, sowie die Auswertung der qualitativen Studie der Autorin, in der die Kunstschaffenden dezidiert zu ihrer Auffassung der zeitgenössischen Liebe befragt wurden.

In der Auswertung der soziologischen Positionen zur Liebe in der Gegenwart konnten verschiedene Kriterien gefunden werden, die für die gegenwärtig gelebte Liebe konstitutiv sind. Es handelt sich dabei im Wesentlichen um drei primäre Komplexe: (1) Das Selbst als referentielles Zentrum seiner Liebe, (2) Ambivalenz der persönlichen Bindungen und (3) Erwartungen als Enttäuschungspotenzial der Liebe. Diese sind nicht als voneinander unabhängig zu betrachten, sondern als sich gegenseitig bedingend.

Das Selbst als referentielles Zentrum seiner Liebe

Die Spannung zwischen dem romantischen Liebesideal, das die Selbsthingabe an den Anderen verlangt, und den Rahmenbedingungen der funktional differenzierten Gesellschaft, welche die Freisetzung der Individuen aus traditionellen Bindungen verursachen, löst sich zum Individualismus hin auf. Die persönliche Selbstverwirklichung wird allem vorangestellt, sie avanciert zur höchsten Lebenspriorität.

Selbst wenn Bindungen eingegangen werden, werden sie nach fast ökonomischen Maßstäben beurteilt. Nur wenn sie demjenigen, der sie eingeht, etwas bringen, werden sie aufrecht erhalten. Wenn damit aber keine anderen Kriterien als eigenes Befinden, Glück und Zufriedenheit angelegt werden, um dem Zusammensein Stabilität zu verleihen, wird das Selbst zu seinem eigenen Ausgangspunkt. Die Fragen danach, wie es *mir* geht und wie *ich* bin, erlangen zentrale Stellung.

Wie in der Einleitung bereits gezeigt, sind die Ursachen für diese Entwicklung im sozialstrukturellen Wandel zu sehen. Die Konstruktion der Identität findet statt über die Lebensläufe oder Karrieren nach Luhmann (Luhmann 1994), die sich den Bedingungen des Marktes anpassen müssen, also nur bestehen können, wenn sie flexibel sind. Das bedeutet zum einen, dass Selbstverwirklichung nur noch außerhalb einer Beziehung gefunden werden kann und zum anderen, dass die dazu benötigte Freiheit in jedem Fall einer Verpflichtung vorgezogen wird, da sonst die Individualisierung selbst in Gefahr wäre.

Ambivalenz der persönlichen Bindungen

Aus dieser Vorrangstellung des Selbst ergibt sich jedoch eine gewichtige Spannung zwischen dem Wunsch nach Freiheit und der Notwendigkeit der Bindung. Wie Dux anmerkt (Dux 1994), sind Bindungen für die Konstruktion des Selbstbilds notwendig, auch Goffman betont diese Unabdingbarkeit eines Gegenübers (Goffman 1999). So sieht er letzten Endes den Grund, weshalb die Menschen zusammen leben, darin, dass man ausschließlich durch Zuschreibungen seiner Umwelt, also durch Reaktionen fremder Systeme auf das Ich, Identität konstruieren kann. Wenn also auf der einen Seite sowohl Konsequenz als auch Voraussetzung der Individualisierung eine Vereinzelung des Subjekts ist, auf der anderen Seite Beziehungen essentiell sind, muss die Entstehung einer Ambivalenz bezüglich des Komplexes der persönlichen Bindung die Folge sein.

Diese Ambivalenz manifestiert sich selbst noch im Versuch ihrer Überwindung, wie Bauman im Konzept der Netzbeziehungen zeigt: Das moderne Medium des Internets wird dazu genutzt, Beziehungen aufzubauen, die dadurch unverbindlich gehalten werden, dass sie jederzeit beendet werden können. Im Widerspruch dazu sind es aber gerade diese virtuellen Bindungen, in denen in sehr kurzer Zeit der Intimität sehr viel Raum gewährt wird, viel mehr als es bei realen Bindungen der Fall wäre. Hier zeigt sich der Versuch, Nähe und Trennung zu verbinden – der zwangsläufig scheitern muss.

Die Idealvorstellung scheint die zu sein von einem „sozial ungebundenen Selbst, von dem angenommen wird, es könne alle Einsicht aus sich selbst heraus gewinnen." (Bellah et al. 1987, S. 81). Sie kann nicht erreicht werden und wird deshalb durch viele wechselnde Beziehungen ersetzt, die zum Schutz des Selbst auf Distanz gehalten werden.

Erwartungen als Enttäuschungspotenzial der Liebe

Wenn man sich in diesen Rahmenbedingungen tatsächlich auf die Liebe einlässt, muss es gerechtfertigt sein – schließlich liegt der Grund einer Beziehung darin, dass beide Partner ihren Nutzen daraus ziehen können. Damit werden allerdings Erwartungen geweckt, die meist nicht erfüllt werden können.

Jeder der Wissenschaftler, die sich mit der Liebe in der Moderne beschäftigt haben, betont die unerfüllbaren Erwartungen, die an die Liebe herangetragen werden. Ob es sich nun um virtuelle Flexibilität, leichte Handhabung oder echte Wärme handelt – das Selbst überträgt die im externen Prozess der Individualisierung erworbenen Maßstäbe oder Wünsche auf die Bindungen im Nahbereich. Unter diesem Druck, der sich zwischen Misstrauen gegen das Lieben und Hoffnung auf das Lieben entwickelt, kann kein hochkarätiges Miteinander entstehen, es kann nur zerbersten.

Hinzu kommt der Topos der „verpassten Gelegenheit" (vgl. Bauman 2003), der zu einer Grundangst des zeitgenössischen Individuums geworden zu sein scheint. Selbst wenn eine Bindung gegenwärtig nicht mangelhaft ist, besteht die Möglichkeit, dass sie in Zukunft als enttäuschend erlebt werden könnte, da sie dann entstehende Erwartungen nicht erfüllen kann.

Gerade die hohe Dichte der Bindungen, die zur Überwindung der Enttäuschung eingegangen werden, sind ihr abträglich. Indem jede Beziehung erfüllender sein muss als die vorherige, ist irgendwann ein Stadium erreicht, das dieser Forderung nicht mehr gerecht werden kann. Die Liebenden halten ihren eigenen Erwartungen nicht stand.

Gelebte Norm vs. unlebbare Ideale

Betrachtet man den Untersuchungsgegenstand der Schriften zum Thema Liebe, so ist festzustellen, dass sie sich ausschließlich mit der normativen Ebene der Liebe beschäftigen. Als ob sie den Fokus des Individuums auf sich selbst analog nachvollzögen, findet die gegenwärtige Liebe auf der Diskursebene keine Beachtung. Während bei der Besprechung der Romantischen Liebe stets aus der romantischen Literatur zitiert wird (und damit der Fokus eher auf der Diskursebene liegt), bleiben derlei Quellen in den Überlegungen bezüglich des Jetzt vollständig unbeachtet. Könnte man im Bezug auf das romantische Ideal mit der Verfügbarkeit der Untersuchungsgegenstände argumentieren – die Romane sind erhalten geblieben, die gelebte Realität nicht – bleibt dennoch die Frage bestehen, warum sich der Fokus in den aktuellen Betrachtungen gewandelt hat, da doch jetzt beide Ebenen zugänglich sind.

Hat unbemerkt eine feindliche Übernahme des Ideals durch die Norm statt gefunden? Wenn also die Lebenswirklichkeit eine neue Form der Liebe hervorgebracht hat, muss dies nicht auch nachweisbar sein in einem neuen Ideal? Oder ist davon auszugehen, dass die individualisierte Gesellschaft jeglicher Leitbilder entbehrt und das handelnde Ich zur sinnstiftenden Instanz wird? Um Aufschluss über diese Fragen zu erhalten und das soziologische Bild der Liebe zu ergänzen um einen Einblick in die Diskursebene, wird nun die aktuelle Kunst auf ihre Liebesgehalte hin analysiert.

Künstlerische Positionen: Ideal der Nichtliebe?

War das Medium der Höfischen Liebe der Minnegesang und das der Romantischen Liebe der Roman, so rekrutieren sich Leitbilder heute aus einer Vielzahl der Medien, wobei die einflussreichsten sicherlich Kino, Fernsehen, Buch und Theater sind. Sie bilden die Diskursebene, die sich in Normen für gelebte Beziehungen niederschlägt. Sollte das Vorgehen, aktuelle Positionen zu analysieren, um Rückschlüsse auf die Beschaffenheit des Liebesleitbilds zu ziehen, willkürlich anmuten, so muss dieser Kritik mit der These Luhmanns entgegnet werden, dass „literarische, idealisierende, mythisierende Darstellungen der Liebe ihre Themen und Leitgedanken nicht zufällig wählen, sondern daß sie damit auf ihre jeweilige Gesellschaft und auf deren Veränderungstrends reagieren" (Luhmann 1982, S. 24). Aus diesem Grund ist eine Analyse der gegenwärtigen Liebesdarstellungen nicht nur ein möglicher Weg zur Untersuchung des Ideals, sondern der einzig gangbare, wenn man dem Wesen des Leitbilds gerecht werden will.

Anhand des Kriterienkanons „deutsche künstlerische Werke, die nicht älter sind als zwei Jahre und sich explizit mit dem Thema Liebe auseinandersetzen" wurden vier Texte ausgewählt: Der experimentelle Kinofilm „Keine Lieder über Liebe" von Lars Kraume (2005), das Theaterstück „Das wird schon. Nie mehr lieben." von Sibylle Berg (2005), die Kurzgeschichte „Ahörnchen und Behörnchen." von Elfriede Jelinek (2004), sowie das Kunstprojekt LOVEPANGS™ von Jeanette Müller und Carmen Brucic (2004). Die Ergebnisse der Werkanalysen werden in den folgenden sechs Thesen zusammen gefasst.

1. *Das Leitbild Liebe in der Kunst ist geprägt von einer Kapitulation vor der Wirklichkeit – das Lebensumfeld, das sich gegen die Liebe auswirkt, wird als dominant beschrieben.* Ähnlich wie die Soziologie, die sich nicht mit gegenwärtigen Idealen, sondern nur mit der gelebten Liebe beschäftigt, folgt die Kunst der Konzentration des Ich auf sich selbst, seziert die Spannungen, in denen das Individuum steht.

2. In den Vordergrund rücken dabei Selbstsuche und Selbstverwirklichung als treibende Kräfte in der Gegenwart, diese sind es, welche die Liebe unmöglich machen. Wenn der Akzent in der Lebenskonzeption auf stetige Weiterentwicklung gelegt wird, wird er auch in Bezug auf Bindungen angewandt. *Liebe ist ein temporäres Erlebnis, das von der Suche nach dem Selbst und einem neuen, besseren Partner begrenzt wird.*

3. Dennoch: Selbst wenn, wie oben beschrieben, von einer zeitlichen Begrenztheit der Liebe ausgegangen wird, ist die Annahme, die Bindung erfülle alle Bedürfnisse des Individuums, Voraussetzung für das sich Einlassen auf Liebe. *Trotz der voraussehbaren Zeitlichkeit muss eine (wissentlich) absurde Hoffnung auf Dauerhaftigkeit bestehen, die eine Bindung erst ermöglicht.* Hierin liegt das zentrale Problem der Liebe in der Gegenwart: es muss etwas erhofft werden, dessen Existenz nicht anerkannt werden kann.

4. Dieses etwas, das Erhoffte, ist der Grund, weshalb Bindungen eingegangen werden, aber auch zugleich der Maßstab, ob die Liebe weitergeführt werden soll oder nicht. *Die Referenz, nach der die Bindungen bewertet werden, ist eine spielerische, nicht Besitz ergreifende Liebe, die Freiheiten lässt und jedem den Raum, sich selbst zu verwirklichen. Dieses Ideal ist eine echte Utopie, die als nicht erreichbar gekennzeichnet wird.* Diese Utopie kann in der Kunst in fast allen Fällen nur dadurch gezeigt werden, dass sie das Abwesende ist. Die Ausnahme bildet hier Jelinek, die die Utopie zeigt, aber die

Menschen weglässt – und damit mit anderen Mitteln der gleichen Idee Ausdruck verleiht.

5. Die Werke legen, in mehr oder weniger drastischer Form, den Schluss nahe, dass die Liebe aufgrund der Rahmenbedingungen im Wesentlichen unmöglich ist, sie muss enttäuscht werden und mit Schmerzen enden. *Im Prinzip wäre die Nicht-Liebe das Ideal, das in die heutige Zeit am besten passte. Dies kann jedoch ebenfalls nicht erreicht werden, da der Mensch die persönliche Bindung braucht.* Die Nicht-Liebe dient daher als Hoffnungs-Motivation: Ganz gleich wie groß die Verzweiflung und Enttäuschung ist, indem sie auf die Spitze getrieben wird, muss jeder einsehen, dass der Wunsch, nicht mehr zu lieben, noch untragbarer ist als die absurde Hoffnung auf Liebe selbst.

6. *Das künstlerische Ideal ist demnach, dass die Individuen selbst die Position im Spannungsfeld zwischen den Polen der unerreichbaren Liebe und der unerreichbaren Befreiung wählen, die sie am glücklichsten macht bzw. ihre Erwartungen befriedigt.* Da dieser Zustand enttäuscht werden kann, ist die kontinuierliche Korrektur der Position im Ideal mit inbegriffen.

Fazit: Es manifestiert sich in den aktuellen Positionen der Kunst ein offenes Leitbild, denn es gibt dem Individuum den größtmöglichen Gestaltungsspielraum, den es ausfüllen kann. Es inkludiert eine übermächtige Realitätserfahrung und die daraus resultierenden Enttäuschungen ebenso wie den gesellschaftlichen Wandel – dieser scheint keinen Raum zu lassen für Visionen, er hat die Individuen zu fest im Griff. Die Erfahrung der Individuation, der auferlegte Zwang zur Selbstfindung sind so zentral, dass sogar in ihrem Leitbild die Liebe davon verdrängt zu werden scheint.

In der qualitativen Befragung wurden zusätzlich zu Kraume und Müller drei weitere Personen interviewt, die sich ebenfalls mit dem Thema Liebe befassen und nicht zum Mainstream zu zählen sind. Es sind Carl Hegemann, Dramaturg an der Volksbühne Berlin, der 2005 seine gesammelten Schriften zu den Paradoxien des Theaters unter dem Titel „Plädoyer für eine unglückliche Liebe“ herausgab; Sabine Bauer, die am Thalia Theater in Hamburg das Stück „Herzattacken“ inszenierte sowie Christoph Nußbaumeder, dessen Stück „Liebe ist nur eine Möglichkeit“ 2006/07 an der Schaubühne Berlin uraufgeführt werden sollte.

In den Antworten der sich praktisch oder theoretisch mit Liebe befassenden Künstler tritt ihre ausgesprochene Sensibilität für die Lebensrealität der Individuen deutlich hervor. Die Liebe wird als unerreichbar, quälend und flüchtig beschrieben, die Suche nach ihr als aufreibend, ermüdend und dennoch unvermeidbar. Die Liebe, darin besteht allgemeiner Konsens, ist ein existenzieller Bestandteil eines jeden Lebens und ganz gleich wie unerreichbar sie ist, jeder gesunde Mensch will sie leben.

Wie erwartet, gewährten die Interviews hilfreiche Einblicke in die Beurteilung der Liebe, die hier zwischen Diskursebene und Normebene changiert – einerseits sind es die Künstler und damit Konstrukteure der Diskursebene, welche die Fragen beantworteten, andererseits wurden sie als Menschen befragt, die ebenfalls lieben und leiden, die sich im täglichen Leben auch auf der Normebene mit der Liebe befassen müssen.

Es zeigt sich, dass die Antworten in sehr hohem Maße mit den Ergebnissen der Werkanalysen übereinstimmen. Die einzigen Überraschungen sind, dass auch die Befragten, deren Position zuvor nicht untersucht wurde, sehr große inhaltliche Ähnlichkeit zu den anderen aufweisen. Außerdem lässt sich feststellen, dass jeder Befragte eine bestimmte (in vielen Punkten mit den Erfahrungen der anderen konvergierende) Einstellung hat, die sich in jeder Antwort aus einer anderen Perspektive zeigt. Diese zentralen Gedanken lassen sich zu den folgenden Statements verkürzen:

- Die Liebe funktioniert nur als gestörte.
- Die Freiheit, zu wählen, führt zu einer permanenten Verunsicherung.
- Die Menschen brauchen Bindungen – sie müssen lernen, sie zu leben.
- Der Glaube an den perfekten Partner steht unserem Glück im Weg.
- Liebe kann die Kraft sein, die allen Halt und Orientierung gibt.

Hier wird deutlich sichtbar, dass die Auseinandersetzung mit dem Thema Liebe bereits vor theoretischen Hintergründen geführt wurde, vor allem bei Hegemann. Deshalb ist es nicht verwunderlich, dass die in den soziologischen Schriften festgestellten Tendenzen wieder auftauchen. Die deutlichste Erkenntnis ist auch hier, dass konkret nach einer Utopie befragt, nur wenige (und diese auch eher kritisch) eine solche entwerfen. Mit dem Argument, es könne keine ideale Liebe existieren, wird dies abgelehnt. Auch wenn sich die Frage auf die Diskursebene bezieht und damit die entworfene Utopie gar nicht existieren können muss, bleiben die großen Visionen aus. Diejenigen wiederum, die konkrete Ideen preisgeben, konstruieren diese, analog zu den Werken, als resignative Impulse, wie die erfahrene Spannung überwunden werden könne. Ganz los löst sich niemand, der Eindruck der Realität bleibt dominant.

Die Befragung kann deshalb die in den Werkanalysen gewonnenen Erkenntnisse ergänzen um die Validierung der These der positiven Hoffnung auf die Liebe in einem abwesenden Ideal. Wie die Antworten zeigen, glaubt jeder einzelne an die erfüllte, lebendige Liebe, die es zu erreichen gilt. Damit ist das Fundament geschaffen für die nachfolgenden Betrachtungen zur Existenz eines Leitbilds, das zwar nicht mehr als positives Ideal konstruiert wird, aber dennoch als solches in den künstlerischen Positionen nachgewiesen werden kann.

Eine Utopie zwischen Selbstverwirklichung und Sehnsucht: Unabhängige Liebe

die unabhängige liebe

Die Autorin schlägt vor, dieses Leitbild, welches sich im Spannungsfeld der Gegenwart entwickelt hat, bzw. gerade in Entwicklung befindet, als „unabhängige Liebe" zu bezeichnen. Für diese Benennung spricht, dass sowohl die Forderungen der Fernwelt nach Flexibilität darin enthalten sind, wie auch das hoch bewertete Streben des Ich nach Individualität und Selbstverwirklichung, das den fließenden Charakter des Leitbilds (siehe unten) determiniert. Das Moment des „Jeder bleibt Ich" bildet damit das tragende Element in der Konstruktion des Leitbilds.

Um die oben beschriebenen Spannungen des Leitbilds der unabhängigen Liebe zu erfassen, wird im Folgenden ein grafisches Modell vorgestellt, das die ausschlaggebenden Faktoren schematisch in ihren Verhältnissen zueinander darstellt.

Wie bereits gezeigt, befinden sich die Individuen im Spannungsfeld zwischen Nahwelt und Fernwelt. Diese reibungsintensive Bipolarität findet sich auch in der Analyse der künstlerischen Positionen, in der zwei Leitmotive identifiziert wurden: Zum einen die Nicht-Liebe als Möglichkeit, in der Fernwelt zu bestehen, zum anderen die (meist) abwesende erfüllte Liebe, die Geborgenheit und Nähe gibt. Sie wurde als Motivation für die immerwährende Suche gedeutet.

Ordnet man die Liebesgehalte den einzelnen Welten zu, ergibt sich für die Nahwelt die Utopie der unerreichbaren Liebe, die Geborgenheit und Sicherheit schenkt und für die Fernwelt die Utopie der Individualisierung, die eine unerreichbare Befreiung von allen Bindungen verkörpert (siehe Abbildung 1). Die Utopie in Reinform kann jeweils nicht gelebt werden, aber doch immerhin ihre Variationen, in denen sie zu mehr oder weniger großen Anteilen übernommen wird (in Abbildung 1 sind dies jeweils die großen Flächen, die direkt an die Utopien angrenzen).

Die Erfahrung der Unmenschlichkeit der Liebe resultiert aus der Fremdbestimmung der Individuen, aus der erzwungenen Unterordnung unter die Regeln der Fernwelt, auch im Bereich der Nahwelt. Dies zeigt sich im Schema durch die Überschneidung der lebbaren Variationen der entgegen gesetzten Utopien. Es ergibt sich eine Fläche, die sich zwischen den beiden konträren Polen aufspannt. Dieses Feld beschreibt den menschenmöglichen Zustand in der Gegenwart, der allerdings nicht statisch auf einen festen Punkt in der Menge der Möglichkeiten begrenzt bleibt, sondern zwischen den beiden Extremen oszilliert. Wie schon in der Beschreibung der Liebesgehalte gezeigt, schließt die Konzeption des Ideals seine ständige Positionskorrektur mit ein: zwischen der unerreichbaren Liebe und der unerreichbaren Befreiung.

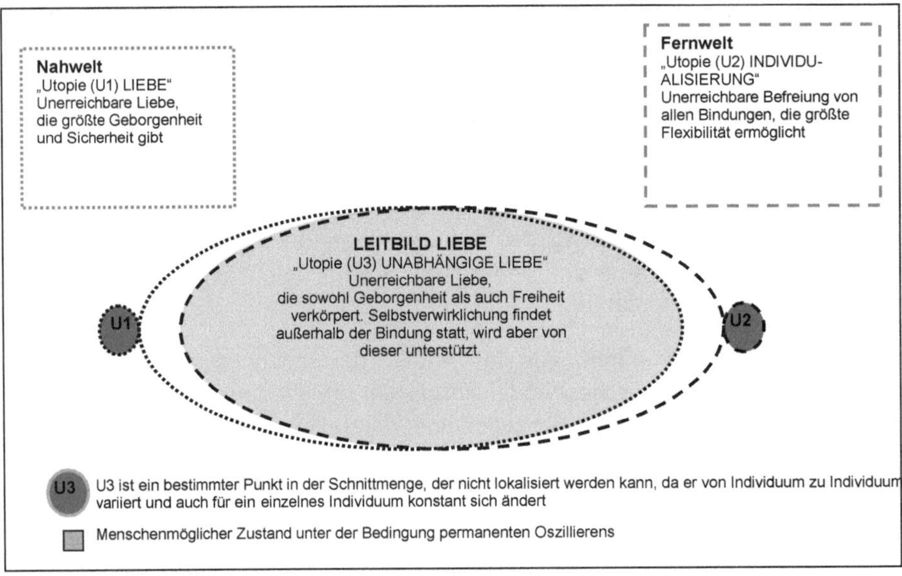

Abbildung 1: Modell der unabhängigen Liebe (Darstellung der Verfasserin)

Das Oszillieren ist hierbei ein zentrales Merkmal der unabhängigen Liebe, da sich in ihm die direkte Reaktion auf den beschriebenen strukturellen Wandel manifestiert. Es spiegelt die Zentrierung des Ich auf sich selbst wider, indem es das Bedürfnis nach persönlichem Wachsen und Weiterentwickeln, das die Individualisierung fordert, mit einbezieht, genau so wie das Sehnen nach Geborgenheit in Liebe. Die Gegensätzlichkeit der Bedürfnisse entlädt sich in einer Dynamik, deren Motivation das Erreichen des Ideals ist – der gleichzeitigen Erfüllung der gegensätzlichen Utopien von Nah- und Fernwelt.

Mit dieser Erkenntnis ist der Hauptunterschied zu den bisherigen Idealen der Liebe gefunden, welcher ausschlaggebend war für die Annahme, dass von der Existenz eines neuen Leitbilds ausgegangen werden kann. Transferiert man die Romantische Liebe und die Höfische grob in die gleiche Darstellungsweise wie die unabhängige Liebe, ergibt sich folgendes Bild:

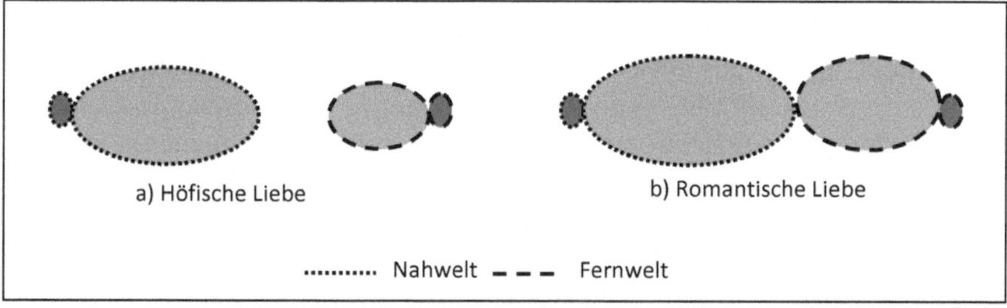

Abbildung 2: Modell der Relation von Nah- und Fernwelt in höfischer und romantischer Liebe (Darstellung der Verfasserin)

In diesem stark vereinfachten Modell wird erkennbar, wie sich die jeweilige Beziehung von Nah- und Fernwelt für das Individuum entwickelt hat. Zur Zeit der Höfischen Liebe war die Nahwelt weitgehend unberührt von den Forderungen der Fernwelt, die durch den Charakter der Ständegesellschaft das Individuum weitgehend in der hineingeborenen Stellung beließ. In der Romantik hingegen waren die Individuen schon herausgelöst aus den tradierten Bindungen, die externen Faktoren forderten Individualisierung. Diese konnten über die Liebe erfüllt werden. Mit der zunehmenden funktionalen Differenzierung der Gesellschaft gewinnen die externen Faktoren also einen Einfluss, der die Konzeption des Leitbilds der Liebe tangiert. Dennoch überschneiden sich die Regeln der Nah- und Fernwelt nicht, sie stehen nur in Wechselwirkung miteinander. War damit bereits die Romantische Liebe geprägt von den gesellschaftlichen Veränderungen, hat sich diese Tendenz für das Ich in der Gegenwart weiterhin verstärkt (vgl. Abb. 1). Die Überlagerung der Lebenswelten offenbart damit die entscheidende Bedingungsänderung der Liebe in der Gegenwart im Vergleich zu den früheren Leitbildern.

In der Begründung der Bezeichnungswahl und der schematischen Konstruktion des Leitbilds wurden seine wichtigsten konstitutiven Elemente bereits vorgestellt. Diese sollen nun zusammengefasst und ergänzt werden, um einen grundlegenden Kriterienkomplex der unabhängigen Liebe vorstellen zu können. Dieser rekurriert naturgemäß in starkem Maße auf die Ergebnisse der Analyse der künstlerischen Positionen.

(1) Stetiges Oszillieren

Wie die Strukturanalyse gezeigt hat, befindet sich nicht nur das gegenwärtige Individuum, sondern auch das Ideal der Liebe in einem bipolaren Spannungsfeld. Dies hat zur Folge, dass die Liebe nicht mehr (wie z. B. die Romantische Liebe) als rein positive Utopie dargestellt wird, sondern als eher resignativ bzw. pessimistisch. Die Gründe für diese Tatsache wurden bereits genannt. Dennoch sind beide Pole in den Positionen zu finden, wenn auch über das Abwesende, das die Motivation bereitstellt. Damit ist das stetige Oszillieren ein Grundbaustein des gewissermaßen in zwei Stufen vermittelten Leitbilds: Auf der einen Seite muss das Leitbild ein positives sein, damit es als Motivation funktionieren kann, auf der anderen Seite darf es aber auch nicht zu positiv sein, damit es nicht als unglaubwürdig und unlebbar empfunden wird. Dieser Brückenschlag zwischen positiver Hoffnung und realer Lebenserfahrung, der für das Ich in unserer Zeit geleistet werden muss, gelingt mit der Aufnahme der kontinuierlichen Positionskorrektur in das Leitbild. Das zu erfüllende Ideal wird über die Legitimation der dauerhaften Suche in gewisser Weise geerdet. Es wird dadurch anschlussfähig, dass seine Nichterfüllung nicht als endgültiges Scheitern, sondern als erwartbare temporäre Enttäuschung gedacht wird.

(2) Zentrierung auf das Ich

In wechselseitiger Bedingung mit dem stetigen Oszillieren steht die Zentrierung auf das Ich. Nur indem die Höchstbewertung der eigenen Zufriedenheit, des persönlichen Glücks, des egoistischen Wohlbefindens zum zentralen Anfangs- und Endpunkt der Liebe (vielleicht sogar des gänzlichen Daseins) wird, ist das Konzept der Dynamik möglich und auch notwendig.

Die Selbstreflexivität betrifft dabei nicht nur die Fernwelt, sondern auch die Nahwelt, sie ist das stärkste Merkmal der unabhängigen Liebe. Da sich gesellschaftliche Werte- und Normenkomplexe überlagern, die durch ihre simultane Gegensätzlichkeit keine eindeutige Orientierungsfunktion gewährleisten können, ist es naheliegend, dass dafür in letzter Instanz nur die Individuen selbst bzw. ihre aktuellen Befindlichkeiten in Frage kommen.

Selbstverwirklichung wird jetzt, und dies ist wohl der größte Unterschied zur Romantischen Liebe, vor allem außerhalb der Bindung gesucht. Dadurch verliert die Liebe ihren großen Stellenwert innerhalb der Individualisierung, den sie bislang innehatte. Über die Zentrierung auf das Ich bekommt die Liebe einen temporären Charakter, denn sie wird den persönlichen Zielen, die es (in der Fernwelt) zu verwirklichen gilt, nachgeordnet. Lebensentscheidungen werden sehr viel wahrscheinlicher aus der „Ich-Perspektive" getroffen und nicht unter „Wir-Aspekten" betrachtet, die Zentrierung auf das Ich führt in der Normebene zu den sogenannten „Assoziations-Paaren" (Lay 2005, S. 241).

(3) Abwesenheit von dauerhaften Verpflichtungen/Zwängen

Wenn ein frei bewegliches Individuum, das seine Position letztlich nur nach persönlichen Gesichtspunkten festlegt, als ideal konzipiert wird, muss als weiteres tragendes Element der Utopie die Abwesenheit von dauerhaften Verpflichtungen und Zwängen folgen, die nur als Behinderung bzw. Einschränkung empfunden werden können. Diese Vorstellung von relativer Freiheit betrifft nicht nur die Nahwelt, sondern ebenso die Fernwelt.

(4) Erfüllung der hohen Erwartungshaltung

In den untersuchten Positionen zeigt sich deutlich eine hohe Erwartungshaltung der Individuen an ihr Leben und auch an die Liebe, die ihrerseits Grundvoraussetzung für das Oszillieren ist und wiederum von der Zentrierung auf das Ich bedingt wird. Über das normale Hoffen auf die Erfüllung einer Utopie, welches erst ermöglicht, nach ihr zu leben, hinaus gibt es eine bewusste Erwartungshaltung gegenüber der Liebe. Sehr rational werden Wünsche und Richtlinien formuliert, die bei einer Bindung eingehalten und erfüllt werden müssen. Wie sich im Lebensalltag zeigt, ist es oft die Erwartungshaltung selbst, die der Erfüllung der Liebe im Wege steht. Der Topos der verpassten Möglichkeiten, die tatsächlich verpasst sind oder auch nur in Zukunft verpasst werden könnten, ist eine Folge der Suche nach der im Ideal angelegten erfüllten Erwartungshaltung. Ließe sie sich erreichen, wäre das Glück, das in der gelebten Liebe oft nur retrospektiv existiert, während seiner Dauer kenntlich.

(5) Erfüllung der Sehnsucht

Das letzte Kriterium, das dem vorangegangenen stark ähnelt, ist die erfüllte Sehnsucht. Es ist nicht nur eine rationale Erwartungshaltung der Individuen an die Liebe zu beobachten, sondern auch eine ausgewiesene Sehnsucht nach dem, was die Utopie der Nahwelt ist: nach der unerreichbaren Liebe. Hauptsächlich durch den Einfluss der Forderungen der Fernwelt wird sie in der Gegenwart unerreichbar. Doch diese Sehnsucht, die sich, ihrer ursprünglichen Bedeutung annähernd, als ein schmerzliches Verlangen manifestiert, ist letzten Endes genauso elementar für die Individuen wie die Forderung der Fernwelt nach unerreichbarer Befreiung von jeglicher Bindung, die sich in der Abwesenheit von Zwängen und Fokussierung auf das Selbst zeigt. Auf der Ebene der Normen hat sich dieser Teil der Utopiekonstruktion als „absurde Hoffnung" gezeigt (s. o.): Obwohl es unter dem starken Einfluss der Fernwelt mit der Utopie der Individualisierung nicht im Rahmen des Möglichen zu sein scheint, wird eine rational bisweilen verleugnete oder zumindest abgeschwächte Hoffnung auf Dauer und Geborgenheit ausgebildet, die eine grundlegende emotionale Anschlussfähigkeit besitzt und so die Utopie der Nahwelt als zweiten Pol im Spannungsfeld verankert.

Das Ideal ist *resignativ angelegt* – es ordnet sich förmlich den drückenden Bedingungen unter, unter welche die Individuen es auch gezwungen sind zu tun. Die Macht der Fernwelt spiegelt sich auf der Diskursebene wider und verändert damit die Syntaktik des Leitbilds gegenüber den früheren Leitbildern der Liebe radikal. Es ist nicht mehr eine positive, konturenscharfe Utopie, sondern vielmehr eine Utopie, die nicht präzise lokalisiert werden kann – die genau der Zustand für das Individuum ist, zwischen den Bedürfnissen der Nahwelt und den Forderungen der Fernwelt, der am wenigsten Schmerz bzw. am meisten Befriedigung (Glück) bereitet.

Fazit: Stabilität durch Fluss

Wie die Untersuchung nahe legt, haben Liebe und Individualisierung heute gegensätzliche Regeln und Bedürfnisse, sie schließen sich gegenseitig aus. Und trotzdem: Sie existieren nebeneinander und daran wird sich nichts ändern, denn die Menschen brauchen die Nähe und Wärme einer Bindung, ganz gleich wie dominant die Fernwelt ist.

Es hat sich gezeigt, dass der Komplex der Individualisierung die Paradoxie der gegenwärtigen Liebe ist, dass sie die Erfüllbarkeit verhindert und so das Überleben der Utopie sichert. Mit dem Modell der unabhängigen Liebe liegt der Versuch vor, der Liebe eine Gestalt zu geben, die über die bloße Feststellung der Korrosion der Romantischen Liebe hinausgeht. Das neue Modell bildet die gefundenen Liebesgehalte ab und kann so zu einem besseren Verstehen der aktuellen Tendenzen beitragen, die jetzt erst vollständig erkennbar werden.

Arbeit und Leben – der große Antagonismus der Gegenwart?

Im Blick auf die erfolgte Untersuchung dieser Frage ist es einerseits möglich, das Fragezeichen in einen Punkt zu wandeln. Andererseits nicht. Die Zweiseitigkeit, die Spannung und die Dynamik, die aus dem konträren wie grundlegenden Konflikt zwischen „Leben und Arbeit" resultiert, scheint keine Störung oder Fehlfunktion der gesellschaftlichen Struktur zu sein, sondern geradezu ihre Bedingung.

Wie die skizzierten Analysen gezeigt haben, determiniert das Oszillieren das Ich der Gegenwart in vielen Bereichen. Identität wird nicht mehr geplant, ist nicht mehr vorhersehbar. Sie wird gleichsam spielerisch entschieden, ist hochgradig situativ. Das Fließen (in der Biographie, in Partnerschaften oder auch im Konsumverhalten und in Einstellungen) ist damit die neue Stabilität – jeder Mensch wird dazu „verdammt" sein eigener Mittelpunkt zu sein. Die funktionale Differenzierung, als sozial-strukturelle Grundlage der Gesellschaft, hat u. a. zu einer Beschleunigung der Bindungen geführt, was sich deutlich an der aktuellen Utopie der Liebe nachweisen lässt. Die identifizierte Lebensstrategie lässt sich auf alle Arten von Bindungen im Leben übertragen: Der Versuch, Bindungen einzugehen, ist elementar und muss unternommen werden. Allerdings, und dies ist der entscheidende Aspekt der neuen Leitbilder zur Identitätskonstruktion, wird das Versagen nicht als endgültiges Scheitern, sondern als *erwartbare temporäre Enttäuschung* gedacht.

Letztlich lassen sich die Ergebnisse wie folgt zusammenfassen: Es ist nicht möglich, Arbeit und Leben zu vereinen. Es ist aber auch nicht möglich, Arbeit und Leben zu trennen. Wir müssen unsere Epoche als Spannungsfeld sehen, in dem wir uns spielerisch und kreativ aus*leben* können. Und müssen.

Literatur

Bauman, Z. (2003): Liquid Love. On the Frailty of Human Bonds, Cambridge.

Beck, U. (1990): Das ganz normale Chaos der Liebe, Frankfurt am Main.

Beck, U. (1994): Risikogesellschaft. Auf dem Weg in eine andere Moderne, Frankfurt am Main.

Bellah, R. et al. (1987): Gewohnheiten des Herzens. Individualismus und Gemeinsinn in der amerikanischen Gesellschaft, Köln.

Burkart, G. (1997): Lebensphasen Liebesphasen. Vom Paar zur Ehe zum Single und zurück?, Opladen.

Dux, G. (1994): Warum wir lieben. Die romantische Liebe nach dem Verlust der Welt, Frankfurt am Main.

Giddens, A. (1993): Wandel der Intimität. Sexualität, Liebe und Erotik in modernen Gesellschaften, Frankfurt am Main.

Goffman, E. (1999): Interaktionsrituale. Über Verhalten in direkter Kommunikation, Frankfurt am Main.

Hitzler, R. / Honer, A. (1994): Bastelexistenz. Über subjektive Konsequenzen der Individualisierung. In: Beck (Hg.): Riskante Freiheiten, Frankfurt am Main.

Keupp, H. (1994): Ambivalenz postmoderner Identität. In: Beck, U. (Hg.): Riskante Freiheiten, Frankfurt am Main.

Lay, C. (2005): Living apart together. In: Kemper, P. / Sonnenschein, U.: Liebe. Zwischen Sehnsucht und Simulation, Frankfurt am Main.

Lenz, K. (1998): Soziologie der Zweierbeziehung. Eine Einführung, Opladen / Wiesbaden.

Luhmann, N. (1982): Liebe als Passion. Zur Codierung von Intimität, Frankfurt am Main.

Luhmann, N. (1994): Copierte Existenz und Karriere. Zur Herstallung von Individualität. In: Beck (Hg.): Risikogesellschaft. Auf dem Weg in eine andere Moderne, Frankfurt am Main.

Sennett, R. (1983): Verfall und Ende des öffentlichen Lebens. Die Tyrannei der Intimität, Frankfurt am Main.

Swidler, A. (1980): Love and Adulthood in American Culture. In: Smelser (Hg.): Themes of Work and Love in Adulthood, Cambridge.

Künstlerische Positionen:

Berg, S. (2004/ 2005): Das wird schon. Nie mehr lieben. In: Schauspielhaus Bochum (Hg.): Bochumer Stücke 28

Jelinek, E. (2004): Ahörnchen und Behörnchen. Aus: DU-Magazin, Heft 745 / April, Niggli.

Kraume, K. (2006): Keine Lieder über Liebe. DVD

www.lovepangs.com (letzter Zugriff März 2006)

Nach der Fusion: Wer werden wir?

Organisationale Identifikation im Verlauf einer Fusion

von Ilka Gleibs

Warum musste dieser Beitrag geschrieben werden?

Meist werden Fusionen aus rein betriebswirtschaftlicher Perspektive betrachtet. In den letzten Jahren ist jedoch deutlich geworden, dass die MitarbeiterInnen oder organisationalen Mitglieder und deren Reaktion während einer Fusion einen wichtigen Beitrag zum Erfolg bzw. Misserfolg einer Fusion leisten. Diese psychologische Betrachtung eines ökonomischen Sachverhaltes und der Fokus auf der Entwicklung eines Gefühls der Zugehörigkeit der fusionierten Organisation macht die Relevanz dieses Artikels aus.

Warum sollte dieser Beitrag gelesen werden?

Die Betrachtung eines wirtschaftlichen Sachverhaltes wie einer Fusion aus sozialpsychologischer Perspektive ist neu und trägt zum ganzheitlichen Verständnis von komplexen, wirtschaftlichen Prozessen bei. Von besonderer Bedeutung für den vorliegenden Beitrag ist der Fokus auf Veränderungs- und Entwicklungsaspekte und die Betrachtung einer Fusion über den Zeitraum von einem Jahr. Der Fokus der Arbeit liegt auf der Frage, wie eine Fusion die Organisationsmitglieder und deren Zugehörigkeitsgefühl zur Organisation über einen längeren Zeitraum verändert und beeinflusst.

Was muss in Deutschland für die Vereinbarkeit von Leben und Arbeit getan werden?

Nicht nur in Deutschland, sondern allgemein, sollten die Bedürfnisse, Ängste und potentiellen Schwierigkeiten von Beteiligten in Umstrukturierungsmaßnahmen stärker berücksichtigt werden. Fusionen sind nicht durch das bloße Zusammenlegen von Organisationen getan, sondern machen es notwendig, sich um die Menschen zu kümmern, die sich in dieser (neuen) Organisationen wohl fühlen sollen. An dieser Aufgabe sollten ExpertInnen aus unterschiedliche Disziplinen und Professionen zusammenarbeiten, um Fusionen und damit verbundene Herausforderungen umfassend angehen zu können.

Einleitung

Organisationszusammenführungen bzw. Fusionen und Akquisitionen[1], sei es von Unternehmen, Schulen, Hochschulen, Parteien, Landkreisen oder ganzen Ländern, sind ein alltägliches Phänomen. Kaum vergeht ein Tag, an dem nicht von einer neuen „Megafusion" in der Wirtschaft berichtet wird. Vielleicht sind wir selbst betroffen, wenn unsere Arbeitsabteilung mit einer anderen zusammengelegt wird. Von Fusionen verspricht man sich Wachstum, Synergieeffekte, Einsparungen oder die Möglichkeit, sich gegen andere Konkurrenten behaupten zu können. Problematisch ist aber, dass aus finanzieller Sicht 50 bis 70 Prozent aller Fusionen scheitern (Klendauer / Frey / Greitemeyer 2006; Ernst & Young 2006), d.h. durch die Fusion der Unternehmenswert verringert wird. In einer jüngst erschienen Studie von Ernst & Young (2006) wurde dargestellt, dass zwei wichtige Gründe für das Scheitern von Fusionen im mangelndem Integrationsmanagement und Schwierigkeiten bei der Zusammenlegung unterschiedlicher Unternehmenskulturen liegen.

Was verbirgt sich hinter dieser Aussage? Liegt es womöglich an den MitarbeiterInnen bzw. organisationalen Mitgliedern, wenn eine Fusion scheitert? Was geschieht genau auf Seiten der MitarbeiterInnen während einer Fusion? Um diese Fragen zu beantworten und um zu verstehen, wie ein Fusion möglichst erfolgreich (sowohl aus finanzieller als auch aus psychologischer Sicht) verlaufen kann, ist die (wissenschaftliche) Betrachtung von Fusionen nicht mehr nur die Domäne von ÖkonomInnen, JuristInnen und FinanzberaterInnen. Mehr und mehr rücken auch die MitarbeiterInnen in den Fokus und damit steigt die Relevanz der Betrachtung von Fusionen aus psychologischer Perspektive. Der vorliegende Beitrag greift diesen psychologischen Blickwinkel auf ökonomische Sachverhalte auf.

Schon 1929 hat James McKinsey, der Gründer der Beratungsfirma McKinsey, festgestellt, dass ein entscheidendes Problem während einer Fusion die Entwicklung eines *esprit de corps* der MitarbeiterInnen in der neuen Organisation ist. Dennoch wurde dieses Problem in der Praxis und Forschung von Fusionen lange vernachlässigt. Im vorliegenden Beitrag wird genau dieser Sachverhalt aufgegriffen und der Frage nachgegangen, wie sich Identifikation mit der neuen Organisation (also ein esprit de corps) im Verlauf einer Fusion entwickelt und verändert.

---

1 Akquisitionen und Fusionen sind rechtlich unterschiedliche Formen der Zusammenführung. Während eine Akquisition nur eine wirtschaftliche Einheit zur Folge hat, schließt eine Fusion auch die rechtliche Einheit mit ein, d.h. die Auflösung der ursprünglichen Rechtspersönlichkeit einer Organisation. Aus praxisorientierter Perspektive werden beide Begriffe oft synonym verwendet, da prinzipiell ähnliche Probleme zu bewältigen sind (Buono & Bowditch 2003). Ich schließe mich dieser Perspektive an und benutze Fusion synonym für Fusionen und Akquisitionen.

Aus der psychologischen Literatur zu Fusionen wissen wir, dass weitreichende organisationale Veränderungen wie eine Fusion, psychologische Reaktionen wie Stress, *Turnover*-Intentionen (das Gefühl die Organisation verlassen zu wollen), verringertes Selbstwertgefühl, Angst und Unsicherheit hervorrufen (Amiot / Terry / Callan 2007; Amiot / Terry / Jimmieson / Callan 2006; Cartwright / Cooper 2006; Hogan / Overmyer-Day 1994; Klendauer et al. 2006; Terry / Callan 2001). Die Folgen sind reduzierte Arbeitsmotivation, schlechtere berufliche Leistung, erhöhte Fehlzeiten sowie vermehrte Kündigungen durch Leistungsträger (Winkler-Kirsch / Kaiser 1999).

Neben der Betrachtung von Faktoren, die vor allem die einzelnen Personen einer Fusion im Blick haben und somit die Probleme einzelner Individuen, kann man eine Fusion auch als einen Prozess betrachten, der die Mitglieder einzelner Gruppen betrifft. Damit rückt der Forschungsschwerpunkt weg von einer individuenzentrierten Psychologie hin zur Sozialpsychologie, deren Ziel das Erforschen menschlichen Erlebens und Verhaltens im sozialen Kontext ist. Aus dieser Perspektive kann man eine Fusion als einen Zusammenschluss von mindestens zwei vormals unabhängigen Gruppen betrachten. Die Beziehung zwischen Gruppen und das Verhalten von Mitgliedern einer Gruppe gegenüber denen einer anderen (Intergruppenverhalten) ist Forschungsschwerpunkt der Intergruppenforschung. Wenn man also eine Fusion als eine Situation betrachtet, in der zwei Gruppen interagieren, können Aspekte der Intergruppenforschung (für einen Überblick zur Intergruppenforschung siehe Brewer / Brown 1998) theoretische Erklärungen liefern, um Fusionen und Reaktionen von Beteiligten zu verstehen. Besonders von Interesse sind dann zentrale Elemente der Intergruppenforschung, die direkten Bezug zu Fusionen haben, wie die Identifikation mit der ehemaligen und mit der neuen Organisation, der Einfluss von Statusunterschieden zwischen den Gruppen und die Bedrohungen der Gruppenzugehörigkeit durch die Fusion (für einen Überblick des Ansatzes einer Intergruppenperspektive im Fusionskontext siehe Terry 2001). In den vergangenen zehn Jahren wurden Fusionen aus einer Intergruppenperspektive betrachtet und z.B. theoretische Annahmen des Ansatzes der sozialen Identität (Tajfel / Turner 1986; Turner / Hogg / Oakes / Reicher & Wetherell 1987), der im folgenden näher erläutert wird, auf Fusionen angewandt (Haunschild / Moreland / Murell 1994; Terry 2001; van Knippenberg / van Leeuwen 2001; Greitemeyer / Fischer / Nürnberg / Frey / Stahlberg 2006).

Wie bereits erwähnt, ist Mittelpunkt der vorliegenden Arbeit ein zentrales Konstrukt der Sozialpsychologie und Intergruppenforschung: die Identifikation mit einer Gruppe bzw. Organisation. Organisationale Identifikation beschreibt nach Ashforth und Mael (1989) die Wahrnehmung, Teil einer Organisation zu sein, über die sich ein Individuum definiert und beschreibt. Darüber hinaus beinhaltet organisationale Identifikation, dass Erfolg oder Misserfolg einer Organisation persönlich erfahren werden. Organisationale Identifikation stellt die Beziehung zwischen einem Individuum und einer Organisation dar und beinhaltet die kognitive Repräsentation sowie emotionale Reaktion, Teil einer Gruppe zu sein.

Verknüpft ist dieses Konstrukt mit organisationaler Verbundenheit (Commitment) (Riketta 2005).

Im Falle einer Fusion ist das Konzept der organisationalen Identifikation von besonderem Interesse, weil es mit einem engagierten und längerfristigen Einsatz für die Organisation verknüpft ist. In der bisherigen Intergruppenforschung zu Fusionen, die sich mit organisationaler Identifikation beschäftigte (Bartels / Douwes / de Jong / Pruyn 2006; Boen / Vanbeselaere / Hollants / Feys 2005), dienten den WissenschaftlerInnen vor allem Querschnittsdaten als Grundlage empirischer Befunde. Wollen wir uns aber systematische Entwicklungen und Veränderungen anschauen, benötigen wir Längsschnittdaten. Nur Längsschnittdaten erlauben es, Veränderungen, z.B. während einer Fusion, zu dokumentieren, vorherzusagen und Hypothesen über die Richtung der Zusammenhänge zu testen. Bis jetzt gibt es nur sehr wenige psychologische Arbeiten, die Längsschnittdaten benutzen (Amiot et al. 2006; Amiot et al. 2007; Fugate / Kinicki / Scheck 2002) und keine, die speziell die Veränderung von organisationaler Identifikation betrachtet.

In der vorliegenden Arbeit wird sich dieser Lücke in der sozialpsychologischen Fusionsforschung angenommen. Während eines Fusionsprozesses wurden über den Zeitverlauf von einem Jahr an drei Messzeitpunkten Daten erhoben, die die empirische Grundlage dieses Beitrags bilden. Nachgegangen wird der Frage, wie sich organisationale Identifikation im Zeitverlauf entwickelt und verändert und welche Prädiktoren organisationale Identifikation im Laufe des Fusionsprozesses vorhersagen können. Im Folgenden werden der theoretische Hintergrund der Arbeit und die Ableitung der Hypothesen dargestellt, es folgt eine Erläuterung zur Methode und die Auswertung, eine Darstellung wichtigster Ergebnisse und eine abschließende Diskussion.

Theorie

Der Ansatz der sozialen Identität (*Social Identity Approach,* SIA) ist eine allgemeine sozialpsychologische Theorie, die sich mit Gruppenprozessen und Intergruppenbeziehungen auseinandersetzt. Der Ansatz besteht aus zwei sich ergänzenden Theorien: der *Social Identity Theory* (SIT; Tajfel / Turner 1986) und der *Self-categoriziation Theory* (SCT; Turner / Hogg / Oakes / Reicher / Wetherell 1987), wobei die SIT eine sozial-motivationale Theorie über Intergruppenprozesse ist und die SCT eher kognitive Prozesse, die zu Kategorisierung führen und aus diesen folgen, betrachtet.

Im SIA wird davon ausgegangen, dass eine fundamentale Motivation von Individuen das Streben nach einem positiven Selbstkonzept ist. Dieses Selbstkonzept beinhaltet eine persönliche und eine soziale Identität, die sich nach Tajfel und Turner (1986) auf einem Kontinuum befinden. Es gibt also einen fließenden Übergang zwischen mir als Individuum

(Ilka) und mir als Gruppenmitglied (Wissenschaftlerin). Handle ich im Sinne einer persönlichen Identität (ich als Person X), die nur mir zueigen ist, ist mein Verhalten interpersonal, handle ich hingegen auf Grundlage einer sozialen Identität (ich als Frau), die ich mit Mitgliedern der gleichen sozialen Gruppe teile, so ist das Verhalten intergruppal. Der Kernaspekt dieses Ansatzes ist das Streben nach einem positiven Selbstkonzept aufgrund der Zugehörigkeit zu einer (oder mehreren) sozialen Gruppe(n), die soziale Identität (bestimmt durch das Dazugehörigfühlen zu einer bestimmten sozialen Gruppe) und das Verhalten auf Grund dieser Gruppenzugehörigkeit (intergruppales Verhalten). Individuen definieren sich als Mitglied einer Gruppe über die Selbstkategorisierung (ich gehöre der Kategorie der Frauen an) und schreiben sich selbst Charakteristiken zu, die als typisch für diese Gruppe betrachtet werden (z.B. ich bin emotional, weil Frauen emotional sind). Diese Wahrnehmung des Selbst aufgrund der Mitgliedschaft in einer Gruppe (ich bin Teil einer Gruppe und handle dementsprechend) ist die Basis für Einstellungen und Verhalten aufgrund der Mitgliedschaft in dieser Gruppe. Je mehr sich eine Person in einer gegeben Situation als Teil einer sozialen Gruppe sieht, desto mehr werden Einstellungen und Verhaltensweisen über die Gruppenmitgliedschaft bestimmt. Soziale Identifikation ist die Wahrnehmung des Einsseins mit einer sozialen Kategorie.

Ashforth und Mael (1989) haben den Ansatz der Sozialen Identität aufgegriffen und auf organisationale Kontexte angewandt. Sie argumentieren, dass organisationale Identifikation ein Spezialfall einer sozialen Identifikation sei. Sie beschreiben, dass organisationale Identifikation, analog zur sozialen Identifikation, dass Gefühl sei, zu einer Organisation dazuzugehören sowie der Umstand, dass sich Mitglieder der Organisation über diese definieren (Ich *bin* Angehörige der Universität X). Die Stärke der organisationalen Identifikation impliziert, wie sehr sich das Verhalten eines Individuums an organisationalen Werten, Normen und Charakteristika orientiert (Haslam / Postmes / Ellemers 2003). Das heißt auch, dass organisationale Identifikation positiv assoziiert ist mit Engagement im Beruf und Zufriedenheit mit der Organisation (Riketta 2005; Haslam / Postmes / Ellemers 2003).

Gehen wir zurück zu dem Kontext einer Fusion, als einen besonderen organisationalen Kontext. Das Gefühl Teil der neuen, fusionierten Organisation zu sein, gilt als Indikator für eine erfolgreiche Fusion (Amiot et al. 2006). Es wird außerdem davon ausgegangen, dass sich die Identifikation mit der neuen Organisation positiv auf die Beziehung zwischen den Mitgliedern der beiden ehemaligen Organisationen auswirkt (Dovidio / Gaertner / Validzic 1998). Problematisch ist, dass man Identifikation nicht einfach „herstellen" kann. Im Gegenteil, man erwartet Widerstand und Ablehnung der neuen Organisation gegenüber (Chreim 2002).

Während des Fusionsprozesses, wenn z.B. die Fusion bekannt gegeben wird, werden die Grenzen zwischen den beteiligten Organisationen salient (Ethier / Deaux 1994; Giessner

2003), d.h. sie treten ins Bewusstsein der Beteiligten. Häufig treten Fragen auf, wie *„wir* sollen mit *denen* fusionieren"? Dieser Prozess führt dazu, dass sich die Mitglieder der beteiligten Organisationen stärker mit der alten Organisation identifizieren. Die Werte und Normen der alten Organisation sowie die Verbundenheit mit Mitgliedern dieser Organisation treten in den Vordergrund.

Andererseits ist ein Ziel der Fusion, dass die Verbundenheit mit der alten Organisation abnimmt und die mit der neuen Organisation zunimmt. Empirisch konnte in einer Reihe von experimentellen Studien (van Leeuwen / van Knippenberg / Ellemers 2003) sowie Felduntersuchungen (Boen / Vanbeselaere / Hollantts / Feys 2005; Terry / Carey / Callan 2001) gezeigt werden, dass in verschiedenen Phasen einer Fusion die Identifikation mit der alten Organisation deutlich höher ist als die mit der neuen, fusionierten Organisation. Dies ist ein Indiz für das anhaltende Festhalten an der alten Organisation und den Widerstand sich auf die neue einzulassen.

Zum Verhältnis von Prä- und Postfusionsidentifikation, das heißt der Identifikation mit der ehemaligen Organisation (Präfusionsidentifikation) sowie mit der neuen, fusionierten Organisation (Postfusionsidentikation), ist in der sozialpsychologischen Fusionsliteratur der Ansatz von van Knippenberg und van Leeuwen (2001) populär geworden. In ihren Arbeiten, die sich sowohl auf experimentelle Arbeiten wie auch Felduntersuchungen stützen, konnten sie zeigen, dass es einen positiven Zusammenhang zwischen alter und neuer Identifikation gibt, d.h. je mehr sich eine Person mit ihrer alten Organisation identifiziert, desto mehr identifiziert sie sich später mit der neuen. Das scheint in Bezug auf die vorherige Argumentation zunächst kontraintuitiv. Basierend auf Annahmen des SIA und Arbeiten von Rousseau (1998) argumentieren die Autoren, dass Mitglieder (vor allem der dominanten Organisation) eine Kontinuität ihrer alten Organisation in der neuen wahrnehmen (Identitätskontinuität). Die Autoren (van Leeuwen / van Knippenberg / Ellemers 2003) konnten zeigen, dass diejenigen Mitglieder einer Organisation, die sich hoch mit der Präfusionsgruppe identifizierten auch hoch mit der neuen, fusionierten Organisation verbunden fühlten. Statistisch gesehen wurde ein positiver Zusammenhang zwischen Prä- und Postfusionsidentifikation gefunden.

Im Sinne der SIA ist eine Fusion ein Rekategorisierungsprozess, bei dem zwei Gruppen eine neue Gruppe bzw. Kategorie bilden. Das heißt, dass Teile der beiden alten Organisationen in die neue mit eingehen. Vor allem ein dominanter Fusionspartner kann auch nach der Fusion Teile seiner alten Organisation, seien es Werte und Normen oder bestimmte Abläufe, erkennen und damit eine Kontinuität. Diese wahrgenommene Kontinuität ermöglicht, dass die Identifikation mit der alten Organisation auch (partiell) Identifikation mit der neuen gestattet. Wird hingegen die neue Organisation als völlig neu und anders wahrgenommen (meist vom dominierten Fusionspartner), sollte ein solcher positiver Zusammenhang, wie oben beschrieben, nicht auftreten (vgl. van Knippenberg /

van Knippenberg / Monden / de Lima 2002). Im Kontext einer realen Fusion ist eine Kontinuitätswahrnehmung nur teilweise Ziel einer erfolgreichen Fusion und vor allem für den dominierten Fusionspartner schwierig zu erlangen (van Dick / Ullrich / Tissington 2006).

Aus dem Bisherigen leiten ich folgende Annahmen ab: Zunächst wird Widerstand erwartet, sich mit der neuen Organisation zu identifizieren. Dieses sollte sich empirisch in einem niedrigen Wert von Postfusionsidentifikation widerspiegeln und in einem deutlich höheren Wert von Präfusionsidentifikation. Darüber hinaus wird erwartet, dass es trotz deutlicher Mittelwertsunterschiede einen positiven statistischen Zusammenhang zwischen der Identifikation mit der alten und neuen Organisation gibt, der aber nur für den dominanten Fusionspartner gelten sollte. Von entscheidender Bedeutung ist dann die Frage, ob dieser Zusammenhang über einen längeren Zeitraum konstant bleibt. Im empirischen Teil dieses Beitrags werde ich die Entwicklung beider Identifikationen im Zeitverlauf anschauen und die Konstanz des Verhältnisses der beiden Konstrukte untersuchen.

Die leitende Forschungsfrage ist, wie sich die organisationale Identifikation während eines Fusionsprozesses verändert. Neben den bereits erwähnten Zusammenhängen werden zwei weitere Konstrukte eingeführt, die für die Entwicklung und Vorhersage von organisationaler Identifikation von Bedeutung sind: *wahrgenommene Fairness* und *emotionale Reaktion.*

Fairness oder Gerechtigkeit ist ein wichtiger Aspekt im Fusionsprozess (Citera / Stuhlmacher 2001). MitarbeiterInnen möchten, dass ihre Forderungen und Bedürfnisse ernst genommen werden und in die Fusion eingehen. Die Frage ist, ob und wie Ressourcen gerecht verteilt werden (wer in welchem Gebäude bleibt, wie viel des Firmennamens oder -logos in ein neues eingeht) und ob beide Fusionspartner im Prozess der Verhandlungen die gleichen Rechte haben. *Wahrgenommene Fairness* im Fusionsprozess beinhaltet zwei unterschiedliche Aspekte von Gerechtigkeit, die in der Sozialpsychologie unterschieden werden. Zum einen geht es um die gerechte Verteilung von Ressourcen, was mit distributiver Gerechtigkeit beschrieben wird. Der zweite Aspekt wird prozedurale Gerechtigkeit genannt und beinhaltet, ob der Ablauf oder der Prozess gerecht erscheint. Die bisherige sozialpsychologische Fusionsforschung hat Fairness als wichtigen Prädiktor für organisationale Identifikation herausgearbeitet (Amiot et al. 2007; Lipponen / Olkonnen / Moinlanen 2004). Theoretisch basieren diese Ergebnisse auf einem Modell von Tyler und Blader (2003). Sie beschäftigen sich mit der Frage, wie sich das Verhältnis zwischen Mitgliedern innerhalb von Gruppen entwickelt.

Wie schon der vorgestellte Ansatz von van Knippenberg und Kollegen, basiert das *group engagement* Modell auf Annahmen des SIA. Tyler und Blader (2001) formulieren, dass das Engagement von Menschen in und für eine Gruppe durch das Feedback beeinflusst wird, das sie für ihr Engagement erhalten. Angelehnt ist diese Idee an die These des SIA, dass eine fundamentale Motivation menschlichen Handelns ein positives Selbstkonzept ist, das sich auch über Gruppenmitgliedschaften definiert. Weiter argumentieren Tyler und Blader, dass ein wichtiger Aspekt auf Grund dessen man den Wert einer Identität mit der Gruppe bewertet, die Wahrnehmung von Gerechtigkeit oder Fairness ist. Der Eindruck fairen Handelns gibt einem Individuum das Gefühl, innerhalb der Gruppe respektvoll behandelt zu werden, und dass diese Gruppe „gut" mit ihren Mitgliedern umgeht. Im Kontext einer Fusion bedeutet dies, dass Mitglieder einer Fusionspartei, die das Gefühl haben, dass auch ihr Engagement und Einbringen wichtig für die Fusion sei, sich eher als Teil dieser Gruppe sehen. Sie identifizieren sich mit der fusionierten Organisation. *Wahrgenommene Fairness* im Fusionsprozess dient damit der Vorhersage von organisationaler Identifikation. Die Annahme ist, dass die Mitglieder höhere Werte von Postfusionsidentifikation haben, wenn sie den Fusionsprozess als gerecht wahrnehmen. Eine sich anschließende Frage ist, ob sich dieser Zusammenhang von wahrgenommener Fairness und Postfusionsidentifikation über den Zeitverlauf der Untersuchung verändert?

Als dritte Variable wird die Rolle *emotionaler Reaktionen* während einer Fusion sowie deren Vorhersagekraft für Postfusionsidentifikation untersucht. Intuitiv können wir uns vorstellen, dass es sich dabei um negative Emotionen, wie Ärger, Angst, Wut und Unsicherheit handelt. Im Lexikon des Change Managements (Berner 2006) erscheint im Artikel zum Post-Merger Management: „Managing Mergers means managing fears", was sehr illustrativ verdeutlicht, dass vom Fusionsprozess vor allem Unsicherheit und Angst ausgelöst werden. Die negativen emotionalen Reaktionen auf organisationalen Wandel, besonders in Fusionssituationen, sind ein entscheidender Faktor bei der Frage, ob eine Fusion zum Erfolg führt (Fugate et al. 2002; Kiefer 2005). Einige Studien haben gezeigt, dass negative Reaktionen die Realisierung des Fusionsvorhabens behindern und Widerstand fördern (Kiefer 2005).

Welche Rolle spielen diese emotionalen Reaktionen für die Identifikation mit der neuen Organisation? Ähnlich wie im Ansatz von Tyler und Blader (2003) wird davon ausgegangen, dass emotionale Reaktionen eine wichtige Funktion für die Formation von Gruppen und die Wahrnehmung der fusionierten Organisation haben. Wenn die Fusion vor allem mit negativen Emotionen verknüpft ist, wird die neue Organisation negativ bewertet und Mitglieder der alten Organisation weigern sich, die neue Organisation als wünschenswerte und positive Kategorie zu betrachten, mit der man sich verbunden fühlt. Im Sinne des SIA dient die Kategorisierung als Mitglied der neuen Organisation nicht dem Streben nach einem positiven Selbstkonzept und Mitglieder werden sich kaum mit ihr identifizieren. Für diese Studie bedeutet dies, dass eine negative Beziehung zwischen negativen Emotionen und organisationaler Identifikation vorhersagt wird.

Es werden also drei Prädiktoren für organisationale Identifikation betrachtet: Präfusionsidentifikation, wahrgenommene Fairness und negative emotionale Reaktionen. Es wird außerdem angenommen, dass Präfusionsidentifikation nur eine positive Rolle bei der Vorhersage für Mitglieder des dominanten Fusionspartners spielt. Des Weiteren betrachte ich die Entwicklung der abhängigen Variablen, Postfusionsidentifikation und der unabhängigen, d.h. der erklärenden Variable, über die Zeit. Dabei wird die Veränderung der Mittelwerte sowie des Verhältnisses zwischen den Variablen über den Zeitverlauf innerhalb des Fusionsprozesses untersucht.

Methode

Veränderung im Fusionsprozess

Bevor im Weiteren auf die durchgeführte Studie und die Hauptergebnisse eingegangen wird, soll gesondert auf die Bedeutung des Aspektes der zeitlichen Veränderung sowie der konzeptionellen und methodischen Möglichkeiten der vorliegenden Längsschnitt-Untersuchung eingegangen werden. Lange Zeit wurde in der (sozial-)psychologischen Forschung wie auch in der Fusionsforschung kaum auf den Aspekt der systematischen Veränderung und der Relevanz von Längsschnittdaten eingegangen. Zwar schließen viele der veröffentlichten Beiträge zur Fusionsforschung in der Diskussion mit dem nach Ruf Längsschnittdaten[2], fokussieren aber nicht explizit auf diesen Aspekt (Vgl. als Ausnahme Amiot et al. 2007).

Der Aspekt der Längsschnitt-Betrachtung ist aus mindestens drei Gründen zentral und wichtig. Erstens ist der Gegenstand an sich ein Veränderungsprozess, der auch als solcher betrachtet werden sollte. Fusionen sind keine singulären Ereignisse, sondern ein Prozess, der sich über Monate und Jahre erstrecken kann (Citera / Rentsch 1993). Deshalb sollte man auch diesen Prozess beachten und die Veränderungen, die dort geschehen, beobachten und analysieren. Zweitens geben Querschnittsdaten, methodisch gesehen, keinen Aufschluss über die Richtung von kausalen Effekten oder systematischen Veränderungen (Taris 2000). Dies führt dazu, dass in den wenigsten Studien (die nicht experimentell sind) eine Aussage über die Richtung von Effekten gemacht werden kann. Drittens ist festzuhalten, dass es auch aus theoretischer Sicht bedeutsam ist, sich mit Veränderungen von Kontextbedingungen auseinanderzusetzen. Die meisten Arbeiten in der Sozialpsychologie behandeln die Beziehungen zwischen Variablen als relativ stabil und statisch; dies gilt auch für Arbeiten im Bereich des Ansatzes der sozialen Identität. Allerdings schreibt Tajfel (1982), dass kontextuelle und zeitliche Veränderungen einen Einfluss auf Identifikationsprozesse haben und zu berücksichtigen seien. Er verstand

2 Vgl. beispielsweise (van Dick et al. 2006, S. 77): „Longitudinal studies are of course needed to prove this assumed structure".

soziale Kategorien als dynamisch und sich beständig verändernd, was auch zu einer variablen Identifikation führen sollte. Dieser Aspekt des SIA fand kaum Beachtung in der Forschung (Condor 1996) und wird erst jetzt langsam aufgegriffen. Dies ist auch dem Umstand geschuldet, dass erst in den letzten Jahren adäquate Auswertungsmethoden entwickelt wurden, die sich komplexen Veränderungsprozessen auch methodisch annehmen können. Moderne Techniken der Datenanalyse wie Hierarchisch Lineare Modelle (Bryk / Raudenbush, 2002) machen es heute auch Nicht-Statistikern möglich, Zeit und Veränderung in statistischen Modellen zu formulieren (Singer / Willet 2003).

Hierarchisch lineare Modelle für Längsschnittsdaten, auch *Multilevel Model of Change* bzw. *Individual Growth Models* genannt (Singer / Willet 2003), betrachten systematische Veränderungen unter zwei Gesichtspunkten. Erstens wird analysiert, wie sich die Individuen innerhalb der Organisationen verändern, d.h. es wird untersucht, wie sich die Identifikation der StudienteilnehmerInnen über die Zeit in Abhängigkeit von anderen Prädiktoren verändert. Zweitens kann geschaut werden, ob es bestimmte Veränderungen auch zwischen den Gruppen gibt, d.h. also zwischen z.B. Angehörigen der FH oder Uni. Die Besonderheit dieses Ansatzes ist, dass berücksichtigt wird, dass Längsschnittdaten eine hierarchische Struktur haben.

Was eine hierarchische Struktur von Daten bedeutet, kann man sich gut vorstellen, wenn man sich SchülerInnen innerhalb von Schulklassen vorstellt. Schulleistungen, die man als WissenschaftlerIn messen möchte, sind bei SchülerInnen einer Klasse nicht vollständig unabhängig voneinander. Sie sind z.B. abhängig davon, ob SchülerInnen einer Klasse den gleichen Lehrer haben. Es ist deshalb davon auszugehen, dass sich SchülerInnen einer Klasse im Mittel in ihrer Leistung mehr ähneln als SchülerInnen aus unterschiedlichen Klassen. SchülerInnen sind in Klassen „geschachtelt". Hierarchische Modelle berücksichtigen in ihrer Schätzung, z.B. von Indikatoren für Schulleistung, diese Schachtelung. Betrachten wir Längsschnittdaten, fällt auf, dass auch diese geschachtelt sind. Jede Person in unserem Datensatz wurde dreimal befragt, diese drei Messungen sind daher nicht unabhängig voneinander und sind innerhalb einer Person geschachtelt. Herkömmliche Auswertungsmethoden wie Varianzanalysen und Regressionsanalysen berücksichtigen diese Schachtelung nicht. Liegt eine hierarchische Struktur der Daten vor, so sind z.B. multiple Regressionen (sonst ein übliches Auswertungsverfahren) nur unter besonderen Vorraussetzungen möglich und varianzanalystische Verfahren stoßen an ihre Grenze, sobald neben den einfachen Mittelwertsveränderungen auch Kovariaten betrachtet werden sollen (Little / Schnabel / Baumert 2000; Raudenbush / Bryk 2002; Singer / Willet 2003). Im vorliegenden Beitrag wurde dieser Aspekt längsschnittlicher Daten durch die Benutzung der *Multilevel Models of Change* berücksichtigt.

Feldsituation und Datenerhebung

Die Felduntersuchung wurde im Kontext einer Fusion zweier Hochschulen durchgeführt (zur Besonderheit von Fusionen im Hochschulbereich siehe Harman / Meek 2003). Dabei fusionierten im Rahmen einer Entscheidung der Landesregierung eine Universität (Im Folgenden Uni, als dominanter Fusionspartner) und eine Fachhochschule (Im Folgenden FH, als dominierter Fusionspartner)[3]. Erste Verhandlungen zur Fusion starteten im September 2003 und der offizielle Termin der Fusion war der 1. Januar 2005. Vorher wurde von der Landesregierung ein Fusionsgesetz verabschiedet, das den juristischen Rahmen der Fusion bildet. Im April 2005 wurden erstmals Studierende der Wirtschaftsfachbereiche der FH und Uni von der Autorin mit Hilfe eines Fragebogens zum Fusionsprozess befragt. Wirtschaftsstudierende wurden ausgewählt, weil tatsächlich beide Fachbereiche zu einem verschmelzen sollten[4]. Vor der Fusion lagen die FH und Uni an unterschiedlichen Orten in der Stadt und Wirtschaftsstudierende hatten völlig getrennten Unterricht.

Zum ersten Messzeitpunkt waren die Wirtschaftsfachbereiche noch nicht vereint und Studierende hatten alle Veranstaltungen usw. im Rahmen ihrer ehemaligen Hochschule. Kurz nach dem ersten Messzeitpunkt im April 2005 wurden Informationsveranstaltungen für die Wirtschaftsstudierenden durchgeführt, die über zukünftige Veränderungen berichteten. Der zweite Messzeitpunkt fand im Oktober 2005, d.h. kurz nach Beginn des Semesters, statt. Zum gleichen Zeitpunkt wurde die neue Fakultätsstruktur, die die endgültige Zusammenlegung der Wirtschaftsfachbereiche beinhaltet, eingeführt. Im Frühjahr 2006 wurde sie implementiert. Ab Oktober 2005 wurden außerdem Semestertermine und vorlesungsfreie Zeiten der FH und Uni synchronisiert. Zu diesem Zeitpunkt wurden erstmals neue Studierende als Studierende der fusionierten Universität angenommen. Die letzte Datenerhebung fand im April 2006 statt. Zu diesem Zeitpunkt war die neue Fakultätsstruktur implementiert, ein neuer Präsident, der die beiden ehemaligen Präsiden-

---

3 Hinweise auf die Dominanz im Fusionsprozess lieferte z.B. die Größe der beiden Organisationen: Die beteiligte Universität war größer (ca. 7000 Studierende) als die FH (ca. 4000 Studierende). Außerdem wurde nach der Fusion der Name der vorherigen Universität beibehalten. Des Weiteren wurden TeilnehmerInnen der Studie nach der Wahrnehmung der Dominanz gefragt. Dabei zeigt sich, dass sowohl Angehörige der Uni ($M=5.66$, SD, 1.13) wie auch der FH ($M=5.14$, $SD=1.08$) davon ausgingen, dass die Universität den dominanteren Fusionspartner darstellt ($t(154)=2.90$, $p<.05$; gemessen wurde auf einer bipolaren Skala von 1-7, wobei (1) Dominanz der FH und (7) Dominanz der Uni bedeutet).

4 Aus organisationalen Gründen war es der Autorin nicht möglich, MitarbeiterInnen und wissenschaftliches Personal der Organisationen zu befragen. Aus anderen Fusionsstudien weiß man aber, dass der psychologische Vertrag, den Studierende mit ihrer Universität haben, ähnlich dem ist, den MitarbeiterInnen mit ihrer Organisation haben (Citera & Stuhlmacher 2001), so dass es adäquat erscheint, die Ergebnisse im Gesamtkontext von Fusionen zu betrachten und nicht nur als Sonderfall von Hochschulstudierenden.

ten ersetzt, benannt und die juristischen und formellen Aspekte der Fusion waren weitestgehend abgeschlossen.

TeilnehmerInnen und Messinstrument

Insgesamt nahmen 703 Studierende der FH und der Uni über drei Messzeitpunkte an der Befragung teil. Für die vorliegende Analyse werden jedoch nur diejenigen TeilnehmerInnen berücksichtigt, die an allen drei Messzeitpunkten den Fragebogen ausgefüllt haben. Dies sind insgesamt 157 Studierende, wobei 79 der TeilnehmerInnen Studierende der ehemaligen FH und 78 Studierende der ehemaligen Uni sind. Im Vergleich zur Anzahl der TeilnehmerInnen zu Messzeitpunkt 1 (T1, N=466) entspricht dies einer Antwortrate von 33%. Von den TeilnehmerInnen waren 78 männlich und 79 weiblich, im Durchschnitt betrug das Alter der TeilnehmerInnen 24.5 Jahre[5]. Allen TeilnehmerInnen wurden zu drei Messzeitpunkten (T1, T2, T3) identische Fragebögen vorgelegt. Darin enthalten waren Aussagen, die die psychologischen Konstrukte abbildeten. Die TeilnehmerInnen wurden gebeten auf einer Skala von 1 (überhaupt nicht) bis 7 (völlig) anzugeben, ob sie den vorgegeben Aussagen zustimmen oder sie ablehnen.

Prä- und Postfusionsidentifikation wurde mit jeweils vier Items gemessen, bei denen nur der Name der ehemaligen wie fusionierten Organisation ausgetauscht wurde (angelehnt an Doosje / Ellemers / Spears 1995). Diese Items beinhalteten z.B. Aussagen wie diese: „Ich sehe mich als Mitglied der Organisation [X]." Drei Items wurden benutzt, um *wahrgenommene Fairness* zu messen (Giessner et al. 2006). Diese beinhalteten z.B.: „Ich finde es fair, wie die Studierenden [von Organisation X] im Fusionsprozess abschneiden." Fünf Items beschrieben *negative emotionale Reaktionen* aufgrund des Fusionsprozesses (Terry / Callan 1999; z.B. „Die Hochschulfusion verunsichert mich"). Die Items wurden zu Skalen zusammengefasst und haben eine ausreichende Reliabilität. Damit entsprechen sie testtheoretischen Kriterien (siehe Abbildung 5 Anhang)

Ergebnisse

Im Rahmen dieses Beitrags ist eine erschöpfende Darstellung des Designs, der Prozedur, der TeilnehmerInnen und Drop-out Analysen nicht möglich (siehe dazu Gleibs / Mummendey / Noack, im Druck). Hier wurden daher nur kurz die Feldsituation, Datenerhe-

5 Die Überprüfung der Mittelwerte über die Zeit ergab, dass es keine systematischen Unterschiede aufgrund von Geschlecht oder Alter sowohl innerhalb als auch zwischen den Gruppen gab, so dass dieser Aspekt in den weiteren Analysen nicht berücksichtigt wird.

bung und Teilnehmer sowie das Messinstrument beschrieben, bevor Kernresultate zusammenfassend dargestellt werden.

Im ersten Analyseschritt wird untersucht, ob sich Prä- und Postfusionsidentifikation, wahrgenommene Fairness und negative Reaktionen im Mittelwert über die Zeit verändern und ob es Unterschiede zwischen den TeilnehmerInnen der FH bzw. Uni gibt. Dazu wurden Varianzanalysen mit einem Messwiederholungsfaktor durchgeführt. Alle Ergebnisse dieser Analysen mit Testwerten finden sich im Anhang (Abbildung 6) und werden im Folgenden näher beschrieben.

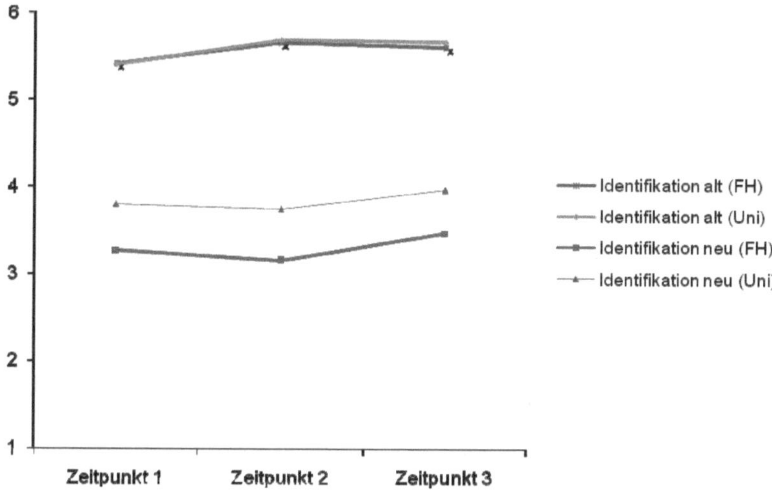

Abbildung 1: Entwicklung von Identifikation über die Zeit

In Abbildung 1 ist zu erkennen, dass sowohl für die FH- als auch für Uni-Studierende die Postfusionsidentifikation geringer ist als die Präfusionsidentifikation. Der Wert für Postfusionsidentifikation liegt für Uni-Studierende im mittleren Bereich (nahe des Skalenmittelpunktes). FH-Studierende haben eine deutlich geringere Postfusionsidentifikation (unter dem Skalenmittelpunkt). Alle TeilnehmerInnen fühlen sich auch im Fusionsprozess eng verbunden mit der ehemaligen Hochschule, der Mittelwert liegt deutlich über dem Skalenmittelpunkt. Über die Zeit nimmt für alle TeilnehmerInnen die Identifikation mit der alten Hochschule von T1 zu T2 zu, um dann zwischen T2 und T3 konstant zu bleiben. Parallel dazu nimmt die Identifikation mit der fusionierten Organisation von T1 zu T2 ab, um dann leicht wieder zuzunehmen. Wie erwartet, sehen sich Studierende beider ehemaliger Hochschulen auch ein Jahr nach der Fusion noch als Teil der FH bzw. alten Uni.

Andersherum sehen sie sich zum gleichen Zeitpunkt kaum als Mitglied einer neuen, fusionierten Hochschule.

Beide involvierten Gruppen schätzen die *wahrgenommene Fairness* eher gering ein. Der Mittelwert der FH-Studierenden liegt auch hier über alle Messzeitpunkte hinweg deutlich unter dem der Uni-Studierenden (siehe Abbildung 2). Alle Teilnehmer haben das Gefühl, im Fusionsprozess nicht fair behandelt zu werden, wobei dieser Effekt stärker ist für Mitglieder der dominierten Gruppe. Wie schon bei der Identifikation verändert sich die wahrgenommene Fairness über die Zeit. Zwischen T1 und T2 verringert sich die Wahrnehmung von Fairness leicht, bleibt dann aber weitestgehend konstant.

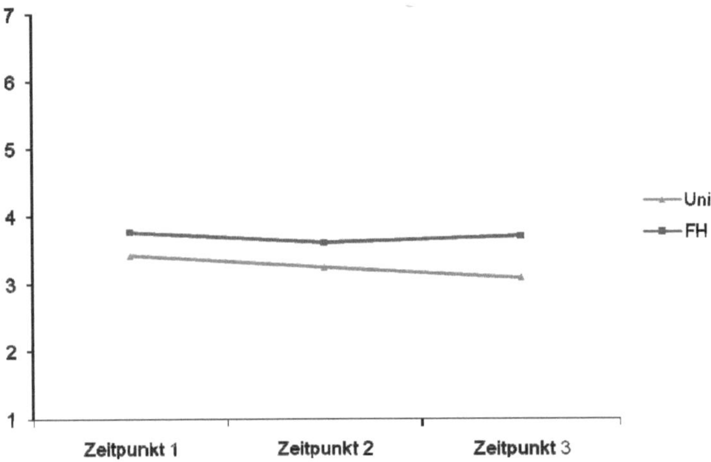

Abbildung 2: Entwicklung von wahrgenommener Fairness über die Zeit

Als letztes betrachten wir die *emotionalen Reaktionen* auf den Fusionsprozess (siehe Abbildung 3). Angehörige der FH und der Uni unterscheiden sich nicht in ihrer emotionalen Reaktion. Negative Reaktionen bewegen sich für beide Gruppen in einem mittleren Bereich, d.h. um den Skalenmittelpunkt herum, höhere Werte entsprechen einer höheren negativen Reaktion. Allerdings gibt es auch hier Veränderungen über die Zeit. Zwischen T1 und T2 steigen die negativen Gefühle aufgrund des Fusionsprozesses und bleiben zwischen T2 und T3 konstant.

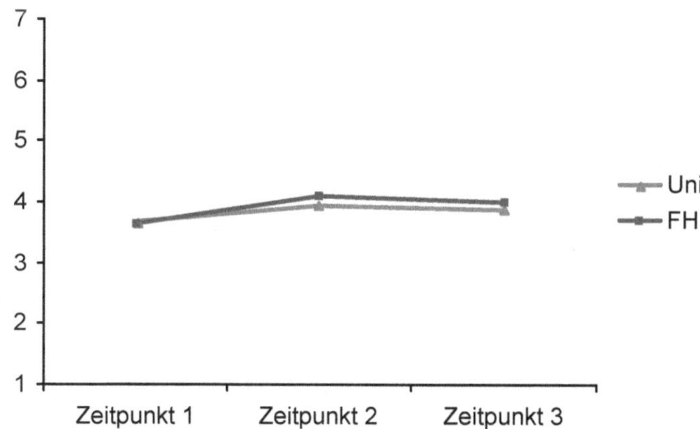

Abbildung 3: Entwicklung von emotionalen Reaktionen über die Zeit

Wie hängen diese Variablen zusammen? Beeinträchtigen die (geringe) wahrgenommene Fairness und die negative emotionale Reaktion die (geringe) organisationale Identifikation? Welchen Einfluss hat die Zeit auf den Identifikationsprozess und die damit verknüpften Variablen?

In Abbildung 7 (siehe Anhang) sind alle gerechneten Modelle zusammengefasst. In den Modellen A bis D wurden zunächst der Effekt von *Zeit* und der Einfluss der Präfusionsorganisation (FH oder Uni) untersucht. Wie schon in den Varianzanalysen gezeigt und in den Abbildungen zu sehen, entwickelt sich die Identifikation mit der neuen Organisation nur langsam über die Zeit; diese Veränderung über die Zeit ist außerdem nicht linear (stetiger Anstieg), sondern quadratisch, was bedeutet, dass die Identifikation von T1 zu T2 abnimmt und dann wieder zunimmt. Obwohl sich TeilnehmerInnen beider Organisationen im Mittelwert unterscheiden, ist die Richtung der Veränderung von Identifikation gleich. In den Modellen F und G wurde analysiert, wie gut Präfusionsidentifikation, wahrgenommene Fairness und negative emotionale Reaktionen die Entwicklung von Postfusionsidentifikation vorhersagen. Wie erwartet, finden wir einen negativen Zusammenhang zwischen negativer emotionaler Reaktion und Identifikation. Das heißt, je mehr negative Gefühle (aufgrund der Fusion) TeilnehmerInnen empfinden, desto weniger identifizieren sie sich mit der neuen Organisation. Dieser Effekt bleibt konstant über alle drei Messzeitpunkte (es gibt also keine Interaktion mit *Zeit*). Dies bedeutet, dass die negativen Emotionen zu allen Messzeitpunkten die gleiche Rolle bei der Vorhersage von Identifikation spielen. Auch wahrgenommene Fairness hat einen starken Effekt auf die Entwicklung der Identifikation und bleibt stabil über die Zeit. Je stärker TeilnehmerInnen die Wahrnehmung haben, dass ihre alte Organisation im Fusionsprozess fair behandelt wurde, desto eher sind sie bereit, sich mit der neuen Organisation zu identifizieren. Präfusionsidentifikation als Prädiktor hat nur einen Effekt für TeilnehmerInnen der Uni, nicht aber für diejenigen der FH (siehe Modell F).

In Modell G haben wir diese Beziehung noch einmal spezifiziert und untersucht, wie sich der Einfluss von Präfusionsidentifikation auf Postfusionsidentifikation über die verschiedenen Messzeitpunkte entwickelt. In der Tat finden wir einen signifikanten Effekt von Zeit und Identifikation, der in Abbildung 4 dargestellt ist. Hier ist zu erkennen, dass es zu T1 (rote Linie) einen deutlichen linearen Zusammenhang zwischen Prä- und Postfusionsidentifikation gibt. Je mehr sich TeilnehmerInnen mit der alten Hochschule identifizieren, desto mehr identifizieren sie sich mit der neuen. Dieses Ergebnis entspricht sozialpsychologischen Überlegungen, dass die neue Organisation als eine Kontinuität der alten wahrgenommen wird. Dieser Effekt „verschwindet" allerdings im Verlauf des Fusionsprozesses und die Präfusionsidentifikation hat keinen Vorhersagewert für Postfusionsidentifikation zu T2 und T3. Die Beziehung zwischen den Variablen ist also nicht, wie zunächst angenommen, stabil, sondern scheint abhängig zu sein vom Kontext und Prozess der Fusion.

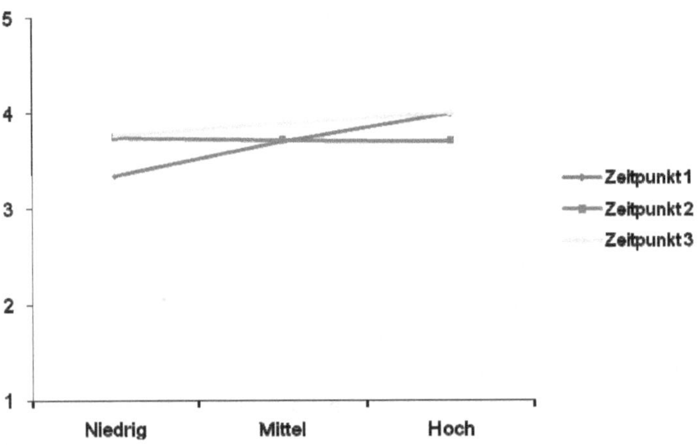

Abbildung 4: Verhältnis von Identifikation mit der alten und neuen Organisation über die Zeit

Diskussion

Dieser Beitrag geht der Frage nach, wie sich organisationale Identifikation im Verlauf einer Fusion entwickelt und welche Faktoren Identifikation mit einer neuen Organisation begünstigen. In der vorliegenden Studie entwickelt sich Identifikation mit einer neuen, fusionierten Organisation nur langsam und hängt von der wahrgenommenen Fairness (wie z.B. Mitglieder der ehemaligen Gruppe im Fusionsprozess behandelt wurden) und von negativen emotionalen Reaktionen ab. Je weniger negativ die Fusion empfunden wird und je gerechter der Prozess von den Beteiligten wahrgenommenen wird, desto eher sind organisationale Mitglieder bereit, sich als Teil der neuen Organisation zu sehen. Im Fusionsprozess halten Mitglieder der Organisation noch lange an ihrer alten Präfusionsorganisation fest. Außerdem nehmen die organisationalen Mitglieder der dominanten Organisation nur zu Beginn der Erhebung eine Kontinuität zwischen alter und neuer Identifikation wahr. Dieses Ergebnis entspricht nicht den theoretischen Annahmen aus der Sozialpsychologie (van Knippenberg / van Leeuwen 2001) wie sie im Theorieteil dargestellt wurden. Im vorliegenden Beispiel nimmt die wahrgenommene Kontinuität zum zweiten Messzeitpunkt hin ab. Zur gleichen Zeit nehmen negative emotionale Reaktionen zu und Gerechtigkeitswahrnehmungen ab. Gehen wir zurück zu der eigentlichen Fusion, sehen wir, dass die eigentlichen Veränderungen für die StudienteilnehmerInnen erst zu diesem Zeitpunkt (zwischen T1 und T2) stattfinden. Obwohl die offizielle Fusion schon vor 4 bis 9 Monaten durchgeführt wurde, können gerade zu diesem Zeitpunkt psychologische Prozesse beobachtet werden, die ein Hindernis bei der Akzeptanz der neuen Organisation darstellen. Die TeilnehmerInnen dieser Studie haben Bedenken, sich mit der neuen Organisation zu identifizieren. Auch zu T3 haben sich diese Aspekte noch nicht „beruhigt" und eine stabile Verbundenheit mit der neunen Organisation ist auch über ein Jahr nach der Fusion noch nicht zu beobachten.

Was bedeuten diese Ergebnisse für die sozialpsychologische Forschung? Einige Ergebnisse der Fusionsforschung konnten auch im längsschnittlichen Design repliziert werden – trotz des studentischen Samples und der Besonderheit einer Hochschulfusion (die gleichzeitig wichtigste Einschränkung des Beitrags). Dies deutet auf die Robustheit und Validität der Ergebnisse sowie auf den wichtigen Beitrag der sozialpsychologischen Ansätze für Fusionen hin. Andererseits ist es theoretisch von Bedeutung, dass besonders für den Zusammenhang von Identifikation mit der alten und neuen Universität gezeigt werden konnte, dass diese Beziehung über die Zeit variiert. Das liefert erste empirische Hinweise darüber, dass kontextuelle Veränderungen einen Einfluss auf Identifikationsprozesse haben, wie theoretisch von Tajfel (1982) angenommen wurde. Weitere Forschung sollte sich explizit mit diesen Fragen beschäftigen, um eine dynamische Theorie über Identifikationsprozesse weiterzuentwickeln und konkrete Vorhersagen machen zu können, unter welchen Umständen sich Identifikation wie entwickelt.

Was heißt das praktisch? Wie in der Studie von Ernst & Young (2006) dargestellt, ist ein Aspekt, der Fusionen zum Scheitern bringt, dass MitarbeiterInnen oder Mitglieder der Organisationen (psychologisch) Widerstand leisten. Ähnliches legt auch dieser Beitrag nahe. Wenn sich MitarbeiterInnen im Verlauf eines Fusionsprozesses nicht gerecht behandelt fühlen und negative emotionale Reaktionen nicht aufgefangen werden, dann bleibt die Verbundenheit mit der neuen Organisation und mit anderen organisationalen Mitgliedern aus. Dies kann dazu führen, dass man sich für diese Organisation nicht engagiert, sie am liebsten verlassen würde und, dass man kein Interesse hat, mit den anderen Organisationsmitgliedern zu kooperieren. Dies kann direkten Einfluss auf die „Produktivität" haben und den Gewinn eines Unternehmens gefährden und damit den Unternehmenswert senken.

Wichtiger aber ist, dass in solchen Situationen die Fusion aus „menschlicher" Sicht scheitert. Fusionsbeteiligte beider ehemaligen Organisation sind weiterhin Opponenten und statt Kooperation herrscht Konflikt. Beteiligte der Fusion sollten die Möglichkeit haben, ihre Vorstellungen und negativen emotionalen Reaktionen zu artikulieren, um den Folgen, die hier dargestellt wurden, entgegen zu wirken. Eine Fusion ist in der Tat ein Prozess, der nicht mit dem Tag der offiziellen Fusion endet. Probleme, Widerstände und Ängste treten während des gesamten Veränderungsprozesses auf (Buono / Bowditch 1989; Seo / Hill 2005).

Der Mensch sollte deshalb in allen Integrationsphasen Mittelpunkt des Fusionsprozesses sein. Beispielsweise könnten die Betroffenen frühzeitig Informationen über bevorstehende Änderungen erhalten sowie die Möglichkeit sich einzubringen. Außerdem sollten sie in die Entscheidungsfindung über die konkreten Veränderungen einbezogen werden. Gründe und Notwendigkeiten der Fusion sollten aufgezeigt und unnötige Veränderungen vermieden werden. Alte Strukturen sollten nicht über Nacht verschwinden und durch neue ersetzt werden, sondern behutsam implementiert werden. Bedrohung durch Neuerungen sollten so minimiert werden. Wichtig ist es, die Ängste, Bedenken und Nöte der beteiligten Menschen ernst zunehmen. Nur wenn man sich auch in der neuen Organisation akzeptiert fühlt, ist man bereit, sich für sie zu engagieren und sich als Teil von ihr zu fühlen. Statt ein unsicheres „Wer werden wir", wie im Titel dieses Beitrags, zu artikulieren, sollte früh klar sein, „Wer wir bereits sind". Eine Idee, um diese Vorschläge tatsächlich umzusetzen, wäre die Implementierung eines Personalmanagement-Teams in einem Fusionsprozess, das sich vor allem um die Belange und Interessen der organisationalen Mitglieder bzw. MitarbeiterInnen kümmert. Fusionen von unterschiedlichen Organisationen benötigen also Interventionen, die Mitglieder beider Gruppen ansprechen und die Probleme in unterschiedlichen Phasen der Fusion berücksichtigen.

Literatur

Amiot, C. / Terry, D. / Jimmieson, N. L. / Callan, V. J. (2006): A longitudinal Investigation of Stress and Coping Processes During an Organizational Merger: Implications for Job Satisfaction and Organizational Identification. Journal of Management, 32, S. 552-574.

Amiot, C. / Terry, D. / Callan, V. J. (2007): Status, Fairness, and Social Identification during an Intergroup Merger: A longitudinal Study. British Journal of Social Psychology, 46, S. 557-577.

Ashforth, B. E. / Mael, F. (1989): Social identity theory and the organization Social identity theory and the organization. Academy of Management Review, 14, S. 20-39.

Bartels, J. / Douwes, R. / de Jong, M. / Pruyn, A. (2006): Organizational identification during a merger: Determinants of employees' expected identification with the new organization. British Journal of Management, 17, S. 49-67.

Berner, W. (2006): Lexikon des Change Managements. Retrieved September 29, 2006, from http://www.umsetzungsberatung.de/pmi-post-merger-integration/index.php.

Boen, F. / Vanbeselaere, N. / Hollants, K. / Feys, J. (2005): Predictors of pupils' and teachers' identification with a merged school. Journal of Applied Social Psychology, 35, S. 2577-2605.

Branscombe, N. R. / Ellemers, N. / Spears, R. / Doosje, B. (1999): The context and content of social identity threat. In: Ellemers, N. / Spears, R. / Doosje, B. (Hg.), Social identity: Context, commitment, content (S. 35-58), Oxford / Malden.

Brewer, M. B. / Brown, R. J. (1998): Intergroup relations. In: Gilbert, D. / Fiske, S. (Hg.), Handbook of social psychology, Vol. 2 (4th ed.) (S. 554-594), New York.

Buono, A. F. / Bowditch, J. L. (1989). The human side of mergers and acquisitions: Managing collisions between people, cultures, and organizations, San Francisco.

Cartwright, S. / Schoenberg, R. (2006): Thirty years of mergers and acquisitions research: Recent advances and future opportunities. British Journal of Management, 17, S. 1-5.

Citera, M. / Rentsch, J. R. (1993): Is there justice in organizational acquisitions? The role of distributive and procedural fairness in corporate acquisitions. In: Cropanzano, R. (Hg.), Justice in the workplace: Approaching fairness in human resource management (S. 211-230)., Hillsdale.

Citera, M. / Stuhlmacher, A. F. (2001): A policy-modeling approach to examining fairness judgments in organizational acquisitions. Journal of Behavioral Decision Making, 14, S. 309-327.

Condor, S. (1996): Social Identity and Time. In: Robinson, W. (Hg.), Social groups and identities. Developing the legacy of Henri Tajfel (S. 285-315). Oxford.

Doosje, B. / Ellemers, N., / Spears, R. (1995): Perceived intragroup variability as a function of group status and identification. Journal of Experimental Social Psychology, 31, S. 410-436.

Dovidio, J. F. / Gaertner, S. L., / Validzic, A. (1998): Intergroup bias: Status, differentiation, and a common in-group identity. Journal of Personality and Social Psychology, 75, S. 109-120.

Ernst & Young (2006): Handel wider besseren Wissen. Warum viele Transaktionen scheitern, ohne es zu müssen. Retrieved September 29, 2006, from http://www.ey.com/GLOBAL/content.nsf/Germany/Publikationen_-_Studien_-_2006.

Fugate, M. / Kinicki, A. J. / Scheck, C. L. (2002): Coping with an organizational merger over four stages. Coping with an organizational merger over four stages. Personnel Psychology, 55, S. 905-928.

Giessner, S. R. / Viki, G. T. / Otten, S. / Terry, D. J. / Taeuber, S. (2006): The Challenge of Merging: Merger Patterns, Premerger Status, and Merger Support. Personality and Social Psychology Bulletin, 32, S. 339-352.

Gleibs, I. / Mummendey, A. / Noack, P. (im Druck): Predictors of changes in post-merger identification throughout a merger process: A longitudinal study, Journal of Personality and Social Psychology

Haslam, S. A. / Postmes, T. / Ellemers, N. (2003): More than a Metaphor: Organizational Identity Makes Organizational Life Possible. British Journal of Management, 14, 357-369.

Haunschild, P. R. / Moreland, R. L. / Murrell, A. J. (1994): Sources of resistance to mergers between groups. Journal of Applied Social Psychology, 24, S. 1150-1178.

Hogan, E. A. / Overmyer-Day, L. (1994): The psychology of mergers and acquisitions. In: Cooper, C. / Robertson, I. (Hg.), International review of industrial and organizational psychology 1994, Vol. 9 (S. 247-281), Chichester.

Kiefer, T. (2005): Feeling bad: Antecedents and consequences of negative emotions in ongoing change. Journal of Organizational Behavior, 26, S. 875-897.

Klendauer, R. / Frey, D., / Greitemeyer, T. (2006): Ein psychologisches Rahmenkonzept zur Analyse von Fusions-und Akquisitionsprozessen. Psychologische Rundschau, 57, S. 87-88.

Lipponen, J. / Olkkonen, M.-E. / Moilanen, M. (2004): Perceived procedual justice and emplyee responses to an organizational merger. European Journal of Work and Organizational Psychology, 13, 391.

Little, T. D. / Schnabel, K. U. / Baumert, J. (2000): Modeling longitudinal and multilevel data: Practical issues, applied approaches, and specific examples, Hillsdale.

Raudenbush, S. W. / Bryk, A. S. (2002): Hierarchial Linear Models: Applications and Data Analysis Methods, Thousand Oaks / London / New Delhi.

Riketta, M. (2005): Organizational identification: A meta-analysis. Journal of Vocational Behavior, 66, S. 358-384.

Rousseau, D. M. (1998): Why workers still identify with organizations. Journal of Organizational Behavior, 19, S. 217-233.

Seo, M. G. / Hill, N. S. (2005): Understanding the Human Side of Merger and Acquisition: An Integrative Framework. Journal of Applied Behavioral Science, 41, S. 422-443.

Singer, J. D. / Willet, J. B. (2003): Applied Longitudinal Data Analysis. Modeling Change and Event Occurence. Oxford.

Tajfel, H. (1982): Social psychology of intergroup relations. Annual Review of Psychology, 33, S. 1-39.

Tajfel, H. / Turner, J. C. (2004): The Social Identity Theory of Intergroup Behavior. In: Jost, J. / Sidanius, J. (Hg.), Political psychology: Key readings (S. 276-293), New York / Hove.

Taris, W. T. (2000): A Primer to Longitudinal Data Analysis. London.

Terry, D. J. / Callan, V. J. (1998): In-group bias in response to an organizational merger. Group Dynamics, 2, S. 67-81.

Terry, D. J. / Carey, C. J., / Callan, V. J. (2001): Employee adjustment to an organizational merger: An intergroup perspective. Personality & Social Psychology Bulletin, 27, S. 267-280.

Tyler, T. R. / Blader, S. L. (2003): The Group Engagement Model: Procedural Justice, Social Identity, and Cooperative Behavior. Personality and Social Psychology Review, 7, S. 349-361.

van Dick, R. / Ullrich, J. / Tissington, P. A. (2006): Working under a black cloud: How to sustain organizational identification after a merger. British Journal of Management, 17, S. 69-79.

van Knippenberg, D. / van Leeuwen, E. (2001): Organizational Identity After a Merger: Sense of Continuity as a Key to Postmerger Identification. In: Hogg, M. / Terry, D. (Hg.), Social Identity Processes in Organizational Contexts (S. 249-265), New York / Hove.

van Knippenberg, D. / van Knippenberg, B. / Monden, L. / de Lima, F. (2002): Organizational identification after a merger: A social identity perspective. British Journal of Social Psychology, 41, S. 233-252.

van Leeuwen, E. / van Knippenberg, D. / Ellemers, N. (2003): Continuing and changing group identities: The effects of merging on social identification and ingroup bias. Personality & Social Psychology Bulletin, 29, S. 679-690.

Winkler-Kirsch, S. / Kaiser, A. (1999): Personalplanung als Erfolgsfaktoren von Fusionen. Personal, 51, S. 9-13.

Anhang

Skalen	Anzahl an Variablen	Cronbach's Alpha	T 1 *M (SD)*	T 2 *M (SD)*	T 3 *M (SD)*
Präfusionsidentifikation	4	α_{T1}=.78 α_{T2}=.73 α_{T3}=.82	5.43 (.92)	5.67 (.98)	5.64 (1.06)
Postfusionsidentifikation	4	α_{T1}=.92 α_{T2}=.88 α_{T3}=.91	3.53 (1.44)	3.44 (1.44)	3.72 (1.41)
Wahrgenommene Fair-ness	3	α_{T1}=.70 α_{T2}=.80 α_{T3}=.87	3.59 (.96)	3.43 (1.10)	3.40 (1.08)
Negative Emotionale Reaktion	5	α_{T1}=.85 α_{T2}=.83 α_{T3}=.80	3.65 (1.29)	4.00 (1.34)	3.94 (1.33)

Abbildung 5: Reliabilitäten, Mittelwerte und Standardabweichung

	T 1		T 2		T 3	
	Uni	FH	Uni	FH	Uni	FH
	M (SD)	*M (SD)*	*M (SD)*	*M (SD)*	*M (SD)*	*M (SD)*
Präfusions-identifikation	5.41[b] (0.86)	5.42[b] (0.97)	5.69[b] (0.87)	5.66[b] (1.09)	5.67 (0.99)	5.61 (1.13)
Postfusions-identifikation	3.81[a] (1.32)	3.27[a] (1.52)	3.75[a,b] (1.36)	3.16[a,b] (1.33)	3.97[a,b] (1.41)	3.47[a,b] (1.38)
Wahrgenommene Fairness	3.77[a,b] (0.76)	3.42[a,b] (1.11)	3.61[a,b] (1.04)	3.25[a,b] (1.14)	3.71[a] (1.09)	3.09[a] (0.98)
Negative Emotionale Reaktion	3.64[b] (1.20)	3.68[b] (1.39)	4.09[b] (1.28)	3.92[b] (1.39)	3.99 (1.24)	3.88 (1.43)

Note. [a] signifikanter ($p<.05$) Unterschied zwischen FH und Uni

[b] signifikanter ($p<.05$) Unterschied zwischen Zeitpunkten

Abbildung 6: Varianzanalyse mit Messwiederholung

	Parameter (S.E.)	Model A	Model B	Model C	Model D	Model E	Model F	Model G
Fixed Effects								
Intercept		3.56***	3.56***	3.44***	3.72***	3.75***	3.65***	3.68***
		(0.09)	(0.09)	(0.10)	(0.14)	(0.15)	(0.12)	(0.12)
Organisation					-0.56***	-0.61***	-0.38**	-0.42**
					(0.18)	(0.21)	(0.15)	(0.15)
Zeit			0.09	0.09	0.08	0.07	0.14*	0.13*
			(0.05)	(0.05)	(0.06)	(0.09)	(0.05)	(0.05)

Zeit²	0.18**	0.18**	0.14*	0.14+	0.14+
	(0.08)	(0.08)	(0.10)	(0.08)	(0.08)
Zeit x Organisation			0.02		
			(0.11)		
Zeit² x Organisation					
Präfusionsidentifikation				0.26**	0.06
				(0.09)	(0.11)
Präfusionsid. x Organisation				-0.41*	-0.18
				(0.18)	(0.22)
Negative Emotionale Reaktion				-0.16**	-0.16**
				(0.06)	(0.06)
Wahrgenommene Fairness				0.49***	0.48***
				(0.06)	(0.06)
Präfusionsid x Zeit					-0.15+
					(0.07)
Präfusionsid. x Zeit²					0.30**
					(0.12)
Präfusionsid. x Organisation x Zeit					0.20
					(0.13)
Präfusionsid. x Organisation x Zeit²					-0.34
					(0.23)
Random Effects					

In intercept	1.08	1.18	1.15	1.08	1.08	0.66	0.65
In Veränderung						0.08	0.09
Level-1 Fehler	0.92	0.73	0.71	0.71	0.71	0.74	0.73

Note: + p<.10, *p<.05, **p<.01, ***p<.001

Zeit wurde zentriert (T1=-1, T2=0; T3=1); Organisation ist Dummy kodiert (FH=1; Uni=0); alle weiteren Prädiktoren sind z-standadisiert

Abbildung 7: Multiebenenmodel von Veränderung

Leistung gegen Sicherheit: Der neue Arbeitsvertrag?

Eine explorative Studie

von Janine Bernhardt, Kai Loudovici & Hendrikje Riemann

Warum musste dieser Beitrag geschrieben werden?

Der Drahtseilakt zwischen Arbeit und Leben in Deutschland ist nicht zuletzt Ausdruck eines wachsenden Spannungsfeldes zwischen steigenden Flexibilitäts- und Leistungsanforderungen einerseits und erodierenden institutionellen Sicherheitsgarantien andererseits. Dadurch wird weiten Teilen der Erwerbsgesellschaft die Fragilität ihrer Sicherheitslage zunehmend vor Augen geführt.

Warum sollte dieser Beitrag gelesen werden?

Vor diesem Hintergrund fragt der folgende Beitrag nach dem Sicherheitserleben und den Sicherheitskonstruktionen von Beschäftigten. Anhand qualitativer Interviews wird untersucht, wie Beschäftigte (Un-)Sicherheit innerhalb ihres Arbeitsverhältnisses erleben und welche Auswirkungen dies auf ihre privaten Lebensentwürfe hat. Damit gewinnen die Autoren – abseits statistischer Signifikanzen – eine lebendige Perspektive auf aktuelle gesellschaftliche Entwicklungen.

Was muss in Deutschland für die Vereinbarkeit von Leben und Arbeit getan werden?

Zugespitzt lautet die „Formel" für einen sicheren Arbeitsplatz im 21. Jahrhundert: „Leistung gegen Sicherheit". Der daraus resultierende Spagat zwischen wachsenden beruflichen Anforderungen und der Umsetzung eines privaten bedürfnisgeleiteten Lebensentwurfes kann – und muss – im Gegenzug durch eine faire Verhandlung und Aufteilung von Risiken zwischen Arbeitnehmer und Arbeitgeber entschärft werden.

Einleitung

Nahezu jeder kennt heutzutage in seinem unmittelbaren Umfeld Menschen, die von Arbeitslosigkeit betroffen sind. Die gesellschaftliche Brisanz des Themas wird verstärkt durch regelmäßige Medienberichte über Entlassungswellen, Standortverlagerungen und Firmenschließungen. Zusätzlich nähren arbeitsrechtliche Neuerungen sowie steigende Flexibilitäts- und Leistungsanforderungen Diskussionen um Arbeitsplatzsicherheit. Sennett (1999) spricht sogar von einem mit der Instabilität verbundenen „Corrosion of Character", dessen destruktive Folgen in die Familie und weitere soziale Beziehungen hineinreichen.

Eine Vielzahl von statistischen Erhebungen (OECD 1997; Green 2003; European Foundation Report 2006; Heitmeyer 2006; Hübler / Hübler 2006; Krause et al. 2007) belegt die Zunahme von Arbeitsplatzunsicherheit, unklar bleiben dabei jedoch in der Regel der betriebliche und familiäre Hintergrund der Beschäftigten. Wir möchten deshalb zu den Menschen im Arbeitsprozess vorstoßen – sie mit ihren Anschauungen, ihrem Erleben, ihren Ängsten und Hoffnungen zu Wort kommen lassen und somit einen subjektiven Blick auf aktuelle Geschehnisse in einem Teil unserer Gesellschaft abbilden. Dabei sollen das Sicherheitsempfinden und darauf bezogene Handlungen sowie Auswirkungen auf die Lebenswelt von Beschäftigten im Vordergrund stehen.

In der sozialwissenschaftlichen Forschung zur Erosion des Normalarbeitsverhältnisses (Mückenberger 1985) wird u.a. eine fortschreitende Destabilisierung von Beschäftigungsverhältnissen konstatiert (Grotheer 2007). Autoren wie Bourdieu (1998), Castel (2000) und Dörre (2005) heben die damit verbundenen Prekarisierungsrisiken hervor. Gemein ist diesen letzteren Positionen die Annahme einer Ausweitung, wenn nicht sogar der Generalisierung von „objektiver" Unsicherheit und insbesondere von „subjektiv gefühlter" Arbeitplatzunsicherheit bis in die Mitte der Gesellschaft.

Dieser explorativ angelegte Beitrag knüpft an diese Positionen an und geht insbesondere der Fragestellung einer Generalisierung von Unsicherheit nach. Anhand der erhobenen Fälle wird nach subjektiver Arbeitsplatz(un)sicherheit sowie ihren Ursachen und Wirkungen auf den arbeits- und lebensweltlichen Kontext gefragt. In einer ersten deskriptiven Analyse geben wir einen Überblick zur subjektiven Arbeitsplatz(un)sicherheit der Einzelfälle unseres Samples und zeigen individuelle Begründungszusammenhänge auf. Mit Einzelfalldarstellungen wird das Zusammenspiel dieser Faktoren sowie das Denken und Handeln der jeweiligen Arbeitnehmer herausgearbeitet. Abschließend gehen wir der Frage nach, inwieweit sich die subjektive Arbeitsplatz(un)sicherheit auf das Privatleben des Einzelnen auswirkt.

Die Untersuchungsfrage nach einer Ausbreitung von Unsicherheit im Zentrum der Erwerbsgesellschaft richtet sich an Beschäftigte, die bislang von einer hohen Arbeitsplatzsicherheit ausgehen konnten. Beschäftigte in Normalarbeitsverhältnissen entsprechen genau dieser Zielgruppe, da sie sich auf eine vergleichsweise hohe Beschäftigungsstabilität stützen können (Grotheer 2007). Nach Mückenberger (1985, S. 423) repräsentiert das Normalarbeitsverhältnis ein abhängiges, unbefristetes und existenzsicherndes Vollzeitbeschäftigungsverhältnis, das arbeits- und sozialrechtlich abgesichert ist.

Unser Untersuchungssample (vgl. Anhang) baut auf einer Lehrforschung auf, in deren Verlauf im Frühjahr 2006 insgesamt 52 Beschäftigte in Normalarbeitsverhältnissen aus neun Branchen interviewt wurden.[1] Die Streuung in dieser Erhebung induziert sowohl Branchen mit stabilen als auch instabilen wirtschaftlichen Rahmenbedingungen. Da in Ostdeutschland vor dem historischen Hintergrund der hohen Beschäftigungssicherheit im Sozialismus heutzutage besonders hohe Unsicherheit zu erwarten ist, wurden vorrangig ostdeutsche Untersuchungsfälle und wenige westdeutsche Kontrastfälle ausgewählt. Überdies waren die Befragten zum Zeitpunkt der Befragung nicht älter als 45 Jahre (um eine altersbedingte Unsicherheit von vornherein auszublenden) und verfügten über eine mindestens acht- bis zehnjährige Berufserfahrung, so dass eine anfängliche berufliche Orientierungsphase als abgeschlossen betrachtet werden kann.

Die qualitativ angelegte Erhebung erfolgte über Leitfadeninterviews nach der Methode des problemzentrierten Interviews (Witzel 2000). Drei Untersuchungskomplexe standen im Mittelpunkt:

- die wirtschaftliche und betriebliche Situation der Unternehmen
- die subjektive Arbeitsplatzsicherheit der Beschäftigten
- mögliche Wechselbeziehungen zur Familiensituation

Die subjektive Arbeitsplatzsicherheit der Befragten (Sicherheitskonstruktionen) wurde über drei Fragekomplexe erhoben: Als Einstieg diente eine geschlossene Frage zum Niveau der Sicherheit, deren folgende Begründung mittels offener Fragen angeregt wurde. Abschließend erfragten wir die Relevanz der individuellen Sicherheitslage.

Sicherheitskonstruktionen

Wir nähern uns den Sicherheitskonstruktionen von Beschäftigten zunächst über die Quantifizierung ihrer wahrgenommenen Arbeitsplatzsicherheit auf einer Skala von 0 bis

1 Lehrforschung 2005/06 unter der Leitung von Prof. Dr. Christoph Köhler und Anja Bultemeier (Sonderforschungsbereich 580, Teilprojekt B2, Friedrich-Schiller-Universität Jena): „Generalisierung von Unsicherheit? Erwerbsverläufe und betriebliche Beschäftigungssysteme".

100 Prozent. Knapp zwei Drittel der Befragten gehen davon aus, dass ihr Arbeitsplatz zu mindestens 80 Prozent sicher ist (Abbildung 1).

Vier Beschäftigte sprechen gar von einem zu 100 Prozent sicheren Arbeitsplatz. Zudem stufen sich nahezu alle Befragten mit ihrer Sicherheit deutlich über dem Bevölkerungsdurchschnitt ein. Dies gilt quer zu Berufen, Qualifikationsniveaus, Geschlecht, Branchen und Betriebsgrößen. Gemessen daran, dass die Mehrzahl der Befragten nach dem Systemwechsel in Ostdeutschland erhebliche berufsbiografische Brüche hinter sich hat, und dass ost- wie westdeutsche Befragte teilweise in ökonomisch und beschäftigungspolitisch instabilen Branchen und Betrieben in Regionen mit einer hohen Arbeitslosigkeit arbeiten (vgl. Schwiderrek et al. 2004), ist das Ergebnis unerwartet.

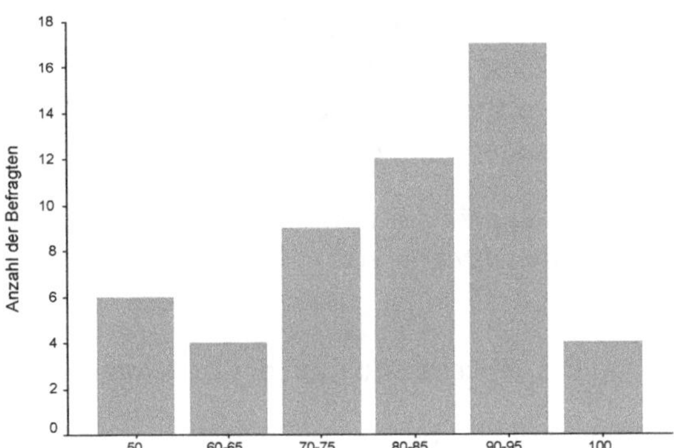

Abbildung 1: Wahrgenommene Sicherheit des Arbeitsplatzes in Normalarbeitsverhältnissen (Angaben in Prozent)[2]

Unser Ziel besteht jedoch darin, über die Quantifizierungen zur Arbeitsplatzsicherheit hinauszugehen, denn unser methodischer Zugang ermöglicht eine vertiefende Analyse der Begründungszusammenhänge. Wiederum überraschend ist, dass die individuelle Arbeitsplatzsicherheit nicht in erster Linie mit der guten wirtschaftlichen Lage bzw. Marktposition des Arbeitsgebers begründet wird, obwohl über die Hälfte der Befragten die

2 Sample: 52 Arbeiter und Angestellte mit mindestens 10 Jahren Berufserfahrung und einem Höchstalter von 45 Jahren.

Unternehmenslage als gut oder sehr gut beschreibt.[3] Es scheint also interessanterweise nicht in erster Linie der Betrieb zu sein, der Beschäftigten Sicherheit gibt.

Selbst wenn die Befragten ihre subjektive Arbeitsplatzsicherheit in Verbindung mit der günstigen Unternehmenslage bringen, werten sie den Unternehmenserfolg häufig nicht abgekoppelt vom eigenen Beitrag, wie mehr als die Hälfte dieser Personen konstatiert.[4] Sie konstruieren ihr Sicherheitsgerüst über Qualifikation und Leistung, mittels derer sie Einfluss auf die wirtschaftliche Lage des Arbeitsgebers und somit auch auf die Sicherheit ihres Arbeitsplatzes zu nehmen glauben.

Sparkasse, Kundenberaterin, 42 Jahre, 100%[5]: „Ich meine, wenn ich meine Ziele erfülle, dann läuft das Unternehmen gut, weil ich bin ja am Markt, ich habe die Gelder reinzuholen, ich erwirtschafte das Geld, und wenn ich meine Ziele nicht erfülle, dann ist es auch für die Firma schlecht, weil dann werden die Ziele nicht erfüllt, das Geld kommt nicht rein und dann kann es zu Folgen kommen. Das ist schon eine hohe Verantwortung, die man hat." (BkV10)[6]

Dieser sich andeutende Begründungszusammenhang von „Leistung gegen Arbeitsplatzsicherheit" gilt dabei quer über alle Sicherheitsniveaus. Insgesamt ziehen mehr als zwei Drittel aller Befragten zur Begründung ihrer subjektiven Sicherheit betrieblich relevante, individuelle Faktoren heran. Dabei treten über alle Branchen hinweg und unabhängig von der Unternehmenslage vor allem die persönliche Qualifikation, Leistung und Flexibilität in den Vordergrund mit dem Ziel, die individuelle Sicherheit im Unternehmen zu erhöhen.

Pharmaunternehmen, Abteilungsleiter, 43 J., 80%: „[...] man weiß genau, es gibt keinen sicheren Arbeitsplatz mehr. Das ist illusorisch. Man versucht natürlich mit der Qualität seiner Arbeit diesen Unsicherheitsfaktor zu minimieren. Also ganz einfach, um sich ein bisschen jetzt in Anführungsstrichen unentbehrlich zu machen. Also zu zeigen, [...] dass man seine Arbeit sehr gut macht und damit dem Betrieb auch was gibt." (C5)

Nicht selten zielen die Bestrebungen darauf ab, innerhalb des übertragenen Aufgabenbereiches ein ganz eigenes und damit für den Arbeitgeber schwer substituierbares Profil zu gewinnen.[7] Die Aussagen verweisen hierbei auch auf betriebsspezifisches Wissen und

3 Die Unternehmenslage wurde über eine Skala von 1-10 erhoben, wobei 10 eine sehr gute wirtschaftliche Lage kennzeichnet. Über die Hälfte der Befragten bezifferte diese mit einem Wert zwischen 7,5 und 10.

4 Fälle BkV: 4, 10, C: 3, 5, 8, G: 3, 10, M: 1, 6, UnD: 2, 5.

5 Die Prozentwerte geben die subjektive Arbeitsplatzsicherheit an.

6 Zur Fallübersicht vgl. Anhang.

7 Fälle BkV6, C5, G3, UnD: 3, 5.

persönliche Netzwerke, die nur über eine längere Betriebszugehörigkeitsdauer aufgebaut werden können.

Personalvermittlung und Zeitarbeitsfirma, Niederlassungsleiterin, 42 J., 70%: „Na ja, dadurch, dass ich halt sehr flexibel bin und immer präsent am Markt, denke ich schon, dass ich meine Zahlen schaffen werde und demzufolge auch eine gewisse Sicherheit schon haben werde. Ja ich denke auch dadurch, dass ich ja sehr viele Menschen kenne und ich mir ein Netzwerk im Laufe der Jahre aufgebaut habe, ich auch nicht ganz so schnell ersetzbar bin". (UnD3)

Seniorität als Argument für die individuelle Arbeitsplatzsicherheit ist bei einem Teil der Befragten ebenfalls stark vertreten.[8] Allerdings implizieren die Begründungen der Befragten ein Zusammenspiel von Betriebszugehörigkeit und Leistung (Fall C8, vgl. Anhang), der Position im Unternehmen (C2), Weiterbildungen (M2) und Flexibilität (H1). Nur von einer kleinen Minderheit der Befragten werden in erster Linie soziale oder arbeitsrechtliche Gründe für die Arbeitsplatzsicherheit genannt, so etwa eine Betriebs- bzw. Personalratstätigkeit (BkV6, BkV7, M12).

Betrachten wir nun die Begründungszusammenhänge für subjektive Arbeitsplatzunsicherheit. Etwa ein Drittel der Interviewten beurteilt den Arbeitsplatz als mehr oder weniger gefährdet. Zugleich berichten nahezu alle Befragten, dass ihr Sicherheitsgefühl in den vergangenen Jahren abgenommen habe[9]. Interessant ist, dass diese Verunsicherung – unabhängig davon, in welchem Ausmaß sie von den einzelnen Befragten wahrgenommen wird – kaum über eine defizitäre Qualifikation oder Leistung begründet wird. Lediglich vier Personen geben an, durch gravierende Fehler bei der Ausführung ihrer Tätigkeit den Arbeitsplatz zu gefährden.[10] Dagegen verortet mehr als jeder zweite Befragte die individuelle Arbeitsplatzunsicherheit in der ökonomischen Situation des Unternehmens, je nach Branche resultierend aus schlechter / sinkender Auftragslage (Bau, Metall), Personalüberhang (Öffentlicher Dienst, Handel), Standortschließungen (Chemie, Metall) oder der Privatisierung von Krankenhäusern (Gesundheit).

Allerdings spielen auch in den Aussagen zu Arbeitsplatzunsicherheit Leistungskriterien eine Rolle. Viele Befragte sehen sich mit einem massiv zunehmenden Leistungsdruck konfrontiert, indem der Erhalt des Arbeitsplatzes an die individuelle Zielerfüllung gekoppelt wird.[11] Dies kann mitunter als permanentes Spannungsfeld erlebt werden.

---

8 Fälle BkV2, C: 2, 4, 8, G: 8, 14, H1, M: 2, 3, 12.
9 Fälle BkV: 5, 7, 10, M12 ausgenommen, da sie ihre Arbeitsplatzsicherheit mit 100 Prozent angeben.
10 Fälle G: 3, 9, M2, UnD5.
11 Fälle B1, BkV: 1, 10, M9, P: 1, 2, UnD: 3, 5.

Sparkasse, Kundenberaterin, 42 J., 100%: „Solange ich meine Ziele erfülle, ist der [Arbeitsplatz] hundertprozentig. Ist die Frage, ob ich das immer kann. [...] Habe ich ein paar gute Geschäfte gemacht, fühle ich mich wieder relativ sicher. Läuft's mal eine Zeit lang nicht so gut, dann werde ich schon unsicher, weil ich dann denke, hoffentlich bleibt es nicht so.“ (BkV10)

Insgesamt lässt sich festhalten, dass zwei Drittel der Interviewten ihren Arbeitsplatz als sicher oder sogar sehr sicher einschätzen. Vor dem Hintergrund der Befragung von unbefristet Beschäftigten mittleren Alters über verschiedene Branchen, Unternehmensgrößen, Berufe und Qualifikationsniveaus, widersprechen diese Befunde den Thesen der „Generalisierung von Unsicherheit“ und Prekarität. Die in offenen Fragen erhobenen Begründungszusammenhänge verweisen dann allerdings darauf, dass nicht die wirtschaftliche Situation des Betriebes oder der Kündigungsschutz, sondern die individuelle Qualifikation und/oder Leistung ausschlaggebend für Arbeitsplatzsicherheit sind. Bei schlechter Betriebslage liegt der Zusammenhang auf der Hand: Beschäftigte gewinnen Sicherheit durch individuelle Merkmale, da der Betrieb als Garant für Arbeitsplatzsicherheit nicht zur Verfügung steht. Demgegenüber wird jedoch auch eine gute Betriebslage oftmals nicht mehr im Sinne einer Beschäftigungsgarantie interpretiert, sondern die individuelle Leistung in den Vordergrund gestellt. Damit wird der erste Eindruck einer bei Normalarbeitsverhältnissen hohen und ungebrochenen Arbeitsplatzsicherheit in Frage gestellt. Die Sicherheitskonstruktion wird an die Aufrechterhaltung eines spezifischen Qualifikationsprofils und / oder hohen Leistungsniveaus gebunden und damit deutlich relativiert.

Die empirisch vorgefundenen Begründungen zu subjektiver Arbeitsplatzsicherheit sind in Abbildung 2 zusammengefasst. Die aufgelisteten Indikatoren können sich in ihrer jeweiligen Ausprägung – einzeln bzw. in Kombination – positiv oder negativ auf das Sicherheitsgefühl auswirken. Zumeist werden auch zukünftige Ereignisse in Betracht gezogen, deren Eintritt und Ausmaß noch ungewiss ist.

Subjektive Arbeitsplatzsicherheit	
Individuelle Faktoren	**Betriebliche Faktoren**
Leistung Leistungsfeedback durch Vorgesetzte Leistungsdruck durch Zielvereinbarungen Betriebszugehörigkeit (Betriebsspezifische) Qualifikation (Betriebsinterne) Weiterbildung(en) Flexibilität Position Kündigungsrechtliche Sozialkriterien	Ökonomische Situation Beschäftigungsabbau Firmenübernahme/ Umstrukturierung/ Privatisierung Öffentlicher vs. privater Sektor Unternehmenshauptsitz im In- oder Ausland Börsennotierung Betriebsgröße Region

Abbildung 2: Begründungsfaktoren subjektiver Arbeitsplatzsicherheit

Abschließend soll kurz auf die Relevanz der Arbeitsplatzsicherheit für die Befragten eingegangen werden. Die vorangestellten Auswertungen beziehen sich auf die Einschätzung des Sicherheitsniveaus und die jeweiligen Begründungszusammenhänge. Einige Befragte gehen in ihren Sicherheitskonstruktionen über den betrieblichen Kontext hinaus und beziehen die Familie (vgl. Abschnitt 4) bzw. den externen Arbeitsmarkt in ihre Überlegungen ein. Diesbezüglich wahrgenommene Chancen können das Sicherheitsgefühl stärken[12], insbesondere wenn die subjektive Arbeitsplatzsicherheit als relativ gering bewertet wird.

Metallbaubetrieb, Programmierer, 34 J., 70%: „Ich weiß was ich kann, ich denke ich bin gut in dem was ich tue. Wenn es in dieser Firma Pleite geht, dann gibt's irgendwo andere Firmen, wo ich anfangen kann. Also die Arbeitssicherheit ist in meinem Fall relativ hoch." (M6)

12 Fälle G: 6, 8, M: 6, 15.

Als entscheidende Faktoren gelten dabei die außerbetrieblich verwertbare Qualifikation und Berufserfahrung, die branchenspezifische Arbeitsmarktlage sowie das Alter – mit 45 Jahren ist man aus Sicht der Befragten so gut wie chancenlos. Diese wahrgenommene Alternativlosigkeit bereitet gerade den Beschäftigten Sorge, die einer ungewissen Zukunft im Unternehmen entgegenblicken.[13]

Rentenversicherung, Kundenberaterin, 44 J., 80%: „In der heutigen Zeit, wo man sieht, wie viele Leute arbeitslos sind, wo will man sich orientieren. Und da ist das Problem bei uns, den Abschluss, den wir hier haben als Berater, nur intern anerkannt ist." (BkV6)

Besteht für Beschäftigte kein Zweifel an ihrer Arbeitsplatzsicherheit, kann Sicherheit im betrieblichen Kontext subjektive Unsicherheiten, ausgehend von Arbeitsmarkt und Familie, abfedern. Demgegenüber können Sicherheiten aufgrund alternativer Optionen Arbeitsplatzunsicherheit kompensieren. Fehlen jedoch bei geringer Arbeitsplatzsicherheit alternative Sicherheitsquellen, verstärkt dies das Gefühl von Unsicherheit oder hat einen Verdrängungseffekt zur Folge.

Leistung gegen Sicherheit? – Darstellung von Einzelfällen

Im vorangegangenen Abschnitt zeigte sich, dass die Mehrheit der Befragten von einer hohen Arbeitplatzsicherheit ausgeht. Diese wird allerdings an die individuelle Qualifikation und Leistung gebunden und damit relativiert. Dieser Zusammenhang soll im Folgenden an ausgewählten Fallbeispielen verdeutlicht werden.

Fall UnD5-Ost: Vertrauen in Sicherheitsversprechen gegen Leistung

Der Befragte wurde 1978 geboren. Nach Abschluss des Abiturs im Jahr 1997 begann der Interviewte bei seinem jetzigen Arbeitgeber ein Praktikum. Im Anschluss daran folgte im gleichen Betrieb eine dreijährige Ausbildung zum „Mediengestalter Bild und Ton", welche in eine Festanstellung mündete.

Das Unternehmen des Befragten, ansässig in einer sächsischen Großstadt, bietet für Fernsehstationen verschiedene Serviceleistungen aus dem Bereich Grafikdesign und Datenverarbeitung an. Das Unternehmen blickt auf eine langjährige Wachstumsphase zurück. Seit der Einstellung des Befragten in der Firma (1998) wuchs das Unternehmen von 40 auf knapp 160 Mitarbeiter (2006) an. Dennoch seien im Verlauf auch 60 Mitarbeiter

13 Fälle B1, BkV6, G13, M9.

aus dem Unternehmen aufgrund personellen Überhangs *ausgesondert* worden. Ebenso erfolgte zu Beginn dieses Jahres (2006) eine Eingliederung der Firma in eine Konkurrenzfirma. Dieser Zusammenschluss führte nach Aussagen des Befragten zur Stärkung der Firma als Marktführer, in der Zukunft könnte es aber auch zu verstärkten Rentabilitäts- und Auslastungsvorgaben kommen. Die momentane Geschäftslage wird als gut eingeschätzt.

Seinen Arbeitsplatz schätzt der Interviewte zu 90% sicher ein. Dies begründet er mit seinem hohen Arbeitsengagement: „[...] ich definiere meinen Arbeitsplatz einfach mal durch Leistung. Und solange ich Leistung bringe zu 100%, bin ich mir zu 90% sicher, dass es bleibt und alles andere ist Willkür in meinen Augen." Aus der langjährigen Anstellung (8 Jahre) leitet der Interviewte Anerkennung und eine positive Bewertung seiner Arbeitsleistung ab. Die 90%ige Sicherheit sei für ihn Ansporn, eine 100%ige Sicherheit zu erreichen und sich für die Firma „unentbehrlich zu machen [...]". Ebenso die Firmeneingliederung zu Beginn des Jahres, das damit verbundene Firmennetzwerk und die Stellung der Firma als Marktführer tragen nach Aussage des Befragten zur größeren Sicherheit bei.

Im Arbeitsbereich des Befragten „[...] gibt [es] viele Kollegen, die Angst haben um ihren Arbeitsplatz". In diesem Zusammenhang meint der Befragte weiterhin: „Aber das ist wieder in meinen Augen, man definiert sich durch Leistung. Und kann man nur dadurch bringen, dass man wieder offen ist für Neues". Auch firmenseitig wird den Mitarbeitern die Selbstverantwortung für die eigene Sicherheit übertragen: „Weil Chef sagt: Jeder ist für seinen Arbeitsplatz selbst verantwortlich. Der stellt sich hin und sagt dir das. So, und dann glaub ich dem das, ist so". Im Gegenzug erwartet der Befragte „[...] aber auch z.B. von meinem Betrieb, dass er mir ausreichend Arbeit gibt, dass ich das unter Beweis stellen kann. Sonst können wir das lassen". Vor dem Interview erhielt der Befragte eine Urkunde von seiner Firma für gute, projektbezogene Arbeitsleistungen. In den Augen des Interviewten „[...] lässt [man] einen merken, dass man selber wichtig ist in der Firma, und dass die Firma sich weiterhin eine Zusammenarbeit mit einem selbst wünscht. Und das bestätigt mich eigentlich insofern".

Der Fall zeigt sehr deutlich das Vertrauen eines Arbeitnehmers in eine funktionierende Tauschbeziehung zwischen Arbeitgeber und Arbeitnehmern (Arbeitsleistung gegen Lohn und Sicherheit sowie Bereitstellung von Aufträgen). Jedoch ist das reibungslose Funktionieren dieser Tauschbeziehung stark von der Eigenleistung und hohen Einsatzbereitschaft des Arbeitnehmers abhängig. Er muss die Angebote des Arbeitgebers eigenverantwortlich bearbeiten und mit diesen eigene Leistungspotenziale umsetzen bzw. erschließen. Wird die geforderte Leistung erbracht, kann der Arbeitnehmer Gegenleistungen von seiner Firma erwarten: „Deswegen sag ich, der Betrieb gibt mir die Sicherheit für ein ordentliches, anständiges Leben. [...] Das ist Homebase und das ist die Firma, die dafür zuständig ist, dass ich leben kann".

Fall M5-Ost: Erodierendes Vertrauen in das Stabilitätsversprechen des Arbeitgebers

Der Befragte wurde 1964 geboren, wuchs in der ehemaligen DDR auf und lebt heute mit seiner Partnerin und einem 17-jährigen Sohn in Thüringen. Die Berufsbiografie des Interviewten zeigt mehrere berufliche Stationen. Als gelernter Maschinenanlagenmonteur arbeitete der Interviewte bis 1987 in der thüringischen Industrie. Nach einer privaten Veränderung war der Befragte bis zur Wende in einer Knopffabrik tätig, um nach vier weiteren beruflichen Stationen schließlich in seiner jetzigen Firma (Zulieferer für Automobilindustrie in einer thüringischen Niederlassung) vor 2,5 Jahren als leitender Monteur einer Fertigungsstrecke Anstellung zu finden.

Die zum Befragungszeitpunkt schwierige Lage in der Automobilbranche schlägt auch auf die Einschätzungen des Befragten zum Betrieb durch. So schätzt er die wirtschaftliche Situation des Unternehmens als mittelmäßig ein. Der Befragte ist im Unternehmen unbefristet beschäftigt und bezieht ein tariflich geregeltes Einkommen (Haustarif). Auftragsengpässe werden über Stundenkonten und mittels firmeninterner Verleihung des jeweiligen Beschäftigtenüberhangs in andere Niederlassungen abgefedert. Nach Aussagen des Interviewten konnten damit Entlassungen am Firmenstandort vermieden werden. Ebenso könne man sich als Arbeitnehmer im Unternehmen auf tarifliche Vereinbarung und andere Absprachen verlassen. Nach erfolgreichem Abschluss der Anlaufphase und bislang kontinuierlicher Produktion auf hohem qualitativen Niveau befindet sich der Unternehmensstandort nach Aussagen des Befragten auf „einem ganz guten Weg". Ebenso bestünde beim Mutterkonzern eine langjährige Arbeitsplatzgarantie.

Vor dem Hintergrund der Diskussionen um die Firmenverlagerung eines Elektroherstellers sagt der Befragte: „Wenn die irgendwo beschließen, wir produzieren das Ding in Zukunft in Malaysia aus Kostengründen alles, dann passiert das. Egal, was man da macht, es ist einfach so. Eine 100%ige Sicherheit gibt es heute überhaupt nicht mehr. Das ist ein einfacher Fakt, der im Raum steht". Den eigenen Arbeitsplatz schätzt der Interviewte zu 50% sicher ein. Gründe hierfür sieht er in der – zumindest theoretischen – Möglichkeit einer Firmenübernahme: „Es gibt eine Übernahme, es kann jemand gekauft werden oder übernommen werden vom Konzern und dann wird abgebaut, dann interessiert das keinen Menschen mehr heutzutage, wie und was da abgeht". Der Befragte sei dennoch mit einer 50%igen Sicherheit „noch gut dran"; es gäbe „bestimmt noch schlechtere Ecken und Branchen". Die langjährige Arbeitsplatzgarantie ergibt sich außerdem daraus, dass „vier- oder achttausend Mann abgebaut werden oder sollen abgebaut werden. Dann eben über Abfindungen." Auch in diesem Zusammenhang meint der Interviewte, dass es eine Sicherheit nicht gäbe: „[...] in der heutigen Zeit sowieso nicht. Da wird dann eben damit gedroht, dass ganze Sachen verlagert werden nach Südostasien oder nach Osteuropa oder was weiß ich. Sicherheit gibt es nicht mehr. Das ist definitiv Fakt".

Die erlebte Unsicherheit „muss man, das muss man einfach akzeptieren, dass es leider Gottes so geworden ist, heutzutage, aber ändern kann man in der Form sowieso nichts [...]". Auch gäbe es keine Unterstützung zur Veränderung der Sicherheitslage: „Wer, da kann dir heutzutage keiner helfen. Wer soll dir da helfen? Das ist einfach so". Ebenso erbrachte Mehrleistungen würden im Falle einer Firmenübernahme o.ä. keine Sicherheit bringen: „Egal, wie und was und. Das ist alles auf Marktwirtschaft und Gewinn geprägt, die ganze Sache und ich kann das irgendwo auch nachvollziehen [...]. Aber wie gesagt, letztendlich, ob ich nun, sagen wir mal, wenn ich vielleicht Grippe habe oder was, ob ich mich da drei Tage noch hinschleppe oder, ein Dank, in dem Sinne, bekommst du doch sowieso nicht, letztendlich interessiert sich dann später kein Schwein. Ob du und was und wie, wenn es dann ans Eingemachte geht, interessiert das kein Menschen mehr. Es ist leider Gottes einfach heutzutage so". Ist man mit dem derzeitigen Beschäftigungsverhältnis unzufrieden, muss man nach Aussagen des Befragten „was anderes suchen, was mir dann dementsprechend zusagt oder auch nicht. Ganz einfache Regelung". Der Interviewte beobachtet den externen Arbeitsmarkt und nutzt Weiterbildungsmöglichkeiten, denn „[...] wenn man irgendwo die Möglichkeit hat, in irgendeiner Form und man kann vielleicht, eine Sache erfüllen, dass man da besser aufgehoben ist oder man denkt, dass man da besser aufgehoben ist oder man kann sich da besser verwirklichen oder was, glaube ich kaum, dass es da jemanden gibt, der das nicht machen wird, denke ich mir mal, wenn man sich irgendwo verbessern kann, ob finanziell oder arbeitsmäßig, es ist doch vollkommen klar, dass man das nutzen täte". Die Arbeitssituation kann sich nur ändern „indem man selber reagiert oder sich an der Situation der Firma etwas ändert [...]".

Das Fallbeispiel zeigt, wie durch den Befragten der Glaube an gegenseitige Sicherheitsvereinbarungen zunehmend in Frage gestellt wird. Dies geschieht ungeachtet tariflicher Sicherungsregelungen sowie dem arbeitgeberseitigen Bestreben, trotz mittelprächtiger Auftragslage Entlassungen zu vermeiden und trotz des qualitativ hochwertigen Produktionsoutputs am Standort. Für ihn scheint es paradox, wie langjährige Beschäftigungsgarantien ausgehandelt werden und dennoch im gleichen Atemzug tausende Stellen über Abfindungen u.ä. zur Debatte stehen. Ebenso geplante Auslagerungen deutscher Firmen bzw. Firmenteile ins Ausland stellen Sicherheitsvereinbarungen und tarifliche Sicherheitsstrukturen für den Befragten zur Diskussion. Der Glaube an eine funktionierende Tauschbeziehung (Arbeitsleistung gegen Lohn und Sicherheit) scheint dem Befragten im Verlauf seiner Berufsbiografie verloren gegangen zu sein bzw. scheint zu erodieren: „[...] letztendlich verkauft doch jeder seine Arbeitskraft nur" und „[...] ja Sicherheit. Was ist Sicherheit. Wie gesagt, gibt's heut nicht mehr in der Form, Sicherheit. Vom Arbeitsplatz her sag ich mal".

Fall M-9 West: „Internalisierung des Marktes“ (Moldaschl 1998)

Auch westdeutsche Kontrastfälle verweisen auf ähnliche Begründungszusammenhänge, wie der nachfolgende Einzelfall zeigt.

Der Befragte wurde 1961 geboren und lebt zusammen mit seiner Ehefrau und drei Kindern in den alten Bundesländern, wo er auch aufwuchs. Als gelernter Kraftfahrzeugmechaniker ist der Interviewte nach eigener Aussage bereits 17 Jahre in diesem Beruf tätig. Über die Jahre arbeitete er in sechs verschiedenen Betrieben und legte ebenso seine Meisterprüfung ab. Die betrieblichen Wechsel seien zum größten Teil freiwillig gewesen und führten nicht zu „Erwerbsminderung“. Zum Interviewzeitpunkt arbeitet der Befragte seit drei Jahren unbefristet als Werkstattleiter in einer Nutzfahrzeugreparaturwerkstatt (Niederlassung) mit 25 Angestellten in einer westdeutschen Großstadt. Nach Aussagen des Interviewten bestehe in der Filiale aufgrund des betriebsspezifischen Wissens eine geringe Fluktuation. Dennoch werde für die Zukunft aufgrund fortschreitender Technisierung mit Personalanpassungen gerechnet. Die Firma zahlt ihren Angestellten Tariflohn plus außertarifliche Zulagen – geregelt durch den Branchentarifvertrag für das Kraftfahrzeughandwerk. Der Befragte selbst erhält einen außertariflichen Lohn, der an die Leistung gebunden ist. In den letzten Jahren haben nach Aussagen des Interviewten der Arbeitsdruck und die betrieblichen Leistungsvorgaben stark zugenommen, es sei „ein harter Kampf, diese Ziele zu erreichen“. Entlassungen erfolgen weniger nach sozialen Kriterien als vielmehr nach Leistung: „Hier wird nach den Bedürfnissen des Betriebs entschieden. Wenn jemand seine Leistung nicht mehr erbringt, dann kann er auch nach jahrelanger Betriebszugehörigkeit mit entsprechender Abfindung gehen“. Auf derartige Entscheidungen hätte man keinen Einfluss, da dies nach Zahlen entschieden werde.

Auch der Arbeitsplatz des Interviewten sei nur solange sicher, wie die „Deckungsbeiträge“ stimmen. Doch „sobald [...] irgendwie nicht die entsprechenden Umsätze erzielt werden, geht das direkt an den Personalbestand“. Der Befragte schätzt seinen Arbeitsplatz zum Interviewzeitpunkt mit einer Sicherheit von 70% ein. Diese komme „daher, dass ich mich jeden Tag neu engagiere und meine Manpower reinsetze und dadurch die Werkstatt möglichst optimal, optimal zu führen. Und dadurch möglichst hohe Deckungsbeiträge zu erzielen“. Arbeitnehmer wie er, in Führungspositionen, hätten heutzutage gar keine Arbeitsplatzsicherheit mehr. Der Interviewte sieht seine „wackelige Sicherheit als Standard“. Man habe solange Sicherheit wie die Geschäftsleitung mit der Arbeit zufrieden sei. „Aber eine gewisse Unsicherheit ist immer gegeben, auch wenn man relative Sicherheit im Vertrag stehen hat.“ Damit müsse man jeden Tag leben: „Man schmeißt sich ins Zeug, um dran zu bleiben. Was soll ich sagen, halt engagiert sein, Probleme schnellstens und optimal lösen. Man hat keine Gelegenheit seinen Beruf locker anzugehen, man muss halt eine Menge bewältigen. Da muss man manchmal nach Feierabend noch weiterarbeiten". Jedoch sei noch mehr Arbeitszeit auch aus privaten Gründen nicht möglich, denn „da sind wir schon am äußersten Limit".

Der Befragte fühlt sich in seiner Führungsposition für sich und seinen Arbeitsbereich verantwortlich. So ist es sein Bestreben, Entlassungen im Arbeitsbereich zu vermeiden. Der Befragte wolle „Arbeitsplätze sichern, wenn es möglich [ist] vielleicht sogar noch Arbeitsplätze schaffen. Das ist mein tägliches Bestreben". „Der [Betrieb] spielt, wollen wir mal sagen, keine große Rolle. Die soziale Sicherheit kann sowieso kein Betrieb bringen, die soziale Sicherheit durch den Arbeitgeber ist nicht mehr gegeben. [...] wenn die im ganzen Arbeitsablauf mit deinem Job nicht zufrieden sind, bist du halt raus. Und soziale Verantwortung wird mittlerweile sehr, sehr klein geschrieben."

Dieser Einzelfall kontrastiert die Wirkungsweise von Leistungsvorgaben innerhalb von Betrieben in Verbindung mit relativer Arbeitsplatzsicherheit. Dem Befragten zufolge können nur durch das eigene Wirken in der gesamten Firma Arbeitsplätze gehalten werden. Nicht mehr der Arbeitgeber ist für soziale Absicherung und Beschäftigungssicherung verantwortlich sondern eine leistungsbereite Belegschaft, die Arbeitnehmer: „Man rückt enger zusammen [...], man schaut auf die Kollegen rund rum und versucht sich im Notfall unter die Arme zu greifen. Keiner ist da alleiniger Kämpfer". Der Arbeitgeber erscheint in diesem Gefüge nicht mehr als sozialer Kommunikationspartner, sondern als kühler Kalkulierer und Rechner, der mit den Arbeitnehmern über Leistungsvorgaben kommuniziert. Die Arbeitnehmer fokussieren sich mehr und mehr auf die eigene Person, die eigene Leistung und definieren sich anscheinend nicht mehr über die Firma und deren Produkte sondern ausschließlich über die zu verkaufende Arbeitskraft: „Ich fühle mich durch Leistung, die ich bringen kann, relativ sicher in, wollen wir mal sagen, sehr starker Unsicherheit, die von Druck geprägt ist. Man muss halt sehen, wie man damit lebt".

Auswirkungen von Arbeitsplatz(un)sicherheit auf das Privatleben

Ausgehend von den vorhergehenden Ausführungen zu subjektivem Sicherheitsempfinden und gestiegenem Leistungsdruck sollen im Folgenden die Auswirkungen auf den Menschen und seine bedürfnisgeleitete Lebensplanung dargestellt werden. Basierend auf der Annahme, dass sich die Arbeitsplatz(un)sicherheit auch auf die Planungsfähigkeit im Privatleben des Einzelnen auswirkt (Bourdieu 1998), soll der Frage nachgegangen werden, inwieweit die Befragten den eigenen Lebensentwurf von der beruflichen Situation abhängig machen. Die zu überprüfende These ist, dass sich der arbeitnehmerseitig wahrgenommene Vertrag von „Leistung gegen Sicherheit" auch auf die Realisierung persönlicher und familienbezogener Bedürfnisse auswirkt.

In den meisten Fällen wird der Arbeitsplatzsicherheit die zentrale Bedeutung für die Lebensplanung zugewiesen. Von den Interviewten wird vor allem die finanzielle Sicherheit als maßgeblich für eine planbare Absicherung der Existenz und Umsetzung von Handlungsorientierungen dargestellt.

Rentenversicherung, Kundenberaterin, 44 J., 80%: „Die Sicherheit ist für mich schon ein wichtiger Punkt, weil ich sagen muss, dass ich der Hauptverdiener in der Familie bin. Das bedeutet für mich, ich muss mein Arbeitsplatz erhalten, ich muss sehen, dass ich diesen Arbeitsplatz auch in Zukunft erhalten kann, um eben meiner Familie die Sicherheit auch zu geben.“ (BkV6)

Es zeigt sich ein direkter Wirkungszusammenhang von Arbeitsplatzsicherheit und der Zukunftsplanung mit der Familie. Eine zentrale Rolle spielen hierbei die berufliche Sicherheit des Partners oder die finanzielle Abhängigkeit der Kinder. Gerade bei Arbeitnehmern mit komplexer privater Verantwortung entwickelt sich Arbeitsplatzunsicherheit zu einem Gefühl des existentiellen Risikos.

Bauunternehmen, Vorarbeiter, 36J., 60%: „Also in meiner Familie sind, ich hab drei Kinder, die sind sehr auf mein Einkommen angewiesen. Meine Frau ist angewiesen, da sie jetzt im Babyjahr ist und wir [...] keine Unterstützung vom Staat bekommen außer das Kindergeld. Das Erziehungsgeld haben sie uns gestrichen, weil ich angeblich zu viel verdiene und da zählt die Auslösung jetzt mit rein und das find ich halt ungerecht vom Staat auch her. Dass die das jetzt so machen bei drei Kindern. Nachher habe ich noch das Haus. Ich habe ein neues Haus gebaut, da muss ich sehr investieren, also dass ich auch abhängig von meinem Gehalt, also ich muss schon, also ohne Arbeit sieht es schlecht aus bei uns in der Familie.“ (B2)

Dennoch lässt sich feststellen, dass die Befragten mit Familie diese vorrangig als Ruhepol und notwendigen Ausgleich zum Arbeitsalltag ansehen. Sie wird als bedingungslose Quelle für Verlässlichkeit und als Rückzugsmöglichkeit vor betrieblichen Leistungsanforderungen gesehen.

Pharmaunternehmen, Industriemechaniker, 39 J., 80%: „Private Sicherheit und Zukunft ist die Familie, die Sicherheit, die gibt einem ja Rückhalt und stärkt einen, wenn es mal schlecht läuft oder wenn bei meiner Frau mal schlecht läuft, sagen wir mal so, tun wir uns unterhalten drüber und machen uns gegenseitig Mut, halt. Und die Kinder sind auch da noch, das ist die andere Sicherheit.“ (C3)

Doch selbst wenn sich die Befragten beruflich sicher fühlen, sind sie bereit, den betrieblichen Leistungsanforderungen auf Kosten der Familie zu entsprechen. Der Erhalt des Arbeitsplatzes scheint hier vorrangig, um weiterhin finanzielle Absicherung zu gewährleisten.

> Tageszeitung, stellv. Redaktionschef, 32 J., 70-80%: „Also, Familie spielt für mich eine große Rolle. Aber wenn man jetzt einen Arbeitsplatz in Köln, München, Frankfurt oder so hätte, das müsste sich dann vereinbaren lassen. Also, ich sehe da auch keine Alternativen. Entweder die Familie zieht dann mit oder es würde dann zu so einer Konstellation hinaus laufen, dass man sagt, ich bin die Woche über woanders und versuche dann wenigstens am Wochenende da zu sein." (P1)

Zunehmende berufliche Flexibilitätsanforderungen lassen eine familiäre Planung als Hindernis für eine kurzfristige Anpassung an den Markt erscheinen. Gerade für die Unsicheren ist die Unterordnung der privaten Bedürfnisse eine Reaktion auf steigende arbeitsweltliche Diskontinuität.

> LKW-Werkstatt, Kfz-Meister, 45 J., 70%: „Man muss dann auch teilweise, muss man so mal sagen, also sich familiär und finanziell nicht so dermaßen festlegen, dass wenn sich beruflich mal was verändert, dass man halt keine Situation schafft, die nicht mehr zu tragen ist. (M9)

Haben die Befragten noch keine eigene Familie, äußern sie sich zögerlich über ihre Bindungs- und Kinderwünsche. Das Fehlen von langfristiger beruflicher Sicherheit gepaart mit der Angst vor einem drohenden Abstieg im derzeitigen Lebensstandard, führt zu Unschlüssigkeit bezüglich der privaten Lebensplanung.

> Tageszeitung, stellv. Redaktionschef, 32 J., 70-80%: „Dass man sich natürlich über langfristige Dinge Gedanken macht. Man macht sich natürlich auch Gedanken, irgendwann mal ein bisschen Ruhe zu finden. Man denkt natürlich über Familie nach. Aber ich habe noch nicht so viel gefühlte Sicherheit, dass ich in der letzten Konsequenz da noch keine Entscheidung habe. Das hängt ganz stark vom Arbeits- und Einsatzort ab." (P1)

Die durch Leistung zu erarbeitende berufliche Sicherheit wird von den meisten Befragten als Basis für die Realisierung eines bedürfnisgeleiteten Lebensentwurfes und einer familiären Absicherung vorausgesetzt. Somit verlangt einerseits die finanzielle Verantwortung für eine Familie nach höchstmöglicher beruflicher Sicherheit und erzeugt dadurch zusätzlichen Leistungsdruck im Arbeitsverhältnis. Andererseits bindet eine Familie finanzielle und zeitliche Ressourcen, die nicht für die Schaffung beruflicher Sicherheit eingesetzt werden können, was ein konfligierendes Verhältnis zwischen Arbeitswelt und Privatleben hervorruft.

Es kann festgehalten werden, dass sich die Befragten stärker im Sinne einer Absicherung des Arbeitsverhältnisses engagieren, als dass sie sich eine Umsetzung ihres privaten Lebensentwurfs zutrauen. Eine bedürfnisgeleitete Lebensplanung wird häufig den betrieblichen Flexibilitäts- und Leistungsanforderungen und der damit intendierten Sicherung des

Arbeitsplatzes untergeordnet; sowohl bei den Singles als auch bei Befragten mit eigener Familie.

Fazit

Der unerwartete Befund unserer Untersuchung zeigt, dass die Mehrheit der Befragten ihre Arbeitsplatzsicherheit als hoch oder sehr hoch einschätzt. Dies gilt quer zu Berufen, Qualifikationsniveaus, Geschlecht, Branchen, Betriebsgrößen und ist umso überraschender, als die Befragten überwiegend Ostdeutsche mit teilweise starken berufsbiografischen Brüchen sind. Diese Befunde sprechen gegen die These der Generalisierung von „objektiven" Beschäftigungsrisiken und „subjektiv gefühlter" Arbeitsplatzunsicherheit.

Vertiefende Analysen des Begründungszusammenhangs verweisen allerdings darauf, dass Beschäftigte die Sicherheit ihres Arbeitsplatzes überwiegend an individuellen Faktoren, besonders der Erfüllung von Leistungsanforderungen, bemessen. Hingegen wird eine gute Unternehmenslage häufig nicht mit Arbeitsplatzsicherheit in Verbindung gebracht. Damit werden Sicherheitskonstruktion relativiert: Ökonomisch oder politisch basierte Sicherheitsgarantien, wie sie etwa in der DDR selbstverständlich waren, oder aber auch im alten westdeutschen Normalarbeitsverhältnis über ökonomisches Wachstum und Senioritätsrechte aufgebaut wurden, scheinen zu erodieren.

Einzelne Fälle unseres Samples nähren den Vermarktlichungs- und Entgrenzungsdiskurs in der neueren Arbeitssoziologie (z.B. Moldaschl 1998; Kratzer 2003; Sauer 2005), d.h. die Aufnahme von marktlichen Elementen in die Tauschbeziehung zwischen Arbeitgeber und Beschäftigten (Brose et al. 2004).

Die Mehrzahl unserer Fälle bestätigt Bultemeier et al. (2007) in ihren Ergebnissen zur Transformation interner Arbeitsmärkte. In diesen „leistungsbasierten betrieblichen Beschäftigungssystemen" (Köhler et. al 2007) finden sich mittel- bis langfristige Beschäftigungsdauern. Diese sind jedoch nicht mehr an Seniorität, sondern an Qualifikations- und Leistungsstandards für den Einzelnen und die Profitabilität von Betriebsteilen gebunden. Der „implizite Arbeitsvertrag" lautet damit: „Leistung gegen Sicherheit". Dieser kann jedoch nur dauerhaft funktionieren, wenn ein „fairer psychologischer Vertrag erreicht werden kann, der insbesondere eine faire Verteilung von Risiken beinhaltet" (Grote 2001). Die Einlösung dieses leistungsbasierten impliziten Vertrages muss daher sowohl den Leistungsforderungen der Unternehmen als auch zugleich den Stabilitätsansprüchen von Beschäftigten gerecht werden. Dies setzt voraus, dass „gegenseitige Angebote, Erwartungen und Verpflichtungen [...] offen kommuniziert und ausdrücklich zum Verhandlungsgegenstand gemacht [werden]" (ebd.). Denn Vertrauen in betriebliche Absicherung vermittelt Beschäftigten ein Gefühl von Stabilität und Kontinuität, welches wiederum Sicherheit für den privaten Lebensentwurf generiert und die Realisierung langfristiger persönlicher Bedürfnisse ermöglicht.

Literatur

Bourdieu, P. (Hrsg.) (1998): Prekarität ist überall, in: Gegenfeuer. Wortmeldungen im Dienste des Widerstandes gegen die neoliberale Invasion, Konstanz.

Brose, H.-G., Diewald, M., Goedicke, A. (2004): Arbeiten und Haushalten. Wechselwirkungen zwischen betrieblichen Beschäftigungspolitiken und privater Lebensführung, in: Köhler, C., Struck, O. (Hrsg.): Beschäftigungsstabilität im Wandel?, S. 287-310, München / Mering.

Bultemeier, A., Loudovici, K., Laskowski, N. (2007): Ist Prekarität überall? – Unsicherheit im Zentrum der Arbeitsgesellschaft, in: Köhler, C., Struck, O. (Hrsg.): Betrieb und Beschäftigung – Risiken und Nebenwirkungen, Wiesbaden, im Erscheinen.

Castel, R. (2000): Die Metamorphosen der sozialen Frage. Eine Chronik der Lohnarbeit, Konstanz.

Dörre, K. (2005): Prekarisierung contra Flexicurity, Unsichere Beschäftigungsverhältnisse als arbeitspolitische Herausforderung, in: Kronauer, M., Linne, G. (Hrsg.): Flexicurity – Die Suche nach Sicherheit in der Flexibilität, Berlin.

European Foundation Report (2006): Working and employment conditions in Germany. http://www.eurofound.europa.eu/ewco/surveys/DE0503SR01/DE0503SR01.htm, letzter Zugriff: 09.01.2008.

Green, F. (2003): The Rise and Decline of Job Insecurity, http://www.kent.ac.uk/economics/papers/papers-pdf/2003/0305.pdf, letzter Zugriff: 10.02.2006.

Grote, G. (2001): Psychologischer Vertrag als Führungsinstrument im Umgang mit Unsicherheit, in: Wieland, R. (Hg.): Gesund in die Zukunft – Moderne IT-Arbeitswelt gestalten.

Grotheer, M. (2007): Beschäftigungsstabilität in Deutschland. Vergleiche zwischen Ost- und Westdeutschland, in: Köhler, C., Struck, O. (Hg.): Betrieb und Beschäftigung. Risiken und Nebenwirkungen, Wiesbaden, im Erscheinen.

Heitmeyer, W. (Hg.) (2006): Gruppenbezogene Menschenfeindlichkeit. Gesellschaftliche Zustände und Reaktionen in der Bevölkerung aus 2002 bis 2005, in: Deutsche Zustände. Folge 4, S. 15-38, Frankfurt/Main.

Hübler, D., Hübler, O. (2006): Is There a Trade-off Between Job Security and Wages in Germany and the UK?, IZA Discussion Papers, 2241.

Kratzer, N. (2003): Arbeitskraft in Entgrenzung. Grenzenlose Anforderungen, erweiterte Spielräume, begrenzte Ressourcen, Berlin.

Köhler, C., Loudovici, K., Struck, O. (2007): Arbeitsmarktsegmentation und betriebliche Beschäftigungssysteme, in: Köhler, C., Loudovici, K. (Hg.): Beschäftigungssysteme, Unsicherheit und Erwerbsorientierungen. Theoretische und empirische Befunde, SFB 580 Mitteilungen, Heft 22.

Krause, A., Krause, I., Schröder, T., Struck, O. (2007): Flexibilisierung am deutschen Arbeitsmarkt – subjektive Kosten und Anpassungsschwierigkeiten. CD-Rom-Beitrag zum Verhandlungsband des 33. Kongresses der Deutschen Gesellschaft für Soziologie 2006 in Kassel, Frankfurt/Main.

Moldaschl, M. (1998): Internalisierung des Marktes. Neue Unternehmensstrategien und qualifizierte Angestellte, in: SOFI, IfS, ISF, INIFS (Hg.): Jahrbuch Sozialwissenschaftliche Technikberichterstattung 1997, Schwerpunkt: moderne Dienstleistungswelten, Berlin, S. 197-250.

Mückenberger, U. (1985): Die Krise des Normalarbeitsverhältnisses, Zeitschrift für Sozialreform, 31, Heft 7 und 8.

OECD (1997): Employment Outlook, Paris.

Sauer, D. (2005): Arbeit im Übergang. Zeitdiagnosen, Hamburg.

Schwiderrek, F.; Schröder, T.; Struck, O.; Köhler, C. (2004): Betriebe und Beschäftigungsperspektiven. Ergebnisse einer Betriebsbefragung in zehn Wirtschaftszweigen, in: Köhler, C. et al. (Hg.): Beschäftigungsstabilität und betriebliche Beschäftigungssysteme in West- und Ostdeutschland, SFB 580 Mitteilungen, Heft 14.

Sennett, R. (1999): Der flexible Mensch. Die Kultur des neuen Kapitalismus, Berlin.

Witzel, A. (2000): Das problemzentrierte Interview, Forum Qualitative Sozialforschung. http://www.qualitative-research.net/fqs-texte/1-00/1-00witzel-d.htm, letzter Zugriff: 10.01.2008 .

Anhang

Branche (N = 52)	Fallcode Ostdeutschland	Fallcode Westdeutschland
Bau (B) N = 4	B: 1 - 3, 5	
Chemie (C) N = 5	C: 2 - 5, 8	
Gesundheit / Pflege (G) N = 15	C: 6, 7 G: 2 - 7, 9 - 14	G: 8
Handel N = 2	H: 1	H: 2
Maschinenbau / Metall (M) N = 10	M: 1 - 3, 5, 8, 12, 14, 15	M: 6, 9
Printmedien (P) N = 3	P: 1 - 3	
Finanzdienstleister (Sparkassen, Versicherungen) (BkV) N = 2	BkV: 10	BkV: 4
Kranken- und Rentenversicherungen (ÖD) (BkV) N = 7	BkV: 2, 6 - 9	BkV: 1
Unternehmensnahe Dienstleistungen (UnD) N = 4	UnD: 2 - 5	

Abbildung 3: Samplestruktur

Den Alltag neu erproben

Theater der Befreiung – ein Projekt mit Arbeitslosen

von Rieke Matthei & Hilke Schulz

Warum musste dieser Beitrag geschrieben werden?

Wir mussten beobachten, was Arbeitslosigkeit in der Arbeitsgesellschaft aus den Betroffenen macht; dass *ohne Arbeit* zu sein, oft in Vereinzelung und einem Verlust individueller Handlungsfähigkeit mündet. Daraus resultieren Gefahren: Nicht *nur* für die psychische Situation der Erwerbslosen, sondern für die Gesellschaft insgesamt. Greifen Ohnmachts- und Unsicherheitsgefühle um sich, können autoritäre Politikkonzepte auf verstärkten Zulauf hoffen.

Warum sollte dieser Beitrag gelesen werden?

Mit Hilfe des Bildertheaters und des Forumtheaters von Augusto Boal werden Situationen szenisch dargestellt, in welchen sich die Betroffenen ohnmächtig oder hilflos gefühlt haben. Anschließend werden alternative Handlungsstrategien in Rollenspielen erprobt, die es den Betroffenen ermöglichen sollen, sich aus ihrer Ohnmacht zu befreien. Arbeitslosen soll dadurch die Möglichkeit gegeben werden, sich vom passiven Zuschauer unserer Gesellschaft zum aktiven Schauspieler des eigenen Lebens zu entwickeln.

Was muss in Deutschland für die Vereinbarkeit von Leben und Arbeit getan werden?

Sehr viel! Zum Beispiel muss die Ideologie *Hauptsache Arbeit* in Frage gestellt werden. In der politischen Debatte wird Erwerbstätigkeit oftmals geradezu glorifiziert. Arbeit zu haben, gilt per se als Grundlage für ein lebenswertes Leben. Dass es viele *inhumane* Arbeitsplätze gibt, die durch erhebliche körperliche und psychische Belastungen gekennzeichnet sind, wird gern übersehen. Umso wichtiger finden wir arbeitspolitisches Engagement (z.B. in Gewerkschaften) für *gute Arbeit*. Arbeit, die nicht auslaugt, sondern die Kreativität fördert und den Arbeitskräften auch für Außerberufliches (z.B. Kinderbetreuung) ausreichend Zeit und Kraft lässt.

Einleitung

> *„Jedermann hat künstlerische Fähigkeiten; (...) Kinder tanzen, singen und malen. Mit zunehmender Unterdrückung, der sie durch Familie, Schule und Arbeit ausgesetzt sind, glauben sie schließlich selbst, daß sie weder Tänzer, Sänger noch Maler sein können. In Wirklichkeit aber kann jeder alles, auch wenn er es nicht in einem bestimmten Bereich zur Meisterschaft bringt." (Boal 1989, S. 69)*

Ziel unseres Theaterprojektes mit arbeitslosen Menschen ist es, den Teilnehmenden die Möglichkeit zu geben, vergessene Ausdrucksmöglichkeiten wieder zu erwecken und das Vertrauen in die eigene Kreativität und das eigene Handeln zurück zu gewinnen.

Dabei werden keine vorgegebenen Theaterstücke aufgeführt, sondern es geht in erster Linie um das Darstellen und Analysieren von Alltagsszenen der Teilnehmenden. Mit Hilfe der Methode des *Theaters der Befreiung* von Augusto Boal werden Veränderungsmöglichkeiten in dem von Arbeitslosigkeit geprägten Alltag der Betroffenen erprobt.

Die Tatsache, dass arbeitslose Menschen häufiger als andere „psychisch krank" sind und in therapeutische Behandlung kommen (siehe Kapitel 4), führte zu der Idee, das *Theater der Befreiung* als Interventionsmethode zur Verringerung der psychischen Folgen von Arbeitslosigkeit einzusetzen. Wenn die negativen Folgen von Arbeitslosigkeit ausschließlich in Form einer individuellen Psychotherapie behandelt werden, wird ein von der Gesellschaft verursachter Missstand auf die individuelle Ebene verlagert und auf ein persönliches Problem reduziert. Wäre es nicht sinnvoller, gemeinsam nach Lösungen zu suchen – sowohl im eigenen Leben als auch mit all jenen Menschen, die sich in einer ähnlichen Lage befinden?

Das *Theater der Befreiung* ist ein Instrument, welches versucht, mit allen Betroffenen gemeinsam Lösungen zu finden und damit einen Schritt *vor* der individuellen Psychotherapie ansetzt (was diese selbstverständlich nicht ausschließen soll). Es geht darum, sich gesellschaftlicher Machtstrukturen und eigener Ohnmachtserfahrungen bewusst zu werden. Auch diese Methode beginnt auf der individuellen Ebene, bei der eigenen Erfahrung. In einem nächsten Schritt aber versuchen die Betroffenen, das Gemeinsame an ihren Ohnmachtserfahrungen herauszuarbeiten, um zusammen Veränderungsmöglichkeiten zu erkennen und auszuprobieren. Damit wird das Problem auf eine gesellschaftliche Ebene gehoben, während dem Individuum gleichzeitig Handlungsmöglichkeiten gegeben werden. Durch das Erkennen der eigenen Passivität soll die Motivation geschaffen werden, das eigene Leben aktiv zu gestalten. Wichtiger Bestandteil dabei ist auch das Entwickeln von Idealbildern für gesellschaftliche und persönliche Situationen.

Gesellschaftliche und psychische Folgen von Arbeitslosigkeit

Hohe Arbeitslosenraten ziehen für die Gesellschaft gravierende Probleme nach sich. In den 1970er Jahren ging in den westeuropäischen Ländern „der kurze Traum immerwährender Prosperität“ zu Ende. Die Epoche der Vollbeschäftigung wurde abgelöst durch Krisen- und Ausgrenzungsprozesse am Arbeitsmarkt. Arbeitsplatzabbau, Langzeitarbeitslosigkeit und die Soziallage der "Überzählig- oder Überflüssigkeit“ prägen die Gesellschaft. Mit beträchtlichen gesellschaftlichen und politischen Auswirkungen: Gefühle der Unsicherheit reichen mittlerweile bis in das Zentrum der Arbeitsgesellschaft hinein. Viele Mitglieder der „arbeitnehmerischen Mitte“ verspüren Angst vor beruflichem und sozialem Abstieg. Der Druck auf diejenigen, die noch im Erwerbsleben stehen, nimmt zu. Sie erleben, dass die schwierige Arbeitsmarktsituation erpressbar macht. Kündigungen von Tarifverträgen, Senkungen der Löhne, Befristungen von Arbeitsverhältnissen und Verlängerungen der Arbeitszeiten sind vielerorts am „Wirtschaftsstandort Deutschland“ beobachtbar.

Vor diesem Hintergrund wandelt sich das politische Klima. Viele Angehörige der „neuen Mitte“ sehen ihre Besitzstände durch die dauerhafte Präsenz von sozialstaatlich alimentierten „Überzähligen“ und „Überflüssigen“ gefährdet. Sie sind daher „für jede ‚Faulenzer-Debatte‘ empfänglich, die Arbeitslose und Sozialhilfeempfänger diskreditiert“ (Vogel 2004, S. 19). Und sympathisieren mit einem Politikwechsel vom sorgenden zum strafenden Staat: Autoritative Praktiken gegen Wohlfahrtsempfänger, die mit allen Mitteln in eine Erwerbstätigkeit um ihrer selbst gezwungen werden sollen, verzeichnen wachsenden Zuspruch. Dadurch droht nicht nur eine fortschreitende Entrechtung derjenigen, die sich im sozialen Niemandsland der Dauerarbeitslosigkeit befinden. Der strafende Staat „wird auch die Stabilität allgemeiner Bürgerrechte nicht unberührt lassen“ (ebd., S. 20).

Neben den problematischen Folgen der Arbeitslosigkeit für die Gesellschaft sind auch erhebliche Folgen auf die psychische und physische Gesundheit des einzelnen Arbeitslosen festzustellen. Meta-Analysen zufolge weisen Arbeitslose insgesamt eine schlechtere Gesundheit und ein höheres Erkrankungsrisiko auf als Beschäftigte (vgl. Land & Vieshues 1985; Catalano 1992; Kurella 1992). Dabei ist besonders die erhöhte Rate chronischer Erkrankungen im Vergleich zu Berufstätigen auffällig, mit den deutlich schlechtesten Gesundheitszuständen von Langzeitarbeitslosen (vgl. Harych & Harych 1997; Kuhnert 2000). Auch ihre Lebenserwartung ist geringer (vgl. GEK-Gesundheitsreport 1999). Bei einer näheren Betrachtung der erhöhten Krankheitshäufigkeit stellt sich heraus, dass diese in erster Linie durch ein vermehrtes Auftreten psychischer Störungen bedingt ist (vgl. GEK-Gesundheitsreport 1999).

Eine Verschlechterung der psychischen Verfassung lässt sich vor allem mit Blick auf das Selbstwertgefühl, Depressivität, Ängstlichkeit und die psychophysiologische Gesundheit feststellen (vgl. Hartley & Mohr 1989). Insgesamt weisen Arbeitslose ein geringeres Selbstwertgefühl als Beschäftigte auf (vgl. Feather 1990; Goldsmith et al 1996), wobei die Minderung des Selbstwertgefühls selbst dann erhalten bleibt, wenn die Phase der Arbeitslosigkeit schon über ein Jahr zurückliegt (vgl. Goldsmith et al. 1996). Das reduzierte Selbstwertgefühl geht mit erhöhter Depressivität einher. In Vergleichsstudien zwischen Arbeitslosen und Beschäftigten weisen Arbeitslose höhere Depressionswerte auf als Beschäftigte (vgl. Feather 1990; Goldsmith 1996).

Arbeitslosigkeit führt mit zunehmender Dauer auch zu verringerten Kontrollerwartungen (vgl. Kirchler 1993). Dies bedeutet, dass die Betroffenen immer stärker das Gefühl bekommen, wenig Einfluss auf ihr eigenes Leben zu besitzen. Eine Untersuchung von Henkel (1992) kommt zu dem Ergebnis, dass Arbeitslose sich deutlich häufiger als Berufstätige gegenüber ihren Lebensproblemen hilflos und verzweifelt fühlen. Etwa jede Zweite der untersuchten Personen kommt sich häufiger als vor der Arbeitslosigkeit überflüssig und wertlos vor (vgl. Henkel 1992).

Das Theater der Befreiung von Augusto Boal

Das *Theater der Befreiung* von Augusto Boal, auch bekannt unter dem Namen *Theater der Unterdrückten*, wurde Ende der 1950er Jahre von dem Brasilianer Augusto Boal entwickelt. Zu diesem Zeitpunkt wurden die Kunst und das Theater in Brasilien benutzt, um von den schlechten Zuständen abzulenken, welche sich z.B. in der hohen Kindersterblichkeit und dem hohen Analphabetentum zeigten (vgl. Thoreau 1989, S. 9). Die Studentenbewegung und die brasilianische Linke wollten die Verhältnisse verändern: Gewerkschaften und Volkskulturzentren wurden gegründet. Zu ihren Hauptzielen gehörte die Alphabetisierung, welche zugleich als Politisierung verstanden wurde (vgl. ebd., S. 10). Über die Sprache sollte den Menschen eine Möglichkeit gegeben werden, sich politisch zu äußern.

Nach dem Regierungswechsel 1964 wurden Gewerkschaften und Kulturzentren verboten. 1971 wurde Boal unter der Militärdiktatur von der brasilianischen Geheimpolizei verhaftet. Nur aufgrund internationaler Proteste kam er wieder frei. Er ging ins argentinische Exil und von dort aus weiter nach Peru, wo er an Alphabetisierungskampagnen nach dem Konzept der Pädagogik der Unterdrückten von Paulo Freire mitwirkte und das *Statuentheater*, sowie das *Forumtheater* entwickelte. Nachdem sich die politische Situation in Argentinien verschlechterte, siedelte er 1976 nach Portugal über, später nach Frankreich, wo er Lehraufträge an Universitäten erhielt (vgl. Gipser 2003). Während seiner Jahre in Europa entwickelte Boal das *Theater der Befreiung* in zahlreichen Workshops weiter und passte es an die europäischen Verhältnisse an.

Auch wenn bei uns in Europa Unterdrückung nicht so offensichtlich stattfindet, wie zum Zeitpunkt der Entstehung des *Theaters der Unterdrückten* in Brasilien, so gibt es doch Möglichkeiten der Übertragung von Boals Methode. Ob Rassismus, Sexismus, unzumutbare Arbeitsbedingungen, Arbeitslosigkeit oder Einsamkeit – auch bei uns gibt es Formen von Unterdrückung. Nach Boal handelt es sich dabei allerdings oft eher um verinnerlichte als um konkret sichtbare Unterdrückung (vgl. Boal 1999, S. 21).

Das *Theater der Befreiung* hat zum Ziel, Menschen aus der Rolle des passiven Beobachters oder der passiven Beobachterin ihres eigenen Lebens zu befreien, um ihr Leben selbst in die Hand zu nehmen. Zunächst gilt es dabei, sich Situationen alltäglicher Ohnmacht bewusst zu machen und sowohl innere als auch äußere Unterdrückungsmechanismen zu erkennen. Anschließend wird in einem weiteren Schritt versucht, die wahrgenommene Ohnmacht zu überwinden, um persönliche und gesellschaftliche Veränderungen in Gang zu setzen. Dabei geht das Theater der Befreiung von zwei Grundsätzen aus: Zum einen soll der Zuschauer und die Zuschauerin vom passiven Wesen, vom Objekt, „zum Protagonisten der Handlung, zum Subjekt, werden“ (vgl. Boal 1989, S. 68). Zum anderen soll sich das Theater nicht nur mit der Vergangenheit beschäftigen, sondern mit der Zukunft. Boal möchte kein Theater, dass die Realität nur interpretiert, sondern eines, das sie verändert (vgl. ebd., S. 68).

Im geschützten Rahmen des Theaters und der Fiktion können neue Verhaltensweisen erprobt werden, die die Teilnehmenden in ihrem Alltag bisher entweder nicht in Betracht gezogen haben oder zu denen ihnen bisher der Mut fehlte. „Der Zuschauer, der in einer Forumtheater-Sitzung fähig gewesen ist zu einem Akt der Befreiung, will diesen auch draußen, im Leben, vollbringen, nicht nur in der fiktiven Realität des Theaters. Die ‚Probe‘ bereitet ihn auf die Wirklichkeit vor.“ (vgl. ebd., S. 69) Wenn also ein Teilnehmer auf der Bühne in der Lage gewesen ist, seinem Vorgesetzten zu widersprechen und damit eine positive Erfahrung gemacht hat, so wird in ihm das Bedürfnis entstehen, dieses Verhalten auch in der Realität umzusetzen.

Ein weiteres wichtiges Element des *Theaters der Befreiung* ist die Kreativität. Es geht darum, sich spontan Bewegungen, verbale Äußerungen und Handlungen einfallen zu lassen und diese umzusetzen, ohne sie zu bewerten. Wichtig ist, sich dabei auf die Ebene des Handelns einzulassen, ohne vorher lange darüber nachzudenken oder Diskussionen darüber zu führen, welche Variante nun die Beste sei. Es geht darum, den eigenen Handlungsspielraum zu erweitern und sich zu trauen, seinen eigenen Körper als Ausdrucksmittel zu benutzen und Neues auszuprobieren. Durch das Vertrauen in die eigene Kreativität gewinnen die Teilnehmenden auch Vertrauen in sich selbst und in ihre eigenen Fähigkeiten. Nach Boal besitzt jeder Mensch künstlerische Fähigkeiten, welche aber durch unsere Erziehung eingeschränkt wurden (vgl. ebd.).

Auch wenn das *Theater der Befreiung* dem Individuum andere Handlungsmöglichkeiten aufzeigen möchte, so ist es doch in erster Linie gesellschaftliches bzw. politisches Theater. Es geht darum, das Gemeinsame an den Ohnmachtserfahrungen der Teilnehmerinnen und Teilnehmer herauszuarbeiten und sie zusammen zu überwinden. Ziel ist es, ein Bewusstsein für gesellschaftliche Unterdrückungsstrukturen zu schaffen und Perspektiven der Veränderung zu entwickeln. Dafür bietet Boal keine „Befreiungsrezepte" an, sondern setzt vielmehr auf die Diskussion und das Infrage-Stellen der gegebenen Verhältnisse. „Theater der Unterdrückten heißt Auseinandersetzung mit einer konkreten Situation, es ist Probe, Analyse, Suche" (vgl. ebd., S. 68). Die Lösungen sollen gemeinsam gefunden werden – mit dem Publikum, mit den Betroffenen. Aus diesem Grund gibt es bei Boal auch keine Trennung zwischen Schauspielern und Zuschauern, zwischen Alltag und Bühnenstück, sondern alle sind „Zuschau-Spieler" („SpectActors", vgl. Boal 2006) und auf der Bühne werden Alltagsszenen gespielt.

Das Theater der Befreiung und Arbeitslosigkeit

Viele arbeitslose Menschen erleben in ihrem Alltag immer wieder Situationen, in denen sie sich ohnmächtig und hilflos fühlen. Das *Theater der Befreiung* setzt an dieser persönlichen Erfahrung an. Es geht darum, sich Ohnmachtsgefühle einzugestehen und zu erkennen, dass auch andere Menschen in ähnlichen Lebenssituationen ähnliche Erfahrungen machen. Dies ist der erste Schritt: zu erkennen, dass es sich bei der Arbeitslosigkeit um ein gesellschaftliches Problem handelt, das viele Menschen betrifft – und dieser Erkenntnis Ausdruck zu verleihen. Im zweiten Schritt sollen nun die Veränderungspotentiale einer dargestellten Situation erforscht werden. Die Erkenntnis, dass es sich um ein gesellschaftliches Problem handelt, soll die Teilnehmenden nicht davon abhalten, selbst aktiv zu werden und Verantwortung für ihr Handeln zu übernehmen. Sie sollen das Gefühl zurück gewinnen, Einfluss auf ihr eigenes Leben zu haben, und lernen, sich selbst als Menschen mit ihren Stärken und Schwächen – auch ohne bezahlte Arbeit – wieder zu schätzen.

Arbeitslosen Menschen soll die Möglichkeit gegeben werden, von passiven Zuschauern unserer Gesellschaft zu aktiven Schauspielern des eigenen Lebens zu werden.

Der Workshop in der Praxis

Wir möchten nun den Ablauf unseres Workshops zum *Theater der Befreiung* mit Arbeitslosen beschreiben. Nach einer Darstellung der Rahmenbedingungen kommen wir auf die

Bausteine des Boalschen Konzepts – Aufwärmübungen, Bildertheater und Forumtheater – zu sprechen.

Zeitlicher Rahmen

Der Workshop besteht aus zehn Nachmittagen, welche über einen Zeitraum von fünf Wochen verteilt sind. Die Sitzungen finden jeweils an zwei aufeinander folgenden Tagen statt (Dienstag und Mittwoch nachmittags). Eine Sitzung dauert vier Stunden. Als Abschluss des gesamten Workshops gibt es eine öffentliche Aufführung.

Beschreibung der Gruppe

Die Gruppe besteht aus dreizehn Personen, die zum Zeitpunkt des Kurses arbeitslos sind. Das Geschlechterverhältnis ist ausgeglichen, es nehmen sieben Frauen und sechs Männer an dem Kurs teil. In der Altersgruppe 26-30 Jahre gibt es eine Person, vier Personen befinden sich in der Altersgruppe 31-40, fünf Personen sind 41-50 Jahre alt und die drei ältesten Personen sind zwischen 51 und 60 Jahre alt.

Mit 84,6% gibt es einen hohen Anteil von Langzeitarbeitslosen in der Gruppe: Acht der dreizehn Teilnehmenden waren in den vergangenen fünf Jahren insgesamt mehr als drei Jahre arbeitslos, drei Personen sind seit ein bis drei Jahren und zwei Personen seit weniger als einem Jahr arbeitslos.

Zehn Personen sind Mitglied in einem Verein oder engagieren sich ehrenamtlich in einer Organisation, wobei es sich meist um politische oder kulturelle Gruppen handelt. Zwei Teilnehmer machen Sport in einem Verein. Einige Teilnehmende sind sogar in mehreren Organisationen aktiv, drei dagegen in gar keiner.

Aufwärmübungen

Jeder Workshopnachmittag beginnt mit einer Aufwärmphase. Zu den Aufwärmübungen gehören sowohl theaterpädagogische Übungen zur Körperwahrnehmung und Bewegung, als auch Übungen zur Schulung des emotionalen und körperlichen Ausdrucks. Des Weiteren sind Gruppenintegrationsspiele, Vertrauens- und Improvisationsübungen ein wichtiger Bestandteil des „Aufwärmens". Sie dienen dazu, die Teilnehmenden zu lockern und ihre Wahrnehmung sowohl für sich selbst als auch für andere zu schärfen. Die Teilnehmenden sollen ihren eigenen Körper kennen lernen und sich trauen neue Dinge auszuprobieren, z.B. Bewegungen oder Gesten auszuführen, die sie im Alltag nicht benutzen, oder mit der Stimme zu experimentieren.

Ein sehr zurückhaltender und schüchterner Teilnehmer unseres Kurses äußert beispielsweise nach einer Paarübung zum Stimmausdruck: „So viel geschrien wie heute habe ich schon lange nicht mehr." Boal nennt dies „den Körper ausdruckfähig machen" (vgl. Boal 1989).

Bildertheater

Das *Bildertheater* (früher auch als *Statuentheater* bezeichnet) ist nach den Aufwärmübungen die zweite Stufe des *Theaters der Befreiung*. Hier bezieht der Zuschauer Stellung zu einem ganz bestimmten Thema – im wahrsten Sinne des Wortes. Es ist gleichzeitig eine Art nicht sprachlicher Einstieg für spätere bewegte Szenendarstellungen.

Folgende Standbilder entstehen zu der Frage „Was bedeutet für mich Arbeitslosigkeit?":

Abbildung 1: Standbilder zu dem Thema „Was bedeutet für mich Arbeitslosigkeit?" (von links nach rechts: Stagnation, Viel Zeit!, Statue der Nutzlosigkeit, Das Leben genießen!)

„Im Bildertheater sollen die Zuschauer / Teilnehmer non-verbal Stellung zu einem Thema beziehen, indem sie das Thema durch Bilder mit dem eigenen Körper oder dem Körper der anderen darstellen und ausdrücken" (vgl. Feldhendler 1992). So kann eine Person mit ihrem eigenen Körper darstellen, was *Arbeitslosigkeit* für sie bedeutet. Jeder wählt dafür eine eigene Haltung. Stellt man die verschiedenen Versionen nebeneinander, so ergibt sich ein multiples Bild des Begriffes *Arbeitslosigkeit* (siehe Abb. 2). Es gibt auch die Möglichkeit, sich als *Bildhauer* zu betätigen und mit den Körpern anderer Menschen ein Bild zu formen.

Nach Boal sprechen diese Bilder eine eigene Sprache. Ihre Bedeutung geht über die eines einzelnen Wortes hinaus: „When (...) I understood that most of the time we were using the same words to mean very different things, or different words to mean the same thing, (...) I started asking my students to make images. Make an image of family, an image of your boss (...). Of course, those images don't replace words but they cannot be translated into words either – they are a language in themselves". (vgl. Boal 2006, S. 175).

Es gibt unterschiedliche Techniken mit dem *Bildertheater* zu arbeiten. So kann zum Beispiel ein kollektives Bild zu einem bestimmten Thema erarbeitet werden. Bei dieser Methode beginnt eine Person, ihr Bild zu dem gegebenen Thema zu bauen. Anschließend dürfen andere Personen aus dem Publikum das Bild verändern, und zwar solange, bis alle

Teilnehmenden mit dem Ergebnis einverstanden sind. Ist so zum Beispiel ein kollektives Bild zum Thema „Arbeit" entstanden, gibt es nun die Möglichkeit, dieses „Realbild" zu einem „Idealbild" umzuformen – was oft keine leichte Aufgabe ist! Bei der Erstellung des Idealbildes kommt es zu fruchtbaren Diskussionen.

Das folgende Bild wird in unserem Workshop als kollektives Bild von „Arbeit und Arbeitslosigkeit in unserer Gesellschaft" geformt (siehe Abb. 2):

Abbildung 2: Bildertheater, kollektives Bild zum Thema „Arbeit und Arbeitslosigkeit in unserer Gesellschaft"

Im hinteren rechten Teil des Bildes sind drei Fließbandarbeiter zu sehen, die in sehr unbequemen Haltungen ihre Arbeit verrichten. Vor ihnen steht ein Vorgesetzter, der sie antreibt. Auf der linken Seite des Bildes stehen drei arbeitslose Personen, die der Fabrik den Rücken zuwenden.

Mit Hilfe von Dynamisierungstechniken können die Bilder in Bewegung versetzt werden, um ihren Inhalt zu verdeutlichen. Zum Beispiel können die Personen im Bild aufgefordert werden, eine rhythmische Bewegung auszuführen oder einen zu ihrer Rolle passenden Satz zu sagen. Eine andere Möglichkeit der Dynamisierung besteht in der schrittweisen Verwandlung vom Realbild zum Idealbild.

Das oben gezeigte „Realbild" zum Thema „Arbeit und Arbeitslosigkeit in unserer Gesellschaft" durchläuft folgende Entwicklung auf dem Weg zum „Idealbild":

Die erste Veränderung, die vom Publikum vorgenommen wird, betrifft die Arbeitsbedingungen. Es werden ergonomischere Arbeitshaltungen geschaffen und Gruppenarbeit eingeführt, der Chef nimmt keine drohende Haltung mehr ein (siehe Abb. 3).

Abbildung 3: Übergangsbild vom Realbild zum Idealbild – ein Teilnehmer formt ergonomischere Arbeitshaltungen

Nach einer weiteren Veränderung versucht der *Vorgesetzte*, die arbeitslosen Personen mit in die Fabrik zu ziehen. Allerdings wirft eine der Arbeitslosen ein, sie wolle gar nicht in der Fabrik arbeiten, da sie einen sozialen Beruf gelernt habe. Sie schlägt eine weitere Veränderung vor, indem sie das Bild komplett umformt: Nun arbeitet keiner mehr in der Fabrik, stattdessen arbeiten alle in sozialen Berufen (im Krankenhaus, Kindergarten, Altenheim usw.). Da es jetzt viele Menschen gibt, die in diesen Berufsfeldern arbeiten, ist die Versorgung dort gesichert und es gibt einen deutlich besseren Personalschlüssel. Die Teilnehmerin argumentiert, dass Fließbandarbeit in der Fabrik durch Maschinen ersetzt werden könne, während dies in Berufen, die mit Menschen umgehen, nicht der Fall sei (siehe Abb. 4).

Abbildung 4: Ein weiteres Übergangsbild von Realbild zum Idealbild – alle arbeiten in sozialen Berufen, die Arbeit in der Fabrik wird durch Maschinen ersetzt

Das *Idealbild* sieht anschließend folgendermaßen aus: Einige Menschen arbeiten in einer Fabrik, unter sehr humanen Arbeitsbedingungen, dort gibt es auch einen *Vorleser*, der den Arbeitenden während der Arbeitszeit etwas vorliest, damit sie sich weiterbilden können. Andere Menschen arbeiten in sozialen Berufen mit gutem Personalschlüssel (siehe Abb. 7).

„Die Bildersprache des Bildertheaters ermöglicht innerhalb kurzer Zeit einen Einblick in die Thematik. Sie hat somit aufdeckende Wirkung" (Feldhendler 1992, S. 38). Der Einstieg über die Körpersprache „kann Gedanken sichtbar machen, wozu gesprochene Sprache oft nicht in der Lage ist" (Boal 1989, S. 53).

Abbildung 5: Idealbild zum Thema „Arbeit und Arbeitslosigkeit in unserer Gesellschaft" – humane Arbeitsbedingungen in der Fabrik, soziale Berufe mit gutem Personalschlüssel, keine Arbeitslosen

Durch die schnelle und spontane Umsetzung der Dynamisierung, die völlig ohne gesprochene Sprache geschieht, wird die Selbstzensur weitgehend ausgeschaltet (Feldhendler 1992).

Forumtheater

Wie alle Techniken des *Theaters der Befreiung*, ist auch das *Forumtheater* eine Form gesellschaftlichen Theaters. Es wird eine Alltagsszene aufgeführt, in welcher eine konkrete Unterdrückungssituation dargestellt wird. Unter den Bühnencharakteren befinden sich mindestens ein „Unterdrücker" oder eine „Unterdrückerin", das heißt eine machtvolle Person, dann ein „Opfer", das der Macht ohnmächtig gegenüber steht, und eine oder mehrere weitere Personen, die mögliche Bündnispartner und Bündnispartnerinnen des Opfers darstellen.

Augusto Boal wehrt sich dagegen, das Theater (oder die Gesellschaft) in Schauspielende und Zuschauende aufzuteilen. Er möchte allen Menschen die Möglichkeit geben, in das

Geschehen einzugreifen und den Lauf der Dinge zu verändern. Auch im *Forumtheater* ist die Grenze zwischen Schauspielern und Zuschauern aufgehoben und die Zuschauer werden zu „ZuschauSpielern" (Boal 2006), welche das Geschehen auf der Bühne beeinflussen können.

Das Publikum wird aufgefordert, das Opfer oder einen möglichen Bündnispartner auf der Bühne zu ersetzen, indem einzelne Zuschauer diese Rolle übernehmen. Sie sollen versuchen, durch anderes Verhalten den Verlauf der Szene zugunsten des „Opfers" zu verändern. Denn im *Forumtheater*, „das sich wirklich als Theater der Unterdrückten qualifizieren will", können die Zuschauer nur die "*unterdrückten* Protagonisten auswechseln, um neue Formen der Befreiung zu finden." (Boal 1993, S. 42).

Ziel des *Forumtheaters* ist es, „möglichst viele verschiedene Varianten von besseren Lösungen der in der Ausgangsszene vorgestellten Konfliktsituation zu finden" (Odierna 2006). Die unterschiedlichen Lösungsvorschläge werden anschließend im Forum diskutiert, um herauszufinden, welche Lösungen die besten sind. Wichtiger als die perfekte Lösung, ist eine angeregte Diskussion über mögliche und unmögliche Veränderungen. Die Spielleiterin übernimmt dabei die Moderation und vermittelt zwischen dem Publikum und den Schauspielern. An dieser Stelle möchten wir eine *Forumtheater*-Szene aus unserem Workshop in ihrer Ausgangsvariante und mit verschiedenen Lösungsvorschlägen als konkretes Beispiel vorstellen.

Modellszene

Die alleinerziehende Mutter Melanie und Hartz IV- Empfängerin befindet sich in ihrer Wohnung. Das monatliche Geld für sie und ihre Tochter reicht gerade, um über die Runden zu kommen. Ihr Lebensgefährte Roland ist bei ihr. Während Melanie schriftliche Behördenangelegenheiten und ähnliches organisieren muss, unterstützt Roland seine Freundin in keiner Weise, sondern spielt stattdessen Computerspiele. Der Nachbar Walter, der ein Auge auf Melanie geworfen hat, kommt zu Besuch. Er möchte mit ihr flirten. Melanie ist von beiden Männern genervt, steht der Situation aber hilflos gegenüber.

Plötzlich klingelt es. Ein Beamter vom Arbeitsamt steht vor der Tür. Er kommt – unangekündigt – um zu kontrollieren, ob Melanie in einer eheähnlichen Beziehung lebt, die sie beim Arbeitsamt nicht angegeben hat, und damit offiziell einen *Missbrauch* von Hartz IV vollzieht. Melanie versucht zaghaft, ihn abzuwimmeln, doch der Kontrolleur tritt unerlaubt in ihre Wohnung. Melanie wird von der Situation überrannt, fühlt sich ohnmächtig und weiß nicht, wie sie sich wehren soll. Roland und Walter bleiben untätig, Melanie fühlt sich mit dem Problem alleine gelassen.

Forumdiskussion

Nachdem die Szene einmal in ihrer Ausgangsvariante gespielt wurde, soll in einem nächsten Schritt nach Lösungsalternativen gesucht werden. Dafür muss zunächst geklärt werden, wer in der Szene als *Opfer* bezeichnet und damit durch Zuschauer ausgewechselt werden kann. Das Publikum und die Schauspieler der Szene definieren zunächst Melanie als einzige *Unterdrückte*.

Dabei kristallisieren sich zwei Konflikte in der Modellszene heraus:

1. Die empfundene Hilflosigkeit von Melanie den beiden untätigen Männern gegenüber.

2. Eine Grenzüberschreitung durch den Mitarbeiter vom Arbeitsamt durch seinen Eingriff in Melanies Intimsphäre.

Der erste Vorschlag des Publikums zur Auswechslung einer Rolle betrifft den Konflikt zwischen Melanie und den beiden Männern Roland und Walter. Indem ein Zuschauer die Rolle der Melanie den beiden Männern gegenüber resoluter und selbstbewusster spielt, schafft er („sie") es, der Situation eine Wendung zu geben: Roland hilft nun seiner Freundin bei ihren Angelegenheiten. Walter hingegen wird von Melanie nach Hause geschickt, und kann damit sein aufdringliches Flirtverhalten nicht weiterführen.

Damit ist der erste Konflikt behoben, das Publikum ist zufrieden. Eine Zuschauerin weist jedoch darauf hin, dass der zweite Konflikt der Szene damit noch nicht gelöst sei – der Arbeitsamtsmitarbeiter habe, trotz Melanies verändertem Umgang mit den beiden Männern, ungestört in die Wohnung kommen können. Ohne Termin und offizielle Genehmigung habe er ihre Wohnung durchsuchen und in ihre Privatsphäre eindringen können.

Die Teilnehmerin schlüpft daraufhin in die Rolle von Melanie und erprobt ihren Lösungsvorschlag für den zweiten Konflikt der Szene. Sie erläutert dem Beamten, dass er ohne Termin nicht das Recht habe, ihre Wohnung zu betreten. Der Arbeitsamtsmitarbeiter ist zunächst nicht *abzuwimmeln*, doch Melanie bleibt entschlossen und lässt ihn nicht in ihre Wohnung.

Das Publikum findet den neuen Szenenausgang durchaus akzeptabler als den ursprünglichen, dennoch wird ein Schwachpunkt bemängelt: Melanie habe, wenngleich sie den Beamten nicht in ihre Wohnung gelassen habe, zu viele Informationen über ihre Person und ihre Lebenssituation preisgegeben, die gegen sie verwendet werden könnten. Eine Teilnehmerin betont, dass Melanie so wenig Informationen wie möglich weitergeben solle und nimmt nach dieser verbal geäußerten Empfehlung nun selbst die Rolle von Melanie in der Szene ein. Sie spielt sie reserviert und genauestens über ihre Rechte informiert. Als der Mann vom Arbeitsamt an der Tür steht und die Hausdurchsuchung ankündigt, gibt sie ihm in bestimmtem Ton zu verstehen, dass er ohne vorher ausgemachten Termin keine Berechtigung zum Eintritt in ihre Wohnung habe. Sie lässt ihn nicht weiter zu Wort kommen, sondern schließt die Tür. Das Publikum ist zufrieden mit dem Auftreten von Melanie. Dennoch werden Zweifel darüber geäußert, ob ihre Strategie langfristig Erfolg haben würde – der Arbeitsamtsbeamte könnte in nächster Zeit wiederkommen und erneut versuchen, in ihre Wohnung zu gelangen.

Insgesamt kommt das Publikum zu dem Entschluss, dass diese Lösungsvariante für die konkrete Situation geeignet gewesen sei. Melanie habe so zunächst Zeit gewonnen, in der sie Kontakt mit anderen Personen oder Arbeitsloseninitiativen aufnehmen könne, mit denen sie dann gemeinsam eine langfristige Lösung des Problems finden könne.

Psychologische Auswirkungen der Intervention – statistische Auswertung

Die Daten für die statistische Auswertung werden anhand eines Fragebogens erhoben, welcher von den Teilnehmenden vor Beginn und nach Ende des Workshops ausgefüllt wird. Als abhängige Variablen werden depressive Symptome, die allgemeine Selbstwirksamkeitserwartung, die proaktive Einstellung und das transpersonale Vertrauen erfasst.

Die statistische Analyse zeigt eine deutliche Verringerung der depressiven Symptome nach dem Workshop und eine Erhöhung der proaktiven Einstellung bei den männlichen Teilnehmern. In allen anderen gemessenen Variablen sind keine relevanten Veränderungen zu erkennen (vgl. Matthei 2007), was darauf zurückzuführen sein könnte, dass der Interventionszeitraum zu kurz war, um hier tiefgreifendere Veränderungen herbeizuführen. Eine zeitlich so stark begrenzte Intervention widerspricht der Idee des Theaters der Befreiung, über Änderungen im individuellen Verhalten langfristig gesellschaftliche Veränderungen zu bewirken.

Diskussion und Ausblick

Die Teilnehmerinnen und Teilnehmer unseres Workshops beschäftigen sich über das *Theater der Befreiung* intensiv mit ihrer persönlichen Situation als Erwerbslose. Dabei spielt der Austausch mit Menschen, die sich in ähnlichen Lebenssituationen befinden, eine wichtige Rolle. Da das Thema Arbeitslosigkeit in alltäglichen Unterhaltungen oft verschwiegen wird, haben die Betroffenen sonst selten die Möglichkeit offen darüber zu sprechen. In dem Theater-Workshop erkennen sie in gemeinsamer Analyse, wie weit sie es schon verinnerlicht haben, sich überflüssig oder nutzlos zu fühlen, nur weil sie keine bezahlte Arbeit finden.

Von den Teilnehmern sehr positiv erlebt wird insbesondere das Entwickeln von Idealbildern mit Hilfe der Techniken des Bildertheaters. Es habe ihnen sehr viel Kraft gegeben, sich einmal von den alltäglichen Beschränkungen zu lösen und darüber nachzudenken, wie die Gesellschaft bezüglich der Arbeit denn aussehen solle. Sie inspirieren sich gegenseitig und kommen so auf neue Ideen. Thematisiert wird dabei auch die in der *arbeitenden* Bevölkerung vorhandene Angst vor Arbeitslosigkeit und mögliche gesamtgesellschaftliche Lösungen.

Das *Forumtheater* gibt den Teilnehmenden die Möglichkeit, nach ganz konkreten Lösungen in real erlebten Unterdrückungssituationen zu suchen. Entscheidend ist dabei, dass die potenziellen Lösungsmöglichkeiten nicht ausschließlich auf der verbalen Ebene entwickelt werden, sondern von den Betroffenen zunächst szenisch dargestellt und praktisch ausprobiert werden. Denn: „Das Gelernte, das sinnlich auf mehreren Ebenen erfahren wird, gewinnt an praktischer Brauchbarkeit" (Gipser 2000, S. 7). In der Ausgangsszene wird die erlebte Ohnmacht noch einmal überspitzt dargestellt, wodurch der Auslöser der Ohnmachtsgefühle deutlicher zum Ausdruck kommt.

Durch den Rollenwechsel – von der ohnmächtigen zur machtvollen Position – kann jede und jeder Teilnehmende einmal selbst erleben, wie es sich anfühlt, in einer machtvollen Position zu sein. Die Teilnehmenden können auch in für sie untypische Rollen schlüpfen und bisher unbekanntes Verhalten ausprobieren. Einige Teilnehmenden stellen bei sich selbst eine innere Ambivalenz fest: Das (unbekannte) Gefühl der Macht empfinden sie als *euphorisierend*, als *angenehm berauschend*. Zugleich begleitet sie ein ungutes Gefühl durch eine empfundene Ungerechtigkeit ihres Verhaltens. Die Teilnehmenden spüren, dass Menschen, die sich in mächtigen Positionen befinden, auch ambivalenten Gefühlen und äußeren Zwängen unterworfen sind. Diese Erkenntnis ist für die Arbeit an Lösungsstrategien für vermeintlich ausweglose Situationen ein wichtiger Schritt.

Von elementarer Wichtigkeit für die Teilnehmenden ist daneben das Ausprobieren bisher nicht erprobter Verhaltensweisen in Situationen, in denen sie sich hilflos und ausgeliefert fühlen. Im geschützten Rahmen des Theaters können die Betroffenen ihre eigenen Grenzen überwinden und testen, wie es sich anfühlt, sich aus eingefahrenen Verhaltensmustern zu lösen. Verschiedene Teilnehmerinnen, die bei der oben beschriebenen *Forumtheater*-Szene über die unangemeldete Hausdurchsuchung seitens eines Arbeitsamtsmitarbeiters zunächst Zuschauerinnen waren, erproben sich zum Beispiel, indem sie das Verhalten der unterdrückten Personen der Szene verändern. Statt untätig dabei zuzusehen, wie der Beamte sein Werk verrichtet, geben sie dem unerwünschten Gast selbstsicher und bestimmt zu verstehen, dass er in ihrer Wohnung nichts zu suchen habe oder schließen die Tür vor seiner Nase. Innerhalb einer solchen Probe können die Betroffenen erfahren, wie viel Einfluss ein verändertes Auftreten auf Außenstehende hat – wie sie sich durch selbstbewussteres Verhalten aus bestehender Ohnmacht und Unterdrückung befreien können.

Die anschließende Diskussion über Auswirkungen gespielter Lösungsmöglichkeiten und ihre Übertragbarkeit auf die Realität ist ein elementarer Teil des *Theaters der Befreiung*. Durch die Diskussion werden die Strategien erprobter Handlungen analysiert und ausgewertet. In unserem Workshop wird den darstellenden Spielern und Spielerinnen oft erst durch die Reflexion das tatsächliche Ausmaß ihrer Handlung bewusst: Ein Teilnehmer, der in einer Szene einen unerbittlichen Chef spielt, erzählt in der anschließenden Reflexion, dass er durch das energische Auftreten einer eingewechselten Angestellten verunsichert worden und kurz davor gewesen sei, sich umstimmen zu lassen, wenngleich er nach außen hin unverändert hart blieb. Die Teilnehmerin, die die „neue" Angestellte gespielt hatte, ist überrascht. Dass ihr Verhalten doch etwas in dem erbarmungslos erscheinenden Chef bewirken konnte, war ihr während des Spielens nicht bewusst gewesen. Die Diskussion im Anschluss an die gespielte Szene ist wichtig, um solche Erkenntnisse heraus zu arbeiten.

Boal betont, dass es im *Forumtheater* nicht darauf ankomme, immer eine Ideallösung zu finden, wichtiger sei vielmehr der gemeinsame Austausch über mögliche Alternativen: „Im Forum-Theater werden keine Lösungen suggeriert. Der Zuschauer erhält vielmehr Gelegenheit, eigene Ideen kritisch zu überprüfen und sie versuchsweise in die Praxis – die Theaterpraxis – umzusetzen" (Boal 1989, S. 58).

Selbst wenn keine ideale Lösung für eine bestimmte Situation gefunden wird, sind die Modellszene und die vorgeschlagenen Lösungen Anlass für eine fruchtbare Diskussion. Dabei geht es oft um die Frage, inwieweit ein bestimmtes Problem struktureller Art ist und nicht durch die an der Szene beteiligten Personen gelöst werden kann. Im *Forumtheater* können keine Gesetze verändert werden. Es kann jedoch szenisch darüber diskutiert werden, wie man sich Personen gegenüber verhält, die diese Gesetze ausführen oder vertreten, und welchen Spielraum es innerhalb der Ausführung der Gesetze gibt. Es kann auch das Ergebnis einer Diskussion sein, dass es sich um ein strukturelles Problem handelt, welches von einzelnen Menschen nicht gelöst werden kann, sondern dass ein bestimmtes Gesetz geändert werden müsse. In diesem Fall kann die Methode des *Forumtheaters* dazu beitragen, in der Bevölkerung ein Bewusstsein zu schaffen – für die Notwendigkeit, bestehende Strukturen zu ändern.

Die öffentliche Forumtheater-Aufführung zum Abschluss des Workshops bietet eine Gelegenheit, das Thema Arbeitslosigkeit auf eine größere Bühne zu bringen und mit Bürgerinnen und Bürgern aus Oldenburg zu diskutieren.

Viele der Teilnehmenden äußern nach der Aufführung, dass ihnen das Präsentieren ein starkes Gefühl gegeben habe. Eine Teilnehmerin betont, dass sie sich zum ersten Mal mit aufrechter Haltung und ohne eigene Schuldzuweisungen selbstbewusst als Arbeitslose in der Öffentlichkeit präsentieren konnte: „Eine wichtige Grundidee des Forum-Theaters ist, soziale Konflikte nicht als individuelle Herausforderung zu betrachten, sondern sie in die Gesellschaft zu tragen und gemeinsam zu bearbeiten. Dieser Prozess der Kollektivierung individueller Problemlagen soll einerseits der Bewusstwerdung von Unterdrückungsverhältnissen dienen und andererseits zu mehr Widerstand führen." (Dirnstorfer 2006, S. 23).

Durch das gemeinsame Suchen einer zufrieden stellenden Lösung wird die ursprüngliche Ausgangssituation, die vermeintlich nur *eine* Person betrifft, zu einer kollektiven Angelegenheit. Die Teilnehmenden unseres Workshops heben dies positiv hervor. Eine Frau betont, dass sie sich durch die gemeinsame Bearbeitung einer von ihr persönlich erfahrenen Ohnmachtssituation gestärkt fühle und dadurch einen inneren Abstand gewonnen habe, der sie zu mehr Handlungsfähigkeit bewege. Entstanden sei zudem ein Zusammenhalt unter den Betroffenen. Viele der Teilnehmenden äußern während des laufenden Workshops, dass sie sich auch nach den zehn Nachmittagen weiter in der Gruppe treffen möchten, um mit der Methode des Theaters der Befreiung zu arbeiten. Die Erfahrungen während der öffentlichen Abschlussveranstaltung bekräftigen dieses Bedürfnis.

Ein Kernelement des *Theaters der Befreiung* ist die freiwillige Teilnahme. Die Arbeit an der eigenen Situation und den Lösungsansätzen gesellschaftlicher Problematiken kann unseres Erachtens nur unter diesen Rahmenbedingungen tatsächlich erfolgreich sein. Für eine Übernahme des beschriebenen Modellprojektes ist diese prinzipielle Voraussetzung zu beachten. Weitere Umsetzungen der beschriebenen Projektidee (und damit die Weiterführung der Intention Boals) befürworten die Autorinnen dieses Artikels ausdrücklich. Für uns vorstellbare Einsatzmöglichkeiten wären z.B. von der ARGE (Abkürzung für „Arbeitsgemeinschaft", zuständige Abteilung der Arbeitsagentur oder des kommunalen Trägers) finanzierte Trainingsangebote dieser Art für interessierte Arbeitslose. Dabei ist zu erwähnen, dass der von uns durchgeführte Workshop zunächst als ein Anstoß zu betrachten ist und der zeitlichen Ausweitung bedarf. Der Umfang von zehn Trainingseinheiten à vier Stunden gepaart mit einer öffentlichen Aufführung ist zu kurz gefasst, um eine langfristige Verbesserung der Situation von Betroffenen zu erzielen und anhaltende gesellschaftliche Denkanstöße zu geben. Wichtig ist eine kontinuierliche Arbeit über einen längeren Zeitraum. Denkbar wäre der Mindestzeitraum eines Jahres, begleitet von regelmäßigen öffentlichen Aufführungen.

Für diese Annahme sprechen u.a. auch der von Teilnehmenden unseres Workshops geäußerte Wunsch, das Projektes über den angegebenen Zeitraum hinaus fortzusetzen, die regelmäßige Teilnahme aller Beteiligten an allen Workshop-Terminen, sowie sehr fruchtbaren Diskussionen mit externem Publikum während der öffentlichen Aufführung zum Ende der Workshopreihe.

In diesem Sinne möchten wir mit einem Zitat von Boal unsere Arbeit abschließen:

> *„Um wirksam zu sein, muß das Theater der Unterdrückten zu einer großangelegten politischen Aktionsmethode werden" (Boal 1998, S. 69).*

Literatur

Boal, A. (1989): Theater der Unterdrückten. Übungen und Spiele für Schauspieler und Nicht-Schauspieler, Frankfurt am Main.

Boal, A. (2002): Games for actors and non-actors (2. überarbeitete Auflage), London.

Boal, A. / Weintz, J. (1999): Der Regenbogen der Wünsche. Methoden aus Theater und Therapie.

Catalano, R.A: (1992): Gesundheitseffekte wirtschaftlicher Unsicherheit. Ein analytischer Überblick, in: Kieselbach, T. / Voigt, P. (Hg.): Systemumbruch, Arbeitslosigkeit und individuelle Bewältigung in der Ex-DDR, Reihe Psychologie sozialer Ungleichheit Bd. 4, Weinheim, S. 84-94.

Dirnstorfer, A. (2006): Forumtheater als Raum diskursiver Konfliktbearbeitung, in: Odierna, S. / Letsch, F. (Hg.): Theater macht Politik. Forumtheater nach Augusto Boal. Ein Werkstattbuch, Neu-Ulm, S. 23-29.

Feather, N. T. (1990): The psychological impact of unemployment, New York.

Feldhendler, D. (1992): Psychodrama und Theater der Unterdrückten (2. Auflage), Frankfurt am Main.

Freire, P. (1971): Pädagogik der Unterdrückten, Stuttgart.

Gipser, D. (2003): Theater der Unterdrückten = Theater der Befreiung. Die Entwürfe des Augusto Boal. Handout zur Campus-Werkstatt der Heinrich-Böll-Stiftung in Bad Bevensen.

Goldsmith, A. H. / Veum, J. R. / Darity, W. (1996): The impact of labor force history on self-esteem and its component parts, anxiety, alienation and depression, in: Journal of Economic Psychology, Jg. 17, S. 183-220.

Grobe, T. G. (1999): GEK-Gesundheitsreport 1999. Auswertungen der GEK-Gesundheitsberichterstattung. Schwerpunkt Arbeitslosigkeit und Gesundheit. Reihe GEK-Edition, Bd. 12, Sankt Augustin.

Guggemos, P. (1989): Bewältigung der Arbeitslosigkeit, Weinheim.

Hartley, J. / Mohr, G. (1989): Arbeitsplatzverlust und Erwerbslosigkeit, in: Greif, S. / Holling, H. / Nicholson, N. (Hg.): Arbeits- und Organisationspsychologie, München, S. 90-94.

Harych, H. / Harych, P. (1996): Arbeitslosigkeit und gesundheitliche Folgen in Ostdeutschland. Eine Studie im Freistaat Sachsen, Dresden.

Henkel, D. (1992): Arbeitslosigkeit und Alkoholismus. Epidemiologische, ätiologische und diagnostische Zusammenhänge. Reihe Psychologie sozialer Ungleichheit, Bd. 3, Weinheim.

Kirchler, E. / Brandstätter, H. (1993): Arbeitslosigkeit. Psychologische Skizzen über ein anhaltendes Problem, Göttingen.

Kuhnert, P. (2000): Bewältigungskompetenzen und Beratung von Langzeitarbeitslosen. Dissertation, Universität Dortmund.

Kurella, S. (1992): Arbeitslosigkeit und Gesundheit. Literaturstudie für die Jahre 1985-199. Reihe Gesundheitsrisiken und Präventionspolitik, Berlin.

Land, F.J. / Vieshues, H. (1985): "Arbeitslosigkeit" als Gegenstand sozialmedizinischer und medizinsoziologischer Forschung, Bochum.

Matthei, R. (2007): Die Wirkungen des Theaters der Befreiung auf Depression und Selbstwirksamkeitserwartungen bei Arbeitslosen. Diplomarbeit, Universität Oldenburg.

Mohr, G. (1993): Frauenerwerbslosigkeit: Spekulationen und Befunde, in: Mohr, Gisela (Hg.): Ausgezählt. Theoretische und empirische Beiträge zur Psychologie der Frauenerwerbslosigkeit. Reihe Psychologie sozialer Ungleichheit, Weinheim, S. 17-48.

Odierna, S. (2006): Politik auf dem Theater. Editorial, in: Odierna, S. / Letsch, F. (Hg.): Theater macht Politik. Forumtheater nach Augusto Boal. Ein Werkstattbuch, Neu-Ulm, S. 9-13.

Strehmel, P. / Halsig, N. (1988): Bewältigung von Arbeitslosigkeit, in: Brüderl, L. (Hg.): Belastende Lebenssituationen. Untersuchungen zur Bewältigungs- und Entwicklungsforschung, Weinheim/München, S. 57-75.

Vogel, B. (2004): „Überzählige" und „Überflüssige". Empirische Annäherungen an die gesellschaftlichen Folgen der Arbeitslosigkeit, in: Berliner Debatte Initial. Jg. 15, Heft 2, S. 11-21.

Schnipseljagd durch Deutschland

von Inka Schmeling & Isadora Tast

Warum musste dieser Beitrag geschrieben werden?

Wir haben uns als Text-und-Bild-Team zusammengetan, weil uns beiden klar war: Die Geschichte, die wir im Kopf hatten, kann nicht nur geschrieben werden. Sie muss auch gezeigt werden. Schließlich sind wir von einem optischen Element, den bunten Zetteln in unserem Alltag ausgegangen und haben uns dann auf die Suche nach den Menschen dahinter gemacht.

Warum sollte dieser Beitrag gelesen werden?

Zahlen und Statistiken über Arbeitslosigkeit können viel aussagen. Aber nicht alles. Manche Probleme verstehen Leser erst, wenn man sie ihnen am Beispiel von einzelnen Menschen erzählt. Und wenn diese Beispiele nah an ihrem eigenen Alltag dran sind. Daher haben wir uns dafür entschieden, eine Geschichte über Arbeitslosigkeit zu schreiben und zu fotografieren, die unsere Leser dort abholt, wo sie jeden Tag sind. Im Supermarkt, an der Ampel, in der Bibliothek, jeden Tag laufen wir an Zetteln vorbei, auf denen Menschen ihre Arbeit anbieten. Wir wollten unsere Leser dazu bewegen, einen Moment inne zu halten. Und sich zu fragen, wer wohl die Menschen und was die Geschichten hinter diesen Zetteln sind.

Was muss in Deutschland für die Vereinbarkeit von Leben und Arbeit getan werden?

Politische oder wirtschaftliche Konzepte haben wir in unserem Beitrag außen vor gelassen. Uns ging es um die einzelnen Menschen, die wir interviewt und fotografiert haben. Und die hatten viele verschiedene Antworten auf diese Frage. Es gab Menschen, für die es ein Kampf war, Leben und Arbeit zu vereinbaren. Für andere war es ein Spiel, eine Herausforderung, eine Mutprobe, eine Selbstverständlichkeit.

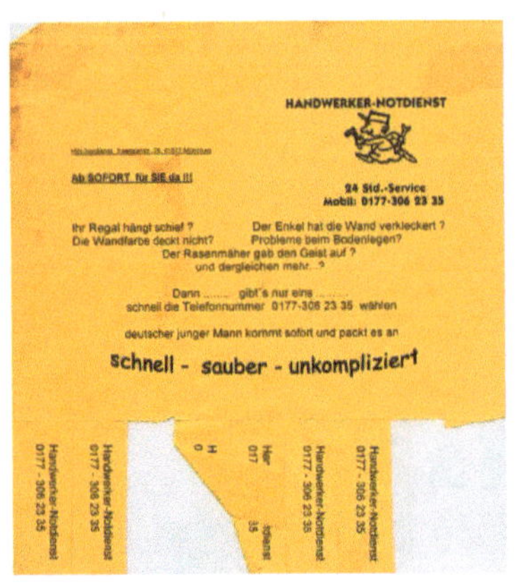

Die Ampel in der Leopoldstraße ist gelb. Und rot. Und grün und blau und an manchen Stellen auch weiß beklebt. Mit Zetteln. Ein „zuverlässiger Tischler" bietet sich als „Ikea-Möbel Aufbauer" an – und auch für kleine handwerkliche Reparaturen und als Umzugshelfer. Eine Designstudentin entwirft Brautkleider. Ein selbständiger Koch serviert ein „Dinner for two bei Ihnen zu Hause". Und mittendrin rennt ein kleines Männchen mit Käppi und Kugelbauch über gelbes Papier; in der linken Hand einen Hammer, in der rechten einen Schraubenschlüssel. „Handwerker-Notdienst" steht über der Zeichnung, und darunter: „Ihr Regal hängt schief? Der Enkel hat die Wand verkleckert? Die Wandfarbe deckt nicht? Probleme beim Bodenlegen? Der Rasenmäher gab den Geist auf? Deutscher junger Mann kommt sofort und packt es an. schnell – sauber – unkompliziert." Die angeschnittenen Schnipsel mit der Telefonnummer flattern im Wind; zwei fehlen schon. Das Papier ratscht, als wir den dritten abreißen.

Der gelbe Schnipsel kommt in die Plastikhülle zu den anderen, die wir unterwegs sammeln. An Ampeln und Laternenpfählen, in Supermärkten, Kneipen, Bibliotheken. In Hamburg und Frankfurt/Oder, in Dresden und Aachen, in Bonn, Schwerin, Weimar, Garmisch-Partenkirchen und jetzt hier, in München. In ganz Deutschland gehen wir auf die Jagd nach Schnipseln, auf denen Menschen ihre Arbeit anbieten. Und nach denen, die sie aufhängen. Die es anpacken, in einer Zeit, in der vieles schief hängt und verkleckert ist und den Geist aufgegeben hat.

Er trägt weder Käppi noch Kugelbauch – der Mann hinter dem Zettel ist das Gegenteil von dem Männchen auf dem Zettel. Ronald Stein, 37, ist groß, sportlich, braungebrannt. Sein Händedruck ist fest, seine Augen schauen sanft und ein bisschen verwundert. „Was ist an mir schon besonders?" Dass er lieber Zettel schreibt, mit denen er Arbeit sucht, als Anträge ausfüllt fürs Arbeitslosengeld oder Hartz IV. „Und was wollt ihr von mir wissen?" Wie er das schafft, nicht zu jammern, sondern zu werben, nicht zu resignieren, sondern mit dem Schicksal zu ringen. „Setzt euch."

Die erste Runde begann vor gut zehn Jahren, erzählt Ronald Stein. Da haben er und seine Frau ein Bauunternehmen gegründet, haben es selbst aufgebaut, haben geackert, auf Urlaub und Freizeit verzichtet. Schließlich lief das Unternehmen gut; sie bekamen erst ein Kind und dann noch eins, kauften ein Haus in einem Münchner Vorort und ein Motorboot in Italien, stellten eine Putzfrau ein und ein Au-Pair-Mädchen. Die erste Runde ging an ihn.

Die zweite nicht. „Obwohl ich alles gegeben habe, um meinen Betrieb zu retten, ich habe anderthalb Jahre gekämpft." Aber die Vorschüsse, die er leisten musste, wurden immer höher und seine Auftraggeber zahlten ihre Rechnungen immer später. Irgendwann wollte selbst sein Steuerberater nicht mehr in den roten Zahlen herumrechnen und ging. Ronald Stein saß allein vor dem Berg an Papieren, „ich wusste nicht mehr, wo oben und unten ist." Sein Cousin kam nach München geflogen, ein Anwalt. Den ganzen Tag blätterten sie zusammen den Papierberg durch. Nachts füllten sie den Insolvenzantrag aus. Vom Motorboot blieb nur das Foto an der Wand einer kleinen Mietswohnung. Plötzlich wusste er wieder, wo unten ist.

„Meine Frau und ich waren völlig gelähmt, monatelang, wir sind kaum aus dem Haus gegangen. Da standen wir plötzlich, mit Schulden und ohne Arbeit – wie kommst du da wieder raus? Manchmal wollten wir einfach alles stehen lassen, wieder bei Null anfangen können und nicht so weit im Minus. Unsere Nachbarn waren pikiert, in anderen Ländern würde man sagen: Immerhin hat er's versucht."

Seit ein paar Monaten versucht er es wieder. Die Schulden abzubezahlen. Aufzustehen. Zu Kämpfen. „Dann fangen wir halt hier unten wieder an, das haben wir doch schon mal geschafft", haben sich die Steins gesagt. Sie geht jetzt selbst putzen, in den Edelboutiquen, in denen sie früher eingekauft hat. Er arbeitet mit dem, was von der Insolvenz übrig blieb: seinem Werkzeugkasten, seinem handwerklichen Geschick und seiner Hartnäckigkeit; für 24,50 Euro die Stunde. Viele Kunden hat er noch nicht, drei oder vier in der Woche, zwei Stammkunden. Von dem Zettel in der Leopoldstraße waren zwei Schnipsel schon abgerissen, da ruft doch bestimmt bald jemand an. „Das war ich selbst. Wenn schon welche fehlen, haben die Leute weniger Hemmungen, noch einen abzureißen."

Und wenn keiner seine Schnipsel abreißt und keiner anruft? Auch dann steht Ronald Stein auf. Nimmt den Hund, packt einen Stoß Zettel ein, setzt sich aufs Fahrrad und fährt seine Routen ab. Sein Weg von ganz unten nach oben führt vorbei an den Laternenpfählen und Ampeln; die Zettel sind der erste Schritt beim Aufstehen. Oder das letzte Aufbäumen vor der endgültigen Niederlage? „Das ist doch Quatsch. Jeder Pizzaservice verteilt seine Zettel in den Briefkästen." Er selbst hat in den letzten vier Monaten an die 30.000 verteilt, wo immer er potentielle Kunden vermutet: Auf dem Ikea-Parkplatz, in Frauenarztpraxen oder an der Ampel in der Leopoldstraße. Dort zieht er einen gelben

Zettel aus seiner Umhängetasche, reißt mit seinen Zähnen ein Stück von der losen Tesafilmrolle ab und klebt ihn zu den anderen.

Ein paar Ampeln entfernt von dem rennenden Handwerker lächelt eine junge Frau mit Zipfelmütze und einer Flasche in der Hand auf rotem, etwas ausgeblichenem Papier. Sie wirbt für die „Spritwichtel", drei Münchner Freunde, die nachts Alkoholika und Grillutensilien ausliefern. Auf die Idee kamen sie letztes Jahr – auf einer Party, als das Bier ausging. Obwohl sie alle ihre Vollzeitjobs haben und keine Geldnot. „Aber es ist einfach schön, etwas völlig Eigenes aufzubauen", sagt Dominik Wagner, 27, einer der drei. „Ich hatte in den letzten Monaten richtig Bauchkribbeln vor Glück."

Die Zettel sind gelb oder rot, blau oder weiß, sie sind mit der Hand geschrieben oder auf dem Computer, klingen hoffnungsfroh oder verzweifelt. Und genau so verschieden wie Farbe, Form und Formulierung sind die Gründe, aus denen sie aufgehängt werden. Sie entstehen, wenn sich Not in Hoffnung verwandelt, wenn der Wille größer ist als die Angst vorm Scheitern, wenn aus einer Idee ein Unternehmen wird. Die Zettel werden geschrieben aus Gründergeist. Oder aus Armut, Arbeitslosigkeit, Angst.

Aus denselben Gründen verteilt auch eine Handvoll Leute montags ihre Art von Zetteln auf dem Marienplatz. „Hier, für Sie." Vorne ist das Foto von einem trübseligen Gerhard Schröder, hinten der Reim „Schröder, Merkel, Stoiber – das sind die selben Räuber!" Gegen die Agenda 2010 und gegen Hartz IV, gegen Sozial-

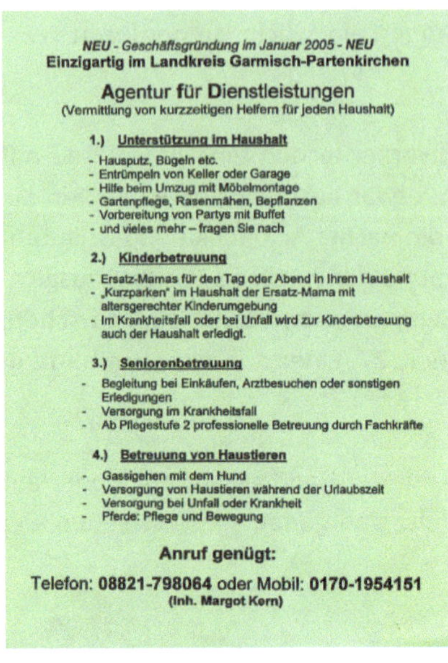

NEU - Geschäftsgründung im Januar 2005 - NEU
Einzigartig im Landkreis Garmisch-Partenkirchen

Agentur für Dienstleistungen
(Vermittlung von kurzzeitigen Helfern für jeden Haushalt)

1.) **Unterstützung im Haushalt**
- Hausputz, Bügeln etc.
- Entrümpeln von Keller oder Garage
- Hilfe beim Umzug mit Möbelmontage
- Gartenpflege, Rasenmähen, Bepflanzen
- Vorbereitung von Partys mit Buffet
- und vieles mehr – fragen Sie nach

2.) **Kinderbetreuung**
- Ersatz-Mamas für den Tag oder Abend in Ihrem Haushalt
- „Kurzparken" im Haushalt der Ersatz-Mama mit altersgerechter Kinderumgebung
- Im Krankheitsfall oder bei Unfall wird zur Kinderbetreuung auch der Haushalt erledigt.

3.) **Seniorenbetreuung**
- Begleitung bei Einkäufen, Arztbesuchen oder sonstigen Erledigungen
- Versorgung im Krankheitsfall
- Ab Pflegestufe 2 professionelle Betreuung durch Fachkräfte

4.) **Betreuung von Haustieren**
- Gassigehen mit dem Hund
- Versorgung von Haustieren während der Urlaubszeit
- Versorgung bei Unfall oder Krankheit
- Pferde: Pflege und Bewegung

Anruf genügt:

Telefon: **08821-798064** oder Mobil: **0170-1954151**
(Inh. Margot Kern)

kahlschlag, ruft ein dicklicher Mann mit Hosenträgern in ein Mikrofon. Das Wort „für" fällt kaum.

Knapp 100 Kilometer vom Marienplatz entfernt, in einem Café in Garmisch-Partenkirchen, liegen grüne Zettel aus. Die Farbe der Hoffnung. Und die Signale des Anpackens: Drei Strichmännchen schaufeln, hüten Kinder und füttern eine Katze. „Wanted? Wir sind immer für Sie da! (Der schnelle Hilfsdienst für jeden)", bietet eine „Agentur für Dienstleistungen" an. Die Agentur besteht aus einer Person, Margot Kern, 52, und einer Kartei von etwa 70 Leuten. Allein kam sie eben kaum an Aufträge, erzählt sie, als Agentur schon eher. Noch sind es gerade mal zwei oder drei in der Woche, da behält sie die meisten für sich. 13,50 Euro nimmt sie pro Stunde: zehn Euro Arbeitslohn, ein Euro Vermittlung, 2,50 Euro fürs Finanzamt und die Knappschaftskasse. „Haben Sie schon mal an Schwarzarbeit gedacht?" „Das bringt nichts. Wenn ich etwas Negatives verursache, kommt auch was Negatives zurück." An ihrer Wohnungstür klebt ein Poster: Es ist die Zeichnung eines Frosches, der sich, bereits im Schnabel vom Storch, immer noch verzweifelt wehrt. „Niemals aufgeben!", steht darunter.

Das niemals Aufgeben ist mühsam. In den letzten zehn Jahren sind mehr als zwei Millionen Vollzeitstellen weggefallen, hat sich die Zahl der Insolvenzen verdreifacht. Nur jede zweite befristete Stelle wird heute entfristet. Das sagen die Statistiken. Vor allem aber plakatieren es die Menschen selbst: an den Laternenpfählen und Ampeln. Wie Fieberthermometer stehen sie da und geben den aktuellsten Stand am Arbeitsmarkt wieder. Viele Zettel bedeuten viele Arbeitslose und große Unsicherheit. Aber gleichzeitig auch viele Selbständige und großen Eifer. Schließlich, so die Statistik, haben 2004 fast vier Mal so viele Arbeitslose ein Unternehmen gegründet wie 2001.

Wie sich Deutschland in den letzten Jahren verändert hat, ist nirgendwo so deutlich zu sehen wie in Bonn. Es war einmal: Hauptstadt und Synonym für Sicherheit und Geborgenheit. Heute hängen die Zettel wie Traueranzeigen hinter den mit Packpapier verklebten Türen in der kleinen Ladenzeile direkt hinterm Langen Eugen, dem früheren Abgeordnetenhaus. „Wir schließen vorübergehend diese Geschäftsstelle“, „Die bisher hier betriebene Lotto-Annahmestelle hat ihre Tätigkeit eingestellt“, „Sie erreichen uns von nun an in Berlin unter ...“. Nur der „Feinkost Imbiß“ hat noch geöffnet. So alt wie seine Rechtschreibung ist auch das Sortiment: An der Kasse werden leicht vergilbte Postkarten vom Plenarsaal des Bundestages

Bonner
Stadtspaziergang
mit Rainer SELmanN, M.A.

durch die Nordstadt (Ost)
von Altstadt zu Altstadt
Ort: Maxstraße / Ecke Breitestr.
Taxistand am Stadthaus
Termine Oktober:
Samstag 09. Oktober 11.30 Uhr
Freitag 29. Oktober 11.30 Uhr
Dauer: ca. 2 1/2 Stunden
ab mind. 15 Euro auch für andere Termine zu buchen

RSelmann@kultnews.de
0228/697682 www.kultnews.de
5 Euro

verkauft. Wer Heimweh bekommt nach der alten Republik, muss heute 500 Meter weiter gehen. Zum Haus der Geschichte. Die Gründergeschichten der neuen Republik und die modernen Trümmerfrauen sind ausgestellt in der Stadtbibliothek am Bottlerplatz: an der Pinnwand, rechts neben dem Eingang. Von oben bis unten und von links nach rechts hängen hier die Zettel, mit denen sie sich selbst ihre Existenz aufbauen oder stützen wollen. „Daumenkino, das lebendige Weihnachtsgeschenk", wird auf einem angeboten – von der freien Fotografin Martina Goyert, 32. Weil der Bonner Express seit zwei Monaten weniger Aufträge vergibt und sie einen Zusatzverdienst braucht. Am anderen Ende der Pinnwand wirbt ein Zettel für einen „Bonner Stadtspaziergang mit Rainer Selmann, M.A." Auch der 35-jährige freie Radiojournalist kann von seinen schwankenden Honoraren nicht leben; auch er sucht ein zweites Standbein.

Dazwischen, halb verdeckt von den Angeboten für einen Meerschweinchenkäfig und eine alte Lederjacke, steht in runder Mädchenhandschrift: „Kleine Schauspielgruppe sucht Auftritte auf Kindergeburtstagen. Es werden auch nach Wunsch ausgesuchte Stücke gespielt. Bitte am Telefon nach Katja fragen." Am Telefon bieten Katja und Natalya, beide 15, an, morgen ihr neues Stück vorzuführen: „Hello Kitty", selbst geschrieben. Die Premiere findet in der Küche statt. Die Kostüme der Mädchen sind mit drei Zentimeter langen Stichen genäht und ihre Zukunftspläne gigantisch. Die beiden wollen, da sind sie „ganz, ganz sicher", eines Tages Schauspielerinnen werden. Und Taschengeld brauchen sie auch. Also haben sie sich in den letzten Sommerferien hingesetzt und 50 Zettel geschrieben; alle mit der Hand, immer abwechselnd. Haben sie bei Karstadt und C&A in den Kinderabteilungen verteilt. Und die meisten nachher zerknüllt auf der Straße wieder gefunden. „Total fertig" waren sie da. Egal, jetzt gibt es einen neuen Plan: „Wir haben in den Gelben Seiten 312 Kindergärten gefunden. Die wollen wir alle besuchen. Wenn jeder uns nimmt und wir einen Euro pro Kind verlangen, verdienen wir beide 2250 Euro. Dann können wir eine Shoppingtour nach Oberhausen machen. Und nach Paris wollen wir fahren, ins Disneyland."

Der Zwang zu arbeiten ist größer geworden: für Schüler und Rentner, für Männer und Frauen, in Ost und West. Katja kann von ihrer Mutter kein Taschengeld bekommen, weil die von Hartz IV lebt und alleinerziehend ist. 660 Kilometer nach Osten, in Frankfurt/Oder, ist die Arbeitslosenquote mit knapp 20 Prozent doppelt so hoch wie in Bonn. Der Pensionswirt fragt beim Frühstück entgeistert: „Über Arbeit wollt ihr mit den Leuten reden? Arbeit gibt's hier keine. Über Arbeitslosigkeit müsst ihr reden." Die Liste der Anzeigen unter der Rubrik „Stellenmarkt Gesuche" im Wochenmarkt ist lang; „denn man kann doch alles lernen", schreibt eine Altenpflegerin, die einen Job sucht, „auch in anderen Branchen". An der Europa-Universität, wo Juristen und Wirtschaftswissenschaftler ausgebildet werden, hängt ein einziges Jobangebot: Aldi sucht "Azubis für die Kasse". Ein Bauarbeiter spricht von „Friedenszeiten", wenn er die DDR meint.

Wie hartnäckiger Löwenzahn sprießt da ein Zettel an der grauen Betonwand in einem Plattenbau, direkt am Eingang. „Sie möchten frischen, hausgebackenen Kuchen? Ich backe für Sie, zu allen Anlässen oder auch nur fürs Wochenende."

Der Backofen steht in einem kleinen Dorf im Oderbruch, aus ihm riecht es nach Vanille, Zucker und Kokosnuss. „Ich mache einen Bienenstich für Sie", ruft Petra Ertel, 46, zur Begrüßung. Die Zutaten liegen auf dem Küchentisch bereit, das Blech wartet und die Köchin auch: darauf, endlich loslegen zu können. Ihre Hände sind schon an der Mehlpackung, bevor man sich hingesetzt hat. Zack – die Eier in die Schüssel, platsch – die Buttermilch hinterher; sie knetet den Teig, verteilt ihn auf dem Blech und bestreut ihn, als liefe eine Stoppuhr mit. Die erste Frage hat sie beantwortet, bevor sie den Mund aufmacht: Wieso mit Zetteln kämpfen, statt sich in das Schicksal zu fügen? Ihre Hände verraten, wie selten sie untätig im Schoß liegen. Sie sagt: „Ich wollte einfach mal ausprobieren, ob das klappen würde."

Der Kuchen wird knusprig braun, während sie erzählt. Eigentlich ist sie Kindergärtnerin. Aber weil so viele junge Familien aus der Gegend wegziehen, wird der Kindergarten immer kleiner und vielleicht bald geschlossen. Auch ihr Mann, ein Maurer, ist ständig in Gefahr, gekündigt zu werden. Wie so viele seiner Kollegen. Dann möchte sie auf keinen Fall mit leeren Händen dastehen, sagt sie und fegt mit der rechten Hand Teigkrümel vom Tisch.

Sie will sich jetzt schon mal nebenbei etwas aufbauen, aus dem sich mehr entwickeln könnte, für die ganze Familie. Schließlich ist da ja noch ihre jüngste Tochter. Die macht gerade eine Lehre als Backwarenverkäuferin und wird hier in der Gegend bestimmt keinen Job finden. Nicht dass die auch noch rüber geht in den Westen, wie die anderen beiden Kinder. Daher der Kuchen und die Zettel. Ein Dutzend davon hat sie vor vier Tagen aufgehängt, zwei Leute haben bis heute angerufen. Aber für Trübsal ist Petra Ertel zu resolut. Und außerdem ist der Bienenstich jetzt fertig.

Wenige Kilometer auf brandenburgischen Alleen weiter, vorbei an blühenden Feldern und hügeligen Landschaften, öffnet der 54-jährige Udo Schmidt die Tür. „Weiße Tauben lasse ich zu allen festlichen Gelegenheiten im Schornsteinfegeroutfit aufsteigen“, bietet er an; bis in sein Wohnzimmer hört man das Gurren und Flattern aus der Scheune. Die weißen Tauben hat er letztes Jahr übers Internet gekauft und das Outfit vom Schornsteinfeger aus dem Nachbardorf geliehen. Ein kleiner Zusatzverdienst zur Frührente, erklärt Udo Schmidt. Und wirkt immer noch betroffen, dass sein Rücken jetzt hinüber ist. Er, der früher ab vier Uhr morgens mit dem Lkw Brötchen und Fleisch ausfuhr, nachmittags auf dem Bau „stahlwerken“ ging und sich abends noch um die Schweine und den Gemüsegarten kümmerte. Heute kann er nicht mehr heben als den weißen Holzkasten mit seinen Tauben.

„Wenn er gar nichts mehr zu tun hätte, würde er bestimmt noch trauriger werden“, sagt seine Frau. Und die 70 Euro pro Auftritt können sie auch gut gebrauchen. Ihr Frisörladen läuft immer schlechter, „vor allem Ende des Monats, wenn all den Hartz IV-Empfängern hier in der Gegend das Geld ausgeht. Wir bieten jetzt auch Trockenhaarschnitte an, für 8,90 Euro. Damit nicht alle unsere Kunden rüber nach Polen gehen.“

Nach Slubice, direkt hinter der Grenze. Wo nicht nur der Frisör billiger ist, sondern auch der Spargel und die Turnschuhe und das Benzin und die Arbeit, die hier angeboten wird, auch auf Zetteln und überall. An Ampeln, Laternenpfählen, Hauseingängen, in den Schaufenstern von jedem zweiten Laden. Vor 60 Jahren, als die Rote Armee gen Berlin zog, wurde das Oderbruch zum größten Schlachtfeld auf deutschem Boden. Heute stehen die Menschen hier wieder in der Schusslinie: Mit den Preisen der polnischen Schwarzarbeiter können sie nicht mithalten und mit der Wirtschaft im Rest von Deutschland auch nicht.

Die negativen Seiten des Kapitalismus bekämpfen die Dresdner im „Konsum", einem Supermarkt in der Neustadt. In drei, vier Lagen hängen hier an der Pinnwand die Zettel übereinander. Angebote für Kochkurse, Schwangerschaftsbegleitung und Hunde-Sitting. Darunter Felix, der „dir günstig jedes Hochbett baut, das Du Dir vorstellen kannst!" Der 24-Jährige ist arbeitslos und will jetzt nach Südamerika auswandern; er braucht Geld für den Flug. Daneben hängt ein gelber Zettel: „Hörnchens Bügeldienst mit kostenfreiem Hol u. Bringeservice. Sie waschen mit ihren eigenem Waschpulver u. Weichspüler – aber das Bügeln? Kein Problem – Ich bin für Sie da!" Das Fragezeichen und das Ausrufezeichen sind besonders groß. So fühlte sich Ilona Horn, 38, auch, als sie im letzten Jahr ihre Ich-AG-Förderung beantragte, „wie beim Gänseblümchen-Zupfen: Ich wage es, ich wage es nicht, ich wage es..." Schließlich war das Arbeitslosengeld bequemer, sicherer, höher. „Das ist völlig gestört: Du machst nichts und kriegst

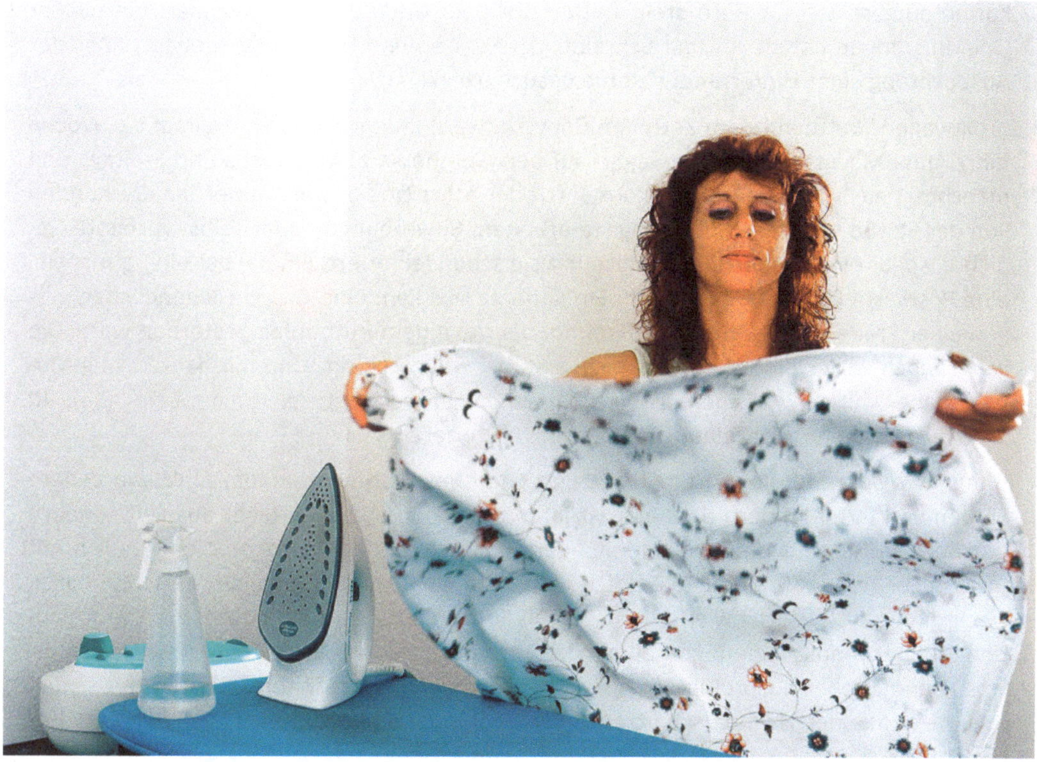

Geld dafür. Ich kam mir richtig schäbig vor." Nach der dritten unnützen Umschulung reichte es ihr; sie ließ sich 500 Zettel auf gelbes Papier drucken und verteilte sie in der Neustadt, zusammen mit ihrem Freund und ihren beiden Töchtern. Sie wartete. Und wartete. Nach sechs Wochen kam der erste Anruf, „da konnte ich schon kaum mehr denken vor Panik." Was, wenn sie scheitert? Nicht mal zurück zum Arbeitslosengeld kann sie dann. Nach einer abgebrochenen Selbständigkeit bleibt bloß Hartz IV. Doch nach dem ersten Anruf kamen viele weitere und heute, ein Jahr später, ist ihr Terminkalender voll. Ilona Horn verdient fast wieder so viel wie damals, als Arbeitslose. „Ich kann jetzt weniger Geld für Luxus ausgeben. Aber trotzdem kann ich mir wieder besser ins Gesicht sehen."

Anna Mawista, 46, hat ein paar Falten um ihre Augen und den Mund, aber es sind Lachfalten. Sie hat schlecht geschlafen in den letzten Nächten, wegen all der Fragen und Ängste und Nöten, aber ihre Stimme klingt heiter, als sie sagt: „Kommt doch herein. Ich habe Kaffee aufgesetzt." Ihr Büro steht mitten auf dem Goetheplatz in Weimar: ein weißer Opel-Bus. Innen hat sie ihn mit Schreibtisch, Regalen und Hockern ausgebaut; über der Ausbuchtung eines Hinterreifens ist die Besucherbank.

„Textwagen" hatte auf dem Zettel im Copyshop gestanden. Zwei- bis dreimal die Woche fährt Anna Mawista ihren Textwagen auf den Goetheplatz, Mittwochs und Freitags und manchmal auch Samstags. Hier korrigiert oder schreibt sie, was immer ihr die Kunden von der Straße herein reichen: Magisterarbeiten, Bewerbungen oder selbst verfasste Gedichte, sogar ein Fachbuch über Milch hat sie schon lektoriert. Einmal bat ein Tourist sie, eine Postkarte für ihn zu schreiben. Ein anderes Mal kam eine Gruppe Jugendlicher, wegen einer Traueranzeige für einen Freund, der bei einem Autounfall gestorben war. „Die waren noch völlig verstört. Ich habe sie erst mal weggeschickt. Und mir dann richtig Mühe gegeben mit der Anzeige." 13 Euro hat sie damals verlangt; sonst nimmt sie 30 bis 40 Euro die Stunde fürs Schreiben, 20 Euro fürs Lektorieren.

Anna Mawista redet von ihrem Textwagen mit einer Liebe und einem Stolz wie andere Frauen von ihren Kindern. Das hier ist ihr Wunschkind, geboren nicht aus Not sondern aus Begeisterung für die Idee und aus dem Wunsch, endlich anzukommen. Endlich mit ihrer Begeisterung für Sprache Geld zu verdienen, nach all den Jobs, die sie schon hatte. Doch die Geburt war schwierig: Fast 12.000 Euro musste sie sich am Anfang von Freunden und Bekannten leihen; erst allmählich kann sie zurückzahlen. „Aber ich würde so etwas zehnmal eher ausprobieren, als vorher lange rum zu rechnen." Sie hat mit einem Steinmetz aus der Nachbarschaft an der Inneneinrichtung gewerkelt, wochenlang. Hat den Schreibtisch verleimt, Regalbretter an die Innenwand gedübelt. Hat sich hartnäckig die Genehmigung für den Goetheplatz vom Ordnungsamt erkämpft. Immer wieder ging sie hin. Parkte schließlich ihren Wagen vor der Tür im Halteverbot und lud den Direktor auf einen Besuch ein. Er kam und sah den halb umgebauten Wagen; sie kriegte ihre Genehmigung. Und konnte im Mai 2003 endlich die Tür ihres Textwagens für Kunden aufschieben. Jedes Jahr kommen mehr zu ihr. Doch genug zum Leben sind es immer noch nicht und das Überbrückungsgeld ist schon lange ausgelaufen.

„Die erste Durststrecke ist kaum zu ertragen, wenn dir ein Projekt so nahe ist", gesteht Anna Mawista. „Da hilft nur: Durchhalten." Sie verkneift sich Theater, Kino oder neue Klamotten. Repariert ihre Schuhe selbst. Bittet ihre Freunde und Bekannten wieder um kleine Kredite. „Ich kann gar nicht sagen, wie viele Nächte ich da liege und mich frage: Kann ich nächsten Monat meine Miete zahlen? Aber mit der Angst kann ich leben."

Sie tritt die Flucht nach vorne an. Druckt noch mehr Zettel und klebt sie jetzt auch an den Unis in anderen Städten auf. Verteilt Kalender und Poster mit ihrem Werbezug. Und wenn mal wieder kein Auftrag da ist und sie sich am liebsten tief drinnen in ihrem Wagen vergraben würde, macht sie genau das Gegenteil: Sie setzt sich mit ihrem Kaffeebecher nach draußen auf die Stufen, lächelt die Passanten an, und weiß, „dass ich noch nie etwas so sehr gewollt habe wie meinen Textwagen."

Dem demographischen Wandel trotzen: Ein Entwicklungskonzept für Führungskräfte

Erstellung einer Leitlinie für die Führungskräfte ab 46 Jahre der Lufthansa Passage Airline

von Michaela Schmidt

Warum musste dieser Beitrag geschrieben werden?

Dieser Beitrag verfolgt zwei Zielsetzungen. Zum einen werden die Ergebnisse aus Interviews mit Personalverantwortlichen größerer Unternehmen vorgestellt, sie zeigen die Ist-Situation auf. Zum anderen wird auch die Perspektive der älteren Führungskräfte betrachtet. So ist es möglich, Vorschläge für Entwicklungsmaßnahmen nicht nur am grünen Tisch zu entwickeln, sondern diese gezielt auf die speziellen Bedürfnisse der Zielgruppe auszurichten.

Warum sollte dieser Beitrag gelesen werden?

Die Auswirkungen des demografischen Wandels werden in letzter Zeit vermehrt diskutiert. Im Fokus stehen dabei oftmals die Mitarbeiter der Unternehmen, auf die spezielle Situation der älteren Führungskräfte wird hierbei nicht eingegangen. Dieser Beitrag setzt sich speziell mit den Bedürfnissen dieser Zielgruppe auseinander und betritt dabei weitgehend Neuland.

Was muss in Deutschland für die Vereinbarkeit von Leben und Arbeit getan werden?

Im Fokus der Diskussionen über die Auswirkungen des demografischen Wandels sollten generell mehr die Bedürfnisse älterer Führungskräfte und Mitarbeiter stehen, um so bessere Möglichkeiten für ein gemeinsames Miteinander zu schaffen. Dafür ist es notwendig, gezielt die Chancen und Potentiale die mit demografischen Wandel verbunden sind, zu fokussieren.

Problemstellung

Der Begriff *Demografischer Wandel* beschreibt die Veränderung der Altersstruktur der Bevölkerung. Langfristig verringert sich der Anteil der jüngeren Menschen während der Anteil der älteren Bevölkerung zunimmt (Bonin / Clemens / Künemund 2003). Die Veränderung betrifft vor allem die Länder Europas und Japan (Bräuninger / Gräf / Gruber / Neuhaus 2002). Die Ungewissheit, die mit den sich verändernden Altersstrukturen einher geht, hängt vor allem damit zusammen, dass die Altersphase als eigenständiger Lebensabschnitt eine jüngere Entwicklung darstellt, denn noch Ende des 19. Jahrhunderts lag die Lebenserwartung bei der Geburt bei knapp 40 Jahren, nur wenig mehr als ein Drittel der Bevölkerung erreichte das 60. Lebensjahr (Clemens / Hinte / Künemund / Schönfeld 2003).

Der Alterungsprozess des Einzelnen und der gesamten Gesellschaft spielt natürlich auch im beruflichen Bereich eine entscheidende Rolle. Dies spiegelt sich jedoch in der Praxis der Unternehmen bisher oftmals nicht wider, vielmehr zeichnete sich in den letzten Jahren ein gegenteiliger Trend ab. Das Erwerbsleben wurde immer früher beendet, indem zahlreiche Möglichkeiten der Frühverrentung, wie z. B. die Altersteilzeitregelung genutzt wurden und so der Trend, hin zu einer immer jüngeren Belegschaft fortgesetzt wird (Clemens et al., 2003).

Das Bild älterer Menschen wurde durch das Defizitmodell geprägt, in dem Ältere als körperlich schwächer, weniger präzise und feinfühlig, schneller ermüdend, geistig unbeweglicher, weniger lernfähig, ineffektiver sowie als nur noch eingeschränkt für neue Herausforderungen motivierbar beschrieben werden (Koller / Gruber 2001). Maintz (2000) zeichnet ein anders Bild. Sie spricht von dem differentiellen Altern, d. h. im Alter wandeln bzw. entwickeln sich Fähigkeiten und Eigenschaften in verschiedene Richtungen und in verschiedenen Zeithorizonten. Eine große Rolle bei der jeweiligen Ausprägung der Eigenschaften spielen neben den anlagebedingten Erbfaktoren und dem persönlichen Lebensstil auch arbeitsbedingte Einflüsse während des Berufslebens. Dies beschreibt auch das Kompetenzmodell des Alterns (Oswald / Lehr 1991), in dem postuliert wird, dass Anforderungen und Ressourcen der älteren Person nicht identisch mit denen in jüngeren Jahren sind, der Mensch jedoch ein entwicklungsoffenes System ist, das durch Beziehungen und Transaktionen mit der Umwelt gesteuert wird. Durch Alterungsprozesse können dabei neue Qualitäten mit veränderten Möglichkeiten der Wahrnehmung von Anforderungen, veränderten Handlungsplänen, neuen Reaktionen auf die Umwelt im Sinne eines Kompetenzmodell des Alterns entwickelt werden.

Situation in den Unternehmen

Der demografische Wandel wird sich auf das Angebot an Arbeitskräften für die Unternehmen auswirken – weniger junge Beschäftigte stehen mehr älteren Beschäftigten gegenüber. Es gibt unterschiedliche Prognosen über das zukünftige Angebot an Fach- und Führungskräften für die Unternehmen: Bräuninger et al. (2002) erwarten einen gravierenden Mangel an Arbeitskräften. Sie gehen davon aus, dass das Erwerbspotenzial in Deutschland ab dem Jahr 2020 um durchschnittlich etwas mehr als 1% jedes Jahr zurückgehen wird, eine ähnliche Entwicklung prognostizieren sie für Europa insgesamt. Buck (2003) sieht folgende Herausforderungen, denen sich die Unternehmen stellen müssen: Zunächst ist es bisher noch unklar, wie eine alternde Erwerbsgesellschaft mit der zunehmenden Informatisierung und Wissensintensivierung in fast allen Tätigkeitsfeldern zurecht kommt und wie die Innovations- und Wettbewerbsfähigkeit mit alternden Belegschaften erhalten werden kann. Außerdem muss geklärt werden, wie ältere Arbeitnehmer mit den steigenden Flexibilitäts- und Mobilitätsanforderungen und den damit verbundenen steigenden psychischen Belastungen in qualifizierten Tätigkeiten umgehen können und wie der Einzelne seine Beschäftigungsfähigkeit über das Erwerbsleben hinweg erhalten und seine Qualifikation zielgerichtet erneuern kann.

Clemens (2003) sowie Marstedt und Müller (2003) unterscheiden aufgrund der Forschungen und ihrer Ergebnisse fünf Anwendungsbereiche. Diese Bereiche wurden für die Ableitung von Maßnahmen in dieser Arbeit berücksichtigt.

1. Qualifizierungsmaßnahmen und Nutzung der Qualifikation Älterer
2. Arbeitsgestaltung, Arbeitssicherheit und Gesundheitsschutz
3. Altersteilzeitarbeit, Reintegration Älterer und Übergang in den Ruhestand
4. Organisations-, Personalentwicklung, Laufbahngestaltung und Prävention vor Arbeitslosigkeit
5. Neue Rationalisierungsprozesse, wie z. B. Gruppenarbeit (Marstedt et al., 2003).

Anwendungsschwerpunkt: Inzwischen gibt es einige Konzeptionen alternsgerechter Personalpolitik die in Unternehmen erprobt wurden und propagiert werden. Trotzdem besteht ein Widerspruch zwischen diesen durchaus überzeugenden Konzepten, ihrer öffentlichen Vertretung durch Unternehmensverbände und Gewerkschaften sowie dem realen betrieblichen Handeln. Der von vielen Seiten geforderte notwendige Paradigmenwechsel hinsichtlich der Beschäftigung älterer Arbeitnehmer ist bis zum aktuellen Zeitpunkt oftmals nicht vollzogen worden (Busch, 2004). Trotz einer Vielzahl von Handlungsmöglichkeiten und einer durchaus positiven Einschätzung der älteren Beschäftigten durch die Personalverantwortlichen, sind in Deutschland weniger als 40% der 55- bis 64-Jährigen noch erwerbstätig, in der Altersgruppe der 60- bis 65-Jährigen sogar nur noch 20%.

Zusätzlich stellt sich an dieser Stelle, neben der Frage nach den Kompetenzen älterer Beschäftigter auch die Frage nach motivationalen Komponenten, denn erfolgreiches Handeln ist nicht nur von den Fähigkeiten und Fertigkeiten eines Menschen abhängig, es spielen auch andere Aspekte, wie die Einstellung einer Person, eine wichtige Rolle bei der Vorhersage von beruflicher Leistung.

In jüngster Zeit gab es zahlreiche Kongresse, Publikationen und Veröffentlichungen im Internet, die sich mit dem Thema *alternde Belegschaften* auseinander setzten, dabei wurden ältere Führungskräfte kaum berücksichtigt. Die Motive für die Aktivitäten sind vielfältig: Unternehmen, die Probleme haben, geeigneten Nachwuchs zu finden; Unternehmen die vorausschauend handeln möchten, um ihre Innovationsfähigkeit zu erhalten oder Unternehmen mit einer großen Anzahl von Mitarbeitern, die in absehbarer Zeit das Pensionsalter erreichen und Wissenslücken hinterlassen werden. Handlungsbedarf ergibt sich auch aus veränderten Rahmenbedingungen, so wurde z. B. seit 1992 das gesetzliche Rentenalter sukzessive erhöht und das bisher gerade in größeren Unternehmen häufig angewandte Altersteilzeitgesetz endet am 31.12.2009 (Köchling 2003).

Die in jüngster Zeit durchgeführten Untersuchungen und Fragestellungen konzentrierten sich fast ausschließlich auf die Situation von älteren Beschäftigten ohne Führungsfunktionen – diese Gruppe wurde bisher kaum berücksichtigt. Deshalb war es Ziel dieses Beitrags, die spezielle Situation der Führungskräfte zu eruieren, Faktoren zur Vorhersage von Führungserfolg zu identifizieren und gezielte Entwicklungsmaßnahmen für diese Zielgruppe ableiten zu können.

Praktische und theoretische Konsequenzen

In Anlehnung an die oben aufgeführte Problemstellung, bezieht sich die Arbeit bei der Konzeption des Entwicklungskonzepts auf die Theorie der geplanten Handlung. Die *theory of planned behavior* (Theorie der geplanten Handlung) von Ajzen (1985) ist eine Weiterentwicklung der *theory of reasoned action* von Ajzen und Fishbein (1980). Dieser Ansatz eignet sich allgemein für die Vorhersage von Verhalten, das nicht komplett der volitionalen (willentlichen) Kontrolle einer Person unterliegt.

Die Verhaltensintention wird nach der Theorie der geplanten Handlung von drei Faktoren beeinflusst: durch die Einstellung gegenüber dem Verhalten, der subjektiven Norm und der Verhaltenskontrolle. Die Einstellung wiederum beinhaltet verhaltensbezogene Überzeugungen und die Bewertung dieser Überzeugungen. Es wird also die subjektive Wahrscheinlichkeit geschätzt, mit der Konsequenzen auftreten und gleichzeitig werden die Handlungsfolgen nach ihrer Wichtigkeit für das Individuum bewertet. Der Faktor subjektive Norm enthält normative Überzeugungen und die Bewertung dieser Überzeugungen. Hier spielt die Überzeugung bezüglich der Gültigkeit der Norm, also (vermeintliche) Verhaltensvorschriften wichtiger Personen und die Motivation dieser Norm zu entsprechen (Einwilligungsmotivation) eine Rolle. Die wahrgenommene Verhaltenskontrolle schließlich lässt sich in zwei Variablen aufteilen: in innere Faktoren, wie verhaltensrelevante Informationen, Fähigkeiten, Willensstärke, Gefühle und Zwänge und äußere Faktoren, diese können Zeit, Gelegenheit, Mittel (z. B. Geld) und Abhängigkeit von anderen Personen sein. Das Zusammenspiel der genannten Komponenten wird in Abbildung 1 dargestellt.

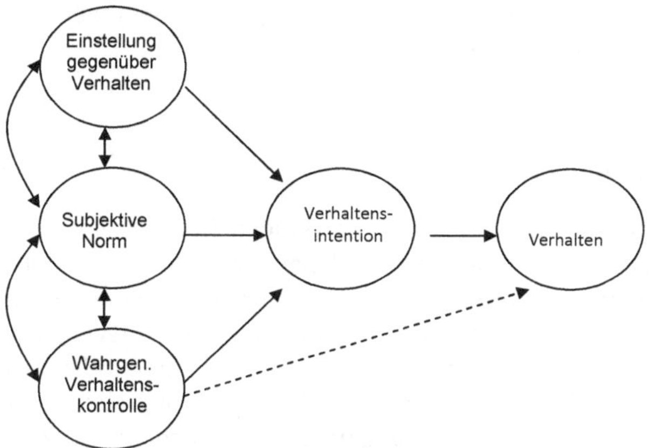

Abbildung 1: Theorie der geplanten Handlung, aus Ajzen, 1985, S. 133

Die Theorie der geplanten Handlung ist in den letzten 20 Jahren vielfach empirisch untersucht und belegt worden. Mit Hilfe der Theorie können in den verschiedensten Anwendungsgebieten zwischen 40 und 50% der Varianz der Intention ein bestimmtes Verhalten auszuführen und zwischen 19 und 38% der Verhaltensvarianz selbst vorhergesagt werden (Sutton 1998). Aus einer Vielzahl von möglichen Verhaltensweisen, stellt im Rahmen der vorgestellten Arbeit Führungserfolg das gewünschte Verhalten der Zielgruppe dar. Dafür werden die im *Lufthansa Leadership Compass* beschriebenen Führungskompetenzen (Unternehmerische Führung, Problemlösekompetenz, Kommunikation und Einflussnahme, Führen von Menschen, Antrieb und persönliche Haltung, Geschäfts- und Funktionskompetenz) als Kriterien herangezogen.

Ableitung der Fragestellung aus der geschilderten Problemstellung

Ziel dieses Artikels ist es, den Anforderungen, die sich aus den veränderten Altersstrukturen der Führungskräfte der Lufthansa Passage Airline aufgrund des demografischen Wandels ergeben, gerecht zu werden. Dies sollte erreicht werden, indem ein Entwicklungskonzept für die Zielgruppe ab 46 Jahre[1] erstellt wurde. Es wurde die Zielgruppe der Führungskräfte ausgewählt, da es im Zusammenhang mit dem demografischen Wandel bisher kaum Untersuchungen für diese Zielgruppe gibt. Dazu wurden die Ergebnisse eines Benchmarks verwendet, das im Rahmen von Interviews vorwiegend mit Leitern der Personal- und/oder Führungskräfteentwicklung in Unternehmen ähnlicher Größenordnung erstellt wurde. Zusätzlich fand eine Befragung einer Auswahl der relevanten Zielgruppe statt, um ihre Erfahrungen, Bedürfnisse und Einstellungen zu berücksichtigen und entsprechende Handlungsmaßnahmen ableiten zu können. Darüber hinaus sollte geklärt werden, welche Faktoren zur Vorhersage von Führungserfolg beitragen, damit diese Ergebnisse ebenfalls in die Ableitung integriert werden können.

Hypothesen und versuchsleitende Annahmen

Im Rahmen des Benchmarks wird ein Überblick über die aktuelle Situation in verschiedenen Unternehmen hinsichtlich des demografischen Wandels gegeben. Es wird erwartet, dass sich die befragten Unternehmen bisher in unterschiedlichem Ausmaß mit dem Thema auseinander gesetzt haben. Die Kriterien, die im Rahmen des Interviews erhoben wurden, sind dem Leitfaden zur Selbstanalyse altersstruktureller Probleme in Unternehmen entnommen. Dort werden verschiedene Kriterien zur Identifizierung altersstruktureller Probleme genannt sowie Ansatzpunkte zur Lösung dargestellt (Köchling, 2002). Eine Auswahl dieser Kriterien wurde im Rahmen der Benchmark-Interviews abgefragt. Daraus abgeleitete Fragestellungen werden im Folgenden dargestellt.

Es wird davon ausgegangen, dass diejenigen Unternehmen mehr (Entwicklungs-)Maßnahmen für ihre Führungskräfte umgesetzt bzw. geplant haben,

- die davon ausgehen, dass sich die Altersstruktur ihrer Führungskräfte verändern wird.
- die einen längeren Planungszeitraum haben.

---

1 Die Welt-Gesundheitsorganisation (WHO) schlägt vor, den Begriff „älter“ auf die über 45-jährigen Beschäftigten anzuwenden. Im Rahmen dieser Arbeit wird dem Vorschlag gefolgt und die über 45-jährigen Führungskräfte als relevante Zielgruppe betrachtet (Clemens et al., 2003).

- deren Führungskräfte ein höheres Durchschnittsalter haben.
- die keine informellen Altersgrenzen für die Einstellung/Ernennung neuer Führungskräfte haben.

Die Fragen des zweiten Teils des Interviews wurden genutzt, um Best-Practice-Beispiele zu sammeln, damit diese als Grundlage für ein Entwicklungskonzept verwendet werden können. Gleichzeitig dienten die Angaben zu bereits etablierten sowie geplanten Maßnahmen als abhängige Variablen, anhand derer die Umsetzung des Themas gemessen wurde.

Im Rahmen der Befragung der Führungskräfte des mittleren Managements der Lufthansa Passage Airline wurden Variablen zu den einzelnen Faktoren der Theorie der geplanten Handlung erhoben.

Theoriegeleitete Hypothesen zu erfolgreichem Führungsverhalten

Auf Basis der Theorie der geplanten Handlung wurden folgende Hypothesen generiert: Die Führungskräfte haben die Intention sehr gute berufliche Leistung zu zeigen und es wird ihr Führungsverhalten als erfolgreich eingeschätzt (positive Einschätzung durch den Vorgesetzten und positive Bewertung durch die Mitarbeiter), wenn

- sie positive Konsequenzen als wahrscheinlich ansehen und sie diese gleichzeitig als wichtig einschätzen (Einstellung).
- wichtige Personen im Umfeld hohe Leistung erwarten und die Führungskräfte bereit sind diese subjektiven Normen zu erfüllen.
- die Bedingungen des Umfeldes als leicht beeinflussbar wahrgenommen werden.
- keine Rollenkonflikte aufgrund unterschiedlicher Erwartungen wichtiger Personen oder Personengruppen auftreten.
- sich die Führungskräfte anhand des Lufthansa Leadership Compass eine höhere Anzahl von Stärken zuschreiben (im Sinne von Ressourcen).

Methodik

Zunächst wurde von der Autorin ein Benchmark zur Erfassung der Situation in zehn größeren Unternehmen erstellt. Im Anschluss daran wurde eine Befragung der Führungskräfte ab 46 Jahre durchgeführt.

Benchmark: Es erklärten sich Personalleiter von 10 Unternehmen bereit, persönliche Interviews mit einer Dauer von ca. einer Stunde mit Hilfe eines Interviewleitfadens (10 quantitative und 21 qualitative Fragen) zu führen. Zusätzlich hatten die Interviewten die Möglichkeit, eigene Ideen und Aspekte mit einzubringen. Das Interview begann mit einer mündlichen Instruktion und wurde entsprechend der Fragen des Interviewleitfadens durchgeführt.

Führungskräftebefragung: Für die Befragung wurden Führungskräfte (LE C [2]) ab 46 Jahre in der Passage Airline am Standort Frankfurt ausgewählt. Von denjenigen Führungskräften, die das Alterskriterium erreichten, waren 46 am Standort in Frankfurt vor Ort und kamen deshalb als Stichprobe in Frage. Insgesamt beteiligten sich 22 Führungskräfte an der Befragung. Als Erhebungsmethoden wurde sowohl die schriftliche als auch die mündliche Befragungsform gewählt. Die Items des Fragebogens bezogen sich auf die Theorie der geplanten Handlung von Ajzen und Fishbein (1980). Zusätzlich wurde im Interview nach der Situation und den Bedürfnissen der Führungskräfte gefragt.

Ergebnisdarstellung

Benchmark-Ergebnisse

Allgemeine Fragen zur demografischen Entwicklung:

- Es zeigt sich, dass 60% der Unternehmen davon ausgehen, dass sich die Altersstruktur ihrer Führungskräfte aufgrund des demografischen Wandels verändern wird.
- Ingesamt 70% der Unternehmen planen Projekte oder Maßnahmen hinsichtlich des demografischen Wandels. Die angegebenen Maßnahmen reichen von Gesundheitsvorsorgeprogrammen bis hin zur Einstellung eines Demografiebeauftragten.
- Bei keinem der Unternehmen schlägt sich das Thema ‚Demografie' explizit in der Personal- oder Führungskräfteentwicklung nieder.

---

2 LE C entspricht der Position eines Abteilungsleiters.

- Bei drei der befragten Unternehmen liegen keine genauen Daten zur Altersstruktur ihrer Führungskräfte vor, das Durchschnittsalter in den anderen Unternehmen liegt zwischen 35 und maximal 45 Jahren.
- Der überwiegende Teil der Unternehmen gibt an, dass es keine informellen Altersgrenzen zur Einstellung oder Ernennung von Führungskräften gibt.

Weiterbildungs- und Führungskräfteentwicklungsmaßnahmen:

- Nur drei der Unternehmen verfügen über einzelne Angebote für ältere Führungskräfte.
- Keines der Unternehmen besaß zum Befragungszeitpunkt ein spezielles Entwicklungskonzept für die älteren Führungskräfte, die genannten Maßnahmen stellten Einzelmaßnahmen für die Zielgruppe dar.
- Insgesamt verwenden sieben der befragten Unternehmen einzelne Tools oder Programme zur Transfersicherung ihrer ausscheidenden Führungskräfte. Dabei handelt es sich um Einarbeitungs- und Übergabephasen bei geplanten Austritten.

Kompetenzen der Führungskräfte: Als besondere Kompetenzen älterer Führungskräfte werden am häufigsten Fachkompetenz, Networking, Durchsetzungsfähigkeit, Soziale Kompetenz und Methodenkompetenz genannt. Zusammenfassend bestehen zwischen den einzelnen befragten Unternehmen unterschiedliche Einschätzungen hinsichtlich der Kompetenzen ihrer Führungskräfte in Abhängigkeit des Alters.

Überprüfung der versuchsleitenden Annahmen des Benchmarks

In diesem Abschnitt werden die Ergebnisse der Überprüfung der versuchsleitenden Annahmen dargestellt. Da es sich um Zusammenhangshypothesen handelt, werden (intervallskalierte) Daten mit Häufigkeiten (Nominaldatenniveau) korreliert. Bortz und Lienert (1998) schlagen für die Überprüfung den Cramérs Index (CI) vor. Die Werte des Cramérs Index sind dabei mit den Ergebnissen von Produkt-Moment-Korrelationen vergleichbar, sie können Werte zwischen 0 und 1 erreichen. Ein Wert von 0 bedeutet also, dass keine Zusammenhang besteht, während ein Wert von 1 auf einen perfekten Zusammenhang hinweist.

Insgesamt zeigen sich zwar korrelative Zusammenhänge (siehe CI-Werte in Tabelle 1) in der erwarteten Richtung, diese verfehlten jedoch jeweils die statistische Signifikanz (da die Irrtumswahrscheinlichkeit größer 5 % ist; siehe Werte für p). Es zeigte sich, dass besonders diejenigen Unternehmen, die eine Veränderung der Altersstruktur erwarten und keine implizite Grenze für die Einstellung/Ernennung von Führungskräften hatte, auch mehr Maßnahmen planten und/oder umsetzen. Es zeigte sich ebenfalls ein positiver Zusammenhang zwischen einer längerfristigen Personal- und Führungskräfteentwicklungsstrategie sowie einem höheren Durchschnittsalter der Führungskräfte und der Anzahl der Entwicklungsmaßnahmen. Die einzelnen Ergebnisse sind in Abbildung 2 aufgeführt.

Korrelation	**Anzahl Maßnahmen**	**Stat. Kennwerte**
Veränderung der Altersstruktur erwartet	*CI = .59*	X^2 (2, N=10) = 3.55 p > .05
Längerfristige Personal- und Führungskräfteentwicklungsstrategien	*CI = .25*	X^2 (1, N=6) = .37 p > .05
Durchschnittsalter der Führungskräfte	*CI = .25*	X^2 (1, N=8) = 0.52 p > .05
Informelle/ Implizite Altersgrenzen bei der Einstellung/Ernennung von Führungskräften	*CI = .41*	X^2 (1, N=10) = 1.75 p > .05.

CI = Cramérs Index (= Korrelationskoeffizient); X^2 = Wert der Prüfstatistik; N = Anzahl der abgegebenen Antworten; p = Signifikanzniveau

Abbildung 2: Korrelationen der Aussagen der Benchmarkpartner mit den abhängigen Variablen

Ergebnisse der Führungskräftebefragung

Für die Überprüfung der Hypothesen der Führungskräftebefragung wurden sowohl die Interviewdaten als auch die Angaben aus den Fragebögen verwendet. Im Anschluss daran wurden die zusätzlichen Fragen des Interviews inhaltsanalytisch ausgewertet.

Zur Verdeutlichung der Zusammenhänge wurde eine schrittweise multiple Regression durchgeführt. Die Ergebnisse der Regression mit den Kriterien ‚Potenzialbeurteilung des Vorgesetzten', ‚Einschätzung durch die Mitarbeiter' und ‚Leistungsintention' sind in Tabelle 2 dargestellt: Für die Vorhersage der Potenzialeinschätzung durch den Vorgesetzten wurde nur der erste Faktor (Items: Kontrolle und Zeit) der wahrgenommenen Verhaltenskontrolle in das Regressionsmodell aufgenommen. Für die Vorhersage des Kriteriums ‚Beurteilung durch die Mitarbeiter' wurden zwei Variablen aufgenommen, beide gehören zu den subjektiven Normen: ‚Familie/privates Umfeld' und ‚Kollegen'. Für das Kriterium der Leistungsintention wurden alle vier Items der subjektiven Kontrolle in das Modell aufgenommen. Alle anderen Werte leisteten keinen signifikanten Beitrag zur Vorhersage der Kriteriumsvariablen.

Kriterium	Prädiktor	R^2	F	β	ΔR^2
Potenzialeinschätzung durch den Vorgesetzten	Wahrgenommene Verhaltenskontrolle – Faktor 1	.93	215.04	.97	.93
Beurteilung durch Mitarbeiter	Subjektive Norm: Familie/privates Umfeld	.96	348.29	.51	.96
	Subjektive Norm: Kollegen	.99	1871.08	.49	.03
Leistungsintention	Subjektive Norm: Mitarbeiter	.96	345.29	.74	.96
	Subjektive Norm: Vorgesetzter	.97	304.20	.26	.02
	Subjektive Norm: Kollegen	.98	254.38	.35	.01
	Subjektive Norm: Familie/privates Umfeld	.98	301.96	-.33	.01

Abbildung 3: Multiple Regressionen der Kriterien ‚Vorgesetztenbeurteilung'; ‚Beurteilung der Mitarbeiter' und ‚Leistungsintention'.

Auswertung der qualitativen Interviewdaten

Im folgenden Abschnitt wird eine Auswahl der Interviewergebnisse dargestellt. Da es sich um qualitative Daten handelt, wurden diese deskriptiv ausgewertet und zusammengefasst. Zusätzlich zu den zusammengefassten Aussagen wird jeweils die Häufigkeit der Nennungen mit aufgeführt.

Eine zentrale Frage des Interviews bezog sich auf Bedingungen, unter denen die Führungskräfte länger bzw. kürzer (bezogen auf die Lebensarbeitszeit) arbeiten möchten. Obwohl das Alter des Eintritts in den Ruhestand nur begrenzt beeinflussbar ist, können durch die Fragestellung wichtige Aspekte der Einstellung zu einer Tätigkeit erfasst werden. Deshalb werden diese Ergebnisse ausführlich in Abbildung 4 dargestellt.

Bedingungen, die zu einer angestrebten Veränderung der Lebensarbeitszeit führen	**Anzahl**
Interessante Aufgabe (neu, herausfordernd, verantwortungsvoll, wichtig, anspruchsvoll)	8
Arbeitsumfeld, Rahmenbedingungen müssen passen	8
Gesundheitlicher Zustand hat Einfluss	7
Bezahlung / Finanzieller Aspekt hat einen Einfluss	6
Reduzierung der Arbeitszeit / zeitliche Flexibilität, z.B. 4-Tage Woche	5
Zusammenarbeit mit Kollegen und nächstem Vorgesetzten wichtig	5
Situation in der Familie hat Einfluss	5
Spaß an der Arbeit	4
Integration, Anerkennung und Wertschätzung	4

Abbildung 4: Antworten auf die Frage, unter welchen Bedingungen die Führungskräfte lieber länger bzw. kürzer arbeiten wollen

Die Führungskräfte wurden auch nach Veränderungen ihrer Kompetenzen im Vergleich zu vor 10 Jahren gefragt. Der Großteil der Befragten gibt an, dass sich die Kompetenzen verbesserten, als Ursache nennen sie dabei die konkrete Aufgabe. Dies entspricht einem ‚Training-on-the-job' (Rosenstiel, Molt & Rüttinger, 2005).

Ableitung von Entwicklungsmaßnahmen

Eine weitere zentrale Frage des Interviews bezog sich darauf, welche Bestandteile ein Entwicklungskonzept für erfahrene Führungskräfte haben sollte, damit es den Bedürfnissen der Zielgruppe gerecht wird. Die Ergebnisse werden im Folgenden aufgeführt:

Weiterbildung/Seminare: Die Führungskräfte wünschen sich den gleichen Zugang zu Weiterbildungsmaßnahmen zu erhalten, wie ihre jüngeren Kollegen. Sie sprechen auch gleiche Seminarinhalte wie die jüngeren Führungskräfte an, z. B. Themen der Unternehmensstrategie. Die Entwicklung eines speziellen Angebots für erfahrene Führungskräfte wird eher als problematisch gesehen, denn dies könnte zu einer Stigmatisierung der Zielgruppe führen.

Arbeitszeit: Es sprechen sich 30% der befragten Führungskräfte für eine Reduzierung der Arbeitszeit aus. Dies spiegelt den häufig genannten zeitlichen Konflikt zwischen beruflichen und privaten Anforderungen wider.

Gesundheit: Auch das Thema ‚Gesundheit' und ‚Work-Life-Balance' wird von den befragten Führungskräften mehrmals angesprochen. Sie wünschen sich mehr Anregungen und Umsetzungsmöglichkeiten für dieses Thema.

Wissensmanagement: Für einige erfahrene Führungskräfte stellt auch das Thema Wissensmanagement einen wichtigen Bereich dar, sie äußern den Wunsch, dass sie ihr Erfahrungswissen gerne an jüngere Kollegen weiter geben möchten. Die Weitergabe von Wissen spielt zusätzlich auch bei dem Wunsch, als Berater oder Coach tätig sein zu wollen, eine Rolle.

Unternehmenskultur: Eine größere Anzahl der genannten Punkte lässt sich auch unter dem Aspekt Unternehmenskultur zusammenfassen. Einige Führungskräfte betonten, dass sie ab 50 Jahren anders (z. B. weniger leistungsfähig) wahrgenommen werden.

Laufbahngestaltung: Eine langfristige Laufbahnplanung und das Aufzeigen von Perspektiven ist ebenfalls ein wichtiger Aspekt für die befragten Führungskräfte.

Leitlinien zur Entwicklung der erfahrenen Führungskräfte

Im folgenden Abschnitt werden Leitlinien für Entwicklungsmaßnahmen erfahrener Führungskräfte dargestellt. Die vorgeschlagenen Maßnahmen wurden aus den Ergebnissen der Führungskräftebefragung extrahiert und sind deshalb nicht ausschließlich dem

Gebiet Führungskräfteentwicklung zugeordnet. Dieses Vorgehen ist jedoch aufgrund der Breite des Themas angebracht, da eine veränderte Altersstruktur nicht nur den Personalentwicklungsbereich betrifft, sondern in viele Bereiche streut. Die einzelnen Gebiete werden im Folgenden dargestellt:

Mentoring: Alle neu ernannten Team- und Abteilungsleiter sollten das Angebot erhalten, eine erfahrene Führungskraft als Paten zur Unterstützung zu bekommen, um ihnen den Einstieg in die neue Aufgabe zu erleichtern.

Tandems: Im hier verwendeten Sinn beschreibt ein Tandem die konkrete Arbeitsbeziehung zweier Personen, die z. B. gezielt zur Einarbeitung einer neuen Führungskraft genutzt werden kann. Mit Hilfe von Tandems wird die Weitergabe von Wissen an die Jüngeren gefördert und dadurch die Erfahrungsausbildung insgesamt erleichtert. Die erfahrenen Führungskräfte haben im Rahmen des Tandems die Möglichkeit, sukzessive den Umfang ihrer Aufgaben zu reduzieren und Verantwortung zu übergeben (Morschhäuser et al., 2003).

Kollegiale Beratung: Eine weitere Möglichkeit, um den Erfahrungsaustausch und die Netzwerkbildung zu fördern, stellt das Konzept der ‚Kollegialen Beratung' dar. Dabei geht es um eine effektive Beratungsform in Gruppen, bei der sich die Teilnehmer wechselseitig zu Schlüsselthemen ihres Berufsalltags beraten, um Lösungen für schwierige Situationen mit Mitarbeitern oder Kunden zu entwerfen (Tilke, 2004). Durch dieses Instrument kann dem Wunsch der Führungskräfte nach weiteren Austauschmöglichkeiten innerhalb eines Netzwerkes nachgekommen werden. Durch eine heterogene Altersstruktur wird der Austausch zwischen unterschiedlichen Altersgruppen und Ressorts gefördert.

Aufbau eines Expertenpools: Eine zusätzliche Maßnahme besteht darin, einen Expertenpool aufzubauen, in dem ‚Steckbriefe' von erfahrenen Führungskräften gesammelt werden, die Erfahrungen in speziellen (schwierigen) Gebieten haben, auf die im Bedarfsfall zurückgegriffen werden kann. Mögliche Bereiche könnten hier Reorganisationserfahrung, hohe soziale Kompetenz im Umgang mit schwierigen Mitarbeitern sowie spezielle interkulturelle Erfahrungen sein.

Laufbahngestaltung: Hinsichtlich der Laufbahngestaltung wurde von den befragten Führungskräften der Wunsch geäußert, dass Perspektiven aufgezeigt werden sollten, auch dann, wenn eine vertikale Rotation nicht mehr wahrscheinlich oder möglich ist. Deshalb ist es notwendig, ab einem bestimmten Alter Gespräche mit der Führungskraft zu führen, um Perspektiven für den verbleibenden Zeitraum auszuloten. Inhaltlich sollten mögliche Perspektiven, Bedarf und Wünsche seitens der Führungskraft behandelt werden.

Rotation: Seitens der Führungskräfte wurde deutlich, dass weiterhin die Möglichkeit zur (horizontalen) Rotation gewünscht und gefordert wird. Deshalb sollte darauf geachtet werden, dass auch die erfahrenen Führungskräfte noch für eine Rotation in Erwägung gezogen werden. Ebenfalls kann es sinnvoll sein, eine Plattform zu schaffen, in der neu zu besetzende Stellen ausgeschrieben werden, damit sich Interessenten, die sich für geeignet halten, selbst melden können.

Integration der Zielgruppe in bestehende Personalentwicklungsprogramme: Die Führungskräfte äußerten im Rahmen der Befragung, dass aus ihrer Sichtweise ein Programm oder eine Maßnahme speziell für ihre Altersgruppe nicht gewünscht wird, da dies zu Stigmatisierung und Ausgrenzung führen könnte. Deshalb soll an dieser Stelle überprüft werden, in wieweit die Teilnahme in anderen Programmen gesichert, bzw. die Zielgruppe noch zusätzlich mit eingebunden werden kann.

Gesundheit und Work-Life-Balance: Zu den Themengebieten ‚Gesundheit' und ‚Work-Life-Balance' gibt es im Rahmen von ‚Weiter mit Bildung', einem Weiterbildungsprogramm für Mitarbeiter auf freiwilliger Basis, Seminare zur ‚Life-Balance' und auch zum Thema ‚Alter & Leistung'. Es sollte geprüft werden, inwieweit es für die Situation der Führungskräfte spezielle Angebote gibt, da diese besonderen Herausforderungen im Hinblick auf Work-Life-Balance gegenüber stehen.

Arbeitszeit: Es gaben 25 % der Führungskräfte an, ihre Lebensarbeitszeit verlängern zu wollen, falls eine Reduzierung der Wochenarbeitszeit möglich ist. Es gibt Modelle, die eine relativ einfache Flexibilisierung der Arbeitszeit aus finanzieller Perspektive ermöglichen. In sog. Zeitwertkonten bringt der Arbeitnehmer Zeit in Form von Urlaubstagen oder Teile des Arbeitsentgeltes bzw. Tantiemen mit ein. Dieses Zeitwertkonto kann zur Finanzierung einer vorgezogenen Altersrente, oder für Freizeit während des aktiven Beschäftigungsverhältnisses genutzt werden.

Unternehmenskultur: Besonders die über 50-jährigen Führungskräfte beschreiben, dass sie aufgrund ihres Alters anders wahrgenommen werden und ihnen Leistung z. T. nicht mehr zugetraut wird. Sie wünschen sich eine kulturell positivere Einschätzung, denn dieses Bild wirkt sich auch auf ihre Entwicklungsmöglichkeiten im Unternehmen aus. Natürlich kann die Kultur eines Unternehmens nicht kurzfristig verändert werden, es können jedoch im Rahmen von Changeprozessen Impulse gesetzt werden, um längerfristig Veränderungen zu bewirken (Comelli 1985).

Rat der Unternehmensweisen: Der Rat der Unternehmensweisen in Deutschland analysiert die wirtschaftliche Lage und darüber hinaus bildet seine Arbeit die Grundlage für die politische Urteilsbildung und politische Aktivitäten allgemein (Schröder 2003). Ein solcher Rat könnte analog zu den ‚fünf Wirtschaftsweisen' im Konzern implementiert werden und eine beratende Funktion übernehmen. Es kann dadurch eine öffentliche Plattform geschaffen werden, in der aktuelle Entwicklungen aus den Erfahrungen seiner Mitglieder heraus betrachtet und entsprechend kommuniziert werden können. Dadurch wird den älteren Managern Wertschätzung und Gehör durch die Unternehmensführung entgegen gebracht.

Diskussion der Ergebnisse

Das Ziel der vorliegenden Arbeit war zum einen die Erstellung eines Benchmarks, um die Situation in größeren Unternehmen zu analysieren und Best-Practice-Beispiele zu finden, und zum anderen die Identifizierung von Faktoren, die zur Förderung und Erhaltung von Motivation und Leistungsfähigkeit der erfahrenen Führungskräfte beitragen.

Einordnung des Entwicklungskonzeptes

Die unter Abschnitt 5 gemachten Vorschläge für Entwicklungsmaßnahmen werden in diesem Abschnitt mit den Ergebnissen der Führungskräftebefragung zusammen geführt und abschließend diskutiert (siehe Abbildung 2):

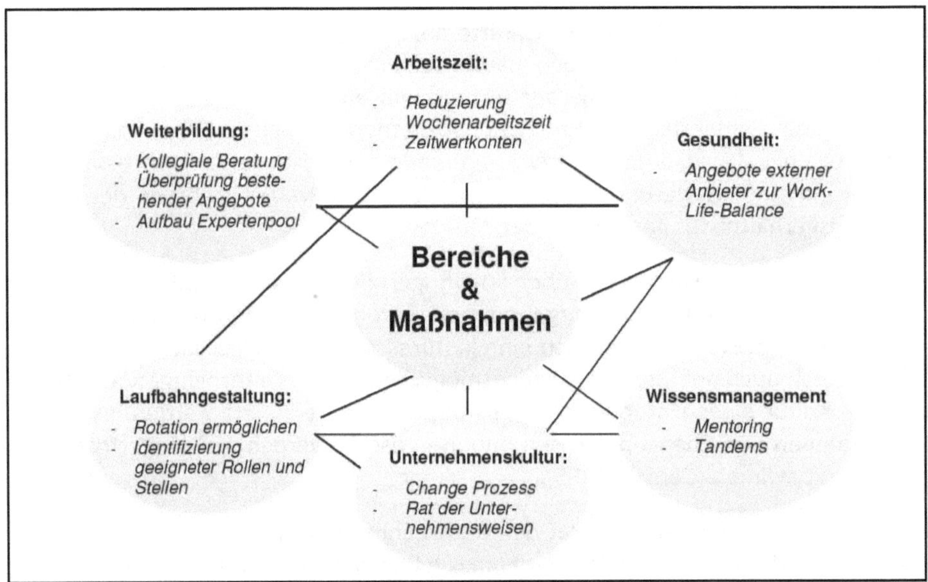

Abbildung 2: Maßnahmen zu den in der Befragung genannten Bereichen und deren Beziehungen untereinander

Aus Abbildung 2 geht die Zuordnung der Maßnahmen zu den von den Führungskräften genannten Bereichen hervor. Die Maßnahmen stehen jedoch nicht isoliert nebeneinander, sie sind miteinander verknüpft bzw. betreffen mehrere Gebiete. Die Zusammenhänge und Beziehungen der einzelnen Bereiche werden durch die schwarzen Linien verdeutlicht. So stehen die Weiterbildungsmaßnahmen mit dem Aspekt *Gesundheit* in Beziehung, denn es sollen spezielle Seminare zu diesem Thema angeboten werden. Das Thema Seminare / Weiterbildung steht auch in Verbindung mit dem Gebiet des Wissensmanagements, denn auch die dort genannten Maßnahmen tragen zur Weiterbildung der Beteiligten bei.

Ausblick

Der demografische Wandel ist sicherlich ein Thema, das Wirtschaft, Politik und letztlich die gesamte Gesellschaft über einen längeren Zeitraum hinweg beschäftigen wird. Im Rahmen dieser Arbeit konnte ein Einblick in die Situation verschiedener Unternehmen gegeben sowie die Situation der erfahrenen Führungskräfte der Lufthansa Passage beleuchtet werden. Da in der Literatur fast ausschließlich die Situation der Mitarbeiter thematisiert wird, konnten zusätzlich Erkenntnisse für die Situation der erfahrenen Manager gewonnen werden. Die einzelnen Schritte und Maßnahmen in der Umsetzung sollten mit der Zielgruppe abgestimmt und nach der Durchführung evaluiert werden. Das herausforderndste Thema dürfte dabei der Wandel der Unternehmenskultur sein. Dies bedeutet, von einer eher auf die Jugend konzentrierten Kultur zu wechseln auf Kultur, in der Jüngere und Ältere als gleichwertig wahrgenommen werden, dies allen Beteiligten zu vermitteln und in der betrieblichen Praxis zu leben. Beide Gruppen tragen letztlich zum Unternehmenserfolg bei. Dies verdeutlicht auch ein irisches Sprichwort: „Ein neuer Besen kehrt gut, aber die alte Bürste kennt die Ecken."

Literatur

Ajzen, I. (1985): From Intention to Actions: A Theory of Planned Behavior, in: Kuhl, J. / Beckmann, J. (Hg.): Action-control: From cognition to behavior, Heidelberg.

Ajzen, I. / Fishbein, M. (1980): Understanding attitudes and predicting social behavior, Englewood Cliffs.

Bonin, H. / Clemens, W. / Künemund, H. (2003): Die demographische Entwicklung in Deutschland: Rückblick und Ausblick. In Herfurth, M. / Kohli, M. / K. F. Zimmermann

(Hg.): Arbeit in einer alternden Gesellschaft: Problembereiche und Entwicklungstendenzen der Erwerbsbeteiligung Älterer, Opladen.

Bortz, J. / Lienert, G. (1998): Kurzgefasste Statistik für die klinische Forschung: Ein praktischer Leitfaden für die Analyse kleiner Stichproben, Heidelberg.

Bräuninger, D. / Gräf, B. / Gruber, K. / Neuhaus, M. / Schneider, S. (2002):Die demografische Herausforderung: Demografie Spezial. Deutsche Bank Research, 7, S. 1-2.

Buck, H. (2003):Alterung der Gesellschaft – Dilemma und Herausforderung. In B. Badura, Schellschmidt, H. / Vetter, C. (Hg.), Fehlzeiten Report 2002. Demographischer Wandel: Herausforderung für die betriebliche Personal- und Gesundheitspolitik. Zahlen Daten, Analysen aus allen Branchen der Wirtschaft, Berlin.

Busch, R. (2004): Alternsmanagement. Ältere Arbeitnehmer im Betrieb – zwischen Frühverrentung und Verlängerung der Lebensarbeitszeit, Mering.

Clemens, W. (2003): Modelle und Maßnahmen betrieblicher Anpassung älterer Arbeitnehmer, in: Herfurth, M. / Kohli, M. / K. F. Zimmermann, K.F. (Hg.): Arbeit in einer alternden Gesellschaft: Problembereiche und Entwicklungstendenzen der Erwerbsbeteiligung Älterer, Oplanden.

Clemens, W. / Hinte, H. / Künemund, H. /Schönfeld, G. (2003). Alter(n) und Erwerbsarbeit – Probleme und Potenziale in einem gesellschaftlichen Spannungsfeld, in: Herfurth, M. / Kohli, M. / K. F. Zimmermann, K.F. (Hg.): Arbeit in einer alternden Gesellschaft: Problembereiche und Entwicklungstendenzen der Erwerbsbeteiligung Älterer, Oplanden.

Comelli, G. (1985): Training als Beitrag zur Organisationsentwicklung. In Handbuch der Weiterbildung für die Praxis in Wirtschaft und Verwaltung (Bd. 4.), München.

Köchling, A. (2002): Leitfaden zur Selbstanalyse alterstruktureller Probleme in Unternehmen. In Gesellschaft für Arbeitsschutz- und Humanisierungsforschung mbH (Hrsg.), Dortmund.

Köchling, A. (2003): Leitfaden zur Selbstanalyse alterstruktureller Probleme in Unternehmen, in: Badura, B. / Schellschmidt, H. / Vetter, C. (Hg.): Fehlzeiten Report 2002. Demographischer Wandel: Herausforderung für die betriebliche Personal- und Gesundheitspolitik. Zahlen Daten, Analysen aus allen Branchen der Wirtschaft, Berlin.

Koller, B. & Gruber, H. (2001): Ältere Arbeitnehmer im Betrieb und als Stellenbewerber aus Sicht der Personalverantwortlichen. In Mitteilungen aus der Arbeitsmarkt- und Berufsforschung, Nürnberg, 33 (1), S. 112-125.

Maintz, G. (2000): Neue Arbeitsformen und älterwerdende Beschäftigte: ein Gegensatz?. Sicherheitsingenieur 8, S. 34-38.

Marstedt, G. & Müller, R. (2003). Daten und Fakten zur Erwerbsbeteiligung Älterer, in: Badura, B. / Schellschmidt, H. / Vetter, C. (Hg.): Fehlzeiten Report 2002. Demographischer Wandel: Herausforderung für die betriebliche Personal- und Gesundheitspolitik. Zahlen Daten, Analysen aus allen Branchen der Wirtschaft, Berlin.

Morschhäuser, M. / Ochs, P. / Huber, A. (2003): Erfolgreich mit älteren Arbeitnehmern – Strategien und Beispiele für die betriebliche Praxis, Gütersloh.

Oswald, W. D. / Lehr, U. M. (1991): Altern: Veränderung und Bewältigung, Bern.

Rosenstiel, L.v., Molt, W. & Rüttinger, B. (2005), Grundriss der Psychologie: Organisationspsychologie, Bd. 22, Stuttgart.

Schröder, G. (2003): Rede von Bundeskanzler Schröder anlässlich des Festaktes zum 40-jährigen Jubiläum des Sachverständigenrates zur Begutachtung der gesamtwirtschaftlichen Entwicklung am 6. Mai 2003 in Berlin, verfügbar unter: http://www.bundesregierung.de/Reden-Interviews/Reden-,11636.483 331/rede/Rede-von-Bundeskanzler-Schroed.htm.

Sutton, S. (1998): Predicting and Explaining Intentions and Behavior: How well are we doing?,Journal of Applied Social Psychology, 28 (15), S. 1317-1338.

Tilke, T. O. (2004): Kollegiale Beratung. Verfügbar unter: www.kollegiale-beratung.de/index.html.

Die Generation 55+ als Innovationstreiber: Senior Consultants neu definiert

Potenziale der Einbeziehung von Nutzern in Prozesse der Produktentwicklung

von Sebastian Glende

Warum musste dieser Beitrag geschrieben werden?

Insbesondere ältere Menschen leiden darunter, keinen produktiven Beitrag zur Gesellschaft leisten zu können. Die Möglichkeit zur Mitgestaltung von Technik kann dieses Problem lösen. Die Entwicklung technischer Alltagsprodukte weist einen ausgeprägten Zusammenhang zwischen Arbeit und Leben auf: Der Gestaltungsprozess, welcher gemeinhin als Arbeit anzusehen ist, führt zu Produkten, die im Alltag unmittelbaren Einfluss auf das Leben der Menschen haben können.

Warum sollte dieser Beitrag gelesen werden?

Der Aufsatz „Die Generation 55+ als Innovationstreiber" setzt sich mit der Integration älterer Menschen in einen hochinnovativen Bereich – die Produktentwicklung – auseinander. Die Beteiligung dieser riesigen und doch neu entdeckten Zielgruppe an der Gestaltung von Produkten erscheint logisch, und wird doch kaum praktiziert. Um das zu ändern, liefert der vorliegende Aufsatz relevante Informationen zu den heute vorhandenen Barrieren, die die Nutzung des Potenzials Älterer verhindern. Organisatorische und methodische Hinweise zur Integration der Generation 55+ werden dargestellt, Erfahrungen und Ergebnisse aus der Arbeit mit Älteren erläutert.

Was muss in Deutschland für die Vereinbarkeit von Leben und Arbeit getan werden?

Wenn Deutschland aus seiner demografischen Situation wirtschaftlichen Erfolg schlagen will, muss es Vorreiter bei der Entwicklung von Produkten für aktive und gesunde Senioren werden, die die Potenziale dieser Menschen nutzen. Die aktive Partizipation Älterer stellt dabei eine Grundlage für die Entwicklung nutzerorientierter und erfolgreicher Produkte dar. Produkte beeinflussen sowohl Leben als auch Arbeit. Werden Produkte aber nicht so gestaltet, dass Sie sich an Prozessen des Lebens oder Arbeitens orientieren, ist Ihr Sinn verfehlt. Deshalb muss die industrielle Produktentwicklung, die heute oft nur aus Sicht der technischen Machbarkeit vorangetrieben wird, um die Nutzerperspektive erweitert werden.

Einleitung

Wie stellen Sie sich Ihr Leben als Rentner vor? Ein Großteil der berufstätigen Bevölkerung erwartet vom Leben nach der Arbeit, endlich das tun zu können, wofür vorher die Zeit gefehlt hat. Freizeit, Reisen, Familie – auf den ersten Blick sieht für viele so das Glück aus.

Beim Blick auf die heutige Generation von Senioren fällt jedoch auf, dass das Altern oft auch mit Einsamkeit und Monotonie, teils sogar mit Armut einhergeht. Rentner, die stundenlang auf dem Fensterbrett lehnen und das Treiben auf der Straße beobachten, sind eine typische Assoziation. Ein anderes Bild – von älteren Menschen mit vollen Terminplänen und so vielen Ideen, dass eine Abarbeitung unmöglich ist – gibt es ebenfalls. Es ist nur leider seltener anzutreffen und daher weniger in den Köpfen junger Menschen präsent.

Ein näheres Betrachten macht deutlich, dass Freizeit allein nicht glücklich macht. Maslow hat dies in seiner verbreiteten Theorie der Bedürfnispyramide dargestellt: Soziale Kontakte, das Gefühl, gebraucht zu werden, Wissen weitergeben zu können und sich selbst zu verwirklichen, sind Faktoren, die bei ihrer Abwesenheit ein glückliches Altern oft verhindern (Zimbardo 1995, S. 415; Maslow 1970). Das Nachgehen einer Beschäftigung oder Arbeit in Kombination mit den Freiheiten des Seniorenlebens kann dagegen zur Erfüllung dieser Bedürfnisse beitragen (Luczak 2005, S. 143). Jedoch scheinen Barrieren vorhanden zu sein, die dies bei einem Großteil der Senioren verhindern.

Sehen wir uns zunächst aber die Rahmenbedingungen an, die die Auswirkungen dieses Phänomens verdeutlichen. Durch den demografischen Wandel und den medizinisch-technischen Fortschritt nimmt der Anteil älterer Menschen an der Gesellschaft in Deutschland weiter zu. Prognoseergebnisse für Deutschland gehen davon aus, dass die Lebenserwartung bis zum Jahr 2050 um sechs Jahre steigen wird. Die über-60-Jährigen werden 2050 über ein Drittel der Bevölkerung stellen. Der Absatzmarkt 55+ wird bereits 2025 von heute 25 auf dann 33 Mio. Nachfrager gewachsen sein (Statistisches Bundesamt 2006). Von besonderer Bedeutung ist der so genannte Altenquotient, also das quantitative Verhältnis zwischen den über 60-Jährigen und der Bevölkerung im erwerbsfähigen Alter. Selbst unter den günstigsten Annahmen wird sich dieser Quotient bis 2050 von heute 0,44 auf mindestens 0,71 erhöhen (Pötzsch & Sommer 2003, S. 7). Ein immer kleiner werdender Anteil muss somit die Finanzierung der sozialen Sicherungssysteme für eine immer größer werdenden Gruppe übernehmen. Aufgrund dieser Fakten wird die Alterung der Gesellschaft in der öffentlichen Diskussion mit finanziellen Belastungen für Rente, Pflege und Gesundheitswesen gleichgesetzt, das Verhältnis zwischen den Generationen wird belastet (BMFSFJ 2005, S. 452).

In dieser aktuellen Debatte werden Potenziale, die der Bevölkerungswandel mit sich bringt, kaum beachtet. „Senioren" sind zum einen ein riesiger Absatzmarkt: Die über 50-

Jährigen disponieren über mehr als die Hälfte der Kaufkraft und des Geldvermögens in Deutschland, sie kaufen 45 Prozent aller Neuwagen, 50 Prozent aller Gesichtspflegemittel und buchen 35 Prozent aller Pauschalreisen (Klesse 2006, S. 44 ff). Andererseits verfügen Senioren über ein reiches Erfahrungswissen und sind oftmals gewillt, dieses einzusetzen und weiter zu vermitteln, sozial tätig zu werden oder selbstständig zu arbeiten. Neben dem Absatzmarkt besteht also auch ein großes Arbeits- bzw. Leistungspotenzial, das den Problemen entgegenwirken kann, die sich durch die veränderte Altersstruktur ergeben. Leider bleibt der dafür in vielen Arbeitsbereichen nötige Zugang zu neuen Medien und Technologien den meisten Älteren verwehrt (Abbildung 1).

Daraus begründet sich die Hauptfragestellung, der die vorliegende Arbeit nachgehen soll: Welche Barrieren existieren insbesondere im Bereich der Mensch-Technik-Interaktion für Senioren und wie können sie selbst an der Beseitigung dieser beteiligt werden? Auf dieser Grundlage soll auch analysiert werden, welche Möglichkeiten sich daraus für die Verbindung der Sphären Arbeit und Leben ergeben und welche Rolle eine sinnvolle Beschäftigung für das Glück im Alter spielt. Hieraus lässt sich ein großes Spektrum weiterer Fragen ableiten, nicht zuletzt, wie die sozialen und wirtschaftlichen Hürden des Arbeits- und Absatzmarktes überwunden werden können.

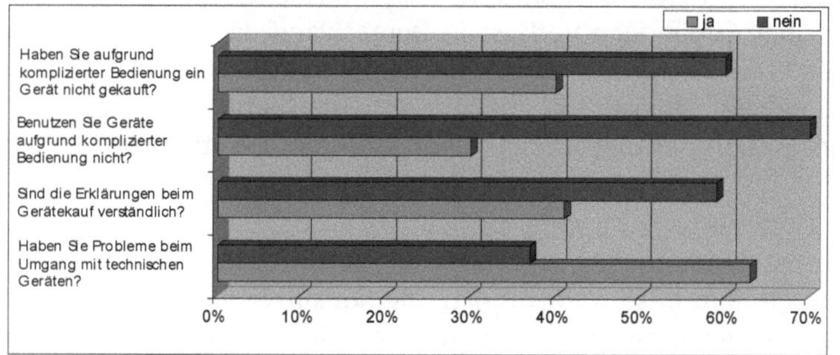

Abbildung 1: Ergebnisse einer Umfrage unter 130 Senioren zum Gebrauch technischer Geräte im Rahmen des DFG-geförderten Forschungsprojektes SENTHA (Eigene Darstellung)

Rahmenbedingungen des Arbeits- und Absatzmarktes

Ausgehend von der heutigen Durchdringung des Arbeitsmarktes mit älteren Menschen sowie den Kennzeichen der Zielgruppe 55+ werden Barrieren aufgezeigt, die für die geringe Nutzung des Potenzials der älteren Generationen verantwortlich sind. Dabei gilt ein besonderes Interesse den falschen Vorstellungen, die unser Bild von Senioren prägen. Daneben stehen die fehlerbehaftete Marktsegmentierung anhand starrer Altersgrenzen statt qualitativer Merkmale wie Ausbildung, Gesundheit und Interessen sowie die Technikgestaltung und ihre Auswirkungen im Vordergrund.

Beschäftigung der Generation 55+

Die Grenze zwischen arbeitender und nicht werktätiger Bevölkerung wird heute gesetzlich vorgegeben und ist nur am Alter ausgerichtet, nicht jedoch an Kriterien wie Qualifikation, Motivation oder beruflichem Erfolg. Jede Diskussion über eine Verschiebung des Rentenalters von 65 bzw. zukünftig 67 Jahren auf einen höheren Wert löst – zum Teil aus verständlichen Gründen – heftige Gegenreaktionen aus. Von einer Verlängerung der Lebensarbeitszeit auf freiwilliger Basis wird jedoch nicht gesprochen, da Arbeit eher als Übel aufgefasst wird und die Neubesetzung der Stellen mit jungen Arbeitnehmern ermöglicht werden soll. Nichtsdestotrotz fehlt hierzulande eine leistungs- bzw. motivationsabhängige Entscheidung über die Ermöglichung der Teilnahme am Arbeitsmarkt auch nach der Überschreitung des Rentenalters. Auffällig ist zusätzlich die in Deutschland geringe Nutzung des Erwerbspersonenpotenzials der über 55-Jährigen im internationalen Vergleich. Eine ausgeprägte Frühverrentungsbereitschaft, geringe Investitionen in die Weiterqualifizierung sowie eine gravierende betriebliche Altersdiskriminierung sind dafür verantwortlich (BMFSFJ 2005, S. 458ff).

Durch den beschleunigten technischen Wandel wird es für ältere Menschen immer schwieriger, ihre Qualifikationen den Arbeitsanforderungen anzupassen. Ein verhältnismäßig großer Anteil der über 50-Jährigen verlässt in Deutschland das Berufsleben vor dem Eintritt in das eigentliche Rentenalter. Ältere Arbeitnehmer erfahren nur selten einen Wechsel der Position bzw. Tätigkeit, da aus betriebswirtschaftlicher Sicht nur ein kurzer Zeitraum zur Amortisation der diesbezüglich notwendigen Investitionen zur Verfügung steht.

Aufgrund der geringen Investitionen in die Weiterbildung Älterer, kombiniert mit der Alterung der Gesellschaft insgesamt, besteht das Risiko, die Konkurrenzfähigkeit im internationalen Wettbewerb zu verlieren. Grund dafür ist die Beeinträchtigung der Wachstumsdeterminante „technologischer Fortschritt", da die durchschnittliche Alterung der Erwerbstätigen zu einer Alterung des Wissens der Gesellschaft führen kann (Keil 2005, S. 11).

Maßnahmen um diesem Risiko entgegen zu wirken, werden bisher zu wenig ergriffen. Immerhin hat das Ziel, die Beschäftigungsquote am Ende der Erwerbsphase, also für die Altersgruppe zwischen 55 und 65 Jahren zu erhöhen, den Weg zu den politischen Entscheidungsträgern gefunden. Weiterhin ist eine steigende Teilnahme Älterer an freiwilligen Bildungsprogrammen zu verzeichnen, die – entgegen der betrieblichen Praxis – für eine hohe Motivation zur Weiterentwicklung auch bei der Altergruppe 55+ spricht.

Absatzpotenziale des Seniorenmarktes

Der Seniorenmarkt bietet bekanntermaßen ein riesiges Umsatzpotenzial, welches bisher nicht annähernd ausgenutzt wird. Die Generation der über 50-Jährigen verfügt über einen Anteil von 48 Prozent des frei verfügbaren Einkommens pro Monat, obwohl sie nur 35,5 Prozent der Bevölkerung stellt (Klesse 2006, S. 50). Des Weiteren steht Senioren die Zeit zur Verfügung, Dinge zu tun, die während des Arbeitslebens nicht möglich waren. Somit ist die Bereitschaft dieser Zielgruppe zum interessengeleiteten Konsum besonders hoch, was zusätzliche Chancen für erfolgreiches Marketing eröffnet. Die im Allgemeinen hohe Konsumfreudigkeit der Senioren gilt jedoch nicht für die Bereiche Elektronik und Computer. Hier fehlt es an einer genauen Analyse der Bedürfnisse älterer Nutzergruppen. Durch die ohnehin hohen Wachstumsraten der vergangenen Jahre, beispielsweise auf dem Handy- und Computermarkt, bestand bisher kaum Interesse an der nutzerorientierten Entwicklung von Hightech-Produkten mit einer intuitiv-logischen Bedienbarkeit. Noch immer beruht ein Großteil der auf Senioren ausgerichteten Produkte, Dienstleistungen und Kampagnen auf dem längst überholten Klischee vom physisch eingeschränkten, sparsamen Rentner. Für die Entwicklung wirklicher Produktinnovationen besteht dadurch ein schwieriges Umfeld.

Trotz der wenig auf die Bedürfnisse von Senioren eingehenden Produkte im Technologiesektor zeigt ein Indikator das grundsätzliche Interesse an der Nutzung neuer Medien und Technologien: So nimmt die Internetnutzung auch unter Älteren zu, was zum Großteil der Bildungsoffensive (z. B. durch das Projekt „Online-Kompetenz für die Generation 50 plus" des Bundesministeriums für Familie, Senioren, Frauen und Jugend), nicht aber der Produktanpassung zuzuschreiben ist. Der Gebrauch des World Wide Web legte unter den so genannten Best Agern im vergangenen Jahr um weitere drei Prozent zu und liegt derzeit bei 34 Prozent. Allerdings muss die Gruppe der Senioren differenziert betrachtet werden: Im Vergleich zum Vorjahr stieg die Internetnutzung in der Altersgruppe der 50- bis 59-Jährigen um knapp 4 Prozent auf 57 Prozent. Bei den 60- bis 69-Jährigen nahm die Internetnutzung um den gleichen Wert auf fast 33 Prozent zu. Im Gegensatz dazu stieg die Zahl der Internetnutzer in der ältesten Altersgruppe 70+ trotz der geringen Marktsättigung weniger stark um 2,4 Prozent auf 12,2 Prozent (Möller 2006, S. 12).

Ähnlich der am Arbeitsmarkt gebräuchlichen Segmentierung wird auch der Absatzmarkt 55+ weitestgehend nur nach dem Alter strukturiert. Diese Praxis ist selbst bei der Betrachtung jüngerer Zielgruppen kaum anzutreffen und wird dort immer durch weitere Kriterien ergänzt. Da materielle, soziale und bildungsbezogene Unterschiede mit höherem Lebensalter tendenziell zunehmen, wird die Inhomogenität des Seniorenmarktes verstärkt und ist in Kombination mit der sehr unterschiedlichen körperlichen Leistungsfähigkeit mit keiner anderen Zielgruppe vergleichbar. Um das Marktpotenzial optimal zu nutzen, besteht ein Bedarf an der wissenschaftlichen Überprüfung des

Zusammenhanges zwischen den persönlichen Verhältnissen (Familiäre und intergenerationale Kontakte, Bildung, Mediennutzung, ehemaliger Beruf u. a.) von Senioren und ihrer Kaufbereitschaft in verschiedenen Produkt- und Dienstleistungsbereichen.

Unter anderem die in den letzten 100 Jahren rapide gesunkene Haushaltsgröße in der Gruppe 50+ (von durchschnittlich 5,5 auf 2,2 Personen) führt zu hoher Mobilität und Flexibilität und begünstigt letztlich eine gesteigerte Freizeitorientierung sowie die Lust, neue Dinge auszuprobieren. Die Brücke zwischen dem dadurch entstehenden Bedarf und dem Angebot an Konsum-, Freizeit- und Technologiegütern konnte in der Vergangenheit aber nicht geschlagen werden.

Im Hinblick auf eine geeignete Kommunikation mit der Zielgruppe zeigen sich gravierende Schwächen: Über die Hälfte der Generation 50+ gibt in einer Umfrage der Gesellschaft für Konsumforschung (GfK) an, dass der Werbung anzumerken ist, dass sie von Jüngeren gemacht wird. Eine Integration von Senioren findet bei der Werbekonzeption ebenso wenig statt, wie bei der Produktgestaltung. Die Wirtschaft geht noch immer von einer hohen Markentreue bei Älteren aus, obwohl dies nur für die Altersgruppe 75+ gilt, welche lediglich einen kleinen Teil des Seniorenmarktes darstellt. Alle möchten alt werden, aber keiner möchte alt sein – diese These bestätigt sich in verschiedenen Umfragen und muss als Basis für erfolgreiche Kampagnen gesehen werden (Gaspar 2000, S. 162ff).

Neben dem Marketing ist jedoch vor allem eine geeignete Produktkonzeption für die Nutzung des Marktpotenzials erfolgskritisch. Aber nur 30 Prozent der Unternehmen stellen sich die Frage, ob das Segment 50+ überhaupt ein Markt für sie sein könnte. Nach Schätzungen der GfK stehen der Generation 50+ in Deutschland jährlich 100 Milliarden an freien Mitteln über die Lebenshaltungskosten hinaus zur Verfügung. Dieses Geld wird jedoch aufgrund des Mangels an adäquaten Produkten nicht ausgegeben, wodurch ein erheblicher volkswirtschaftlicher Schaden entsteht.

Werden heute Senioren bei der Produktkonzeption und -entwicklung berücksichtigt, entstehen zumeist *barrierefreie* Geräte (Pichert 1999, S. 35f). Diese Art der Gestaltung orientiert sich v. a. an den Defiziten Älterer, nicht an vorhandenen Ressourcen und Potenzialen. Sie trägt damit zur Stigmatisierung von Senioren und zur Gleichsetzung dieser mit Behinderten bei. Erfolgreich absetzen lassen sich solche Produkte aber auch nur bei tatsächlich schwer behinderten Menschen.

Wenn der Seniorenmarkt als Impulsgeber für wirtschaftlichen Aufschwung und steigende Beschäftigung genutzt werden soll, muss die Integration Älterer in Produktentwicklungsprozesse – unter anderem durch eine öffentliche Förderung – vorangetrieben werden (BMFSFJ 2005, S. 458).

Barrieren für Beschäftigung und Absatz

Gemeinhin wird die Arbeitsfähigkeit und das Arbeitsinteresse als Produkt aus den Faktoren Person (Gesundheit, Kompetenzen), Arbeitsprozess (Inhalt, Belastung) und Kultur (Werte, Soziale Voraussetzungen, Managementstile, Team) gesehen (Karazman / Kloimüller / Arato 2003, S. 96). Gerade Letzteres beeinflusst das grundsätzliche Interesse an Arbeit und stellt bei negativen Ausprägungen eine schwerwiegende Barriere dar. So sind in Deutschland die sozialen Voraussetzungen für die Erhaltung des Arbeitsinteresses nicht als gut anzusehen: Altersdiskriminierung, Frühverrentung, fehlende Weiterqualifizierung, geringes Zutrauen bei der Nutzung von Technik sowie schlechte Bedingungen für lebenslanges Lernen sind hierbei besonders hervorzuheben.

Darüber hinaus werden Arbeitsfähigkeit und -interesse aber von einem Faktor beeinflusst, der in oben genanntem Modell gar nicht auftaucht – dem Arbeitsmittel. Auf die Wichtigkeit dieser Einflussgröße deutet z.B. Hetze hin: „Der Anteil gering qualifizierter und älterer Erwerbsloser ist in jenen Ländern besonders hoch, die in der Vergangenheit ein überdurchschnittliches Produktivitätswachstum durch technischen Fortschritt vorweisen konnten." (Hetze 2005, S. 8). Der Zugang arbeitswilliger Senioren zum Arbeitsmarkt ist also in Industrienationen außerordentlich schwierig, weil zwischen den Voraussetzungen zur Nutzung aktueller Informationstechnologien und den Fähigkeiten der Senioren eine starke Diskrepanz besteht. Diese kann entweder über den Umweg der Weiterbildung, also Anpassung der Menschen an die Arbeitsmittel stattfinden, oder aber auf direktem Wege durch die ergonomische Gestaltung der Produkte selbst, die die Integration der potenziellen Benutzergruppen in Entwicklungsprozesse verlangt (Abbildung 2).

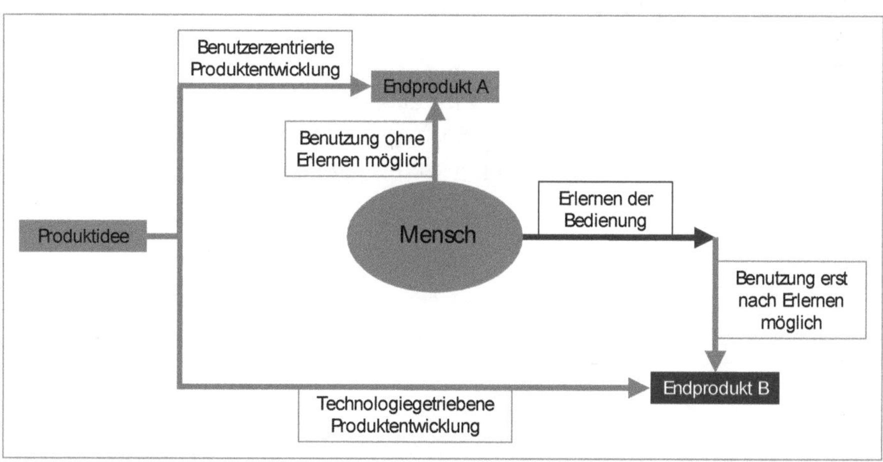

Abbildung 2: Benutzerzentrierte vs. technologiegetriebene Produktentwicklung (Eigene Darstellung)

Geschieht dies nicht, entstehen gesellschaftlich anerkannte Kausalitäten, die in Frage zu stellen sind. So sind viele so genannte Defizite älterer Menschen auf schlecht gestaltete Arbeitsmittel zurückzuführen. Mangelnde geistige Flexibilität, mangelnde Innovations- oder Lernfähigkeit müssen nicht als Resultate der biologischen Alterung angesehen werden, sondern als die langfristigen Auswirkungen der Produktentwicklung allein aus dem Blickwinkel der technischen Machbarkeit (Pack 2000, S. 414f; Friesdorf 2004, S. 9ff).

Auch die von technisch geprägten Entwicklern häufig vertretene These, dass diese Barriere nur noch wenige Jahre bestehen wird, da bereits die nachfolgende Seniorengeneration ausreichend Erfahrung mit Computern und ähnlichen technischen Geräten aufweist, ist nicht akzeptabel. Die sich exponentiell weiterentwickelnde Technik wird ohne eine zunehmende Anpassung an den Menschen schneller an Komplexität zunehmen, als es die umfangreicheren Erfahrungen mit technischen Geräten ausgleichen können.

Vor allem im Hinblick auf die Motivation zur freiwilligen Tätigkeit im Rentenalter ist neben einer benutzerfreundlichen Bedienung der Spaß an der Benutzung maßgeblich. Hier lässt sich eine weitere, aus der Methodik heutiger Produktentwicklungsprozesse hervorgehende Barriere identifizieren – nämlich die Konzentration auf die physische Mensch-Maschine-Interaktion (MMI) unter Vernachlässigung der mentalen und psychischen Ebenen (Abbildung 3).

Die mentale Interaktion, also das Verstehen der Bedienlogik, ist essentiell, um Frustration und einer nachfolgender Abwendung von neuen Technologien vorzubeugen. Um aber diese Logik an den Bedürfnissen Älterer auszurichten, müssen Senioren an der Entwicklung teilhaben. Ein vollständiges empathisches Hineinversetzen in ältere Benutzer durch junge Ingeniere ist kaum möglich, da die persönlichen Erfahrungen im Umgang mit Technik, aber auch prägende Wertevorstellungen nicht einfach abgestellt werden können. Noch größere Defizite bestehen bei der Beachtung psychischer Fragestellungen der MMI. Produkte, die auf die physischen Merkmale Älterer eingehen, zeichnen sich heute zumeist durch ein wenig attraktives Design aus. So tragen Mobiltelefone in der Größe von Taschenbüchern oder ergonomische Kleidung in immer gleichen Farben zur Stigmatisierung von Senioren bei.

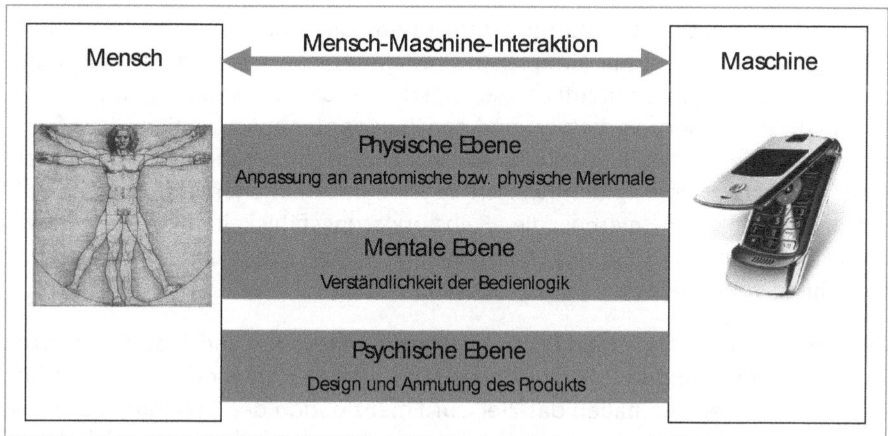

Abbildung 3: Ebenen der Mensch-Maschine-Interaktion (Eigene Darstellung)

Lösungsansatz Seniorenforschergruppen

Die dargestellten Barrieren lassen sich nur beheben, wenn die Zielgruppe Senioren in den Gestaltungsprozess der für sie konzipierten Produkte einbezogen wird. Um dabei ein hohes Erfolgspotenzial sicherzustellen, ist es notwendig, sich an der Methodik der industriellen Produktentwicklungsprozesse zu orientieren. Diese sind zumeist standardisiert und durchlaufen mehrere Phasen von der Ideenfindung bis zur Marketingkonzeption, die mit der Erfüllung bestimmter Erfordernisse, so genannter Quality-Gates enden (weiterführende Informationen zu Entwicklungsprozessen in Pahl & Beitz 1993, S. 80ff). Um die Voraussetzungen für eine Einflussnahme auf die Produktgestaltung zu schaffen, ist demzufolge eine professionelle Organisation des Wissens und der Methodik zur Nutzung dessen unbedingt erforderlich. Im Folgenden wird das theoretische Modell einer Seniorenforschergruppe erläutert. Dabei werden Ziele und eine mögliche organisatorische Struktur sowie Methoden und Ergebnisse der Benutzerintegration – angelehnt an heutige industrielle Produktentwicklungsprozesse – dargestellt. Ergänzend werden erste praktische Erfahrungen mit der Umsetzung des Konzepts beschrieben und die Ergebnisse einer Umfrage unter Senioren zum hier behandelten Thema zusammengefasst.

Ziele des Aufbaus von Seniorenforschergruppen

Das übergeordnete Ziel einer Seniorenforschergruppe ist die Beeinflussung der Gestaltung technischer Produkte und Dienstleistungen, die die Lebensqualität steigern und die

Umsetzung des Arbeitspotenzials Älterer ermöglichen. Dies führt zum einen zu mehr Spaß und Erfolg beim Umgang mit komplexen Produkten, zum anderen wird die Wettbewerbsfähigkeit von Senioren deutlich gesteigert, da die Verwendung technischer Hilfsmittel ihre Arbeitseffizienz verbessert und den Zugang zu neuen Medien vereinfacht. Aus dieser Idee resultieren detaillierte Ziele, die sich z. B. in den Grundsätzen der Dialoggestaltung für Software wieder finden (weiterführende Informationen in Luczak 1993, S. 486ff). Hervorzuheben sind hierbei die Selbsterklärungsfähigkeit und die Fehlerrobustheit, die stark von den Erfahrungen und Zielen der Benutzergruppe abhängen und deren Einbeziehung voraussetzen.

Seniorenforschergruppen sollen einen Pool von Wissen, Methoden und Testumgebungen aufbauen und anwenden und als „Senior Consultants" Produktentwickler in ihrer Tätigkeit vielseitig unterstützen. Sie haben das Ziel, zur Emanzipation der Generation 55+ beizutragen, indem sie die Artikulierung von Wünschen vereinfachen und eine bloße Anpassung an das vorhandene Angebot verhindern (Keck 2000, S. 152f). Nicht zuletzt können sie auch die speziellen Fähigkeiten und Stärken Älterer, wie ein hohes Qualitätsbewusstsein, Loyalität und Arbeitsmoral unterstreichen und den Vorstellungen von nachlassender Innovationsfähigkeit und Kreativität entgegenwirken.

Organisatorische Gestaltung von Seniorenforschergruppen

Eine Seniorenforschergruppe muss sicherstellen, die Bedürfnisse möglichst vieler Senioren deutlich machen zu können. Aus diesem Grund ist eine heterogene Zusammenstellung, sowohl in Bezug auf die Altersstruktur als auch die früheren Bildungswege und Arbeitsfelder sowie die Regionalität anzustreben. Sinnvoll ist dabei die Kombination technisch erfahrener und unerfahrener Nutzer, um einerseits unbefangen testen zu können, andererseits aber ein hohes Ideenpotenzial sicherzustellen.

Um die Validierung von Forschungs- und Entwicklungsergebnissen zu ermöglichen, ist ein zweigliedriger organisatorischer Aufbau zu verfolgen. Einerseits muss eine Kerngruppe existieren, die Teilaufgaben während der Produktentwicklung übernimmt. Eine angemessene Größe, die ein effizientes Arbeiten erlaubt, aber auch ausreichend verschiedene Blickpunkte einbezieht, liegt dabei zwischen 15 und 25 Personen. Andererseits ist eine Möglichkeit vorzusehen, die die Einholung verlässlicher Informationen über Bedürfnisse, Interessen und die Akzeptanz bestimmter Produkte und Funktionen ermöglicht. Dazu sollte eine Seniorenpool von 100 und mehr Personen ausgewählt werden, der repräsentativ für die Altersgruppe ist. Eine solche Struktur sollte zur Validierung der Arbeitsergebnisse der Kerngruppe sowie zu Umfragen und Feldtests zur Verfügung stehen. Sowohl für die Kerngruppe, als auch für den Seniorenpool ist eine kontinuierliche Rekrutierung jüngerer Senioren essentiell.

Die Leitung der Forschergruppe sollte Wissenschaftlern obliegen, die typische Abläufe in Produktentwicklungsprozessen ebenso beherrschen wie die Anwendung von Methoden, die die Kreativität und Erfahrung der Senioren nutzen und fördern können. Diese wissenschaftliche Unterstützung ist z. B. notwendig, wenn die Prozesse der Nutzereinbindung weiterentwickelt und an Anforderungen der Industrie angepasst werden sollen oder völlig neue Methoden zu evaluieren sind. Verschiedene Verantwortungsbereiche, wie Projektmanagement, Dokumentation und Finanzen können im besten Fall von Mitgliedern der Forschergruppe selbst übernommen werden. Weniger relevant ist die Ausprägung der rechtlichen Organisationsform: Ob eine Forschergruppe als Verein, GbR oder GmbH auftritt, ist für die Gestaltung von Produkten und die Multiplikation des Gedankens der Teilnahme an Entwicklungsprozessen nebensächlich.

Standardprozess der Benutzerintegration während der Produktentwicklung

Ziel der Benutzerintegration während des Entwicklungsprozesses ist die Ermittlung und Eliminierung potenzieller ergonomischer Gestaltungsdefizite. Durch ein iteratives Vorgehen und die kontinuierliche Einbindung der Seniorenforschergruppe als potenzielle Geräteanwender soll eine systematische Produktverbesserung erreicht werden. Darüber hinaus muss bei jeder Produktentwicklung versucht werden, typische Benutzeranforderungen und Gestaltungsfehler zu identifizieren und diese in Wissensspeichern, z. B. Checklisten abzulegen. Dadurch kommt man dem Ziel einer Standardisierung der ergonomischen Produktentwicklung näher.

Die ergonomische Optimierung erfolgt synchron zu Teilschritten des Produktentwicklungsprozesses und gliedert sich in sechs Phasen, für die unterschiedliche Analyse- und Bewertungsmethoden ausgewählt werden (Abbildung 4):

Phase 1: Zieldefinition

- Vorstellung des aktuelles Standes der Wissenschaft und Industrie in Bezug auf das zu entwickelnde Produkt, dessen Einsatzmöglichkeiten sowie Vor- und Nachteile
- Abgrenzung der Zielgruppe nach Alter, Gesundheitszustand, Bildung, sozialer Zugehörigkeit und weiteren Kriterien
- Abgrenzung des Einsatzbereichs der Produkte mit zeitlichem, räumlichem und tätigkeitsbezogenem Fokus sowie darauf basierende Ableitung der Testumgebung

Phase 2: Prozessanalyse

- Analyse und Visualisierung aller möglichen Prozesse, die mit dem Produkt in unterschiedlichen Anwendungsbereichen durchgeführt werden
- Erhebung von Prozess- und Benutzeranforderungen auf Grundlage der analysierten Arbeitsprozesse sowie Zusammenstellung dieser in einer Anforderungsliste
- Identifikation usabilityrelevanter Prozessabschnitte, in denen eine hohe Interaktionsdichte zwischen Anwender und Gerät besteht

Phase 3: Evaluierung des Lösungskonzeptes

- Entwicklung und Diskussion unterschiedlicher Designentwürfe zum Lösungskonzept anhand realitätsnaher Zeichnungen oder Modelle mit Experten und Senioren
- Bewertung der Realisierbarkeit und Vorauswahl zur Gestaltung der Hauptfunktionsträger
- Durchführung einer Benutzerbefragung innerhalb des Seniorenpools zur Validierung der ausgewählten Lösungsvarianten sowie Zusammenstellung der Ergebnisse in einer Anforderungsliste

Phase 4: Evaluierung des Lösungsentwurfs

- Evaluierung der ausgestalteten Benutzeroberfläche in einem Cognitive Walkthrough (Methode der Usability-Inspektion anhand verschiedener Szenarien; weiterführende Information in Nielsen 1993, S. 155f) durch die Kerngruppe der Senioren anhand von Prototypen oder Softwaresimulationen
- Gewichtung der ermittelten Bediendefizite hinsichtlich ihrer Relevanz sowie Zuordnung zu unterschiedlichen Problemkategorien

Phase 5: Evaluierung der Ausarbeitung

- Durchführung und Dokumentation eines Benutzertests anhand ausgewählter Anwendungsszenarien mit mindestens zehn Personen aus dem Seniorenpool, die das Produkt noch nicht kennen

- Ermittlung der Anwenderakzeptanz mit Hilfe eines Fragebogens, der Bewertungen auf einer fünfstufigen Skala sowie die prozentuale Auswertung des Akzeptanzgrades zulässt (Methode in Anlehnung an die Systems Usability Scale von Brooke 1996, S. 189ff)
- Befragung in Einzelinterviews zur Ermittlung positiver und negativer Aspekte der Bedienbarkeit

Phase 6: Feldtest in realen Anwendungssituationen

- Einsatz der entwickelten Produkte innerhalb des Seniorenpools in realen Anwendungssituationen über einen Zeitraum von ein bis vier Wochen (abhängig von der Benutzungshäufigkeit und Komplexität des Produkts)
- Dokumentation und iterative Optimierung der Bediendefizite bis zur Marktreife

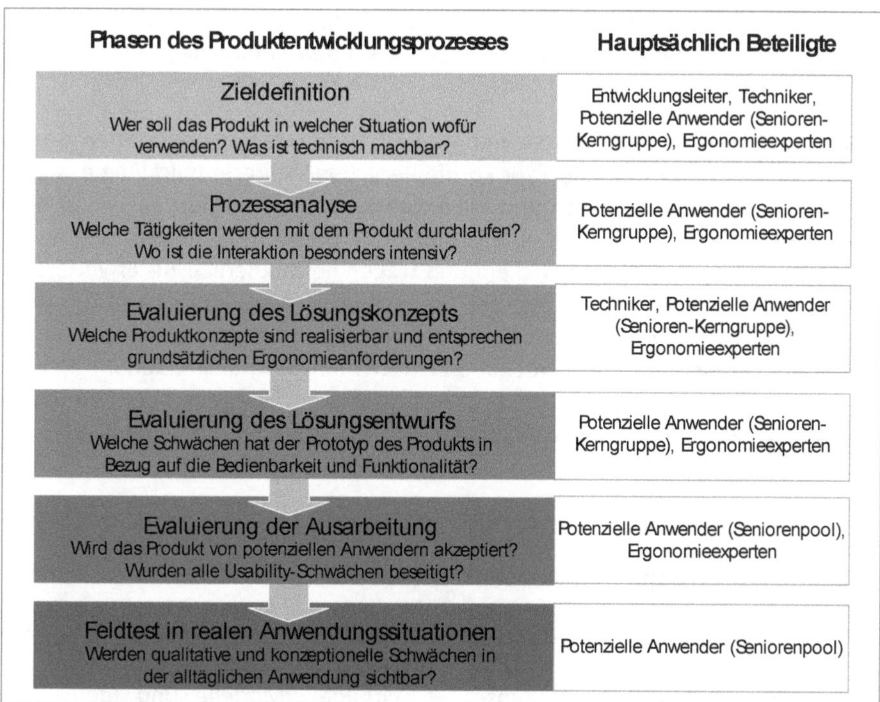

Abbildung 4: Produktentwicklungsprozess aus der Perspektive der Benutzerintegration (in Anlehnung an Backhaus 2004, S. 226)

Erfahrungen aus der praktischen Umsetzung – Die Senior Research Group (SRG)

Am Lehrstuhl für Arbeitswissenschaft und Produktergonomie der Technischen Universität Berlin arbeitet eine knapp 20-köpfige Gruppe von Senioren an der Umsetzung des Konzepts einer Seniorenforschergruppe. Positive Erfahrungen aus dem Forschungsprojekt *SENTHA* („SENiorengerechte Technik im Häuslichen Alltag, 1997 bis 2003 unter Leitung des Lehrstuhls für Arbeitswissenschaft und Produktergonomie) der Deutschen Forschungsgemeinschaft ließen eine Fortsetzung der Arbeit mit Älteren viel versprechend erscheinen. Hieraus entwickelte sich unter dem Namen „Senior Research Group" (SRG) eine Arbeitsgruppe, die zunächst an Teilbereichen der Produktentwicklung, nach und nach aber immer mehr am gesamten Entwicklungsprozess verschiedener Unternehmen mitwirkte.

Aufgrund der Verankerung am universitären Lehrstuhl lassen sich insbesondere die Synergien aus der Zusammenarbeit der Generationen erschließen. So leisten die Senioren neben der Produktgestaltung für Unternehmen auch einen wichtigen Beitrag zum Verständnis ihrer Ansprüche und Bedürfnisse bei Studierenden. In projektbezogenen Lehrveranstaltungen werden bspw. Sportgeräte für die Generation 55+ entwickelt, wobei der Designprozess durch einen regen Austausch zwischen den Kursteilnehmern und der SRG gekennzeichnet ist.

Neben den greifbaren Erfolgen, die sich an den Endprodukten der beratenen Unternehmen zeigen, führt die Arbeit der SRG zur kontinuierlichen Weiterentwicklung des Wissens über ergonomische Anforderungen und die Prozesse zur Integration dessen in die Produktentwicklung. Die Ansprüche an eine Seniorenforschergruppe können sich durch die praktischen Erfahrungen weiterentwickeln und tragen kontinuierlich zur Erweiterung des vorgestellten theoretischen Konzepts bei. Als schwierig erweist sich bisher die Verankerung eines ganzheitlichen, benutzerzentrierten Produktentwicklungsprozesses bei den Herstellern. Zumeist werden Nutzer erst nach dem grundlegenden Designprozess involviert, so dass nur noch oberflächliche Verbesserungen vorgenommen werden können. Auf diesem Gebiet ist deshalb zukünftig eine verstärkte Öffentlichkeits- und Aufklärungsarbeit zu leisten.

Seniorenbefragung zum Thema *Mittelpunkt Mensch*

Auch wenn die Mitglieder der Kerngruppe der SRG aufgrund ihrer Tätigkeit und Technikaffinität keinen repräsentativen Querschnitt ihrer Altergruppe darstellen, sind ihre Aussagen zum Thema „Mittelpunkt Mensch – Leitbilder, Modelle und Ideen für die Vereinbarkeit von Arbeit und Leben" wertvoll für die Entwicklung von Konzepten zur Gestaltung des Lebens im Alter. Zehn Mitglieder der SRG wurden in einer explorativen Umfrage nach ihrer Meinung zur Arbeit im Alter befragt. Daraus hervorgegangene Kernaussagen werden im Folgenden vorgestellt:

1. Für die Befragten stellt die freiwillige Arbeit im Alter einen Faktor dar, der entscheidend zur Lebenszufriedenheit beiträgt. Die überwiegende Mehrheit sieht die persönliche Bestätigung als wichtigstes Resultat der eigenen Tätigkeit an. Aber auch die sozialen Kontakte und Erfolge im Team bereichern das Leben der Senioren. Dritter Motivationsgrund zur Arbeit ist für mehr als die Hälfte der Probanden die Möglichkeit zum lebenslangen Lernen, welches auch zu einer Vereinfachung der Kommunikation mit Jüngeren, zu einem Diskutieren auf Augenhöhe beiträgt. Drei der Befragten sagen aus, dass sie im Rentenalter Tätigkeiten ausüben, die sie stets als wichtig erachteten, für die vorher aber die Zeit fehlte. Dies wird auch auf die Tätigkeit der SRG bezogen, denn die ergonomische Produktgestaltung wird als notwendig und gleichzeitig als nicht allein von jüngeren Designern durchführbar angesehen.

2. Auf die Frage, welche Folgen der absolute Austritt aus dem Arbeitsleben hat, werden gleichermaßen positive als auch negative Antworten gegeben: Einerseits steht für 40 Prozent der Befragten die Möglichkeit zur Interessenorientierung und -ausübung im Vordergrund, andererseits wird das Überangebot von Freizeit kritisch in seiner Auswirkung auf die Beziehung und familiäre Kontakte betrachtet. Für mehr als drei Viertel ist jedoch die Chance, sich um Enkel zu kümmern, einer der größten Vorteile des Ausstieges aus einem Beschäftigungsverhältnis. Hier kommt neben dem sozialen Aspekt auch zum Tragen, dass ein reiches Erfahrungswissen an die jüngste Generation weitergegeben werden kann. Gleichzeitig wird die Wissensvermittlung für verschiedene Generationen von den meisten Senioren als ein potenzielles Betätigungsfeld angesehen.

3. Leider wird die Frage nach den Barrieren, die einer erfolgreichen Tätigkeit von Senioren entgegen stehen, besonders ausführlich und vielschichtig beantwortet. Politische, wirtschaftliche und rechtliche Hindernisse, wie die starre Altersgrenze für den Renteneintritt sowie die hohe Arbeitslosigkeit und damit verbundene Angst, Ältere könnten Jüngeren offene Stellen streitig machen, stehen einer zunehmenden freiwilligen Beschäftigung von Senioren entgegen. Ein höherer Anteil selbstständiger Arbeit könnte die freiwillige Weiterbeschäftigung von Menschen im Alter von über 65 Jahren steigern, dazu müssen jedoch die politischen Weichen bereits für die junge Generation gestellt werden. Auch die Möglichkeiten zur flexiblen Teilzeit- oder Telearbeit im gemeinnützigen Bereich müssen weiter ausgebaut werden, um den Bedürfnissen der Senioren entgegen zu kommen. Restriktiv

wirken aber v. a. die in Deutschland stark ausgeprägten sozialen Barrieren wie eine Belächelung von Seniorentätigkeiten und -organisationen sowie der Jugendwahn im Management von Unternehmen, antwortet etwa ein Drittel der Befragten.

4. Als großes Manko wird die Abkopplung der Senioren von der rasanten Entwicklung auf dem Gebiet der Informations- und Kommunikationstechnologie bezeichnet. Fast alle Probanden sehen dies als Barriere, die allerdings nicht ausschließlich auf Senioren bezogen werden sollte. Problematisch wird auch das Aufholen der Senioren durch das Erlernen der Technik gesehen. Einerseits scheitert dies bisher am geringen Interesse der Arbeitgeber, andererseits aber auch an der Angst Älterer davor, sich bloß zu stellen. Daher wird eine Anpassung der Technik an den Menschen als entscheidender Schritt erachtet, dieses Hindernis abzubauen.

Diskussion und Ausblick

Das vorgestellte Konzept zeigt, wie die Einbindung von Senioren in Produktentwicklungsprozesse langfristig zur Minderung der massiven Probleme der sozialen Sicherung in Deutschland beitragen kann. Die Optimierung der Bedienbarkeit technischer Geräte, Kommunikationsmittel und Dienstleistungen stellt den Ausgangspunkt für tiefgreifende wirtschaftliche und gesellschaftliche Verbesserungen dar.

Die so genannte *User Integration* von Senioren generiert Betätigungsfelder und Arbeitsplätze für die Generation 55+. Da sich Deutschland als Hochlohnland zukünftig immer mehr vom Produktions- zum Entwicklungsstandort wandeln muss, besteht ein großes Potenzial für die sinnvolle Beschäftigung von Senioren. Sie können ergonomische Mängel nur schlecht kompensieren und sind daher als *Spürnase für Produktverbesserungen* hervorragend geeignet (Pöppel 2006, S. 56).

Ein weitaus größeres Beschäftigungsspektrum ergibt sich aber als Folge der User Integration: Leichter bedienbare Produkte und besser nutzbare Medien und Kommunikationsmöglichkeiten werden Senioren die Umsetzung eigener Ideen erleichtern, da produktivitätssteigernde Werkzeuge wie Computer nun auch für sie nutzbar werden. Ebenfalls vereinfacht sich die Ressourcenallokation, wenn z. B. ältere Arbeitssuchende und -anbietende mit Hilfe des Internets einfacher zusammenfinden. Auf der anderen Seite begründet der hohe Anteil Älterer an der Bevölkerung die Erwartungen deutlich steigender Umsätze im produzierenden Gewerbe. Bei der Einbeziehung von Senioren in Produktentwicklungsprozesse sind Geräte und Dienstleistungen zu erwarten, die bisher nicht abgedeckte Bedürfnisse bedienen und dadurch einen Mehrumsatz generieren, ohne zwangsläufig Absatzrückgänge in anderen Sparten hervorzurufen. Da ergonomische Produkte für junge und alte Menschen gleichermaßen nutzbar und vorteilhaft sind, ist nicht nur in Bezug auf ältere Zielgruppen ein Wettbewerbsvorteil zu erwarten. Sekundäre wirtschaftliche Auswirkungen der besseren Nutzung des Beschäftigungs- und Absatzpotenzials sind zum einen das höhere Sozialversicherungsaufkommen, zum anderen steigende Staatseinnahmen durch Umsatz- und Mehrwertsteuern. Diese können wiederum Forschungsaufgaben zugeführt werden und damit die Ausrichtung Deutschlands zur Wissensgesellschaft unterstützen.

Bringen Senioren ihr Know-how in Wertschöpfungsprozesse ein und erzielen dadurch wirtschaftliche Erfolge, werden sie von der Gesellschaft als aktiver, kreativer und innovativer wahrgenommen. Die generationsübergreifende Zusammenarbeit kann die soziale Integration Älterer verbessern und ihre eigene Wahrnehmung sowie das subjektive Wohlbefinden durch Erfolge und Anerkennung stärken (Smith / Fleeson / Geiselmann / Settersten / Kunzman 1996, S. 498ff). Darüber hinaus schützt die Kooperation der Menschen verschiedener Generationen vor einem Wissensverlust, der das Lernen aus Fehlern verhindert. Nicht zuletzt kann durch eine stärkere Vernetzung jüngerer und älterer Arbeitskräfte dem mit der abnehmenden Bevölkerungsgröße einhergehenden Risiko eines Fachkräftemangels vorgebeugt werden. Tätigkeiten von Senioren stellen in weit geringerem Maße eine Konkurrenz zu anderen Arbeitsplätzen dar, als dies von Frühverrentungsbefürwortern propagiert wird. Wissensvermittlung, ergonomische Optimierungen, Produkttests und soziale Dienste sind Arbeitsbereiche, die bisher kaum besetzt sind oder aber ein großes Wachstumspotenzial bergen.

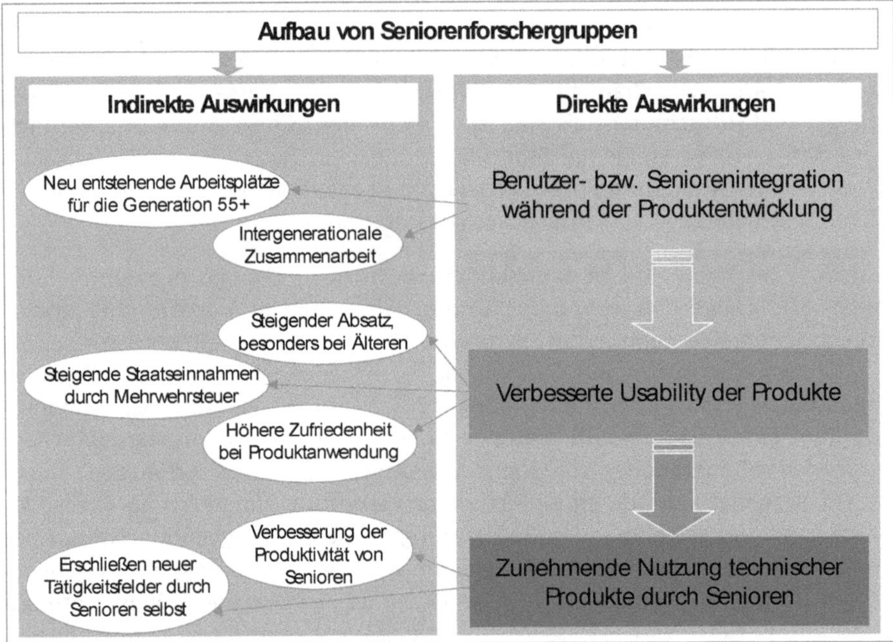

Abbildung 5: Direkte und indirekte Auswirkungen des Aufbaus von Seniorenforschergruppen (Eigene Darstellung)

Durch die Aktivitäten der SRG konnte die Umsetzbarkeit und das Erfolgspotenzial des vorgestellten Konzepts bereits teilweise nachwiesen werden. Beurteilt man das Interesse an diesem Thema anhand der medialen Präsenz, so wächst dieses kontinuierlich. Um bei einer Realisierung von Seniorenforschergruppen den Erfolg zu sichern, ist es notwendig, Standards für die Benutzerintegration zu entwickeln und diese mit dem bisher noch geringen, zukünftig aber zunehmenden Erfahrungswissen stetig zu verbessern. Auch ist eine internationale Zusammenarbeit auf unternehmerischer Ebene zu fördern, um so genannte *Best Practice* Beispiele zu multiplizieren. Neben der Schaffung politischer Rahmenbedingungen ist ein frühzeitiger Kontakt zwischen den Generationen, z. B. im Studium oder in der Ausbildung für die Steigerung der gesellschaftlichen Akzeptanz von Seniorentätigkeiten unumgänglich (BMFSFJ 2005, S. 457).

Glossar

Best Practice	Beste, bereits realisierte Lösung für ein Problem, oft bezogen auf Prozesse und Strukturen
Generation 55+	Menschen im Alter von mindestens 55 Jahren; Synonym werden auch die Bezeichnungen *Senioren* oder *Best Ager* verwendet (einheitliche Definitionen dieser Begriffe haben sich bisher nicht durchgesetzt)
Kerngruppe	Gruppe von etwa 15 bis 25 Senioren, die direkt an Produktentwicklungsprozessen beteiligt wird; Bestandteil einer Seniorenforschergruppe
Mensch-Technik-Interaktion	Interaktion und Kommunikation zwischen Menschen und Maschinen oder speziell zwischen Produkt und Anwender
Seniorenforschergruppe	Organisation bestehend aus Kerngruppe, Seniorenpool und wissenschaftlicher Leitung, die nach standardisiertem Vorgehen auf Produktentwicklungsprozesse Einfluss nimmt, mit dem Ziel, Produkte benutzerfreundlich zu gestalten
Seniorenpool	Größere Gruppe von 100 und mehr Senioren, die für Befragungen und Produkttests zur Verfügung steht; Bestandteil einer Seniorenforschergruppe
User Integration	dt. Benutzerintegration; Einbeziehung potenzieller Produktbenutzer in den Produktentwicklungsprozess

Literatur

Backhaus, C. (2004): Entwicklung einer Methodik zur Analyse und Bewertung der Gebrauchstauglichkeit von Medizintechnik, Berlin.

BMFSFJ (2005): Fünfter Bericht zur Lage der älteren Generation in der Bundesrepublik Deutschland, Berlin.

Brooke, J. (1996): SUS – Quick and Dirty Usability Scale, in: Jordan, P. W. / Thomas, B., Weerdmeester / B. A., McClelland, L. L. (1996): Usability Evaluation in Industry, London.

Friesdorf, W. (2004): Sentha – Ein DFG-Forschungsprojekt, Bremen.

Gaspar, C. (2000): Trends am Seniorenmarkt: in: Siebertz, K. (2001): Mit Senioren Zukunft gestalten – Dokumentation des Deutschen Seniorentages 2000, Bonn.

Hetze, P. (2005): Wissen schafft Wachstum – Auswege aus der Beschäftigungskrise?, Rostock.

Karazman, R. / Kloimüller, I. / Arato, P. (2003): Productive ageing – Balancing generations and managing human sustainability at work; in: Buck, H. / Dworschak, B. (2003): Ageing and work in Europe, Stuttgart.

Keck, B. (2000): Mitgestalten des Marktgeschehens, in: Siebertz, K. (2001): Mit Senioren Zukunft gestalten – Dokumentation des Deutschen Seniorentages 2000, Bonn.

Keil, T. (2006): Der demografische Wandel als Grenze des Wachstums?, Passau.

Klesse, H. J. (2006): Frischer Wind – Generation 50+; Wirtschaftwoche, Jahrgang 2006, Heft 28.

Lohse, H. / Grunau, H. / Salomon, J. (2000): Senioren ans Netz, in: Siebertz, K. (2001); Mit Senioren Zukunft gestalten – Dokumentation des Deutschen Seniorentages 2000, Bonn.

Luczak, H. (1993): Arbeitswissenschaft, Berlin / Heidelberg.

Luczak, H. (2005): Japan – Die Insel der glücklichen Alten; GEO; Jahrgang 2005, Heft 12.

Maslow, A. H. (1970): Motivation and personality, New York.

Möller, E. (2006): (N)onliner Altas 2006, München / Bielefeld.

Pack, J. (2000): Altersneutrale und lernförderliche Gestaltung von Arbeitssystemen in Teilefertigung und Montage, in: Von Rothkirch, C. (2000): Altern und Arbeit: Herausforderung für Wirtschaft und Gesellschaft Berlin.

Pahl, G., Beitz, W. (1993): Konstruktionslehre – Methoden und Anwendung; Berlin / Heidelberg.

Pichert, H. (1999): Neue Person-Umwelt-Gestaltung für alte (alle) Menschen – Herausforderung für Industrie und (öko-)gerontologische Forschung, in: Wahl, H.-W., Mollenkopf, H., Oswald, F. (1999): Alte Menschen in ihrer Umwelt, Opladen / Wiesbaden.

Pöppel, E. (2006): Unglaubliche Ignoranz, Wirtschaftwoche, Jahrgang 2006, Heft 28.

Pötzsch, O. / Sommer, B. (2003): Bevölkerung Deutschlands bis 2050 – Ergebnisse der 10. koordinierten Bevölkerungsvorausberechnung, Wiesbaden.

Smith, J. / Fleeson, W. / Geiselmann, B. / Settersten, R. / Kunzmann, U. (1996): Wohlbefinden im hohen Alter: Vorhersagen aufgrund objektiver Lebensbedingungen und subjektiver Bewertung, in: Mayer, K.-U., Baltes, P.-B. (1996): Die Berliner Altersstudie; Berlin.

Statistisches Bundesamt (2006): Bevölkerung Deutschlands bis 2050 – Ergebnisse der 11. koordinierten Bevölkerungsvorausberechnung, Wiesbaden.

Zimbardo, P. G. (1995): Psychologie, Berlin.

Autorenverzeichnis

Janine Bernhardt (1980) hat nach ihrer Ausbildung zur Bankkauffrau und anschließender Beschäftigung bei der Sparkasse Leipzig Soziologie, Wirtschaftswissenschaften und Psychologie (M.A.) an der Friedrich-Schiller-Universität in Jena studiert. Seit 2005 arbeitet sie als studentische Mitarbeiterin im Teilprojekt Arbeitsmarktforschung des Sonderforschungsbereichs 580. In ihrer Magisterarbeit beschäftigte sie sich auf der Basis leitfadengestützter Interviews sowie repräsentativer Daten mit dem gegenwärtigen Sicherheitserleben und den Sicherheitskonstruktionen innerhalb der Mitte der Erwerbsgesellschaft. Vor diesem Hintergrund fragt sie sich – auch im Hinblick auf ihre eigene Erwerbsbiographie – wie sich Flexibilität und Sicherheit aus Arbeitnehmerperspektive miteinander vereinbaren lassen.

Regina Dürig (1982) wurde in Mannheim geboren. Nach dem Abschluss des Studiums der Gesellschafts- und Wirtschaftskommunikation an der Universität der Künste Berlin wurde sie am Schweizerischen Literaturinstitut angenommen. Seit Herbst 2006 lebt sie daher in Biel und studiert an der Hochschule der Künste in Bern Literarisches Schreiben. Sie arbeitet außerdem als Werbetexterin, schreibt Kolumnen und Songtexte. Im Anschluss an das zweite Studium plant sie ihre Diplomarbeit, aus welcher der vorliegende Text ein Exzerpt ist, in einer Promotion zu vertiefen.

Ilka Gleibs (1978) stammt aus dem ostfriesischen Aurich. Nach einem Psychologiestudium an der Freien Universität in Berlin und dem Roskilde Universitätszentrum in Dänemark, war sie von 2004 bis 2007 Mitglied des Internationalen Graduiertenkollegs *Conflict and Cooperation between Social Groups* an der Friedrich-Schiller-Universität in Jena. Dort schloss sie im September 2007 ihre Promotion im Fach Sozialpsychologie ab. Seit Oktober 2007 ist sie als wissenschaftliche Mitarbeiterin am Lehrstuhl für Sozialpsychologie der University of Exeter (UK) tätig. Ihre Arbeitsschwerpunkte sind Identifikationsprozesse in Organisationen, Intergruppenbeziehungen und Forschung zur Sozialer Identität, Zeitwahrnehmung und Zufriedenheit. Ilka Gleibs pendelt zwischen Exeter und Colchester, zwischen Universität und Partnerschaft. Ilka hat (noch) keine Kinder. Sie hofft, eine Karriere in der Wissenschaft mit ihrem Privatleben in Einklang bringen zu können.

Sebastian Glende (1980) lebt und arbeitet in Berlin. Nach dem Studium zum Wirtschaftsingenieur setzte er sich mit der Entwicklung ergonomischer Produkte für verschiedene Zielgruppen sowie mit der Integration von Nutzern in Entwicklungsprozesse auseinander. Seit 2006 leitet er die Senior Research Group Berlin. Mit Hilfe von 20 Seniorenexperten werden hier Unternehmen bei der Gestaltung von Produkten für die Generation 55+ unterstützt. Als wissenschaftlicher Mitarbeiter promoviert Sebastian im Fachbereich für Arbeitswissenschaft und Produktergonomie der Technischen Universität. Er ist dort in

Forschung und Lehre aktiv und arbeitet in Projekten des Zentrums für innovative Gesundheitstechnologie sowie der International Ergonomics Association mit. Nach Abschluss der Dissertation wird sich Sebastian auf die Beratung im Bereich ergonomischer Produkte und Usability, insbesondere für die ältere Generation, konzentrieren.

Tina Gotthardt (1979), Hamburgerin, kocht und reist gern. Zumindest letzteres ist ihr im Rahmen ihrer Tätigkeit als wissenschaftliche Mitarbeiterin im Projekt EUSTORY der Körber-Stiftung oft vergönnt, da das Netzwerk aus 20 europäischen Ländern besteht, die auch besucht werden wollen. Während ihres Studiums der Geschichte, Politologie und Geographie hat sie einige Zeit in Barcelona verbracht und dort das spanische Mittelalter und die katalanische Lebensart studiert. In ihrer Magisterarbeit hat sie sich dann mit den Gammlern in der BRD der 1960er Jahre beschäftigt. Sie hofft, immer einen Job zu haben, der ihr Spaß macht und trotzdem noch genug Zeit für Familie und interessante Projekte lässt.

Carola Hommerich (1978) verbrachte während ihres Magisterstudiums der Soziologie, Anglistik und Japanologie an der Universität zu Köln ein Auslandssemester in Tokyo. Dabei entdeckte sie sowohl Parallelen als auch Unterschiede in der Einstellung zu Erwerbsarbeit zwischen jungen Deutschen und Japanern und entschied, diese in ihrer Doktorarbeit näher zu untersuchen. Dafür führte sie in beiden Ländern qualitative Interviews mit jungen Berufsanfängern und setzte die Ergebnisse in Bezug zu quantitativen Wertstudien. Zwei mehrmonatige Forschungsaufenthalte in Japan während der Promotion wurden durch die Japan Foundation und das Deutsche Institut für Japanstudien finanziert. Nach der Promotion ist Carola Hommerich zurück in Tokyo, um dort als wissenschaftliche Mitarbeiterin des Deutschen Instituts für Japanstudien weiter über Japan zu forschen.

Kerstin Humberg (1977), aufgewachsen im Westmünsterland, hat Diplom-Geografie, Politologie und Psychologie in Hamburg und Granada studiert. In ihrer Diplomarbeit hat sie sich mit der Rolle von Frauen und Bildung in der ländlichen Entwicklung Indiens beschäftigt. Seit Januar 2006 arbeitet die gelernte Journalistin bei einer internationalen Unternehmensberatung in Hamburg. Neben Organisationen im sozialen Sektor berät sie Unternehmen in den Bereichen Strategie, Marketing und Vertrieb. Für die nächsten drei Jahre ist sie von ihrem Arbeitgeber zur Promotion in Geografie freigestellt. Wenn alles klappt, wird sie bald in Bangladesch zu *Social Business Joint Ventures* forschen. Danach will sie in die Beratung zurückkehren und eine Familie gründen.

Christian Kroll (1981) studierte Soziologie, Psychologie und Politologie an der Universität Hamburg (M.A.) und Ethnologie an der Université de La Réunion (Licence). Er sammelte Arbeitserfahrung bei den Vereinten Nationen in New York, im Deutschen Bundestag und bei der Friedrich-Ebert-Stiftung in Madagaskar. Zuletzt untersuchte er die Frage, warum die Menschen in manchen Ländern zufriedener sind als in anderen.

Tobias Lorenz (1981) hat 2007 sein Studium der Philosophie, Betriebswirtschaftslehre und Linguistik in Stuttgart abgeschlossen. Derzeit promoviert er in Witten-Herdecke zu innovativen Geschäftsmodellen, die auf die Trinkwasserversorgung einkommensschwacher Bevölkerungsschichten in Entwicklungsländern abzielen. Ein besonderer Fokus liegt dabei auf der Betrachtung der Zusammenarbeit von Zivilgesellschaft, Politik und privatwirtschaftlichen Akteuren. Daneben ist Tobias tätig für die Stiftung Wertevolle Zukunft in Hamburg, wo sein momentaner Lebensmittelpunkt liegt. Seine Freizeit verbringt er mit Lesen, Joggen, Go-Spielen, in der Sauna oder bei *Sneep*, dem Studentischen Netzwerk für Wirtschafts- und Unternehmensethik. Manchmal kocht er auch oder spielt Saxophon.

Kai Loudovici (1980) studiert derzeit an der Friedrich-Schiller-Universität in Jena Soziologie und Erziehungswissenschaften (MA) und wird im Herbst diesen Jahres sein Studium abschließen. Seine Schwerpunkte sind Arbeitsmarkt- und Organisationsforschung. Seine Forschungsarbeit basiert auf qualitativen Methoden. Zudem arbeitet er als studentischer Projektassistent im Teilprojekt „Betrieb und Beschäftigung im Wandel: Betriebliche Beschäftigungssysteme und Beschäftigungssicherheit im ost-westdeutschen Vergleich" des Sonderforschungsbereichs 580 in Jena mit. Im Rahmen dieser Tätigkeit publizierte er bereits verschiedene wissenschaftliche Aufsätze. Nebenberuflich ist er im Kultur- und Veranstaltungsmanagement tätig.

Rieke Matthei (1979) wurde in Hannover geboren und wuchs in Göttingen auf. Sie studierte Diplom-Psychologie an der Carl von Ossietzky Universität in Oldenburg. Die Schwerpunkte ihres Studiums lagen in den Bereichen der klinischen und der Gesundheitspsychologie sowie der Kognitionswissenschaft. Im Laufe der Jahre nahm ihr Interesse an körperorientierten und verhaltenstherapeutischen Methoden immer weiter zu – und so lernte sie unter anderem das *Theater der Unterdrückten* von Augusto Boal kennen, über welches sie ihre Diplomarbeit schrieb. Zurzeit absolviert sie eine Ausbildung zur strukturellen Körpertherapie (SKT). Seit Februar 2008 arbeitet sie in einer Kinder- und Jugendpsychiatrie in Mora, Schweden.

Dr. Christiane Mück (1977) hat Betriebswirtschaftslehre in Bamberg, Vallendar, Lyon und Tokyo studiert. Sie promovierte an der Universität Oldenburg zur Profilierung von Hochschulen durch Weiterbildung. Nach Stationen als wissenschaftliche Mitarbeiterin bei der HIS GmbH in Hannover und als Referentin für die Exzellenzinitiative an der Humboldt-Universität zu Berlin arbeitet sie nun für eine international tätige Unternehmensberatung. Sie träumt davon, eines Tages eine Universität zu leiten.

Claudia Mück (1978) ist Diplom-Psychologin und hat an der Universität Trier studiert. Während des Studiums arbeitete sie mit essgestörten Frauen in einer psychiatrischen

Klinik in Sydney, in der Familienhilfe für das Trierer Jugendamt und in der Marktforschung. Im Anschluss daran absolvierte sie eine systemische Therapieausbildung und qualifizierte sich zudem als systemische Kinder- und Jugendtherapeutin. Sie ist heute in einem Verein zur Hilfe krebskranker Kinder in Luxemburg tätig. Sie träumt von einer eigenen Praxis oder therapeutischen Einrichtung im Ausland.

Lydia Plagge (1982) hat im Dezember 2007 ihr Studium zur Diplom-Handelslehrerin an der Carl von Ossietzky Universität in Oldenburg erfolgreich abgeschlossen. Schon während der Examensphase war sie in Teilzeit an einer Berufsbildenden Schule beschäftigt. Im Mai 2008 begann dann ihr Referendariat.

Hendrikje Riemann (1983) studiert seit 2002 Soziologie, Wirtschaftswissenschaften und Interkulturelle Wirtschaftskommunikation (M.A.) an der Friedrich-Schiller-Universität in Jena. Nach einem einjährigen Studienaufenthalt in den USA (u. a. Tulane University, New Orleans) absolvierte sie Praktika am Max-Planck-Institut für Gesellschaftsforschung in Köln sowie bei einer großen deutschen Bank im Bereich *Corporate Social Responsibility (CSR) / Sustainable Development*. Neben dem Studium arbeitet sie als Werkstudentin am Institut für praxisorientierte Sozialforschung. Später würde sie gerne im Bereich Unternehmensverantwortung tätig sein. Ihre Forschungsinteressen: Unternehmensethik, Organisationstheorie, Kapitalismusforschung.

Jürgen Sackbrook (1978) hat Betriebswirtschaftslehre mit bankwirtschaftlichem Schwerpunkt an der Berufsakademie Rastede und Wirtschaftswissenschaften mit den Schwerpunkten Unternehmensführung, Organisation und Politik an der Carl von Ossietzky Universität in Oldenburg studiert. Obwohl er nicht mehr studiert, führt er seine Mitarbeit in der Hochschulgruppe *sneep* (Studentisches Netzwerk für Wirtschafts- und Unternehmensethik) fort. Derzeit arbeitet er an einer Studie über CSR in der Automobilindustrie.

Inka Schmeling (1979) hat Ethnologie an der Universität Heidelberg studiert und dann eine Ausbildung an der Hamburger Henri-Nannen-Journalistenschule absolviert. Dort hat sie unter anderem gelernt, dass die Menschen im eigenen Land oft genau so exotisch sind wie in fremden Ländern. Und weil sie sich daher keinen spannenderen Beruf vorstellen konnte, arbeitet sie heute als freie Journalistin im Journalistenverbund Plan 17 (www.plan17.de).

Michaela Schmidt (1976) absolvierte zunächst eine Ausbildung als Kinderpflegerin. Nach vier Jahren Arbeit in einem Kindergarten studierte sie von 2000 bis 2005 Psychologie an der Technischen Universität (TU) in Darmstadt. Im Rahmen ihrer Diplomarbeit befasste sie sich mit dem Thema *Demographischer Wandel*. Aktuell ist sie Wissenschaftliche Mitarbeiterin an der TU Darmstadt und promoviert in Pädagogischer Psychologie zum Thema Selbstregulation von Erwachsenen. Auch danach möchte sie weiter wissenschaftlich arbeiten.

Hilke Schulz (1976) studierte nach ihrer Ausbildung zur Krankenschwester von 2000 bis 2006 Interkulturelle Pädagogik an der Carl von Ossietzky Universität Oldenburg. Seit 2006 lehrt die Diplompädagogin Deutsch als Fremdsprache an Bildungseinrichtungen in Deutschland, Syrien und Jordanien. Die pädagogische Tätigkeit geht bei Hilke einher mit einem Interesse für die soziologische Betrachtung der Strukturen und Veränderungspotenziale verschiedener Gesellschaften. So kam sie auch zum *Theater der Unterdrückten* von Augusto Boal – eine Methode zur herrschaftskritischen Reflexion gesellschaftlicher Ungleichheiten.

Isadora Tast (1973) hat Foto-Design an der Fachhochschule in Bielefeld studiert. Das Interesse am Menschen und die Neugierde am Leben sind für sie die Triebkraft in ihrem Beruf als Fotografin. Seit 2002 arbeitet Isadora als freie Fotografin für diverse Magazine in Hamburg. Ihre Schwerpunkte liegen im Bereich der Portrait- und Reportage-Fotografie.

***ibidem*-Verlag**

Melchiorstr. 15

D-70439 Stuttgart

info@ibidem-verlag.de

www.ibidem-verlag.de
www.ibidem.eu
www.edition-noema.de
www.autorenbetreuung.de

Zeitfracht Medien GmbH
Ferdinand-Jühlke-Straße 7
99095 Erfurt, Deutschland
produktsicherheit@kolibri360.de